集 刊 名：形象史学
主办单位：中国社会科学院古代史研究所文化史研究室
主　　编：刘中玉

2021 年夏之卷

委员会（以姓氏笔画为序）

主　任　孙　晓（中国社会科学院古代史研究所）

编委

卜宪群（中国社会科学院古代史研究所）	张先堂（敦煌研究院）
马　怡（中国社会科学院古代史研究所）	陈支平（厦门大学）
王子今（中国人民大学）	陈星灿（中国社会科学院考古研究所）
王月清（南京大学）	尚永琪（宁波大学）
王亚蓉（中国社会科学院考古研究所）	罗世平（中央美术学院）
王彦辉（东北师范大学）	金秉骏（韩国首尔大学）
王震中（中国社会科学院古代史研究所）	郑　岩（中央美术学院）
尹吉男（中央美术学院、广州美术学院）	耿慧玲（台湾朝阳科技大学）
成一农（云南大学历史与档案学院）	柴剑虹（中华书局）
扬之水（中国社会科学院文学研究所）	黄厚明（南京大学）
李　旻（美国洛杉矶加州大学）	谢继胜（浙江大学）
李　零（北京大学）	臧知非（苏州大学）
杨爱国（山东省石刻艺术博物馆）	熊文彬（四川大学）
沙武田（陕西师范大学）	池田知久（日本东方学会）
沈卫荣（清华大学）	渡边义浩（日本早稻田大学）

编辑部主任　宋学立

编辑部成员

王　艺　王　申　石　瑊　刘中玉　刘明杉　纪雪娟　安子毓　李凯凯　宋学立　杜艳茹　杨宝
徐林平　常文相　黄若然　翟金明

本辑执行编辑

宋学立　李凯凯

总第十八辑

教育部、国家语委甲骨文
研究与应用专项资助集刊

CSSCI 来源集刊

形象史学

中国社会科学院古代史研究所文化史研究室 主办

刘中玉 主编

2021年
夏之卷
（总第十八辑）

中国社会科学出版社

图书在版编目(CIP)数据

形象史学.2021年.夏之卷：总第十八辑/刘中玉主编.—北京：中国社会科学出版社,2021.5
ISBN 978-7-5203-8587-9

Ⅰ.①形⋯ Ⅱ.①刘⋯ Ⅲ.①文化史—中国—文集 Ⅳ.①K203-53

中国版本图书馆 CIP 数据核字(2021)第 110062 号

出 版 人	赵剑英
责任编辑	孙 萍　李凯凯
责任校对	闫 萃
责任印制	王 超

出　　版	中国社会科学出版社
社　　址	北京鼓楼西大街甲 158 号
邮　　编	100720
网　　址	http://www.csspw.cn
发 行 部	010-84083685
门 市 部	010-84029450
经　　销	新华书店及其他书店
印刷装订	北京君升印刷有限公司
版　　次	2021 年 5 月第 1 版
印　　次	2021 年 5 月第 1 次印刷
开　　本	787×1092　1/16
印　　张	20.25
字　　数	378 千字
定　　价	128.00 元

凡购买中国社会科学出版社图书,如有质量问题请与本社营销中心联系调换
电话：010-84083683
版权所有　侵权必究

目　录

● **一　器物研究**　　　　　　　　　　　　　　　　　　　　　栏目主持　韩　鼎

　　兕觥其觫：商周青铜觥之功能小议　　　　　　　　　　　韩文博　　003

　　汉晋时期西南地区鸟负罐形象研究　　　　　　　索德浩　任　倩　　016

　　固原考古所见北魏至隋唐墓葬中的萨珊钱币葬俗
　　——兼论萨珊钱币的分布变化及动因　　　　　　　　　　马　伟　　036

● **二　图像研究**　　　　　　　　　　　　　　　　　　　　　栏目主持　宋学立

　　越南河内白马神祠汉喃碑铭研究　　　　　　[越南]丁克顺　叶少飞　　057

　　敦煌文书 P. 2607《勤读书抄》考辨　　　　　　　　　　　刘　婷　　087

　　从"瘦娇小"到"白胖妖"　　　　　　　　　　　　　　　孙　晓　　105

　　尚见女孩的时代
　　——由婴戏图看宋元之间生育观念的变化　　　　　　　　程　郁　　121

● **三　壁画研究**　　　　　　　　　　　　　　　　　　　　　栏目主持　刘中玉

　　遮蔽与袒露之间
　　——图像资料中的北朝着装形象探析　　　　　　　　　　施尔乐　　157

多元融合：对唐代墓葬壁画"金盆花鸟"图的再思考　　　　　曹可婧　　　　175

行僧神化与图像重构
——瓜州榆林窟第 21 窟新辨识行脚僧研究　　　　袁　颋　沙武田　　192

西藏昌都元代绘画遗存的调查与初步研究
——兼论波罗风格在西藏和内地之间的传播线路　熊文彬　廖　旸　泽巴多吉　219

四　地理图像　　　　　　　　　　　　　　　　　　　栏目主持　成一农

图像·空间·认同：明清徽州家谱中的村图　　　　　祝　虻　叶　佩　　245

试述清代西湖全景图的谱系　　　　　　　　　　　　　　　任昳霏　　　270

中国国家图书馆藏《陕西舆图》绘制年代的再认识　　陈　松　成一农　　288

五　文史札记

王船山"重卦生成说"小议　　　　　　　　　　　　　　　刘永霞　　　305

甘肃华亭新发现北宋李永胜墓志发微　　　　　　　　　　　王怀宥　　　313

器物研究

兕觥其觩：商周青铜觥之功能小议*

■ 韩文博（四川大学古文字与先秦史研究中心）

一 已有研究的简要回顾

中国青铜器之研究，肇于赵宋而盛于有清，然当此之时，青铜觥虽有其实而无其名，多称其为"匜"。将觥独别为一门类始于王杰《西清续鉴甲编》，王氏在其书中始用"兕觥"之称，后来者多沿袭之。近代以来，青铜器研究之风大炽，青铜觥之研究为学者所重，然迫于其数量稀少而又缺乏自名，故研究者寥寥可数，但却一以贯之，对其命名、功能的探讨成为学界长期关注之焦点。

青铜觥与传世文献中"觥""兕觥"的名实对应问题，前辈学者多已详辨之，本文不再赘述。限于目前所见材料难以说明青铜觥必非"兕觥"，更难以证明"觥"即为角状器。因此，本文仍遵从学界一般的称呼，将其名为"觥"或"兕觥"。传世文献记载，"兕觥"为酒器，这与青铜觥的功能相合。可知，文献记载应渊源有自，并非向壁虚构。总之，本文的研究思路是从青铜觥本身及相关古文字材料入手，对其功能进行探究，传世文献记载仅作为重要参考。

青铜觥之专门研究发端于王国维先生，他在《说觥》一文[1]中首先对青铜觥的命名问题进行了探讨，肯定了兕觥作为此类器物之名的正确性；接着对觥与匜的区别进行了分析，将匜与觥彻底区分开来，并首次定其为酒器。尽管有学者认为王国维先生的命名不是很准确，但他对青铜觥之研究所做出的奠基性贡献则有目共睹。由于小文着重探讨青铜觥的功能问题，故而具体的类型划分从简。自王氏之后，学者对此类器物之研究逐渐增多。

20世纪40年代，容庚先生著《商周彝器通考》，首次对商周铜器进行了全面、系统的研究，是中国青铜器研究史上里程碑

---

* 本文系四川大学专职博士后研发基金项目"商周青铜器上鳞纹的类型与年代研究"阶段性成果，项目号：0010404153010。

1 王国维：《说觥》，《观堂集林·卷三》，中华书局，1999，第147页。

式的著作，容先生在书中收录青铜觥 16 件，但未作型式划分，关于青铜觥的功能，他指出觥有与斗同出的例子（守宫觥），故定其为盛酒器。[1]

20 世纪 80 年代，马承源先生在《中国青铜器》一书中[2]，将青铜觥划分为十五式，值得注意的是他将山西石楼桃花庄出土的角形圈足器亦划入觥类，关于青铜觥的功能，他认为是一种盛酒器。90 年代，张增午先生收集传世及出土青铜觥 50 多件，根据腹部及足部形态将其划分为兽形四足或三足、圜腹圈足、方腹方圈足、角形四种型式，关于青铜觥的功能，他认为"兕觥在商周时代是一种盛酒器（斗觥同出，守宫觥、贵引觥，见图 5），亦是一种饮酒器"[3]。

21 世纪以来，学者又对此问题进行了深入探讨，其中主要有朱凤瀚先生、刘莹莹女士。朱凤瀚先生在《中国青铜器综论》中根据足部特征将青铜觥分为 A、B 两型。[4] 各型之下又有两亚型，关于青铜觥的功能，仍然赞成盛酒器之说，但对青铜觥的命名及与相关器物之间的关系提出了卓有见地的观点，应引起足够重视，详见后文。刘莹莹女士在前辈学人的基础上，对商周青铜觥进行了全面研究，她搜集传世与出土青铜觥 102 件，[5] 根据足部及腹部特征将其划分为三种类型，A 型三足或四足觥、B 型圈足觥、C 型角形觥（西北岗 M1022 角形器、山西石楼桃花庄龙角形圈足器），各型之下又分若干亚型和式，关于青铜觥的功能，她认为 A 型、B 型觥为盛酒器，C 型觥为饮酒器。以上均为中国大陆学者之研究，另外还有中国台湾学者及日本学者的相关研究，介绍如下。

台湾学者中，首先对此问题进行研究的是孔德成先生，他于 1964 年发表的《说兕觥》一文，对青铜觥的命名及形制做了论述，关于青铜觥的功能，他认为属于饮酒器。[6] 1971 年，屈万里先生对此问题进行了研究，他在《兕觥问题重探》一文中，根据青铜觥的形制、文献记载等对其命名、功用等问题进行了详细分析，他认为"兕觥为像兕角的饮器。它的用途很广，不但不专作罚爵之用，乃至是否用作罚爵也还是问题"[7]，关于青铜觥（指朱凤瀚先生所划 A 型、B 型）的功能，他认为是盛酒器而非饮酒器。1989 年，陈芳妹先生对商周青铜酒器做了较为宏观的研究，关于青铜

1　容庚：《商周彝器通考》，哈佛燕京学社，1941，第 424—429 页。
2　马承源：《中国青铜器》，上海古籍出版社，1988，第 236—240 页。
3　张增午：《商周青铜兕觥初论》，《故宫博物院院刊》1994 年第 3 期。
4　朱凤瀚：《中国青铜器综论》，上海古籍出版社，2009，第 191—196 页。
5　刘莹莹：《商周青铜觥的整理与研究》，硕士学位论文，陕西师范大学，2011，第 56 页。
6　孔德成：《说兕觥》，《东海学报》1964 年 6 月，6 卷 1 期，第 19—20 页。
7　屈万里：《兕觥问题重探》，《"中央"研究院历史语言研究所集刊》，1971，第 43 本第四册，第 23 页。

觥的功能,她认为是"注酒器",[1] 由于是特展图录之说明,故而未做具体论证,但却是一种值得肯定的观点。另外,日本学者林巳奈夫先生认为兕觥(角形器)是一种饮酒器,将一般所称之觥归入水器。[2]

综上所述,就青铜觥的类型而言,主要有二型(朱凤瀚)、三型(马承源、刘莹莹)、四型(张增午)之分。值得注意的是,马承源先生将桃花庄所出角形圈足器亦划入觥类,刘莹莹不仅将桃花庄角形圈足器划入觥类,而且将西北岗M1022、丹徒烟墩山墓所出铜角形器亦划入觥类。需要指出的是,尽管这种铜角形器与觥可能在源头上有十分紧密的联系,但在发展过程中已然成为两种截然不同的器类,故而不宜将如西北岗M1022所出铜角形器划入觥类。就青铜觥的功能而言,主要形成以下四种观点,第一,盛酒器,持此观点的学者最多,有容庚、马承源、朱凤瀚、张增午、刘莹莹、屈万里、刘昱午[3]、解洪兴[4]等;第二,饮酒器,持此观点的有王国维、孔德成等;第三,注酒器,主张此说的为陈芳妹;第四,注水器,持此观点的为日本学者林巳奈夫。可见,就青铜觥的功能问题仍然存在较大分歧。

一种器物的功能根本上是由其形制决定的,故而一旦器物形制发生了改变,其功用也会随之发生变化,比如青铜觯,西周早期后段以前基本为敞口或直口束颈、深垂腹较粗、圈足,早期后段以后变为喇叭口、直腹、圈足形,形制上与觚已十分接近,因此这种大喇叭口之觯可能已非饮酒之器,而应为裸酒之器。总之,器物功能的研究绝不能忽视其形制的发展变化。

二 商周青铜觥的主要形制

青铜觥最早发现于殷墟妇好墓,其绝对年代约当武丁晚期,西周中期以后基本趋于消失,流行约300年。为便于后文对其功能的探讨,接着就商周青铜觥的主要形制归纳如下。详细的型式划分可参考上述朱凤瀚、张增午、刘莹莹等学者之论著。另外,笔者也曾就西周青铜觥进行专门研究,亦可资参看。[5] 商周青铜觥,不论器腹、足部作何种形态,其前部均有槽形宽流、后部均有兽首大鋬耳(绝大多数)、有盖,这是区别于其他器物最为显著的特征。综合以上诸家观点,参之以笔者浅见,现将商周青铜觥总结为以下四大类。

第一类,整体造型作动物形。

---

1 陈芳妹:《商周青铜酒器特展图录》,台湾"故宫博物院"印行,1989,第21—24页。
2 [日]林巳奈夫:《殷周青铜器综览》三,吉川弘文馆,1972,第79—86页。
3 刘昱午:《商代青铜盛酒器——尊、卣、觥、彝、壶赏析》,《寻根》2015年第4期。
4 解洪兴、张家境等:《商周青铜盛酒器扉棱位置与形制概述》,《学理论》2017年第3期。
5 韩文博:《西周青铜酒器研究》,博士学位论文,四川大学,2019。

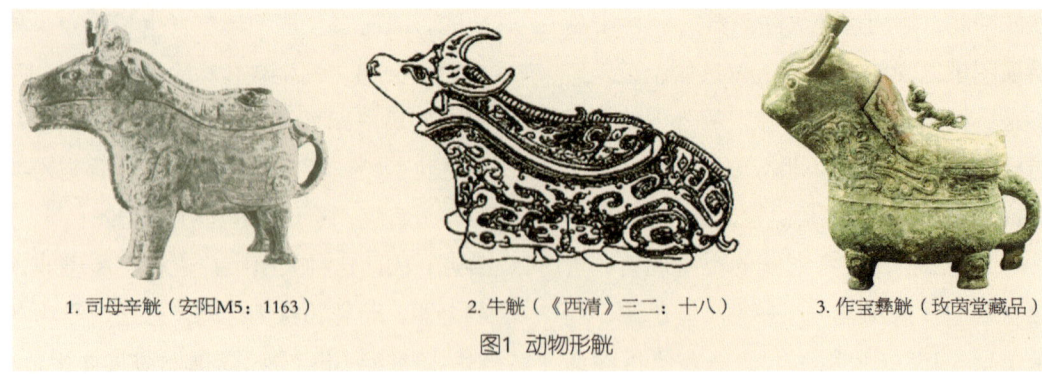

1. 司母辛觥（安阳M5：1163）　　2. 牛觥（《西清》三二：十八）　　3. 作宝彝觥（玫茵堂藏品）

图1 动物形觥

司母辛觥（图1-1），1976年出于殷墟妇好墓（M5），整体作立牛形，牛首前望，上有一对卷角，首与背连为盖，身为器腹，以牛口与颈为流，以牛尾为鋬。盖上饰数条仰视或侧视形龙纹，口下正中有一扉棱延续至前胸，腹前端两侧及前足外侧各饰一龙纹，腹后端饰并拢的双翅和下垂之短尾，器、盖同铭，共3字，作"司母辛"。通高36.5厘米，通长47.4厘米，重8.4公斤。[1] 妇好墓的年代为殷墟二期。牛觥（图1-2），整体作卧牛形，昂首，四足蜷缩于身下，纹饰不详。学者多将此器归为尊，但与同类之尊（动物形尊）相比，[2] 其身首分铸，首与背连为盖，颈与口为流，尾为鋬。综合比较，其与司母辛觥更为类似，故现将其归入觥类。通高约14.7厘米，朱凤瀚先生将其年代定为西周时期，[3] 可从。作宝彝觥（图1-3），整体作立兽形，龙首，长角，口微张。以背为盖，盖上有顾首虎形钮。鋬耳垂珥。盖饰龙纹，口下饰长鸟纹，腹饰两道弦纹。盖内有铭文3字，作"作宝彝"。通高27.5厘米，通长27厘米。[4] 此器形制、纹饰与江苏丹徒烟墩山宜侯夨墓所出鸟纹觥几乎完全相同，唯大小略异，因此年代亦当为西周康王时期。

第二类，圆腹、三足或四足。

亚长觥（图2-1），2000年出土于河南安阳殷墟花园庄东地M54。龙首形盖，上有一菌状钮，龙角耸立，突目圆睁，口

---

[1] 中国科学院考古研究所：《殷墟妇好墓》，文物出版社，1980，第59页。

[2] 一般动物形尊，各部位混铸为一体，前无宽槽形流，盖开于背部且其上均有捉手。另外，凡动物形尊皆无鋬。2000年殷墟花园庄东地发掘M54亚长墓，其中所出亚长牛尊（M54：475+146），整体亦作立牛形，但通过与以上司母辛觥、牛觥之间的仔细比对可知，他们之间具有十分明显的差别，而亚长牛尊的造型正是动物形尊的典型样式，其于背部开口，牛首、身、背等混铸为一体，虽然牛口内中空，但在颈内有隔栏将口腔与腹腔隔开，可见此种器物必为盛酒器，而与其有明显差异的牛觥应另有用途。

[3] 朱凤瀚：《中国青铜器综论》，上海古籍出版社，2009，第183页。

[4] SACA学会：《魅丽之巅：王朝的萃与玫茵堂青铜》，https://mp.weixin.qq.com/s/i4JEKPo_IhHpQG1R8lMeAw。

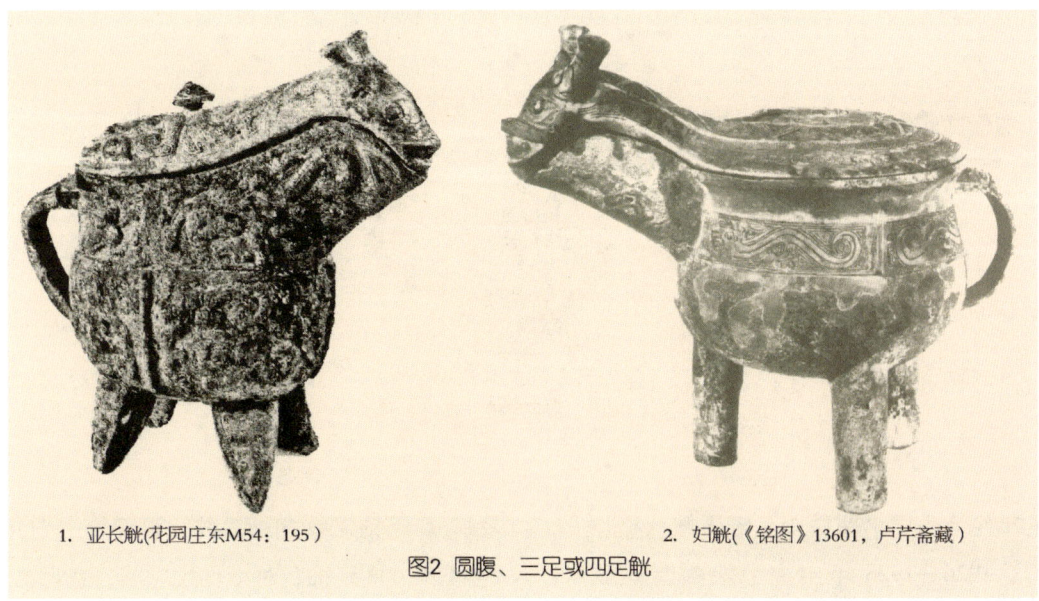

1. 亚长觥(花园庄东M54：195)　　2. 妇觥(《铭图》13601，卢芹斋藏)

图2　圆腹、三足或四足觥

侈张，牙齿外露，牙间有缝隙。腹作扁圆形，前有槽形宽流，后有兽首鋬，四锥足外撇。盖前端饰双身龙纹，后端饰分解兽面纹及蛇纹，口下纹饰亦分两段，前端饰象纹、蛇纹、蝉纹，后端饰鸟纹、蝉纹，腹部饰分解兽面纹，旁边填以蛇纹，足饰三角叶纹，内填兽面及蛇纹，云雷纹地。器、盖同铭，共2字，作"亚长"。通高18.7厘米，流至鋬宽21.1厘米，足高4.9厘米，重1.35千克。[1] 花园庄东地M54的年代简报定为殷墟二期偏晚阶段，绝对年代相当于祖庚、祖甲时期。妇觥（图2-2），龙首形盖较平，圆鼎形腹，前有宽槽形流，后有兽首鋬，三柱足。腹饰夔龙纹，云雷纹地。器、盖同铭，共1字，作"妇"。通高26厘米，通长31厘米，口径26厘米×18厘米。[2] 本器年代为商代晚期。

第三类，圆腹、椭圆腹或方腹、圈足。

兽面纹觥（图3-1），2011年出土于随州叶家山M27。曲口宽流，有盖。盖作龙首形，以一浮雕形卷尾龙纹为中脊。流下及腹中部、圈足对应处均有曲尺形扉棱。圈足，有足缘。盖脊两侧饰小鸟纹和曲折角兽面纹，口下饰大鸟纹和长尾鸟纹，腹部饰下卷角分解兽面纹，圈足以扉棱为界，左右各饰一对夔龙纹。通高27厘米，长27.4厘米，腹深11.5厘米，圈足高3.5厘米，圈足径10×13.6厘米。[3] 叶家山M27

1　中国社会科学院考古研究所：《安阳殷墟花园庄东地商代墓葬》，科学出版社，2007，第120页。
2　吴镇烽：《商周青铜器铭文暨图像集成》二十四册，上海古籍出版社，2012，第443页。
3　湖北省文物考古研究所、随州市博物馆：《湖北随州叶家山西周墓地发掘简报》，《文物》2011年第11期。

1. 兽面纹觥（随州叶家山M27：7）　　2. 告田觥（宝鸡戴家湾墓）　　3. 日己觥（齐家村窖藏）
图3　圆腹、椭圆腹或方腹圈足觥

的年代为西周早期后段。告田觥（图3-2），1926—1928年出土于陕西宝鸡戴家湾，后流失国外。曲口宽流，有盖。盖作龙首形，竖角立耳，裂口獠牙。兽首形鋬，下有勾喙形垂珥。原器置于一禁上。盖两侧及腹部饰横S形龙纹，圈足饰夔纹，云雷纹地。器、盖同铭，共2字，作"告田"。高31.2厘米、长41厘米。[1] 此器年代，吴镇烽先生定为西周早期，[2] 彭裕商师认为不晚于康王。[3] 从形制及纹饰推断，其年代当不晚于西周早期前段。日己觥（图3-3），1963年出土于陕西扶风县法门镇齐家村西周铜器窖藏。曲口宽流，有盖，盖前端作龙首形，竖角，突目圆睁，后端作浮雕虎首。腹四面起扉棱。长方形圈足，有足缘。盖中间饰一小龙，两侧饰长尾鸟纹，口下饰龙纹和小鸟纹，腹部饰上卷角兽面纹，圈足饰两对小鸟纹。器、盖同铭，共20字（重文2），作"乍（作）文考日己宝尊宗彝，其子子孙孙万年永宝用。🧍"。通高32厘米、长33.5厘米、腹深12厘米。[4] 同铭之器还有方尊一、方彝一，从形制、纹饰及铭文等来看，日己组器的年代应为西周中期前段，约当穆王前后。

第四类，角形腹、圈足。

角形觥（图4-1），1959年出土于山西石楼桃花庄墓。关于此器，马承源先生描述道："一牛角形横置的容器，前面尖端作龙头状，龙齿间隙可注酒，背为盖，下有低浅圈足，后端无鋬，或即为兕觥之形。"[5] 据发掘者介绍，盖上饰夔龙纹，腹

1　王光永：《陕西宝鸡戴家湾出土商周青铜器调查报告》，《考古与文物》1991年第1期。
2　吴镇烽：《商周青铜器铭文暨图像集成》二十四册，上海古籍出版社，2012，第447页。
3　彭裕商：《西周青铜器年代综合研究》，巴蜀书社，2003，第535页。
4　梁星彭、冯孝堂：《陕西长安、扶风出土西周铜器》，《考古》1963年第8期。
5　马承源：《中国青铜器》，上海古籍出版社，1988，第236页。

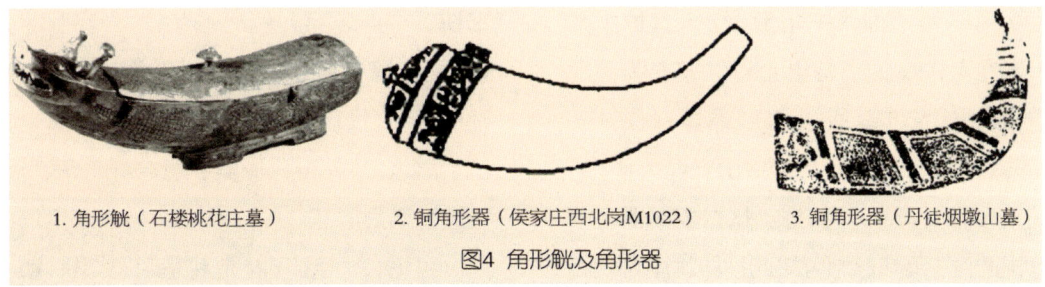

1. 角形觥（石楼桃花庄墓）　2. 铜角形器（侯家庄西北岗M1022）　3. 铜角形器（丹徒烟墩山墓）

图4　角形觥及角形器

饰夔龙纹间类似鳄鱼的花纹，圈足饰鱼龙花纹，盖里前部有铭文，通高19厘米、长44厘米、宽12厘米、腹深7.5厘米、足高2.5厘米、重8.6公斤。[1] 年代约为商代晚期。

综上所述，前有宽槽形流、后有大鋬、兽首形盖与器身分铸是商周青铜觥的基本形制，这既不同于同时期的鸟兽形尊，也不同于时代较晚的匜。商周青铜觥均制作精美，装饰华丽，且均出土于等级较高的墓葬中，是一种十分稀有的青铜酒器。长期以来，学者对其功能争议较大，不利于对其做更深入的研究。笔者不揣冒昧，拟从铭文记载、形制、出土情况、出土文献及传世典籍记载等方面入手对此问题再做探讨，以求教于方家。

三　商周青铜觥的功能研究

商周青铜觥的功能，目前主要形成饮酒器、盛酒器、注酒器、注水器四种观点，水器之说王国维先生已作详细辩论，故不再重复。就饮酒器之说，此说最不可信。目前所称之觥，其形制一般作圆形、椭圆形、方形或角形腹，圈足或三足、四足，前有槽形宽流，后有兽首鋬，有盖，形体一般较大。宽槽形流，其尺寸远大于饮酒器爵、角之流，而且也超过人口之宽度，因此若作饮酒则易倾洒；商周青铜觥轻者约1.3公斤，重者可达8.5公斤，若其中盛满酒水则更重，且其容量过大（与饮酒器比），故作为饮酒器则显得过于笨重；青铜觥横长大多接近或超过30厘米，而鋬的设置均为横向（与流在同一方向），故而不论从任何一个方向握鋬饮酒，均显得十分别扭和不雅；另外，青铜觥流下大多有伸出器表的扉棱（如司母辛觥、兽面纹觥、日己觥），若以此饮酒则诚为不便。由此可见，青铜觥不应为饮酒之器。

就盛酒器之说，持此观点的学者主要基于其容量与文献记载相合，且发现有斗、觥同出之例，另外文献记载"酌彼金罍、酌彼兕觥"，据此而认为觥为盛酒器。然而，正如他们指出的那样，文献中的"兕

---

[1] 谢青山、杨绍舜：《山西吕梁县石楼镇又发现铜器》，《文物》1960年第7期。

"觥"可能是一种兕牛角形器，[1] 这种牛角形器在考古发掘中曾出土过，如安阳侯家庄西北岗 M1022 所出角形铜器（图 4-2）[2]、1954 年江苏丹徒烟墩山宜侯夨墓[3] 所出角形器（图 4-3）等。从东周铜器上的纹饰图像[4] 及其形制可知此种器物应为饮酒之器。然而，这又与《卷耳》所载"酌彼兕觥"矛盾，角形饮酒器又何以言"酌"？将觥或兕觥训释为角形器虽与汉以来学者训诂相合，但这却与目前所见青铜觥的形制不合。由此可见，在目前情况下要彻底解决这一问题，需要从新的视角出发，寻求多方面的证据。

（一）铭文记载

吴镇烽先生《铭图续》30891 著录一件雁形器，年代为春秋时期，此器自名兄（貺），《说文》有"觵"乃"觥"之异体，黄、光、貺韵母相同，因此学者将以上雁形器中之"兄"读为"觥"可从。此器有铭文 8 字（图 5-1），作"郘公皽自作商宴兄"，关于"商宴兄"三字，董珊先生解释为"象雁形的酒器"[5]。笔者以为"商宴"二字当作"觞宴"。"商、菖、汤、殇、伤、惕、殇、觞"等古音均属"阳部、

书钮、平声"字，例可通假。"觞"字，《说文》解释道："实曰觞，虚曰觯。"段注曰："《投壶》命酌曰请行觞。觞者，实酒于爵也。《韩诗》说爵、觚、觯、角、散五者总名曰爵。"

可见，"觞"就是将酒注于爵、觚、觯、角、散等酒器中。在大量青铜器铭文中，于文末多表明其器用，如"作御鑑""作醴壶""作飤盆""作飱盆""作饙簋""作祼同（铜）"等。因此，"作觞宴觥"即铸造了一件宴饮之时用于实酒之觥。

另外，郘公皽觥与一般鸟兽形尊稍异，尾下有一半环形小錾有链条与盖相连，长颈屈伸，口微张，由于未睹实物，未知口腔与腹腔是否内通，若然则于解决"觥"之功能提供重要物证。然而，由于相互配套使用之器物（如盘、盉；尊、卣）往往会铸有相同的铭文，故而在研究这一类器物的功用时不能仅依靠器形，相较而言，铭文为时人所铸，正是对这一类器物功能的直接记载，则足以信从。

（二）觥之形制

角形觥应为青铜觥较原始的形态，对探索其功能具有重要意义。桃花庄角形觥

1　朱凤瀚：《中国青铜器综论》，上海古籍出版社，2009，第 194 页。

2　朱凤瀚：《中国青铜器综论》，上海古籍出版社，2009，第 167 页。

3　江苏省文物管理委员会：《江苏丹徒烟墩山出土的古代青铜器》，《文物》1955 年第 5 期。

4　参见江苏省文物管理委员会、南京博物院：《江苏六合程桥东周墓》图一三，《考古》1965 年第 3 期；镇江博物馆：《江苏镇江谏壁王家山东周墓》图六，《文物》1987 年第 12 期；山西省考古研究所等：《山西省潞城县潞河战国墓》图二〇，《文物》1986 年第 6 期。

5　董珊：《郘公铸"乍正朕保"补释》，复旦大学出土文献与古文字中心网站，2012 年 5 月 12 日。

的年代从同出器物的铸造技术（圈足上多有3个方形或十字形镂孔）、形制、纹饰、组合等综合分析，当不晚于殷墟时期。这件觥尽管龙首与盖分铸，但龙之口齿有间隙，这种设计主要是便于倾注，而这在稍晚的青铜觥上仍然有所体现，如亚长觥，其已经为青铜觥的成熟形态，前有槽形流、后有兽首鋬，但龙齿间仍然留有缝隙，可见其尚保留有早期特征。随着铸造技术的改进，早期这种仅有狭小的齿间缝隙可用于倾注的觥逐渐被淘汰，代之而起的是将龙首从口部一分为二形成槽形宽流的带鋬觥，这样使用起来更为方便。在考古发掘及传世器中还有一种青铜角形器（图4-2、图4-3）与角形觥颇为类似。

由图4可知，觥的最早形态可能正是起于牛角状器，为了与角区别故而易名兕觥，只是角一直保持较原始的牛角形，主要为饮酒之器，这与文献记载"罚爵"之训相合；而兕觥则主要为注酒器，发展到后来腹部加深，后端加一鋬耳以便握持，此当是觥形器发展成熟后之形制。以上桃花坡之觥，尚保留其原始形制，器腹较浅，前端龙首口齿有间隙，若作盛酒显然不合适，正如马承源所言"龙齿间隙可注酒"，此说甚是。前文所举玫茵堂所藏"作宝彝"觥，据其公布之照片，此器龙口微张呈扁圆形，但未知其口腔与颈腔是否内通，若然，则此种设计亦应为便于倾酒之故。

（三）觥之出土情况

在器物功能的研究中，学者往往十分注重器物的埋藏环境，亦即在墓葬、窖藏中的摆放位置，常常借助出土位置、同出器物等推定其功能。下面选取出土青铜觥且未被扰乱的墓葬为例，就其出土情形列为表1。

墓葬	器物	出土位置	同纹饰器	同铭文器	来源
安阳殷墟 M5	司母辛四足觥	椁内棺外，紧邻方罍	与鸮尊、盘近似	方鼎、方彝	《殷墟妇好墓》，61页
安阳殷墟 M5	妇好圈足觥	椁内棺外，紧邻方尊	与瓿、鸮尊、觯近似	方尊、方罍	《殷墟妇好墓》，63页
93殷墟花园庄 M54	亚长觥	椁室南部，与120号觚、方彝紧邻	与方彝、方尊、方斝近似	鼎、甗、觚、爵、尊、方彝	《安阳殷墟花园庄东地殷墟墓葬》，123页
10山东高青陈庄 M18	M18:3 登觥	头箱东南角，与斗（9）紧邻	无	卤	《考古》2011年第2期
11随州叶家山 M27	兽面纹觥	二层台上，与觯尊、卤、盘紧邻	与鱼伯彭卤、鱼伯彭尊、火纹簋近似	无铭文	《文物》2011年第11期

续表

墓葬	器物	出土位置	同纹饰器	同铭文器	来源
97鹿邑长子口M1	M1:86长子口方觥	北椁室，与父辛圆觚、小方卣、长子口圆爵紧邻	与带盖方鼎、长子口方罍、尊近似	尊、方卣、方罍、圆尊、方斝、方甗、方鼎、分裆鼎	《鹿邑太清宫长子口墓》，104页
97鹿邑长子口M1	M1:225长子口方觥	西椁室，与矮体觚、长子口方罍紧邻	与带盖方鼎、长子口方罍、尊近似	尊、方卣、方罍、圆尊、方斝、方甗、方鼎、分裆鼎	《鹿邑太清宫长子口墓》，105页
97鹿邑长子口M1	M1:92长子口圆觥	北椁室，与带盖方鼎、四耳簋紧邻	与四耳簋、带盖方鼎近似	尊、方卣、方罍、圆尊、方斝、方甗、方鼎、分裆鼎	《鹿邑太清宫长子口墓》，106页
76扶风庄白J1	析觥	未知	与析尊、析方彝近似	析尊、析方彝	《文物》1978年第3期
63扶风齐家村J1	日己觥	未知	与方彝、方尊近似	方尊、方彝	《考古》1963年第8期

由表1可见，首先，就出土位置而言，青铜觥与其他礼器一样均出土于棺椁之间、头箱或椁室之中，绝大多数与尊、罍、觚、爵、斝、方彝、斗等酒器紧邻，少量与鼎、簋、盘等相邻，可知其为酒器无疑。其次，在同一座墓中，未发现与觥纹饰和铭文完全相同的器物，可知觥是一种独立使用的器物，不像爵觚、尊卣等配套使用。

关于伴出情况，学者将其定为盛酒器，最主要的依据之一就是斗、觥同出，主要有守宫觥（图5-2）、贵引觥（图5-3），值得注意的是这两件觥均为传世器，其中

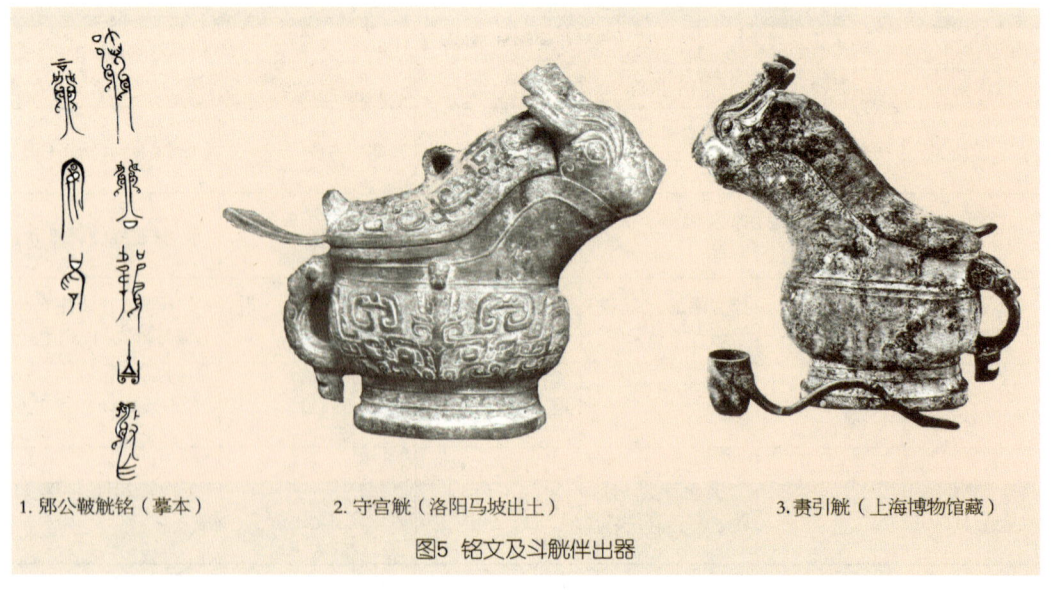

1. 郘公黻觥铭（摹本）　　2. 守宫觥（洛阳马坡出土）　　3. 贵引觥（上海博物馆藏）

图5 铭文及斗觥伴出器

之斗是原有抑或后人添置则有待求证，且守宫觥之形制与一般的觥有别，此器和丹徒烟墩山墓所出鸟纹觥一样，兽首与盖分铸，故而没有像其他觥一样形成宽槽形流，因此应为盛酒器无疑，此为其一。然而器物之间的伴出只是相对的，具有很大的不确定性，除斗觥同出，还见有斗斝、斗尊同出甚至斗甗、斗簋同出的例子，斝为饮酒器、甗为炊器、簋为食器，因此不能仅就斗、觥伴出而推定其为盛酒器，此为其二。盛酒器中除卣、方彝与斗同出外，其余如壶、瓿、罍等均极少发现与斗、勺同出的例子，而这并不影响将其定为盛酒器，此为其三。斗、觥同出也可能是两者功能相近之缘故，因为觥用以斟酒，斗、勺用以酌酒，均是为了将酒注于饮酒器中方便献酬，此为其四。

（四）出土文献和传世典籍记载

文字学大家许慎总结古人造字取象问题时说"远取诸物，近取诸身"，可知文字乃记录古人社会生活的重要的载体，保留了原始的社会情境和隐秘的历史信息，是我们了解古代历史的最重要、最直接的途径。甲骨文中的"易（赐）"字，对辅证青铜觥的功能具有重要的参考价值，现就其字形列为表2，以供探讨。

从表2中的甲骨文字形可知，其本象用一屈曲宽流带錾圈足形器物将酒水一类的东西倾注于另一种容器中。此字裘锡圭先生释为"注"[1]，刘钊先生从之。[2] 赵平安先生释为"易"，"易"由"匜"分化

表2		甲骨文"易"字字形		
20604（师小字）	18544（师小字）	18526（宾一B）	拼合154（宾一B）	5458（宾一B）
8253（宾一B）	8440（宾一B）	15825（宾一B）	15826（宾二）	15827正（宾二）

注：拼合指《甲骨拼合集》；B指《甲骨文合集补编》；其余均出自《甲骨文合集》

---

[1] 裘锡圭：《殷墟甲骨文字考释（七篇）》，《湖北大学学报》1990年第1期。
[2] 刘钊主编：《新甲骨文编》，福建人民出版社，2014，第629页。

而来，[1] 将以上字形中"宽流、带鋬、圈足"形器物确定为"匜"。徐中舒先生等释为"易"，他们指出："原字为⬚，象两酒器相倾注承受之形，故会赐予之义，引申之而有更易之义。后省为⬚，乃截取⬚之部分而成。金文作⬚［史丧尊］，或省作⬚［德簋］、⬚［辛巳簋］形，义皆与甲骨文略同。经传作锡、赐，皆后起字。"[2] 此说可信。我们认为，以上用于倾注的屈曲宽流带鋬圈足形器应为青铜觥，其所倾注的应为"酒"而非水，这不仅与青铜觥的类型与年代等相合，而且也与"易"字本身的意义相得益彰，因为在古代社会，酒是一种贵重的祭祀用品，只有具有一定身份地位的人才可拥有，因此给予某人"秬鬯"若干，乃十分荣耀之事，故而"赐"孳乳出"恩赐、赏赐、惠赐"等义。

传世文献的记载并非均不可信，亦有重要参考价值。《诗·周南·卷耳》记载"陟彼高岗，我马玄黄。我姑酌彼兕觥，维以不永伤"。此处之"酌"字除可训为"用斗、勺等斟酌"外，还可直接训释为"取"，正如屈万里引孔达生之言"'酌彼金罍'可解为取酒于彼金罍中"[3]，那么"酌彼兕觥"则可解释为"取酒于彼兕觥"，此说甚善。以理推之，这里的"取"可以用斗、勺等从中挹取，也可以从中直接倾倒。因此，仅凭以上训释难以将觥定为盛酒器，而且觥前有宽流，后有大鋬，用手把持即可将酒注于饮酒器中，不一定必须用斗、勺等挹取。《豳风·七月》记载"朋酒斯飨，曰杀羔羊。跻彼公堂，称彼兕觥"，可见"兕觥"可以举持，此与觥之形制、大小等相合。《诗·桑扈》记载"兕觥其觩，旨酒思柔"。王国维《说觥》一文指出："觩，《说文》作觓，觓者曲也，而兕觥皆前昂后低，器盖二者均觓然有曲意，与《诗》合"[4]，此说可信。

综上所述，铭文记载方面，晚出的邿敄觥铭其功能云"作觞宴"，"觞"者"实酒于爵也"，可知，觥之用途为注酒。形制上，追溯青铜觥的早期形制，兽口之齿间多留有缝隙，此种形制在稍晚之青铜觥上仍有孑遗，而这种间隙正用于注酒。纵观商周青铜觥之形制，前有槽形宽流，后有兽首形鋬，此种设计正可用于注酒，非用于盛酒，更非用于饮酒。从出土情况而言，在未被盗扰的墓葬中，觥绝大多与尊、罍、瓠、爵、觯、方彝、斗等酒器紧邻，少量与鼎、簋、盘等相邻，可知其为酒器无疑。在同一座墓中，未发现与觥纹饰和铭文均完全相同的器物，可知觥是一种独立使用的器物，不像爵瓠、尊卣等配套使用。因此，觥与斗的伴出，不能作为

1　赵平安：《释易与匜——兼释史丧尊》，《金文释读与文明探索》，上海古籍出版社，2011，第68—74页。
2　徐中舒主编：《甲骨文字典》，四川辞书出版社，1989，第1063页。
3　屈万里：《兕觥问题重探》，《"中央"研究院历史语言研究所集刊》，1971年，第43本第四册。
4　王国维：《说觥》，《观堂集林·卷三》，中华书局，1999，第147页。

证明其为盛酒器的依据，相反，此种情况也可能是斗与觥功能相近的一种"以类相从"。古文字中的"易（赐）"之形体，其本义为用一屈曲宽流带鋬圈足形器将酒水倾注于另一器皿之中，而这种"屈曲宽流带鋬"之器与"青铜觥"之形制近似，此亦可辅证商周青铜觥之功能当为用于"倾注"。综合铭文记载、觥之形制、出土情况、古文字材料及传世典籍记载等可知，商周青铜觥的主要功能应为注酒器，与今之分酒器功能类同。另外，尚有个别形制特殊的青铜觥当作盛酒之器。

致谢：本文在写成后承蒙彭裕商师及匿名评审专家提出良好修改意见，特致谢忱！

汉晋时期西南地区鸟负罐形象研究

■ 索德浩　任　倩（四川大学考古文博学院）

鸟负罐器物常见于西南地区的汉墓中，质地有铜、陶两种。"罐"是一个广义的称呼，包含了简报或报告中所称的"罐、瓶、壶"等容器。马晓亮将铜质的鸟负罐称为"翠鸟铜饰"，认为鸟背上的罐为"罂"，谐音"赢"，系有余、盈利之意，是一种吉祥装饰，在墓葬中祈求祖先的福佑。[1] 李加锋认为铜鸟为"鹤"，背上为"魂瓶"，与"灵魂升天"思想有关。[2] 姜生《汉墓的神药与尸解成仙信仰》一文亦涉及四川的"鸟负罐"形象，他认为鸟系朱雀或凤鸟，背负装神药的丹瓶，是"生物行精"之表现，与道教的尸解成仙信仰有关。[3] 姜世碧认为鸟为"鱼凫"形象，是战国时期巴民族的遗物，乃巴人图腾象征。[4] 目前的主要争议在于鸟的形象、名称及功能。由于忽略了鸟负罐在墓葬中的位置及器物组合，目前的相关解释不易让人信服。故本文拟在对"鸟负罐"材料进行系统梳理的基础上探讨相关问题。

一　鸟负罐器物类型分析

笔者搜集到的鸟负罐器物近60件（见表1）[5]，根据质地分成两型。

A型：铜鸟，一般是合范铸成。根据罐的放置方式分成两亚型。

Aa型：罐斜靠于鸟背上，又可分成两式。

---

[1] 马晓亮：《汉代翠鸟铜饰研究》，《考古》2011年第9期。

[2] 李加锋：《双流华阳乡沙河村崖墓发掘简报》，《四川文物》1991年第6期。

[3] 姜生：《汉墓的神药与尸解成仙信仰》，《四川大学学报》（哲学社会科学版）2015年第2期。

[4] 姜世碧：《成都出土铜鸟考》，《成都文物》1998年第3期。

[5] 大量资料未发表，实际数量远多于此。

Ⅰ式：为钱树的附属物，鸟背罐周围有钱币、羽人等形象。成都高新区勤俭村M1：16，长嘴，背负罐并连一钱币，钱的周边饰成发光状。长9厘米、高7厘米（图1-1）。[1] 中国国家博物馆收藏1株钱树，在第六层枝叶上有鸟负罐形象。鸟嘴中含丸状物，身上连着枝叶，枝叶上有仙人（图1-3）。[2]

Ⅱ式：独立器物，鸟背上仅有罐。四川双流沙河村崖墓出土1件，尖嘴，鸟颈系绳将罐固定于背上。残高6.8厘米（图1-4）。[3] 云南水富县乌龟石湾崖墓M5出土2件，其中M5：1，长尖喙，嘴微张，长冠羽与背上的小铜罐相连，尾宽而上翘。高7.6厘米、长8.4厘米（图1-2）。[4] 四川金堂赵镇杨柳一致村东汉墓出土1件，头向前倾，长尖嘴，短尾。长11厘米、宽4.6厘米（图1-5）。[5]

Ab型：罐立于鸟背上，也可分两式。

Ⅰ式：鸟背罐周围有钱币、羽人、蟾蜍等形象。成都龙爪三队出土1件，立鸟尖喙，冠高竖，嘴衔一条鱼。背上有双耳罐，后立一羽人，手扶罐。长12厘米。[6] 陕西城固县一东汉砖室墓出土的钱树枝上有鸟负罐形象，罐内插莲花。鸟后为一跳舞的蟾蜍。周围有钱币（图2-3）。[7] 云南大理州弘圭山出土1件，立姿，尖喙，冠羽前翘。背上有双耳罐。罐后坐1人，肩生羽翼，手扶罐耳。羽人背后有一展翼鸟（图2-2）。[8] 昭通大关县鱼堡崖墓出土1件，周围有钱币（图2-1）。[9]

Ⅱ式：独立器物，鸟背上仅有罐。四川青白江跃进村M2：3，立鸟，尖喙，嘴中似含一物。高7厘米、长12厘米（图2-4）。[10] 贵州交乐M6：16，立鸟，长喙，衔有一鱼。高7.5厘米、长11.6厘米。[11] 重庆忠县翠屏山BM310：12，立鸟，矮冠。

---

1 成都市文物考古研究所：《成都市高新区勤俭村发现汉代砖室墓》，《四川文物》2004年第4期，图五。

2 席育英：《国家博物馆藏铜钱树》，《中国历史文物》2006年第4期，图版六。

3 李加锋：《双流华阳乡沙河村崖墓发掘简报》，《四川文物》1991年第6期，图四。

4 云南省文物考古研究所等：《昭通水富县楼坝崖墓发掘报告》，《云南考古报告集》（之二），云南科技出版社，2006，第127、128页，图一九。

5 现藏于金堂文物保护管理所。

6 姜世碧：《成都出土铜鸟考》，《成都文物》1998年第3期。

7 罗二虎：《陕西城固出土的钱树佛像及其与四川地区的关系》，《文物》1998年第12期，图八。

8 现陈列于大理市博物馆。

9 现陈列于昭通博物馆。

10 成都市文物考古工作队、青白江区文物管理所：《成都市青白江区跃进村汉墓发掘简报》，《文物》1999年第8期，图三八。

11 贵州省考古研究所：《贵州兴仁交乐汉墓发掘报告》，《贵州田野考古四十年》，贵州民族出版社，1993，第260页。

长 10 厘米、残高 4.8 厘米（图 2-5）。[1]

B 型：陶质，合范造。分成两亚型。

Ba 型：鸟身下无物，以鸭常见，也有鸡的形象。四川金堂李家梁子 M23 出土 2 件，如编号 M23：11，合模处有刀削痕迹。鸭子伏地。高 10.2 厘米、长 14.2 厘米（图 3-1）。[2] 都江堰潘家祠堂 M14：28，鸭子伏地。残高 12.8 厘米（图 3-2）。[3]

Bb 型：鸟身下双腿间有 1 蟾蜍。重庆涪陵吴家石梁 M2：51，立鸟，尖嘴翘尾。长 12.9 厘米、高 13.2 厘米（图 3-3）。[4]

表1			鸟负罐形象分期		
墓葬	墓葬形制	数量	形制	期别	出处
成都市高新区勤俭村砖室墓 M1	单室，凸字形，长 9.04 米	1	Aa 型 I 式	一	《成都市高新区勤俭村发现汉代砖室墓》，《四川文物》2004 年第 4 期
成都市双流华阳乡沙河村崖墓	三室，长在 10 米以上	1	Aa 型 II 式	二	《双流华阳乡沙河村崖墓发掘简报》，《四川文物》1991 年第 6 期
成都双流华阳广福村崖墓 M42	单室，总长（含墓道）16.56 米	1	Ba 型	二	藏于成都文物考古研究院
成都双流华阳广福村崖墓 M66	前后室，墓葬总长（含墓道）15.02 米	7	Ba 型	二	藏于成都文物考古研究院
成都双流华阳广福村崖墓 M78	单室墓，残长（含墓道）6.46 米	1	Ba 型	二	藏于成都文物考古研究院
成都市青白江区跃进村砖室墓 M2	前后室，长 7.94 米	1	Ab 型 II 式（嘴含一物）	二	《成都市青白江区跃进村汉墓发掘简报》，《文物》1999 年第 8 期
成都市金堂县赵镇杨柳一致村东汉墓	不详	1	Aa 型 II 式	二	藏于金堂文物保护管理所
成都市金堂李家梁子砖室墓 M23	左中右三室，墓圹长 7.05、宽 9.00 米	2	Ba 型	二	《金堂李家梁子墓地》，待刊
成都省都江堰潘家祠堂砖室墓 M14	单室，残长 8.18 米	1	Ba 型	二	《都江堰市潘家祠堂汉墓发掘简报》，《成都考古发现》2012
成都天回山崖墓 M1	单翼式，总长 18.15 米	1	Ba 型	二	《成都天回山崖墓清理记》，《考古学报》1958 年第 1 期

1　重庆市文物局、重庆市移民局：《忠县翠屏山崖墓》，科学出版社，2011，第 59—60 页，图四四。

2　成都文物考古研究院、金堂县文物保护管理所：《金堂李家梁子墓地》，文物出版社，即将出版。

3　成都文物考古研究所、都江堰市文物局：《都江堰市潘家祠堂汉墓发掘简报》，《成都考古发现》2012，科学出版社，2014，第 345、346 页，图四四。

4　重庆市文物考古研究所、涪陵区博物馆：《涪陵吴家石梁（大院子）墓群发掘报告》，《重庆库区考古报告集》2002 卷中，科学出版社，2010，第 1333、1334 页，图二四。

续表

墓葬	墓葬形制	数量	形制	期别	出处
成都市新都马家山崖墓 M4	单室，全长 10.5 米	1	Ba 型	二	《新都县马家山崖墓发掘简报》，《文物资料丛刊》第 9 集
成都彭州青龙嘴崖墓 M21	单室，长 2.92 米	1	Ba 型	二	《彭州市青龙嘴崖墓发掘简报》，《成都考古发现》2015
四川省绵阳市涪城区桐子梁东汉崖墓 M50	前后室，全长约 7.5 米	1	Aa 型 I 式	二	《四川绵阳市涪城区桐子梁东汉崖墓发掘简报》，《四川文物》2015 年第 4 期
四川省西昌市杨家山砖室墓 M1	单室，长 7.9 米	1	Aa 型 II 式	二	《四川西昌市杨家山一号东汉墓》，《考古》2007 年第 5 期
四川省乐山大湾嘴崖墓 M11	单室，残长 6 米以上	1	Aa 型 I 式	二	《四川乐山市中区大湾嘴崖墓清理简报》，《考古》1991 年第 1 期
四川省乐山大湾嘴崖墓	不详	2	Ba 型	二	《四川乐山市中区大湾嘴崖墓清理简报》，《考古》1991 年第 1 期
四川阿坝州茂县牟托村	不详	1	Aa 型（式别不辨）	二	茂县羌族博物馆展出
不详	不详	1	Aa 型 I 式（含丹丸状物）	二	《国家博物馆藏铜钱树》，《中国历史文物》2006 年第 4 期
四川蓬安县相如故城东汉砖室墓	不详	1	Aa 型 II 式	二	藏于南充市文物管理所
重庆开县红华村崖墓 M1	前后室，全长在 10 米以上	1	Aa 型 I 式（下颚悬钱）	二	《四川开县红华村崖墓清理简报》，《考古与文物》1989 年第 1 期
重庆万州瓦子坪遗址砖室墓 M12	墓室长 3 米、宽 3 米	1	Aa 型 II 式	二	《万州瓦子坪遗址发掘报告》，《重庆库区考古报告集》2001
重庆合川市南屏石室墓 QM2	单室，墓室长 3.82 米，宽 2.60 米	1	Aa 型 II 式	二	《重庆合川市南屏东汉墓葬群发掘简报》，《华夏考古》2000 年第 2 期
重庆市江津区烟墩岗砖室墓 M1	长方形，全长 11 米	1	Ba 型	二	《重庆市江津区烟墩岗汉代砖室墓发掘简报》，《四川文物》2014 年第 4 期
重庆涪陵吴家石梁砖室墓 M2	单室，墓圹长 6.9 米	1	Bb 型	二	《涪陵吴家石梁（大院子）墓群发掘报告》，《重庆库区考古报告集》2002
重庆涪陵崖墓 M1	单室，墓室长 3.06 米	1	Bb 型	二	《四川涪陵东汉崖墓清理简报》，《考古》1984 年第 12 期
重庆涪陵三堆子石室墓 M2	前后室，全长近 7 米	1	Bb 型	二	《四川涪陵三堆子东汉墓》，《文物资料丛刊》第 10 集
云南昭通水富县乌龟石湾崖墓 M5	前后双室，通长 7.7 米	2	Aa 型 II 式	二	《昭通水富县楼坝崖墓发掘报告》，《云南考古报告集》（之二）

续表

墓葬	墓葬形制	数量	形制	期别	出处
云南昭通白泥井夫妇合葬砖室墓	单室，墓室长3.82米，墓砖有画像	2	Aa型（式别不辨）	二	《云南昭通县白泥井发现东汉墓》，《考古》1965年第2期
云南昭通沙坪村鱼堡崖墓和洒渔乡汉墓	不详	4	Ab型Ⅰ式（一件嘴衔鱼）	二	云南昭通博物馆展出
云南大理市下关城北熹平年砖室墓	多室，残长7.8米	1	A型（式别不辨）	二	《云南大理市下关城北东汉纪年墓》，《考古》1997年第4期
大理市喜洲泓圭山出土	不详	1	Ab型Ⅰ式	二	大理州博物馆展出
云南禄丰砖室墓	前后室，全长9.3米	1	Aa型Ⅱ式	二	《禄丰汉代砖室墓清理简报》，《文物资料丛刊》第9集
云南昆明呈贡七步场砖室墓M1	单室，室内长5.8米	2	Ab型Ⅱ式	二	《云南呈贡七步场东汉墓》，《考古》1982年第1期
贵州清镇平坝砖室墓M1	前中后室，带封土，墓室（含甬道）全长10.7米	1	Aa型（式别不辨）	二	《贵州清镇平坝汉墓发掘报告》，《考古学报》1959年第1期
贵州安顺宁谷镇龙滩石室墓M29	单室，全长（含甬道）7.5米	1	Aa型Ⅰ式	二	《贵州安顺宁谷龙滩汉墓清理简报》，《考古与文物》2012年第1期
贵州兴仁交乐石室墓M6	单室，长7.72米	1	Ab型Ⅱ式（嘴衔鱼）	二	《贵州兴仁交乐汉墓发掘报告》，《贵州田野考古四十年》
陕西汉中铺镇砖厂砖室墓M1	单室，全长8.65米	2	Aa型Ⅱ式	二	《陕西汉中市铺镇砖厂汉墓清理简报》，《考古与文物》1989年第6期
陕西城固一中汉墓	不详	2	Ab型Ⅰ式（含丹丸状物）	二	《陕西城固出土的钱树佛像及其与四川地区的关系》，《文物》1998年第12期
重庆忠县翠屏山崖墓EM606	单室墓，全长8.5米	1	Aa型Ⅰ式	三	《忠县翠屏山崖墓》，第120—124页
重庆忠县翠屏山崖墓BM310	前后双室，全长8.88米	1	Ab型Ⅱ式	三	《忠县翠屏山崖墓》，第56—60页
成都市新津县大云山东汉崖墓M1	多室，主室长14.5米，残存16具陶棺	1	Aa型Ⅱ式	东汉	《成都市新津县大云山东汉崖墓的清理》，《考古》2011年第5期
四川射洪斗龙坝摇钱树残片	不详	1	Ab型Ⅱ式（口衔丹丸状物）	东汉	《汉墓的神药与尸解成仙信仰》，《四川大学学报》（哲学社会科学版）2015年第2期
成都市出土	不详	2	Ab型Ⅰ式（嘴衔鱼）	东汉	《成都出土铜鸟考》，《成都文物》1998年第3期
重庆云阳张家嘴竖穴土坑墓M17	单室，长3.9米（被晚期墓扰乱）	1	Aa型Ⅱ式	东汉	《云阳张家嘴墓群发掘简报》，《重庆库区报告集》2002
云南昆明羊甫头墓地	不详	1	Ab型Ⅱ式	不详	《昆明羊甫头墓地》，第586、587页

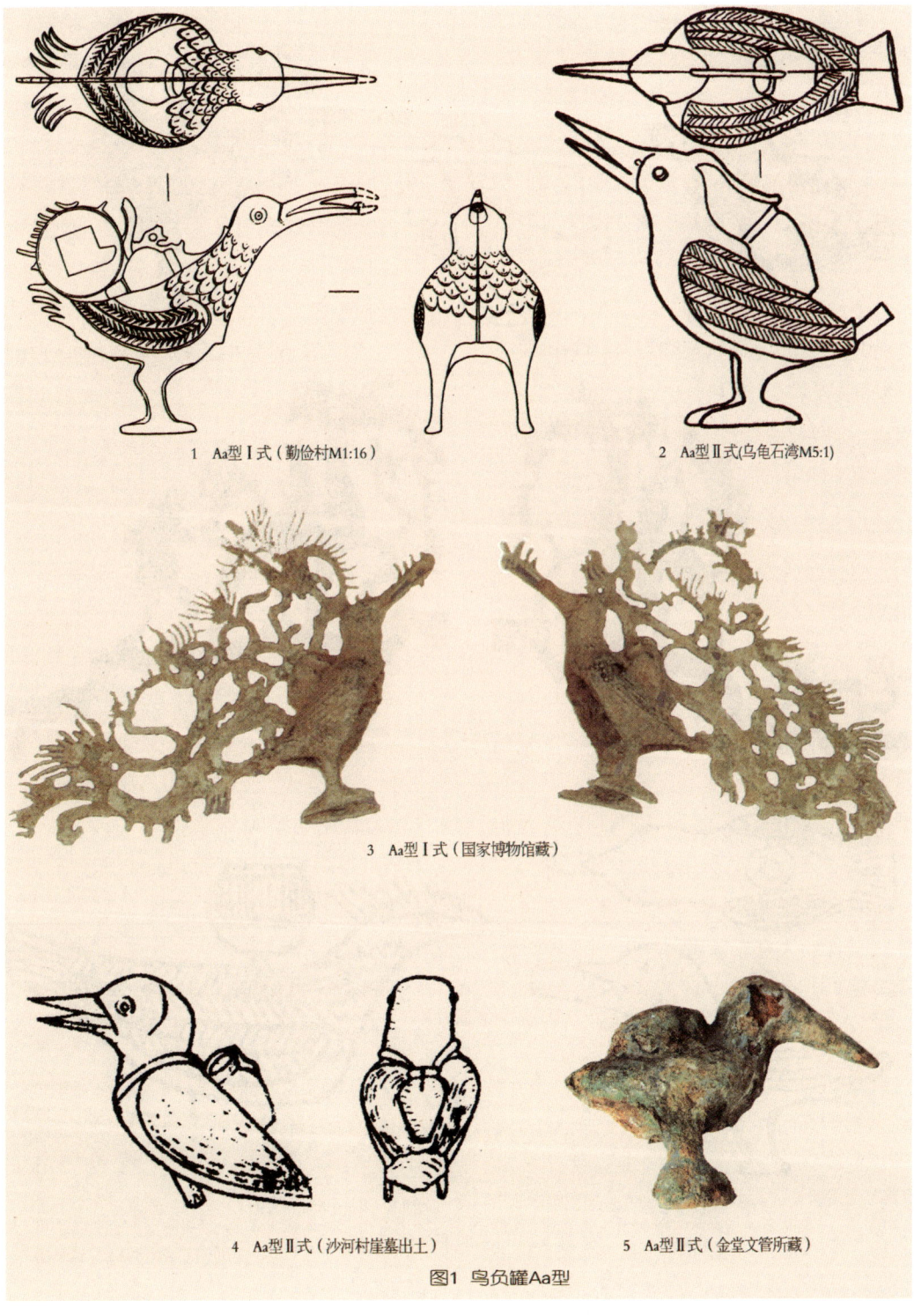

图1 鸟负罐Aa型

022 器物研究

1　Ab型Ⅰ式（昭通大关县鱼堡崖墓出土）　　2　Ab型Ⅰ式（云南大理州弘圭山出土）

3　Ab型Ⅰ式（城固县文管所藏）

4　Ab型Ⅱ式（跃进村M2:3）　　5　Ab型Ⅱ式（翠屏山BM310:12）

图2　鸟负罐Ab型

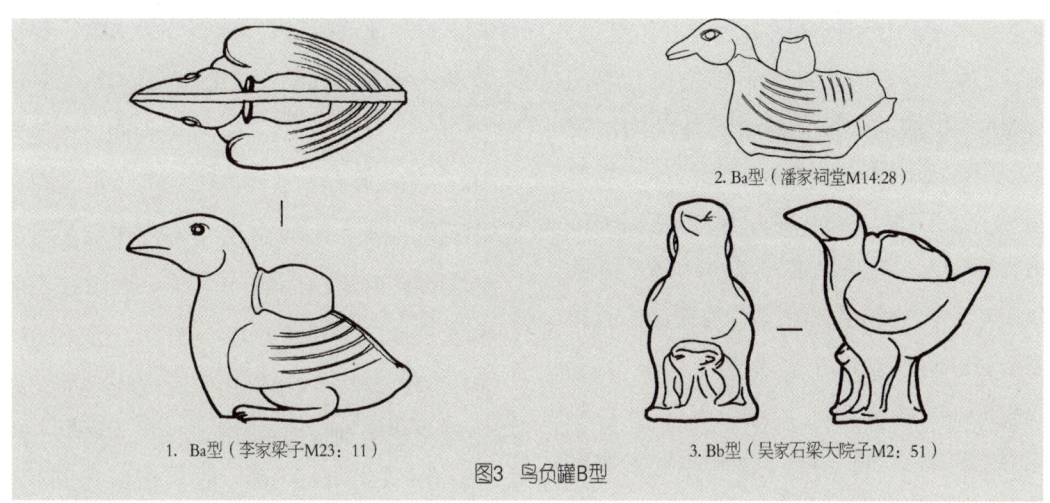

1. Ba型（李家梁子M23：11）
2. Ba型（潘家祠堂M14:28）
3. Bb型（吴家石梁大院子M2：51）

图3 鸟负罐B型

据上文类型分析可知，铜鸟一般为立姿、尖喙形象，但羽翼有差异，冠羽多后翘，也有前翘，有些无冠。尾有的上翘，也有的下垂。陶器则以鸭、鸡为多。由此可见，鸟的形象并不统一，非特指某一类鸟，所谓的"翠鸟""鹤""鱼凫""凤鸟"等名称并不确切。附属物有羽人、蟾蜍、钱币、鱼等形象，但主体为鸟负罐形象，故将这类器物命名为"鸟负罐"更为客观、形象。

二 分期、演变及分布

鸟负罐器物自身时代特征性不强，故其时代的判定主要依据所出的墓葬形制及随葬器物。川渝地区出土鸟负罐的墓葬时代判定大致不差，但云贵地区相关墓葬的时代判断普遍偏早。云贵地区出土鸟负罐的墓葬均位于交通线，类型有砖室墓、石室墓和崖墓，皆来源于川渝地区；随葬的陶大口瓮、敛口瓮、折腹钵、深腹盆、鸡、狗、田塘、房屋、灶、井、钱树座及俑群等器物形制、组合与四川汉墓的基本一致。所以云贵地区出土鸟负罐的墓葬与川渝地区汉墓同属一系，可以统一归至以成都平原为中心的汉代巴蜀区域文化圈内。这与秦汉时期特别是汉武帝以来中央政府以巴蜀为基地开发西南地区的政策背景是一致的，大量汉民从巴蜀地区迁徙到西南夷地区，聚居于交通线。考虑开发的滞后性，西南夷地区的同类墓葬总体应该偏晚于川渝地区。下面对部分墓葬的时代加以分析。

云南下关大理制药厂东汉砖室墓有"熹平"（172—178）纪年，[1] 为云贵地区同期墓葬的时代判断提供了参考。昭通水富县楼坝崖墓群被判定在东汉中期，但该墓群出土的器物却普遍呈现偏晚的时代特

1　大理州文物管理所：《云南大理市下关城北东汉纪年墓》，《考古》1997 年第 4 期。

征。俑群及动物模型较为高大，制作精美，流行于东汉晚期。陶瓮 WSGM7：12 与制药厂 M1：40 基本一致。黄沙坡 M11 内发现有瓷四系罐，饰细方格纹（布纹），此类器物流行于蜀汉时期，如丰都镇江 2007BSM2 [1]、云阳马粪沱 2002M66 [2] 等墓葬都发现类似瓷罐，时代均为蜀汉。故楼坝崖墓群时代应以东汉晚期至蜀汉为主。云南呈贡七步场 M1 [3] 陶罐（M1：19）与绵阳朱家梁子 M5：2 [4] 形制接近，朱家梁子 M5 为东汉中期；大口瓮 M1：21 与制药厂 M1：40 形制相近，瓮腹部无装饰，在四川地区流行于东汉晚期，如绵阳白虎嘴 M21：12 [5]；吐舌镇墓俑（M1：42）在川渝地区流行于东汉中晚期。[6] 故七步场 M1 时代在东汉中晚期，笔者更倾向于东汉晚

期。禄丰汉代砖室墓中出土的敛口罐 [7] 与新都凉水村 M1：1 [8]、绵阳沙包梁 M2：1 [9] 形制接近。凉水村 M1 为东汉中晚期，沙包梁 M2 为东汉晚期。故禄丰砖室墓为东汉晚期的可能性大。昭通白泥井为砖室墓，用条形画像砖砌筑，[10] 其车轮和车马画像在川南和重庆地区流行于东汉中晚期。贵州清镇 M1 为砖室墓，内出钱树座及枝叶残片，周克林将钱树判断为东汉晚期。[11] 该墓出土的"陶豆"与山水岩 M6：29 形制相近，山水岩 M6 为东汉晚期。[12] 故清镇 M1 时代为东汉晚期。贵州交乐 M6 为砖室墓，周克林认为该墓出土的钱树为东汉中期；[13] 折腹圈足陶钵在四川地区流行于东汉中晚期，故该墓为东汉中期。贵州安顺 M29 [14] 出土的龟

---

[1] 重庆市文物局、重庆市移民局：《丰都镇江汉至六朝墓群》，科学出版社，2013，第 597—598 页。

[2] 郑州市文物考古研究所：《重庆市云阳县马粪沱墓地 2002 年发掘简报》，《文物》2004 年第 11 期。

[3] 云南省博物馆文物工作队：《云南呈贡七步场东汉墓》，《考古》1982 年第 1 期。

[4] 绵阳市博物馆、成都文物考古研究所：《绵阳崖墓》，文物出版社，2015，第 348—349 页。

[5] 绵阳市博物馆、成都文物考古研究所：《绵阳崖墓》，文物出版社，2015，第 79—80 页。

[6] 傅娟：《川渝东汉墓出土吐舌陶塑造像初探》，《四川文物》2006 年第 4 期；宾娟《吐舌状镇墓兽及其文化意义的探讨》，《四川文物》2013 年第 6 期。

[7] 云南省博物馆：《禄丰汉代砖室墓清理简报》，文物编辑委员会编《文物资料丛刊》第 9 集，文物出版社，1985，第 204—205 页。

[8] 成都文物考古研究所、新都区文物管理所：《成都市新都区东汉崖墓的发掘》，《考古》2007 年第 9 期。

[9] 绵阳市博物馆、成都文物考古研究所：《绵阳崖墓》，文物出版社，2015，第 264 页。

[10] 曹吟葵：《云南昭通县白泥井发现东汉墓》，《考古》1965 年第 2 期。

[11] 周克林：《东汉六朝钱树研究》，巴蜀书社，2012，第 536 页。

[12] 四川省文物考古研究院、广安市文物管理所、武胜县文化体育局、武胜县文物管理所：《四川武胜山水岩崖墓群发掘报告》，《四川文物》2010 年第 1 期。

[13] 周克林：《东汉六朝钱树研究》，巴蜀书社，2012，第 536 页。

[14] 贵州省文物考古研究所、安顺市博物馆、西秀区文物管理所：《贵州安顺宁谷龙滩汉墓清理简报》，《考古与文物》2012 年第 1 期。

衔灯在四川地区流行于东汉末、蜀汉时期,如大邑县马王坟 M1、崇州五道渠砖室墓都有发现,五道渠墓葬为蜀汉时期[1],马王坟 M1 建造于建安年间(196—220年)[2],故安顺 M29 为东汉末至蜀汉。所以云贵地区出土鸟负罐的这批墓葬为东汉中晚期,又以东汉晚至蜀汉时期居多。其余丧失出土单位信息的鸟负罐器物大致也在此时段内。

汉中铺镇砖室墓的时代判断为西汉晚期,明显存在问题。马晓亮以为是东汉中晚期,较为合理。[3]

结合上文器物类型学及墓葬年代分析,鸟负罐器物大致可以分成三期(见表1)。

第一期,东汉早期。仅见 Aa 型Ⅰ式,数量不多。此时鸟负罐作为钱树上的一个组成部分,由枝叶、钱币、仙人构成。仅发现于成都地区。

第二期,东汉中晚期、蜀汉。为鸟负罐器物的盛行期。Aa 型Ⅰ式仍比较常见,流行 Aa 型Ⅱ式、Ab 型Ⅰ式、Ⅱ式及 B 型。鸟负罐开始从钱树中独立出来,出现了陶质鸟负罐。成都地区发现最多,乐山、重庆及云南昭通、大理等地区也发现不少,四川彭山、绵阳、蓬安、茂县、西昌及贵州清镇、安顺、兴仁等地有零星发现。四川以岷江沿线最为密集,涪江、嘉陵江流域有零星发现;重庆主要发现于长江沿岸;云贵及川西地区主要位于交通线附近。

第三期,两晋。为鸟负罐器物的消逝期。目前仅在重庆忠县翠屏山墓地发现 2 件,均为 A 型。

通过分期可知,西南地区的鸟负罐形象最早出现于成都地区,原为钱树枝上的一个组成部分,罐斜靠于鸟背上。约东汉中期从钱树体系中独立出来,但还保留了钱树上的羽人、蟾蜍等形象,鸟背上出现了立罐。稍后,羽人、蟾蜍等图像也被省略。约至东汉晚期,又出现陶质的鸟负罐。

鸟负罐器物的分布有一定规律性。B 型仅发现于川渝地区,其中 Bb 型又仅存于涪陵地区。A 型分布较为广泛,其中 Aa 型在川渝地区发现最多,Ab 型更流行于云南地区。

三 鸟负罐的器物组合与构成

鸟负罐在墓葬中的位置比较固定。昭通白泥井砖室墓内的器物基本未移动,其中鸟负罐发现于铜案上,案上有 5 只铜耳杯、1 件铜盘、1 只铜鸟,其中 2 只耳杯内各置 1 只铜负罐鸟。万州瓦子坪 M12 的鸟负罐也是出土于耳杯内,周围有盘、杯

---

1 四川省文物管理委员会、崇庆县文化馆:《四川崇庆县五道渠蜀汉墓》,《文物》1984 年第 8 期。

2 丁祖春:《四川大邑县马王坟汉墓》,《考古》1980 年第 3 期。

3 马晓亮:《汉代翠鸟铜饰研究》,《考古》2011 年第 9 期。

等一套祭奠器，人骨散乱分布于其东侧。[1]水富县乌龟石湾 M5 的鸟负罐置于墓室后部棺前，周围为耳杯及动物模型。跃进村 M2 的情况与乌龟石湾 M5 一致。呈贡七步场砖室墓的置于墓室后部，虽被扰乱，仍可知鸟负罐置于死者附近。新都马家山 M4 的鸟负罐出土于墓室中部，从器物分布来看，也是在死者附近，周围以动物模型为多。[2] 成都勤俭村 M1 的鸟负罐出土于陶棺的东侧，周围有钱树座及铜耳杯、钵等。禄丰砖室墓的鸟负罐位于墓室中部，周围有环首刀、带钩及银镯，应该是放置死者之处。江津烟墩岗 M1 的鸟负罐出土于墓室中部，周围为陶俑和动物模型。[3] 云阳张家嘴 M17 的鸟负罐出土于棺木西南角。[4] 大湾嘴 M11 的鸟负罐出土于棺龛附近。[5] 翠屏山两座崖墓的鸟负罐位于墓室中后部，从器物分布来看，也在死者附近。涪陵三堆子汉墓的鸟负罐位于中、后室交界处，死者很可能葬于中室，周围为陶俑。[6] 大云山崖墓的鸟负罐出土于墓门处，附近有耳杯。[7] 李家梁子 M23 的鸟负罐出土于中室后侧，相当于厅堂区，周围以动物模型和陶俑为多。综上，铜质鸟负罐一般出土于死者或棺附近，具体又可以分为两类：作为钱树的附属物，周围往往有钱树枝叶或钱树座；作为独立的器物一般和杯、案、盘等组成一套祭奠器，从未被扰乱的墓葬来看，多置于杯、盘内。陶鸟负罐距离死者稍远，一般和动物模型及陶俑组合。

鸟负罐形象最基本的构成元素为鸟和罐，其他常见的还有钱币、羽人、蟾蜍、鸟、莲花等，鸟嘴中常常衔着丸状物或鱼。鸟负罐原附属于钱树，通过考察钱树结构可以更清晰地了解鸟负罐在钱树体系中的位置和场景。罗二虎对城固的钱树进行了复原研究。佛像坐于钱树最顶部，右侧有一人朝向佛像跪拜。佛像周围有莲花。佛像下为璧，两侧各有一只展翅欲飞的凤鸟立于璧上，旁有一蟾蜍（猴？），树干由四段构成，每段树干上有一璧和一只蹲熊。每节树干上插 4 枝钱树枝叶，两两对称：一类由钱币、仙人骑马射猎图像组成；另一类由鸟负罐、蟾蜍、钱币及莲花组成；还

---

1 山东省博物馆、山东省文物考古研究所、重庆市文物局、重庆市万州区文物管理所：《万州瓦子坪遗址发掘报告》，重庆市文物局、重庆市移民局编《重庆库区报告集》2001 卷，科学出版社，2007，第 789 页。

2 四川省博物馆等：《新都县马家山崖墓发掘简报》，文物编辑委员会编《文物资料丛刊》第 9 集，文物出版社，1985，第 96 页。

3 重庆市文化遗产研究院：《重庆市江津区烟墩岗汉代砖室墓发掘简报》，《四川文物》2014 年第 4 期。

4 西安半坡博物馆、云阳县文物管理所：《云阳张家嘴墓群发掘简报》，重庆市文物局、重庆市移民局编《重庆库区报告集》2002 卷上，科学出版社，2010，第 357 页。

5 四川乐山市文管所：《四川乐山市中区大湾嘴崖墓清理简报》，《考古》1991 年第 1 期。

6 四川省文物管理委员会、涪陵地区文化局：《四川涪陵三堆子东汉墓》，文物编辑委员会编《文物资料丛刊》第 10 集，文物出版社，1987，第 136 页。

7 成都文物考古研究所、新津县文物管理所：《成都市新津县大云山东汉崖墓的清理》，《考古》2011 年第 5 期。

有一类为凤鸟，较残，位置不详。树座残，有山峦和猫头鹰。[1] 国家博物馆征集的钱树较为完整，共由八层枝叶组成。树顶为一只展翅欲飞的凤鸟。树干上有佛像。第一层至第七层由璧和枝叶组成，枝叶上有鸟负罐、钱币、仙人骑兽、羽人、禽兽等形象。树座有三层图像，由仙人骑羊、狩猎、抚琴、舞蹈等图像构成。[2] 从这两株钱树来看，鸟负罐一般位于钱树上部的枝叶上，与羽人、蟾蜍、钱币的组合最为常见，主要表现了仙境中的场景。

四 鸟负罐形象的功能解读

鸟负罐属异象，并非日常所见，因此，需从当时社会信仰的层面来考虑其功能。依据目前的资料，鸟负罐均发现于东汉、魏晋时期的墓葬中，墓葬乃死者所居，故需从汉晋时期的死亡观念中去探讨其意义。

鸟负罐在墓葬中的位置是解读其功能的关键。铜质鸟负罐常被放置于案上的耳杯和盘中。墓葬中的杯、案、盘为一套祭奠器，耳杯盛酒、盘中置食，供墓主在死后的世界中饮食，是古代"鬼犹求食"[3]思想的反映。鸟负罐置于表现死后饮食的杯、盘中，只能说明鸟背上的罐中之物是供墓主饮食所用。考虑鸟负罐周围的仙人、奇禽异兽形象，罐中应非普通食物，很有可能是仙界的"不死之药"。据汉晋文献记载，仙界中常用杯、盘来盛放仙药。《神仙传》载："有玉女持金盘玉杯盛药赐（沈）羲，曰：'此是神丹，服之者不死矣。'"[4]为理解罐中之物提供了线索。彭州出土的画像砖表现的场景可与文献相印证，前方一仙人骑鹿，后方一羽人托着盘，盘中之物很可能就是仙药，整幅画面表现了羽人递送仙药的场景。[5]

仙界的神药往往通过飞鸟运往人间。《太平经·生物方诀》："禽者，天上神药在其身中，天使其圆方而行。"[6] 神鸟所衔神药能使人死而复生。《搜神记》："昔高阳氏，有同产而为夫妇，帝放之于崆峒之野，相抱而死。神鸟以不死草覆之，七年，男女同体而生，二头，四手足，是为蒙双氏。"[7]《十洲记》也有类似记载："祖汶州有不死之草，似菰苗。秦始皇时，死者横

---

1 罗二虎：《陕西城固出土的钱树佛像及其与四川地区的关系》，《文物》1998年第12期。

2 席育英：《国家博物馆藏铜钱树》，《中国历史文物》2006年第4期。

3 《左传》宣公五年："鬼犹求食，若敖氏之鬼不其馁而！"见（唐）孔颖达《春秋左传正义》，北京大学出版社，1999，第608页。

4 （晋）葛洪撰，胡守为校释：《神仙传校释》，中华书局，2010，第70页。

5 四川省博物馆：《四川彭县等地新收集到一批画像砖》，《考古》1987年第6期。

6 王明：《太平经合校》，中华书局，1960，第173页。

7 （晋）干宝撰，汪绍楹校注：《搜神记》卷十四《蒙双氏》，中华书局，1979，第168页。

道。有鸟如乌状，衔此草以覆死人面，皆登时起坐而遂活也。"[1] 负罐之鸟充当了神药运输者的角色。

鸟负罐周围有肩背生翼的人物形象，文献中称之"羽人"。《楚辞·远游》："仍羽人于丹丘兮，留不死之旧乡。"王逸注："《山海经》言有羽人之国，不死之民。或曰：人得道，身生毛羽也。"洪兴祖补注："羽人，飞仙也。"[2] 所以，羽人即仙人。考古发现也可印证，四川简阳鬼头山三号画像石棺上有"先（仙）人博"榜题，榜题下两仙人就是羽人形象。[3] 变成羽人是升仙的一个重要途径。《论衡》云："图仙人之形，体生毛，臂变为翼，行于云，则年增矣，千岁不死。""好道学仙，中生毛羽，终以飞升。"[4] 而羽人的重要作用便是导引升仙，赐仙药。汉代诗歌《长歌行》："仙人骑白鹿，发短耳何长。导我上太华，揽芝获赤幢。来到主人门，奉药一玉箱。主人服此药，身体日康强。发白复更黑，延年寿命长。"[5] 鸟负罐形象中，羽人坐于鸟背上，手扶罐，应该就是表达赐送仙药之意。

蟾蜍亦与不死之药有关。《续汉书·天文志》刘昭注引东汉张衡《灵宪》说："羿请无死之药于西王母，姮娥窃之以奔月……姮娥遂托身于月，是为蟾蜍。"[6] 六一一所出土1件有翼兽钱树座，兽臀部坐一蟾蜍，蟾蜍抱一壶（图4），[7] 壶中很可能就是仙药。且蟾蜍本就是升仙之药。晋郭璞《玄中记》云："蟾蜍头生角，得而食之，寿千岁。又能食山精。"[8] 《抱朴子》云："肉芝者，谓万岁蟾蜍，头上有角……"[9] 城固钱树上负罐鸟后面的蟾蜍应该就是表达服食仙药升仙之意。涪陵陶鸟负罐所踩的蟾蜍含义与之相同。

羽人、蟾蜍等形象在川渝地区常与西王母图像相组合。贺西林认为羽人常出现在三类组合中，其中很重要的一类是"与捣药玉兔、蟾蜍、九尾狐、三足乌等灵瑞

---

[1] （宋）李昉等：《太平御览》卷九百一十四《羽族部一》引《十洲记》，中华书局，1960，第4052页。关于《海内十洲记》的著作时代存在着争议，但多认为是东汉六朝作品。吴从祥认为该书非一时一人之作，其形成经历了东汉前、东汉、魏晋之后的增补过程。见吴从祥《〈海内十洲记〉成书新探》，《广西社会科学》2009年第10期。

[2] （宋）洪兴祖：《楚辞补注》，中华书局，1983，第167页。

[3] 内江市文管所、简阳市文化馆：《四川简阳县鬼头山东汉崖墓》，《文物》1991年第3期。

[4] （汉）王充：《论衡校释》，中华书局，1990，第66、318页。

[5] 逯钦立辑校：《先秦汉魏晋南北朝诗》，中华书局，1983，第262页。

[6] （晋）司马彪撰，（梁）刘昭注补：《后汉书志》第十《天文志上》，中华书局，1965，第3216页。

[7] 《丝路之魂：天府之国与丝绸之路》编辑委员会：《丝路之魂：天府之国与丝绸之路》，商务印书馆、四川人民出版社，2017，第51页。

[8] （宋）李昉：《太平御览》卷九百四十九《虫豸部六》引《玄中记》，中华书局，1960，第4211页。

[9] 王明：《抱朴子内篇校释》卷十一，中华书局，1985，第201页。

一同陪侍在西王母或东王公周围"[1]。四川地区少见东王公形象，其他几类形象常见于西王母周围。如彭山一号石棺[2]、郫县三号石棺[3]上的画像皆由这些要素构成，只是四川地区的蟾蜍多作舞蹈状。如此看来，羽人、蟾蜍组合应该属于西王母神话系统，那么与之相组合的鸟负罐也应归属于西王母神话。大邑县董场出土的1块画像砖很好地诠释了西王母及羽人、蟾蜍、鸟负罐形象之间的关系。西王母端坐于龙虎座上，背后似有羽翼（头光？）。左右各有一羽人，羽人手持容器，容器中有灵芝和仙草。西王母前方置案，案上为一鼎，一般认为与炼丹有关。[4] 鼎边上似为一樽。再向下右侧为九尾狐。左侧为"头生角"的蟾蜍，捧一物面向西王母而跪。蟾蜍左侧为一人，持节杖，伸手似向蟾蜍讨药。最左侧为一鹿，鹿身上缠绕灵芝。最下端左、右侧亦是灵芝，右边灵芝左侧为带翼玉兔捣药。再向左为一立鸟，背上立一罐，展翅，头伸向玉兔。再向左为一羽人，羽人朝向立鸟倾身，伸手向鸟背（图5）。[5] 位于画面中心的西王母，是解读整幅图像含义的关键所在。

汉代西王母是一位神通广大的神仙，居于昆仑之仙境，长生不死。司马相如在《大人赋》中云："西望昆仑之轧沕洸忽兮，直径驰乎三危。排阊阖而入帝宫兮，载玉女而与之归。"[6] 汉人信奉西王母，甚

图4 有翼兽钱树座
（采自《丝路之魂：天府之国与丝绸之路》，第51页）

1　贺西林：《汉代艺术中的羽人及其象征意义》，《文物》2010年第7期。
2　中国画像石全集编辑委员会：《中国画像石全集·四川汉画像石》，河南美术出版社，2000，第116、117页。
3　四川省博物馆、郫县文化馆：《四川郫县东汉砖墓的石棺画象》，《考古》1979年第6期。
4　庄小霞：《四川汉画像所见丹鼎图考》，《四川文物》2015年第6期。
5　大邑县文化局：《大邑县董场乡三国画像砖墓》，四川省文物考古研究所编《四川考古报告集》，文物出版社，1998，第386—389页。笔者曾在大邑县文管所考察过原砖，并拍摄了照片。
6　（汉）司马迁：《史记》卷一百一十七《司马相如列传》，中华书局，1982，第3060页。

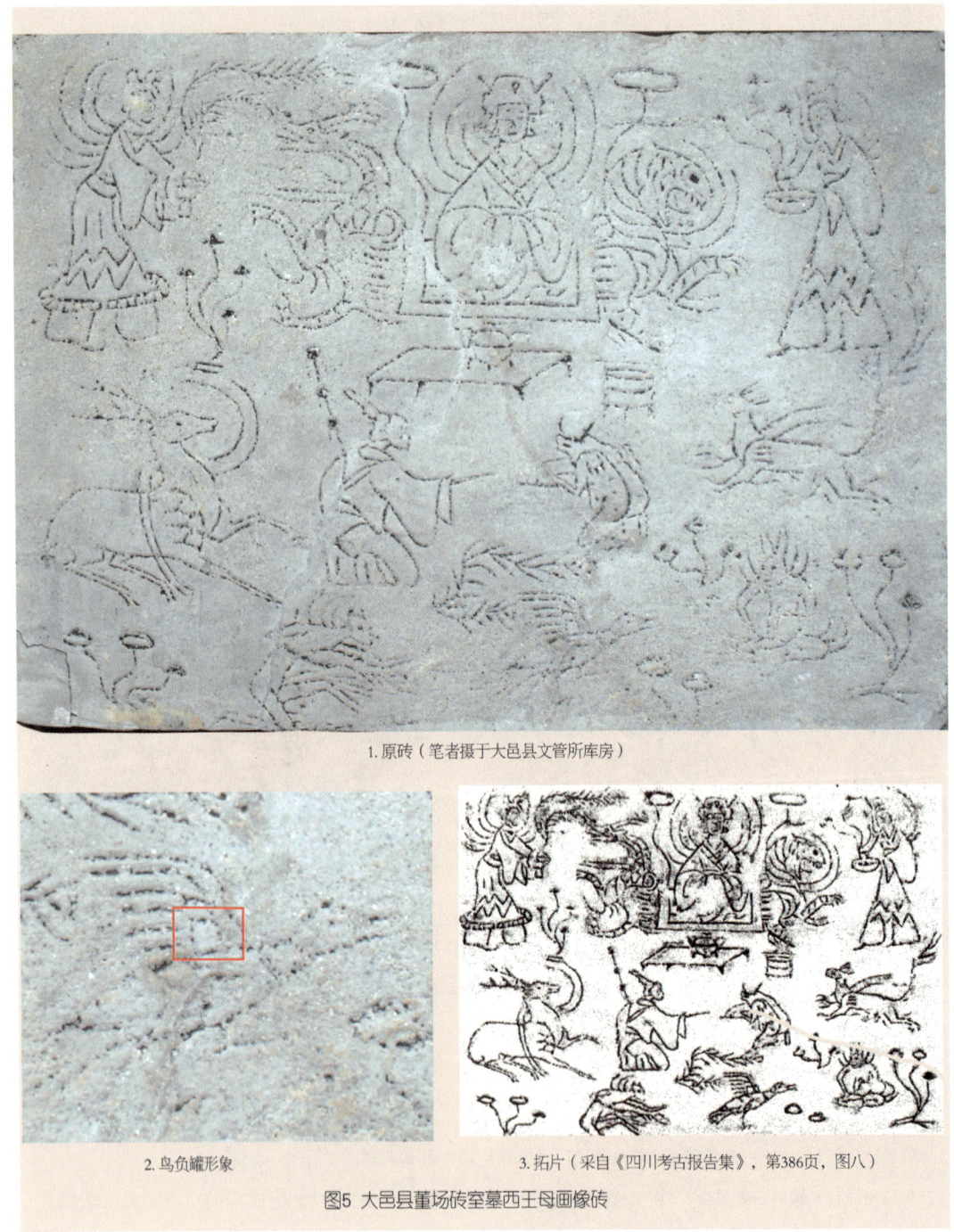

1. 原砖（笔者摄于大邑县文管所库房）

2. 鸟负罐形象

3. 拓片（采自《四川考古报告集》，第386页，图八）

图5 大邑县董场砖室墓西王母画像砖

至在西汉末年形成了一次全国性的西王母崇拜热潮。"哀帝建平四年（前3）正月……其夏，京师郡国民聚会里巷仟佰，设（祭）张博具，歌舞祠西王母。又传书曰：'母

图6 泸县1号石棺左侧画面
（采自《四川泸州汉代画像石棺研究》，第83页，图一〇九）

告百姓，佩此书者不死。不信我言，视门枢下，当有白发。'"[1] 汉代《焦氏易林》多次提到了西王母，认为西王母有庇佑、赐福、长寿等神力。其实，时人崇奉西王母最根本的原因是她掌管不死之药。《淮南子·览冥训》云："羿请不死之药于西王母，姮娥窃以奔月。"[2] 传说汉武帝也曾向西王母请不死之药。《汉武故事》载："王母遣使谓帝曰：'七月七日，我当暂来'……上迎拜，延母坐，请不死之药。"王母虽未给不死之药，但"出桃七枚，母自啖二枚，与帝五枚。"[3] 《汉武帝内传》有类似记载。[4] 西王母掌握着不死之药，而服用不死之药是升仙最有效、便捷的途径。

所以，董场画像砖就是表现持杖者向西王母讨不死之药的场景。蟾蜍、羽人及负罐之鸟都是西王母身边的仙人、神鸟、瑞兽，替西王母生产、发送、运输不死之药。

画像石棺上也有鸟负罐形象。内江关升店东汉崖墓画像石棺的前挡为双阙。后挡为楼阁图。右侧为仙界中的伏羲、女娲、凤鸟形象。左侧为拴马鸟鱼图，前方为马拴在一棵树上，其后地上有三只鸟追逐一只鱼儿，天空中有两只飞鸟，后一只鸟负罐。[5] 泸县1号石棺前挡为伏羲图。后挡为阙。右侧为房屋下的宴饮图。左侧为出行

---

1 （汉）班固：《汉书》卷二十七《五行志》，中华书局，1962，第1476页。

2 刘文典集解：《淮南鸿烈集解》，中华书局，1989，第217页。

3 《鲁迅全集》第八卷《古小说钩沉·汉武故事》，人民文学出版社，1973，第463—464页。一般认为《汉武故事》为东汉或六朝人所作。

4 王根林等主编：《汉魏六朝笔记小说大观》，上海古籍出版社，1999，第142页。目前多认为《汉武帝内传》为六朝人所作。

5 雷建金：《内江市关升店东汉崖墓画像石棺》，《四川文物》1992年第3期；罗二虎《汉代画像石棺》，巴蜀书社，2002，第74—76页。

图。前面一人骑马，马后为一狗。狗上方为两只鸟，前一只所背负物体不详，后一只负罐。后跟两人（见图6）[1]。单幅画面很难理解鸟负罐在画面中的意义，但是将石棺的四个画面联系起来便容易解读。两座石棺上的负罐鸟及人群行进的方向均为阙。《说文》言阙："门观也。"[2] 赵殿增、袁曙光根据巫山铜牌饰和鬼头山画像石棺上的天门榜题，将画像中的阙考证为"天门"[3]。《淮南子·天文训》："天阿者，群神之阙也"，注："阙犹门也。"[4] 更准确地说明了阙在天界就是"天门"。天门即天宫之门，《淮南子·原道训》："昔者，冯夷、大丙之御也，乘云车……经纪山川，蹈腾昆仑，排阊阖，沦天门。"高诱注："阊阖，始升天之门也。天门，上帝所居紫微宫门也。"[5] 在川渝地区，天门图像也被融入西王母神话中。重庆巫山土城坡东井坎出土B1的铜牌饰下部有双阙形象，在双阙中刻有"天门"二字，周围有羽人、瑞兽、九尾狐、灵芝、凤鸟等图像；上部为西王母图像，周围有瑞兽、灵芝及云气纹。[6] 曹植《仙人篇》也提到经过阊阖、双阙就可以见到西王母，"阊阖正嵯峨，双阙万丈余。玉树扶道生，白虎夹门枢。驱风游四海，东过王母庐"[7]。所以石棺上的鸟负罐形象应该是表达墓主奔向天门，请求西王母赐予仙药，服食升仙的场景。

综上，墓葬中的鸟负罐表现了向西王母祈求不死之药，再由神鸟运输至墓葬之中，放置于祭奠器物中，供墓主服食升仙之意。

鸟负罐的流行与西南地区浓厚的升仙信仰有关，而升仙的重要途径便是服食不死之药。《山海经·海外南经》："不死民在其东，其为人黑色，寿，不死。一曰在穿匈国东。"郭璞注曰："有员丘山，上有不死树，食之乃寿；亦有赤泉，饮之不老。"《山海经·海内西经》："开明东有巫彭、巫抵、巫阳、巫履、巫凡、巫相，夹窫窳之尸，皆操不死之药以距之。"《山海经·大荒南经》："有不死之国，阿姓，甘木是食。"郭璞注曰："甘木即不死树，食之不老。"[8] 据蒙文通研究，《山海经》乃是"巴蜀地域所流传的代表巴蜀文化的古

---

1 成都文物考古研究院、泸州市博物馆：《四川泸州汉代画像石棺研究》，文物出版社，2019，第79—85页。

2 （汉）许慎撰，（清）段玉裁注：《说文解字注》，上海古籍出版社，1988，第588页。

3 赵殿增、袁曙光：《"天门"考——兼论四川汉画像砖（石）的组合与主题》，《四川文物》1990年第6期。

4 何宁：《淮南子集释》，中华书局，1998，第201页。

5 何宁：《淮南子集释》，中华书局，1998，第12—16页。

6 丛德新、罗志宏：《重庆巫山县东汉鎏金铜牌饰的发现与研究》，《考古》1998年第12期。

7 赵幼文：《曹植集校注》，人民文学出版社，1984，第263页。

8 袁珂：《山海经校注》，上海古籍出版社，1993，第238—239、352、425页。

籍"[1]，表明先秦以来巴蜀地区已有不死之药观念。至汉晋时期仍然盛行服食仙药升仙的信仰，《列仙传》中记载的巴蜀人陆通、赤斧皆是服食仙药而升仙。[2] 蜀地出产仙药，《华阳国志》："南安县……西有熊耳峡，南有峨眉山，山去县八十里。《孔子地图》言，有仙药，汉武帝遣使者祭之，欲致其药，不能得。"[3] 出土鸟负罐的墓葬往往发现有云母片。如云南昭通白泥井东汉墓、呈贡七步场砖室墓等。云母被认为是仙药。马王堆汉墓出土的《养生方》中记载："冶云母、销（消）松脂等……令人寿不老。"[4] 《神仙传·刘根传》云："夫仙道有升天蹑云者，有游行五岳者，有食谷不死者，有尸解而仙者，要在于服药……药之上者，唯有九转还丹，及太乙金液，服之皆立便登天，不积日月矣。其次云母雄黄之属，能使人乘云驾龙，亦可使役鬼神，变化长生者。"并提到宫嵩就是"服云母，得地仙之道"[5]。《列仙传》记载方回"炼食云母"升仙。[6]

洛阳一西汉空心砖墓中出土一铜壶，壶内液体为当时的"仙药"矾石水[7]，确证了汉代炼食仙药之实，为确认鸟所负罐内之物提供了进一步的依据。罐内的仙药可供饮用，所以铜鸟负罐才会置于常用于盛酒的耳杯内。

五 鸟负罐的信仰群体

鸟负罐形象主要出土于规格相对较高的墓葬中，墓葬以多室为主，规模较大，很多在7米以上，一些还保存着高大的封土。墓葬虽然绝大部分被盗，但仍出土丰富的器物。云南七步场砖室墓残存60余件器物，其中有不少铜器。西昌杨家山砖室墓长9米，虽被后世扰乱，仍修复出94件器物，其中不乏精美铜器。[8] 新津大云山有9个墓室，虽然被盗一空，但留下了16座陶棺。下关制药厂砖室墓也是多室，出土70余件器物。重庆开县红华村M1为前、后室崖墓，出土100余件器物。[9] 吴家石梁

---

[1] 蒙文通：《略论〈山海经〉的写作时代及其产生地域》，《巴蜀古史论述》，四川人民出版社，1981，第183页。

[2] 王叔岷：《列仙传校笺》，中华书局，2007，第48、146页。

[3] 任乃强：《华阳国志校补图注》，上海古籍出版社，1987，第175页。

[4] 湖南省博物馆、复旦大学出土文献与古文字研究中心：《长沙马王堆汉墓简帛集成》（六），中华书局，2014，第56—57页。

[5] 胡守为：《神仙传校释》，中华书局，2010，第256、300页。

[6] 王叔岷：《列仙传校笺》，中华书局，2007，第16页。

[7] 蒋建荣、潘付生、薛方、魏书亚：《洛阳汉墓出土仙药的科技研究》，《中国科技史杂志》2019年第2期。

[8] 四川凉山彝族自治州博物馆：《四川西昌市杨家山一号东汉墓》，《考古》2007年第5期。

[9] 四川省文物管理委员会、开县图书馆：《四川开县红华村崖墓清理简报》，《考古与文物》1989年第1期。

大院子 M2 出土 87 件器物。[1] 重庆烟墩岗 M1 出土有画像石棺。李家梁子 M23 墓室横列，墓圹长 7.05 米、宽 9.00 米，出土房形画像石棺及 100 余件器物，其中陶俑群高大精美。墓葬规模和出土器物数量显示这批墓主普遍具有一定的经济实力，至少是中产以上，有些可能是当地的地主、大族或官员。表明服食升仙信仰流行于具有一定经济能力的中上阶层，因为无论是向虚无缥缈的西王母求药还是炼丹活动，都需要雄厚的财力支撑。

上文已经谈到出土鸟负罐器物的墓葬主要受到川渝地区汉墓的影响，墓主主要为汉人。所以鸟负罐表现的服食升仙信仰主要流行于西南地区汉人社会的中上阶层。

六 鸟负罐形象来源及演变

鸟负罐在西南地区以外极少有发现，目前仅在山东济南无影山 M11 发现两件类似陶鸟模型（今藏济南博物馆）。M11 墓底长 3.76 米、宽 1.65 米，前端两侧有砖砌八字墙，其间放置陶器。两只陶鸟置于器物群的最前面左侧，一白一红，墨绘鳞状的羽毛，两翼伸展欲飞。一只两翼负两彩绘陶壶；又一只两翼各载一鼎，鼎间立三人。高度均在 50 厘米以上。时代为西汉前期。[2] 其形象与西南地区的鸟负罐有相近之处，皆是鸟背负容器和仙人。鸟背壶形象在四川也有发现，如射洪斗龙坝出土的铜钱树上就有鸟背壶形象。[3] 两地仙人形象有所差异，无影山 M11 的仙人形象与常人差别不大，而西南地区则用羽人表现。二者含义应该相同，皆是表达运送仙药供墓主服食之意。无影山 M11 时代较早，西南地区的鸟负罐造型创意很可能源于此，至少其背后服食升仙思想受到该地域的影响。

首先，战国以来，燕齐之地掀起向仙人求不死之药升仙的热潮，而济南古属齐国之地。《史记·封禅书》记载："自威、宣、燕昭使人入海求蓬莱、方丈、瀛洲。此三神山者，其传在勃海中，去人不远；患且至，则船风引而去。盖尝有至者，诸仙人及不死之药皆在焉。"后秦始皇、汉武帝继续向海中仙人求药，"始皇自以为至海上而恐不及矣，使人乃赍童男女入海求之……后五年，始皇南至湘山，遂登会稽，并海上，冀遇海中三神山之奇药。不得，还至沙丘崩"。"（武帝）遂东巡海上，行礼祠八神。齐人之上疏言神怪奇方者以万数，然无验者。乃益发船，令言海中神山者数千人求蓬莱神人。"[4] 帝王们对不死

---

[1] 重庆市文物考古研究所、涪陵区博物馆：《涪陵吴家石梁（大院子）墓群发掘报告》，《重庆库区考古报告集》2002 卷中，科学出版社，2010，第 1312 页。

[2] 济南市博物馆：《试谈济南无影山出土的西汉乐舞、杂技、宴饮陶俑》，《文物》1972 年第 5 期。

[3] 姜生：《汉墓的神药与尸解成仙信仰》，《四川大学学报》（哲学社会科学版）2015 年第 2 期。

[4] （汉）司马迁：《史记》卷二十八《封禅书》，中华书局，1982，第 1369—1370、1397 页。

药的狂热，扩大了齐、燕之地升仙信仰在秦汉帝国内的影响，推动了服食升仙信仰在巴蜀地区的进一步流行。

其次，秦汉时期，关东地区大量移民进入巴蜀，进一步增加了燕、齐之地神仙信仰传播至巴蜀地区的可能性。扬雄说"秦汉之徙，元以关东"[1]。最近在四川新都区互助村崖墓内发现了《石门关》铭文，记墓主段氏来自东州："惟自旧帐，段本东州。祖考徕西，乃徙于慈。"[2] 魏启鹏认为墓主乃齐国段干朋之后。[3]

秦汉时期服食不死之药升仙信仰的传播和人群迁徙为滨海地区"鸟负罐"造型向西南地区的传播提供了可能性。

"鸟负罐"虽然受到了齐地影响，但也形成了自身特点，比如与钱树结合，其形制相对小巧。至东汉晚期鸟负罐还受到了佛教的影响，如城固文管所藏的铜鸟所背罐中生长出莲花。

结　语

本文对西南地区出土的鸟负罐器物进行了系统的梳理，负罐鸟的形象并不统一，铜鸟有"翠鸟""凤鸟"等形象，陶鸟则以鸭、鸡为常见。西南地区的鸟负罐最早出现于东汉早期的成都地区，原为钱树枝上的一个组成部分，羽人、蟾蜍、钱币等是最基本的构成元素。约东汉中期从钱树体系中独立出来，随着时间的推移，羽人、蟾蜍等图像也被省略。约至东汉晚期，又衍生出陶质的鸟负罐。晋以后消亡。鸟负罐形象流行于以成都平原为中心的西南地区，川渝地区主要发现于岷江、长江沿岸，云贵及川西地区主要位于交通要道沿线。鸟负罐在墓葬中位置较为固定。铜鸟负罐一般出于死者附近，其位置又可细分两类：一类附属于钱树；另一类作为独立的器物和杯、案、盘等一套祭奠器相组合。陶鸟负罐距离死者稍远，一般和动物模型及陶俑组合。从其出土位置和器物组合，再结合文献和图像分析，鸟负罐属于西王母神话体系的组成部分，表现了向西王母祈求不死之药，然后由神鸟运输至墓葬之中，供墓主服食升仙之意。鸟负罐形象均出土于汉系墓葬中，这些墓葬普遍表现出一定的经济实力，表明服食升仙信仰流行于西南地区汉人社会的中上阶层。西南地区的鸟负罐与无影山西汉墓出土的陶鸟背鼎、壶形制接近，意境也有相通之处，其造型创意很可能受后者影响，至少其背后服食升仙思想受到了该地域的影响。

1　（汉）扬雄著，张震泽校注：《扬雄集校注·蜀都赋》，上海古籍出版社，1993，第 21 页。
2　成都文物考古研究所、新都区文物管理所：《成都市新都区东汉崖墓的发掘》，《考古》2007 年第 9 期。
3　魏启鹏：《新都廖家坡东汉崖墓〈石门关〉铭刻考释》，《四川文物》2002 年第 3 期。

固原考古所见北魏至隋唐墓葬中的萨珊钱币葬俗
——兼论萨珊钱币的分布变化及动因

■ 马 伟（中山大学人类学系）

迄今为止，我国境内发现的萨珊钱币数量已相当可观，总数近两千枚，分布范围虽然较广，但总体上都与丝绸之路存在一定联系。这些发现已引起学界较多关注与讨论，内容涉及萨珊钱币的分布、分期、类型、功能以及与丝绸之路的关系等。[1] 但是目前来看，既往研究主要侧重于综合考察，区域性的个案研究相对较少。自20世纪80年代以来，固原地区北魏至隋唐时期的墓葬中陆续出土了一些萨珊钱币，考虑到固原与丝绸之路的特殊关系，这些发现理应受到更多关注，然而目前仅见个别学者做过专门探讨。罗丰讨论了这些萨珊钱币的样式及功能，并以此勾勒出丝绸之路在固原境内的基本走向；[2] 马建军则是扼要介绍了固原地区已发现的部分外国金银币及仿制币情况，认为其来源与其他地区所出土的金银币并无不同。[3] 樊军也就固原新出土的萨珊钱币的样式、合金成分以及来源进行了一定的介绍与分析。[4] 但随着该地区萨珊钱币的进一步发现以及分布地点的时空变化，相关认识有待进一步深入，比如在罗氏研究的基础上，对该区域萨珊钱币的纵向观察、来源分析以及与丝绸之路

---

1 相关讨论见夏鼐《综述中国出土的波斯萨珊朝银币》，《考古学报》1974年第1期；［美］斯加夫（Jonathan Karam Skaff）著，孙莉译《吐鲁番发现的萨珊银币和阿拉伯—萨珊银币——它们与国际贸易和地方经济的关系》，《敦煌吐鲁番研究》第四卷，北京大学出版社，1999，第419—463页；杜维善《萨珊王朝卑路斯银币之型式》，《中国钱币》2001年第4期；王樾《萨珊银币上的王冠》，《上海博物馆集刊》第9期，上海书画出版社，2002，第146—155页；李铁生《萨珊钱币学简述》，《新疆钱币》2004年第3期；孙莉《萨珊银币在中国的分布及其功能》，《考古学报》2004年第1期；同氏《中国出土萨珊钱币的分布与分期》，《丝绸之路考古》第1辑，科学出版社，2017，第181页；康柳硕《中国境内出土发现的波斯萨珊银币》，《新疆钱币》2004年第3期；同氏《波斯萨珊银币在中国西北地区流通的若干问题》，《中国钱币论文集》（第五辑），中国金融出版社，2010，第464—474页；王义康《中国境内东罗马金币、波斯萨珊银币相关问题研究》，《中国历史文物》2006年第4期；伊斯拉菲尔·玉苏甫、安尼瓦尔·哈斯木《新疆博物馆馆藏波斯萨珊朝银币》，《龟兹学研究》（第一辑），新疆大学出版社，2006，第114—135页。

2 罗丰：《固原南郊隋唐墓地》，文物出版社，1996，第146—163页。

3 马建军：《宁夏境内考古发现的丝绸之路古国金银币简考》，《中国钱币》2016年第6期。

4 樊军、王洋洋：《宁夏固原发现的萨珊钱币及相关问题研究》，《中原文物》2020年第6期。

关系的微观观察等都需要进一步拓展，这些萨珊钱币的功能差异也亟待认识与区分。因此，本文拟在全面考察固原地区出土萨珊钱币及相关葬俗信息的基础上，从分析该区域萨珊钱币的形制特点入手，对该区域萨珊钱币的来源及其在该区域丧葬语境中的性质与功能，以及该区域萨珊钱币与当地入华粟特裔的关系等问题试作探讨，并在此基础上，进一步讨论北魏至隋唐时期该区域在丝路东段所扮演的角色。

一　固原地区考古所见萨珊钱币的形制特点

固原地区目前出土的萨珊钱币，经罗丰相关介绍，萨珊钱币于 2000 年以前，共计发现 3 枚；2000 年后固原地区又陆续出土了一些萨珊钱币，加之地方博物馆收藏的征集品，截至目前，总数计 11 枚。[1] 对比可知，萨珊钱币的数量及样式均有所变化，钱币上王冠图案的时代特征明显，形制也略有变化。

总体来看，这些萨珊钱币分金、银两种。其中，银币发现 9 枚，均为卑路斯钱币；金币发现 1 枚，为仿阿尔达希尔三世（Ardashir Ⅲ）钱币。这些钱币正面居中均为萨珊王右身像，头戴日月王冠；王像之下一般有一圈钱文逆时针排列，全部钱文应作"马兹达（Mazda）崇拜者/神圣/王/卑路斯"，"神圣"一词常被省略；[2] 背面居中图案一般为两侍者（祭司）簇拥一火坛，[3] 在火焰的左右分别有六角星（或五角星）与新月徽记，[4] 侍者右边还标有铸地钱文。以时间早晚为序整理并分类如表1：

墓葬年代	出土地点	数量	王冠类型
北魏	固原彭阳县海子塬 M14 [5]	1 枚	雉堞型冠 卑路斯Ⅱ式（462—467）
北魏	固原开城镇羊坊村 [6]	1 枚	雉堞型冠 卑路斯Ⅱ式（462—467）

表1　固原地区考古所见萨珊钱币一览

1　经樊军相关研究介绍，彭阳博物馆中曾收藏有一枚卑路斯Ⅲ式银币，系征集所得，因出土信息不明，故不在表1中介绍，特此说明。详参前揭樊军、王洋洋《宁夏固原发现的萨珊钱币及相关问题研究》，《中原文物》2020 年第 6 期。

2　杜维善：《萨珊王朝卑路斯银币之型式》，《中国钱币》2001 年第 4 期。

3　有关琐罗亚斯德教火坛形制变化的分析，参看陈文彬《祆教美术中的火坛》，《丝绸之路研究集刊》第二辑，商务印书馆，2018，第 189—204 页。

4　星、月徽记可能与伊朗神话系统中居住于日月星辰之间的水神阿纳希塔（Anahita）崇拜有关，参李铁生《萨珊币上的几个徽记初探》，收入上海博物馆编《丝绸之路古国钱币暨丝路文化国际学术研讨会论文集》，上海书画出版社，2011，第 332 页。

5　宁夏文物考古研究所、彭阳县文物管理所：《彭阳海子塬墓地发掘报告》，上海古籍出版社，2013，图版四。

6　宁夏固原博物馆：《固原文物精品图集》（中册），宁夏人民出版社，2013，第 103 页。

续表

墓葬年代	出土地点	数量	王冠类型
北魏	固原彭阳县海子塬 M14 [1]	1 枚	雉堞冠组合翼翅型 卑路斯Ⅲ式（468—484）
北魏	固原东郊乡雷祖庙村 [2]	1 枚	雉堞冠组合翼翅型 卑路斯Ⅲ式（468—484）
北魏	固原南郊羊坊村 [3]	1 枚	雉堞冠组合翼翅型 卑路斯Ⅲ式（468—484）
北魏	固原开城镇羊坊村 [4]	1 枚	雉堞冠组合翼翅型 卑路斯Ⅲ式（468—484）
北魏	固原开城镇羊坊村 [5]	1 枚	雉堞冠组合翼翅型 卑路斯Ⅲ式（468—484）
隋	固原南郊小马庄史射勿墓 [6]	1 枚	雉堞冠组合翼翅型 卑路斯Ⅲ式（468—484）
唐	固原南塬 M15 [7]	1 枚	雉堞冠组合翼翅型 卑路斯Ⅲ式（468—484）
唐	固原南郊史铁棒墓 [8]	1 枚	雉堞冠 阿尔达希尔三世Ⅰ式（628）

据表 1 可知，固原地区考古所见萨珊钱币正面的王冠形制主要可分为两类：第一类为雉堞冠，主要特征是王冠上的雉堞装饰，表现为环绕冠帽的连续城墙垛，象征琐罗亚斯德教最高主宰阿胡拉·马兹达（Ahura Mazda），同时冠顶无翼翅，仅在冠顶左侧有两条横置飘带。该类王冠发现 3 枚，其中卑路斯银币 2 枚，阿尔达希尔三世金币 1 枚。第二类为雉堞组合翼翅冠，主要特征为装饰上以雉堞和展开的翼翅相组合，飘带被翼翅代替，翼翅象征王权受琐罗亚斯德教的战争与胜利之神韦勒斯拉纳（Varathraghna）的保护，同时也有炫耀辉煌战绩的作用。[9] 该类王冠发现 7 枚，均

---

[1] 宁夏文物考古研究所、彭阳县文物管理所：《彭阳海子塬墓地发掘报告》，上海古籍出版社，2013，图版五。
[2] 宁夏固原博物馆：《固原文物精品图集》（中册），宁夏人民出版社，2013，第 101 页。
[3] 宁夏固原博物馆：《固原文物精品图集》（中册），宁夏人民出版社，2013，第 102 页。
[4] 宁夏固原博物馆：《固原文物精品图集》（中册），宁夏人民出版社，2013，第 102 页。
[5] 宁夏固原博物馆：《固原文物精品图集》（中册），宁夏人民出版社，2013，第 103 页。
[6] 宁夏固原博物馆：《固原文物精品图集》（中册），宁夏人民出版社，2013，第 101 页。
[7] 宁夏固原博物馆：《固原文物精品图集》（下册），宁夏人民出版社，2013，第 14 页。
[8] 罗丰：《固原南郊隋唐墓地》，文物出版社，1996，图版一九。
[9] ［日］田边胜美：《丝绸之路钱币历史》，赵静译，《新疆钱币》1998 年第 1 期。

为卑路斯银币。

卑路斯是萨珊王朝中唯一在银币上使用三种样式王冠的国王（图1），王冠样式的变化通常代表了当政期间重大政治事件的发生，如表1卑路斯Ⅱ式银币，即卑路斯与嚈哒第二次战争释放回国后所改用，流行时间为462—467年；卑路斯Ⅲ式银币，则是卑路斯在468年改用直至与嚈哒第三次会战阵亡为止，流行时间为468—484年。而阿尔达希尔三世在位时间较短（628—629），两年间共发行有两种式样的钱币，如表1阿尔达希尔三世Ⅰ式钱即在628年发行（图2），因此其流行时间极短，

即使在波斯本土该银币也较为罕见，固原地区出土的阿尔达希尔三世钱币为国内首次发现，材质为金质，单面压制而成，因此很可能为仿币。

近来，笔者注意到一些学者对于海子塬墓地北魏墓葬M14∶3的铸币性质存在异议，[1] 这里针对该问题尝试作一些回应。《宁夏固原发现的萨珊银币及相关问题研究》一文作者认为M14∶3应为卡瓦德一世（Kavad Ⅰ）Ⅰ式钱币（图3），理由是该枚钱币背面祭坛左侧铭文可转写为阿拉伯数字"13"，对应公元纪年499年，其主要参考了大卫·赛尔伍德（David Sellwood）

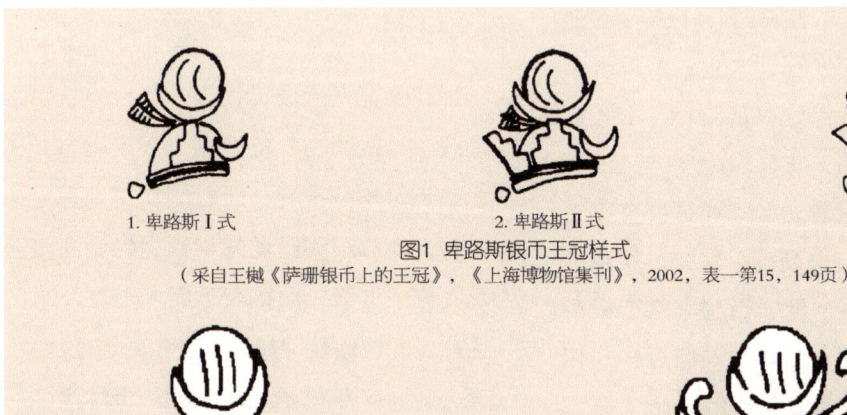

1. 卑路斯Ⅰ式 2. 卑路斯Ⅱ式 3. 卑路斯Ⅲ式

图1 卑路斯银币王冠样式
（采自王樾《萨珊银币上的王冠》，《上海博物馆集刊》，2002，表一第15，149页）

1.阿尔达希尔三世Ⅰ式 2.阿尔达希尔三世Ⅱ式

图2 阿尔达希尔钱币式别
（采自王樾《萨珊银币上的王冠》，《上海博物馆集刊》，2002，表一第25，150页）

---

[1] 前揭樊军、王洋洋《宁夏固原发现的萨珊银币及相关问题研究》，第106—111页。

《萨珊王朝货币史》一书铸币钱文所反映历法的相关说法。[1]

笔者以为，该认识虽然指出了海子塬M14∶3或许符合卡瓦德一世Ⅰ式钱的部分特征，如正面有较多新月装饰图案等，但在定性及来源方面仍然存在一些问题，理由有三：其一，根据目前中国境内发现的卡瓦德一世钱币的情况来看，仅发现有两处（分别为陕西耀县隋舍利塔墓出土，埋藏年代为604年[2]，呼和浩特西北坝子村古城，埋藏年代为6世纪末7世纪初[3]），均为卡瓦德一世Ⅱ式钱币（铸币年代为499—531年），这似乎说明卡瓦德一世第二次执政时期铸币流通至中国境内的时间应在北魏以后，而卡瓦德一世Ⅰ式钱目前在国内还尚无任何发现，这也较为符合卡瓦德一世复位统治伊始根基未稳、Ⅰ式钱实际流通性不强的史实，因此从"孤证不足征也"的角度来看，Ⅰ式钱是否直接来自于波斯本土仍值得商榷。其二，从钱币形制出发，卡瓦德一世钱币与卑路斯钱币确有一定的相似性，二者的雉堞冠样式相近。但自卡瓦德一世复位统治开始（第二次执政时期），萨珊钱币正面图案中的联珠圈外的3、6、9点钟位置首次出现了新月抱星的装饰，甚至到了库思老二世（Khosro Ⅱ）之后的萨珊钱币，背面联珠圈外也都加上了同样的装饰，其做法得到了普遍沿用。[4] 因此如果确如上文作者所述该枚钱币为卡瓦德一世Ⅰ式钱，那么钱背左侧祭司身后的铭文"13"（意味着铸币年代可能在卡瓦德一世第二次执政时期）便会与之相悖。其三，检视M14∶3的细部特征可发现，钱币背面火坛左右分别为五角星与新月，右侧祭司身后铭文的拉丁文转写可能为"VH"，即"Ven‐Ardaxšīr, Seleucia"，这一判断无误。而左侧祭司身后的铭文则有一些争议，前文作者认为其可转写为拉丁文"SIJDEH"，即对应阿拉伯数字"13"，但从钱文书写的角度来看，至少"1""13"以及"33"均有一定程度的相似性，极容易造成讹误。一般认为从卑路斯开始，钱背左侧的铭文仍尚未固定，王名或年份均有出现，而右侧铭文则固定为铸地，钱背左侧出现纪年铭文的做法直至卡瓦德一世第二次执政时期才比较普遍。[5] 因此，即便假使"13"为纪年的说法成立，至公元499年已进入卡瓦德一世统治的后期，那么钱币式样也与该纪年不符，可见不管是铭文出现位置还是年份，相关说法均有待商榷。同时，钱币联珠纹圈内出现

1　[英]大卫·赛尔伍德等：《萨珊王朝货币史》，付瑶译，中国金融出版社，2019，第20—23页。

2　朱捷元、秦波：《陕西长安和耀县发现的萨珊波斯朝钱币》，《考古》1974年第2期。

3　盖山林、陆思贤：《呼和浩特市附近出土的外国金银币》，《考古》1975年第3期。

4　孙莉：《浅议萨珊银币的发现与形制》，收入叶奕良主编《伊朗学在中国论文集》第三集，北京大学出版社，2003，第164—172页。

5　杜维善：《萨珊王朝卑路斯银币之型式》，《中国钱币》2001年第4期；并参前揭大卫·赛尔伍德（David Sellwood）等《萨珊王朝货币史》，付瑶译，第91—95页。

的新月、六角星图案也并不能作为其是卡瓦德一世Ⅰ式钱的直接证据，因为从卡瓦德一世以前的铸币情况来看，此类装饰性图案在不同时期的萨珊钱币上均有不同程度的发现，只是数量远不如卡瓦德执政后期铸币。卡瓦德一世钱币的钱径通常较规范，但重量合格率较低，如中国境内发现的卡瓦德一世钱币虽然钱径均为2.8—2.9厘米，但重量却为3.8克与4.2克，差别较大，这一情况也与私人收藏者石刚所藏15枚卡瓦德一世钱币的情况相类似。[1] 而海子塬M14：3出土铸币重量则为3.7克，钱径2.6厘米，与M14：4卑路斯Ⅲ式钱尺寸、重量完全一致，应属于较规范制造的铸币，因而与卡瓦德一世第一次执政时期的铸币整体情况也不相符合。此外，从彭阳海子塬墓地北魏墓葬M14的年代来看，似乎也不太可能出现卡瓦德一世Ⅰ式钱，M14出土的盘口细颈罐与内蒙古呼和浩特几处北魏初期墓（如美岱村、呼和浩特市区）出土的陶罐形制相似，前者继承了后者的部分特征，颈部均有明显的凸弦纹，鼓腹圆肩；与同一地区的北魏墓相比，其陶罐形制也与固原南郊北魏太和年间的墓葬M1盘口罐较接近；可见，海子塬M14的年代至迟应不晚于北魏太和末年，如果该判断无误，那么彭阳海子塬M14的相对年代大体上应略早于或与卡瓦德一世第一次执政时期相当，按照萨珊钱币流入内地的时间差来看，卡瓦德一世Ⅰ式钱出现于彭阳海子塬M14中的可能性较小。综上，笔者倾向于认为M14：3所出更可能是卑路斯Ⅱ式钱币，而非卡瓦德一世Ⅰ式钱币，根据其钱币"飞边"以及钱背铭文不清、不规范的情况，或许可以认为其为中亚地区的仿币，这一点从中亚地区5世纪末至6世纪初萨珊钱币仿币大量出现的情况已见端倪。[2]

固原北魏至隋唐时期流入的萨珊钱币主要见于墓葬中，发现数量为1—4枚不等。目前，根据固原地区萨珊钱币的埋藏年代与形制差异可将其分为两个阶段。

1.卡瓦德一世Ⅰ式钱　　2.卡瓦德二世Ⅱ式钱
图3 卡瓦德一世银币王冠样式
（采自王樾《萨珊银币上的王冠》，《上海博物馆集刊》2002年，表1第15，149页）

---

[1] 石刚：《波斯萨珊王朝钱币略述》，《中国钱币学会会议论文集——中国钱币学会丝绸之路货币研讨会专刊》，2004，第127页。

[2] E. Rtveladze, *The ancient coins of Central Asia*, Тощкент Издателъство литературы и искусства имени Гафура Гулямаэ, 1987, pp. 140–146.

第一阶段：北魏时期。7枚。彭阳海子塬北魏墓葬 M14 发现卑路斯 Ⅱ 式、Ⅲ 式钱币各 1 枚，[1] 羊坊村北魏墓中发现卑路斯 Ⅱ 式钱 1 枚、Ⅲ 式钱 3 枚。可见大约在 484 年以后，卑路斯 Ⅱ 式、Ⅲ 式钱币可能均已流入固原地区，这一时间也与固原雷祖庙北魏漆棺墓的年代大体相当，与波斯本土卑路斯 Ⅱ、Ⅲ 式钱币的发行时间也相去不远。[2]

第二阶段：隋至初唐时期。3枚。钱币均有穿孔现象，并出现了仿萨珊金币。史铁棒墓（670）墓发现的仿制阿尔达希尔三世 Ⅰ 式单面金币，与该钱币实际发行年代（628）和萨珊波斯灭国（651）时间均相去较远，可见仿币并非来自波斯，而是中亚。同时，自北朝晚期开始，固原地区的墓葬中也开始出现随葬东罗马金币的习俗（表2），这些东罗马金币多数有穿孔，每座墓葬大都只随葬 1 枚。

表2			固原地区北朝至隋唐时期出土的东罗马金币
出土地点	时代	数量	葬俗特征
原州区田弘墓[3]	457—474年	5枚	头骨附近 2 枚，腰部及锁骨下部各 1 枚，棺盖 1 枚，除 1 枚外，其余 4 枚均有四个穿孔。推测为口含、手握葬俗
原州区九龙山 M4[4]	隋末唐初	1枚	头部附近，穿两孔，推测为口含葬俗
原州区九龙山 M33[5]	隋末唐初	1枚	手部附近，穿一孔，推测为手握葬俗
原州区史道洛墓[6]	658年	1枚	穿两孔，墓室东北部棺床前堆积出土，葬俗不明
原州区史索岩墓[7]	664年	1枚	头部，未穿孔，推测为口含葬俗
原州区史诃耽墓[8]	670年	1枚	头部，穿两孔，推测为口含葬俗
原州区史道德墓[9]	678年	1枚	头部，穿一孔，推测为口含葬俗

1　宁夏文物考古研究所、彭阳县文物管理所：《彭阳海子塬墓地发掘报告》，上海古籍出版社，2013，第 3 页。

2　据该墓拆除墓砖时发现砌在墓室南壁中的纪年铭文砖显示，墓主为北魏高平镇都大将冯始公，埋葬时间为太和十三年（489）七月中旬。

3　宁夏固原博物馆：《固原文物精品图集》（中册），宁夏人民出版社，2013，第 164—166 页；并参原州联合考古队《北周田弘墓》，文物出版社，2014，63—64 页。

4　宁夏文物考古研究所：《固原九龙山汉唐墓葬》，文物出版社，2012，第 114 页。

5　前揭《固原九龙山汉唐墓葬》，第 128 页。

6　原州联合考古队：《唐史道洛墓》，文物出版社，2014，第 136 页。

7　罗丰：《固原南郊隋唐墓地》，文物出版社，1996，第 37 页。

8　罗丰：《固原南郊隋唐墓地》，文物出版社，1996，第 59 页。

9　罗丰：《固原南郊隋唐墓地》，文物出版社，1996，第 92 页。

续表

出土地点	时代	数量	葬俗特征
原州区征集 1	隋唐时期	1 枚	穿一孔，葬俗特征不明
西吉县出土 2	隋唐时期	1 枚	未穿孔，葬俗特征不明

与周邻地区相比，固原地区发现的萨珊钱币的埋藏方式存在明显差异。目前，据康柳硕统计，中国境内发现的卑路斯银币数量已近 500 枚，[3] 出土自西向东依次为新疆吐鲁番、青海西宁、甘肃武威、临夏及天水、宁夏固原、陕西西安及周邻、河南洛阳、湖北安陆和广东英德、遂溪等地。埋藏方式分窖藏与墓葬两种，分布区域较广，埋藏时间从 5 世纪末直至 7 世纪，并且主要集中于隋至初唐时期。固原地区考古所见卑路斯银币的情况则有所不同：一方面，该地区的卑路斯银币均发现于古代墓葬中，数量以北魏居多，这些墓葬的墓主多为鲜卑人或汉人，却较早使用了萨珊钱币随葬的习俗；另一方面，隋至初唐时期该地区的卑路斯钱币还出现在了一些粟特裔墓葬中，每座墓葬仅出土 1 枚，放置于墓主口部。

换言之，固原地区虽然处于中国境内萨珊钱币自西向东流传道路的中间地带，但是使用萨珊钱币随葬的年代却普遍较早，其来源与葬俗形态也较为特殊，因而以下试从该地区萨珊钱币类葬俗的功能入手予以考察。

二 固原地区所见萨珊钱币的性质与功能

罗丰对于固原地区所见萨珊钱币葬俗的考察，关注点多在隋唐墓葬口含葬俗的来源问题上，认为该地区口含金银币的葬俗是受中亚影响而产生。[4] 结合前人研究所获，以下尝试根据固原地区已发现萨珊钱币的出土原境，重点分析萨珊钱币葬俗的功能与流变。

整体上，固原地区所见萨珊钱币依据其功能差异可分为宝物、通货和丧葬用品三种类型，并呈现出一定的阶段性特征。

（一）北魏时期

固原北魏漆棺墓发现有 1 枚萨珊银币。

---

1 宁夏固原博物馆：《固原文物精品图集》（中册），宁夏人民出版社，2013，第 14 页。

2 苏正喜、马学珍：《固原丝绸之路古道上发现的钱币简介》，见魏瑾主编《丝绸之路暨秦汉时期固原区域文化国际学术研讨会论文集》，宁夏人民出版社，2016，第 259 页。

3 前揭《中国境内出土发现的波斯萨珊银币》，第 66 页。

4 罗丰：《固原南郊隋唐墓地》，文物出版社，1996，第 162 页。

墓主为鲜卑贵族冯始公夫妇（489）[1]。该墓因地质钻探大量灌水随葬品位置有所变动，但大都集中于墓主身边，推测可能原置于死者口中或手中，根据该地区北魏墓葬随葬萨珊银币的整体情况来看，属于手握葬俗的可能性较大。经孙机考证，该墓一方面具有浓重的鲜卑色彩；另一方面在包括漆画墓主像坐姿等绘画风格、随葬联珠纹舟形耳杯等方面却极力仿效嚈哒风格，反映了中亚文化对北魏鲜卑贵族的影响。[2] 同时，该墓卑路斯银币的埋藏时间在萨珊卑路斯王与嚈哒大战丧生之后，此时大量来自波斯的战争赔款以及嚈哒继续仿效萨珊波斯钱币式样所制作的仿钱持续流入中亚，因此 484 年以后流入内地的萨珊钱币也可能主要来自嚈哒地区。[3] 文献中关于嚈哒与北魏频繁的交往早有述及，例如《魏书·西域传》中有嚈哒国遣使贡狮途经高平，遇万俟丑奴谋反因而逗留的记载；[4] 此外，稍晚的考古发现中也有固原地区与嚈哒持续联系的相关线索。[5] 因此，不管是从埋藏时间接近制币年代，还是墓主显赫的地方大员身份来看，这枚萨珊银币很可能是被当作宝物或贡献之物下葬，其可能是北魏灭北凉使西域通道畅通后，由中亚地区商贾所引入。不管怎样，该枚萨珊银币必然是符合墓主身份等级之物。

固原彭阳海子塬墓地北魏墓 M14 中发现 2 枚萨珊银币，分握于墓主的左右手，其余隋唐墓葬汉式铜钱的出土位置大多也为死者手中，墓主经人骨鉴定介于现代东亚蒙古人种与现代东北亚蒙古人种之间，所以推测其手握钱币下葬的方式属汉地习俗。[6] 分析来看，M14 同时出土卑路斯 II、III 式钱，而带有北魏太和五年（481）纪年信息的萨珊钱币遗物在河北定县也曾被发现，[7] 因此判断该墓出土萨珊钱币的埋藏年代至早应在 462 — 481 年之间，可能稍早于固原北魏漆棺墓。2 枚钱币中卑路斯 III 式

1　详参罗丰《固原北魏漆棺画年代的再确定》，Culture and Cultural Diversity in Early Medieval China (4th – 7th Century) International Workshop, Institut für Sinologie Ludwig – Maximilians – Universitä München, January 11 – 14, 2017.

2　孙机：《固原北魏漆棺画研究》，《文物》1989 年第 9 期。

3　据一些学者研究，在卑路斯王与嚈哒战争失败以后，直至公元 567 年，即库思老一世（Khosro I）统治期间，与突厥联盟击败嚈哒后，萨珊波斯才又开始与中原王朝通使，因而直至 6 世纪初所谓波斯使者多可能为中亚商贾所冒充。详见 A. D. H. Bivar, "Trade between China and the Near East in the Sasanian and Early Muslim Periods, in Pottery and Metalwork in Tang China", ed. W. Watson, Colloquies on Art and Archaeology in Asia, I, London: School of Oriental and African Studies, 1970, pp. 1 – 8. 参见张星烺编注、朱杰勤校订《中西交通史料汇编》（第三册）第三章第一节"北魏与波斯"，中华书局，1978，第 50 页。

4　《魏书》卷一〇二《西域传》"嚈哒国"条，中华书局修订点校本，2017，第 2473 页。

5　北周李贤夫妇墓还曾出土有 1 件鎏金银瓶，被认为是嚈哒占领区的土著工匠或客籍于这一地区的罗马手艺人为嚈哒贵族制作，艺术风格也与嚈哒较为接近，见吴焯《北周李贤墓出土鎏金银壶考》，《文物》1987 年第 5 期。

6　西北大学文化遗产院、宁夏文物考古研究所、彭阳县文物管理所：《宁夏彭阳海子塬北魏、隋墓清理简报》，《考古与文物》2015 年第 3 期。

7　夏鼐：《河北定县塔基舍利函中波斯萨珊朝银币》，《考古》1966 年第 5 期。

银币正、反面均有压平痕迹，制造较为粗糙，磨损度也较高，似乎表明该银币在下葬前是一种反复转手使用的物件，并在墓主死后与之下葬，即可能作为实际通货使用，因此多枚萨珊银币随葬的现象说明了其有财富象征含义。同样的情况也见于固原羊坊村北魏墓发现的4枚萨珊银币上，而其中 M3 出土的刻有"维大代熙平元年（516）岁次丙申二月二十四日凉州槃和郡民戴雙受之墓"字样的砖铭还预示着墓主可能系北魏攻灭北凉后徙至高平军镇的移民，[1] 这再次说明这些银币可能是通货交换所得。

总结来看，固原地区北魏中期，萨珊钱币业已流入当地并作为随葬品与墓主一同下葬。固原地区出现萨珊钱币的时间比新疆地区稍晚（4世纪末至5世纪初），与青海、河西地区大致相当（5世纪末），而比大同、洛阳及河北等地稍早（太和年间后期）。与以上区域相比，固原地区较早使用了萨珊钱币随葬的习俗，反映出一定的地域性特色，推测其原因有二。

其一，固原北魏漆棺墓中胡汉杂糅的现象以及对中亚文化的吸收借鉴，体现了太和年间新旧交替的时代背景，墓主冯氏家族既是汉化改革的支持者，同时也是域外文化的倡导者，从这一角度来看，固原北魏漆棺墓出土的萨珊钱币，无疑应代表了该时期鲜卑贵族对生前及死后世界的选择，再次证明了墓主"兼收并蓄"的文化态度。而多枚萨珊钱币随葬的现象则说明其可能作为珍稀品在该地区并不常见，因此均用于随葬。其二，北魏时期固原地区的族群构成也不应忽视，因为，据隋史射勿墓志记载，其祖父史波波匿任魏摩诃大萨宝、张掖县令，说明史氏徙居固原的时间当为北魏中期，与上述萨珊钱币传入此地的时间相接近。[2] 因此，入华粟特裔与墓葬中域外特色器物的同时出现并非偶然，其反映了固原地区北魏时期出现的萨珊钱币，可能确由中亚粟特裔族群贸易交换所带入，并且一经引入，便很快与汉地手握钱币的葬俗相适应，而这一情况的发生也离不开特定的历史环境因素。

具体来讲，则可能与北魏朝廷对待境内、外胡族的"羁縻"政策有关。宁夏固原彭阳县征集的前秦建元十六年（380）梁阿广墓表云："秦故领民酋大、功门将，袭爵兴晋王，司州西川梁阿广"[3]，证明前秦时期此地存在"领民酋大"。所谓"酋大"，即部落首领，受护军监护，但是内部可保持原有部族组织。而北魏护军治下亦如此，这一时期朝廷委派首领管理部民，其辖内的部民不必缴纳赋税，但多要承担

1　宁夏回族自治区文物考古研究所：《固原南郊北魏墓发掘简报》，《中原文物》2020年第5期。

2　罗丰：《固原南郊隋唐墓地》，文物出版社，1996，第17页。

3　详参宁夏固原博物馆《固原历史文物》，科学出版社，2004，第113—114页。墓表录文及研究参罗新《跋前秦梁阿广墓志》，《出土文献研究》第八辑，上海古籍出版社，2007，第235—239页。

兵役。[1] 这种政策起到了保护北魏境内徙居胡族的组织、语言及风俗的作用，也符合北魏朝廷经略西域的考量。而彭阳县出土的《员标墓志》(502) 载墓主员标为"五部都统"，显然也与当地部落组织有关，进一步佐证了固原地区北朝时期曾聚集了数量可观的内迁胡族，并保持着部落化的居住方式。[2] 因此，北魏太延二年 (436) 先在固原置高平军镇，正光五年 (524) 又改镇置原州，辖高平、长城二郡[3]，很可能与该地区内迁胡族壮大，朝廷加强对该地区的管理政策有一定的关联。

综之，北魏基于以上羁縻政策与经略西域的整体布局，一方面保障了自西域通往京畿地区朝贡以及贸易路线的畅通无阻，使得具有域外特色的货物、珍宝传入汉地；另一方面在吸引史波波匿等境外胡族积极入仕的同时，也较大程度地保留其聚族而居的习惯。结合该地区北魏时期从鲜卑贵族到平民墓葬中均发现萨珊钱币的现象来看，固原由于其宽松的文化环境与相对"胡化"的地缘文化背景，更易于在丧葬文化等方面吸收较多的中亚特色。可以想见，固原地区考古所见北魏时期萨珊钱币的墓主虽然多为鲜卑人或汉人，但是萨珊钱币出现的原因恐怕与入华粟特裔的徙入不无关系。

(二) 隋至初唐时期

固原隋史射勿墓 (610) 发现有 1 枚萨珊银币，同时在其他 5 座史氏家族墓中也发现有将外国金银钱置于死者口中的现象，可见口含外国金银币随葬是该地区隋唐时期入华粟特裔族群主要的葬俗选择。

固原地区另有 1 枚萨珊银币见于南塬初唐墓葬 M15 中，穿有小孔，出土时置于墓主盆骨附近，骨架中部还发现有 2 枚开元通宝，可能原握于墓主手中。[4] 而同为初唐时期的史道洛墓，该墓也同时出土有开元通宝与东罗马金币，开元通宝发现 14 枚，位于墓室地面，东罗马金币 1 枚，位于棺床附近。显然，该墓中两类钱币的丧葬用途有所不同，史道洛墓仅使用东罗马金币口含入葬，族群认同感不言而喻。[5]

较多使用仿制外国金币随葬是固原史氏墓地的一大特点，除上文所列史铁棒墓 (670) 出土 1 枚仿萨珊金币外，史氏墓地

---

[1] 侯旭东：《北魏境内胡族政策初探——从〈大代持节豳州刺史山公寺碑〉说起》，《中国社会科学》2008 年第 5 期。

[2] 罗新、叶炜：《新出魏晋南北朝墓志疏证》(修订本)，中华书局，2016，第 55 页。此外，固原西郊乡还曾发现一块北周时期的墓砖，墓主为大利稽冒顿，也属于当地北朝内迁的稽胡之一，丰富了我们关于固原北朝时期境内寓居胡族的认识，而其姓氏与原州也颇有渊源，详参罗丰《北周大利稽氏墓砖》，《考古与文物》2003 年第 4 期。

[3] 《魏书》卷一〇六《地形志下》"原州"条，第 2866 页。

[4] 余军、陈晓桦：《宁夏固原出土一枚萨珊卑路斯银币》，《中国钱币》2005 年第 1 期。

[5] 史氏各墓均以口含的方式随葬外国金银币，因此推测史道洛墓的情况与之类似。

还发现4枚仿东罗马金币。以史铁棒墓为例，该墓出土的仿制阿尔达希尔三世 I 式金币，重量近7克，远超过萨珊银币与东罗马金币的一般重量，其背面与琐罗亚斯德教信仰有关的火坛图案也并未出现，王冠上的新月托球图案也被省去，可见仿制者是有意回避钱币上的宗教类图像元素，结合史铁棒的入葬年代来看，与阿拉伯人控制中亚的时间相当，因此才会依照伊斯兰教规对仿制币有所要求。[1] 无独有偶，蒙古国巴彦诺尔壁画墓中出土的41枚金币均为仿制品，其中10枚也是仿萨珊银币图案的金币。[2] 这些仿制金币制作技术并不复杂，较为粗糙，其制作与传播者很可能即为中亚粟特裔族群，他们对黄金之钱的仿效代表了一种对可汗威仪的向往。[3] 因此，结合两地的发现来看，将只印有萨珊银币单面图案的金片穿孔佩戴并随葬，既言明了仿币的大致制作年代，也反映了萨珊钱币在中亚至漠北草原地区具有国际货币的作用。[4]

以上3枚萨珊钱币均有穿孔，可能系墓主人生前佩戴。经上所述，固原地区所见隋至初唐时期的萨珊钱币葬俗基本围绕两个侧面展开：一是承继了该地区自北魏以来的丧葬传统，主要以手握葬俗为主，功能与开元通宝类似；二是与入华粟特裔族群在此地的聚居有关，具体而言，有如下证据。根据固原史氏墓地墓志记载来看，其史氏分原州平高与河西建康飞桥两支，另有甘州康氏、岐州岐阳安氏女嫁入，[5] 其身份很可能也是粟特裔。[6] 因此，目前已发现的史氏粟特裔共计31人。以史索岩为例，其家族自史罗北魏入仕至史道德子史文瑰，已逾6代，可见史氏在固原地区扎根已久。而隋唐原州城除因军功入仕的粟特家族外，也有不少平民身份的粟特裔寓居于此。据统计，固原南塬、九龙山两处墓地隋唐时期的48具人骨中，有10具显示出高加索人种中亚两河类型的特征，而分属6座墓的10具人骨有8具为夫妇合葬

1　罗丰：《固原南郊隋唐墓地》，文物出版社，1996，第158页。

2　郭云艳：《论蒙古国巴彦诺尔突厥壁画墓所出金银币的形制特征》，《草原文物》2016年第1期。

3　林英：《九姓胡与中原地区出土的仿制拜占庭金币》，余太山主编《欧亚学刊》第4辑，中华书局，2004，第119—129页。

4　李锦绣：《从漠北到河东：萨珊银币与草原丝绸之路》，《青海民族》2018年第1期。

5　罗丰：《固原南郊隋唐墓地》，文物出版社，1996，第45、47、71、93页。史道洛妻康氏墓志不载其籍贯，推测为康姓粟特裔身份。

6　安史之乱以前，入华粟特裔族群除汉化程度较高者，一般并不特别避讳其中亚出身，而对于女性来说，由于受身份所限，所以墓志内容一般较短或极简，因此，其籍贯一般写作入华后首先居住的区域，仍以河西居多，以上安氏、康氏籍贯写作内地区域的某地，即可能出于此原因。详参荣新江《安史之乱后粟特胡人的动向》，《暨南史学》第二辑，暨南大学出版社，2003，第109页。

墓，[1] 这显示了该地区中亚族群聚居的规模，同时还说明其内部维持着稳定的族内婚俗。九龙山 M33 还出土有一件金冠及一件下颌托，其形制与图案均与史道德墓所发现金覆面相似，具有中亚拜火教信仰遗痕，是该地区入华粟特裔仍保持其本民族信仰文化的有力证据。[2]

据此，我们可以进一步蠡测固原地区考古所见隋至初唐时期萨珊钱币的用途。《唐律疏议·杂律》"私铸钱"条疏议曰："若私铸金银等钱，不通时用者不坐。"[3] 唐代并无官方铸造金银之钱的记载，此处"金银钱"可能主要指萨珊银币与东罗马金币。而私铸银钱不流通不坐，意味着反之则论罪。[4] 因此，该记载侧面反映了萨珊钱币在当时的两种用途。

其一，初唐时期"河西诸郡，或用西域金银之钱"的情况仍然存在，[5] 并且经由丝绸之路而来的金银钱只要非私铸，则有流通的可能，这方面也有不少证据，如唐初玄奘在河西地区就看到凉州西域商胡布施金银钱给寺院的情形，[6] 西域商胡大量布施金银钱，可见至少在凉州等地萨珊银币可作为流通货币使用。固原地区的情况则稍有不同，此地隋末唐初出现的萨珊钱币均为穿孔钱，数量与河西等地相比较少，主要用于随葬，即可能非当地实际流通的货币。但是另外，寓居于此的粟特裔族群因职业需要，则有使用萨珊钱币进行丝路贸易交换结算的可能。据固原史氏墓志记录，史诃耽、史铁棒、史道德三人曾任牧监，从事着马政管理，牧监职责包括牧养、购买良马及配种等，须与中亚及漠北地区频繁联系，粟特裔出身的史氏无疑是绝佳人选。[7] 因此，使用丝绸之路的通用货币萨珊钱币进行马匹交易应合乎情理，史铁棒墓所见仿金币以及草原地区发现的类似仿品即可为辅证。此外，唐代萨珊银币的东输与朝廷向突厥等内附胡族征收税钱有关的观点，对于靠近六胡州的原州地区来说，也具有一定的合理性。[8] 可见，固原地区隋唐时期出现的萨珊银币，还可能是粟特裔群体内部所使用的通货。

其二，朝廷明令禁止私铸的金银钱作

---

1 韩康信：《固原九龙山——南塬出土高加索人种头骨研究》，收入宁夏文物考古研究所《固原南塬汉唐墓葬》，文物出版社，2009，第 143、146 页。

2 宁夏文物考古研究所：《固原九龙山汉唐墓葬》，文物出版社，2012，第 129 页。

3 （唐）长孙无忌等撰：《唐律疏议》卷第二六《杂律》，刘俊文点校，中华书局，1983，第 480 页。

4 前揭《中国境内东罗马金币、波斯萨珊银币相关问题研究》，第 42 页。

5 《隋书》卷二四《食货志》，中华书局修订点校本，2019，第 765 页。

6 （唐）慧立、彦悰：《大慈恩寺三藏法师传》，孙毓棠、谢方点校，中华书局，1983，第 173 页。

7 李锦绣：《史诃耽与隋末唐初政治——固原出土史诃耽墓志研究之一》，宁夏文物考古研究所编《丝绸之路上的考古、宗教与历史》，文物出版社，2011，第 49—60 页。

8 王义康：《萨珊银币的东输与唐代突厥等内附诸族》，《唐史论丛》第 12 辑，三秦出版社，2010，第 378—380 页。

流通之用，那么仿造的金银钱则也可能被用作葬仪品或装饰品等用途。这方面的例子同样不胜枚举，唐代两京地区初唐至盛唐时期两京地区的一些墓葬，萨珊钱币与首饰等放入木盒或铜盒中，[1] 这些金银钱仿品可能是作为贵重之物随葬。固原地区隋唐墓葬所见萨珊钱币或东罗马金币葬俗，与汉地传统不同，一般墓主只口含 1 枚穿孔佩戴的外国金银币，丧葬功能较为突出。汉族墓葬虽然也只随葬 1 枚萨珊钱币，但却与开元通宝共出，分握于死者两手中，可见两种传统仍有一定差异。因此，史氏粟特裔墓葬所见萨珊钱币葬俗所代表的丧葬文化，应具有一些深意，其葬俗的外部形态可能主要受汉地影响，但在丧葬意涵的表达上具有中亚化的特点。[2]

中亚粟特裔族群的丧葬文化中，惯以东罗马金币与萨珊银币随葬，且以口含葬俗居多。一方面，可能与东罗马与萨珊波斯帝国对中亚地区文化的持续影响有关；另一方面，则可能是出于善于行商的民族对欧亚草原地区广泛流行的两种钱币的喜好。在南北朝至隋唐时期，以上两种钱币相继流入汉地，并迅速融入了汉地既有的口含葬俗当中去。作为贵金属制品，除了代替原有汉式铜钱的丧葬功能以外，在传入汉地伊始，这些金银钱币还带有彰显财富与身份的意义。如在固原地区，北魏至北周阶段内发现的大型墓葬，萨珊银币与东罗马金币出土数量往往多于 2 枚，北周田弘墓更是同时出土 5 枚东罗马金币，较符合其身份地位。[3] 与汉人较多使用外国金银钱随葬相一致的是，入华粟特裔族群也并不排斥使用汉式铜钱随葬，北周康业墓墓主就手握一枚汉式铜钱入葬，即代表

1　前揭《萨珊银币在中国的分布及其功能》，表四，第 40 页。

2　王维坤认为入华中亚粟特裔的口含钱币葬俗是汉地固有口含珠玉葬俗的变体，其关于汉地入华粟特裔族群使用的口含葬俗应受汉地传统葬俗影响这一认识与夏鼐的相关判断相一致，但其可能忽略了入华粟特裔族群使用外国金银钱随葬的相关文化背景与本土化表达。对此，姚崇新等一些学者提出了更为细化的分析与判断。隋唐时期入华粟特裔族群使用的萨珊银币口含葬俗应视作一种折中的形态，表现为既吸收汉地的丧葬习惯，也部分保留自身民族特色，其葬俗意涵必然与汉地口含钱币的葬俗不尽相同，我们可以将固原地区粟特裔墓葬中出土的可能为墓主生前佩戴的穿孔萨珊钱币与东罗马金币，视作表现墓主中亚文化背景的一种"肖像"，或是代表中古时期欧亚草原地带的威权崇拜。详参王维坤《隋唐墓葬出土的死者口中含币习俗溯源》，《考古与文物》2001 年第 5 期；姚崇新《北朝晚期至隋入华粟特裔葬俗再考察——以新发现的入华粟特裔墓葬为中心》，荣新江、罗丰主编《粟特裔在中国：考古发现与出土文献的新印证》，科学出版社，2016，第 603 页；罗丰《中国境内发现的东罗马金币》，荣新江等编《中外关系史：新史料与新观点》，科学出版社，2004，第 54—82 页；林英《九姓胡与中原地区出土的仿制拜占庭金币》，余太山主编《欧亚学刊》第 4 辑，中华书局，2004，第 119—129 页；同氏《唐代拂菻丛说》，中华书局，2006，第 76—78 页。

3　有学者通过研究北周时期固原须弥山石窟的帐形龛、佛像与长安的关系后发现，两地间的政治、文化联系较北魏进一步提升，而作为屏防北境的重要一环，固原的军事地位也进一步提升，北周时期驻防此地的高等级官吏也较北魏时期有所增多。因此，发现于这些高等级贵族墓葬中的外国金银钱，显然是作为匹配其身份等级的象征物，同时也进一步佐证了此地北周时期与中亚的联系并未断绝。详参韦正、马铭悦《也谈佛教造像的长安模式》，《敦煌研究》2020 年第 3 期。

着其接受了制度化改造与国家认同。[1] 隋唐以后，中西文化交流频繁，作为国际货币的萨珊银币与东罗马金币在汉地继续出现，而在墓葬中，仿外国金银钱则逐渐成为一种丧葬喜好，随葬数量大多仅为 1 枚。入华粟特裔族群墓葬此阶段内所使用的外国金银钱葬俗即可能主要受汉地葬俗影响而产生，而此类葬俗虽然具有"俗同华戎"的特点，但是并不妨碍这些粟特裔群体的本土化表达。[2] 因此，我们可将固原地区隋唐时期入华粟特裔墓葬中随葬外国金银币的葬俗，视作一种折中的丧葬形态。正如荣新江所言，固原粟特裔虽然较早地接受了汉族的土葬方式，但其汉化速率却不如凉州、长安、洛阳的粟特裔，因此其墓葬中必然有着浓厚的中亚文化色彩。[3]

综上，固原地区所见北魏至隋唐时期萨珊钱币，并非直接来自波斯本土，而是可能主要受入华中亚粟特裔群体的影响而出现，因而与其他地区相比异大于同。固原地区作为丝绸之路东段的重要据点，曾为萨珊钱币在中国境内的东渐做出了重要贡献，因此下文也有必要以萨珊钱币的发现为线索，探讨固原地区在陆上丝绸之路中所扮演的历史角色。

三 固原境内萨珊钱币的分布变化及动因

众所周知，不论来源如何，固原地区所见北魏至隋唐时期的萨珊钱币应与陆上丝绸之路有着密切的联系，尽管既有研究对途经固原的丝绸之路已有充分的讨论，但仅就该地区萨珊钱币的发现来看，研究所能达到的深度往往有限。罗丰以固原地区北魏萨珊银币的发现为线索探讨了高平与平城一线的交通，增益了关于途经该地区的丝绸之路走向的认识。[4] 笔者以下尝试从整体到局部的观察视角，结合新发现，全面梳理并完善固原地区萨珊钱币的传入路线及背景。

首先，从陆上丝绸之路整体交通来看，萨珊钱币最初仅分布在新疆的高昌、吐鲁番、乌恰山几个地点；时间越晚，萨珊钱币分布区域逐渐向东扩展，至 7 世纪萨珊钱币已广泛分布于陆上丝绸之路沿线地区，以吐鲁番地区和两京地区较为集

---

[1] 沈睿文：《夷俗并从——安伽墓与北朝烧物葬》，《中国历史文物》2006 年第 4 期。

[2] 中原地区公元 1—8 世纪的许多墓葬中都曾发现死者口含金银币随葬的现象，日本学者小谷仲男认为该类葬俗可能为中亚地区希腊罗马化的产物，在公元 7 至 8 世纪，葬俗可能还与中亚地区的一些宗教发生了关联，并成为当地所习见的一种葬俗形态。详参［日］小谷仲男《死者の口に貨幣を含ませる習俗——漢唐墓葬における西方の要素》，原刊《富山大学人文学部紀要》13 卷，1988 年，此据［日］小谷仲男撰，王维坤、刘勇译《关于死者口中含币的习俗（一）》，《人文杂志》1991 年第 5 期；同氏《关于死者口中含币的习俗（二）》，《人文杂志》1993 年第 1 期。

[3] 荣新江：《中古中国与外来文明（修订本）》，生活·读书·新知三联书店，2014，第 403 页。

[4] 罗丰：《固原南郊隋唐墓地》，文物出版社，1996，第 164—166 页。

中，其他地区则分批次零星发现。经前人研究总结，萨珊钱币传入中国的陆上路径主要可分为主线与辅线两条。[1] 主线起点自新疆乌恰向东沿库车、焉耆、吐鲁番、张掖、西宁、临夏、天水、西安、陕县，直至洛阳；辅线则从武威向东经固原、呼和浩特、大同、定县至辽宁朝阳。辅线使用时间较主线稍早，主要集中在北魏时期，孝文帝迁都洛阳及至隋唐则较多使用主线，整体上发生了由北向南的转移。

其次，从固原地区北魏至隋唐时期萨珊钱币的分布来看，一方面传入路线大体符合以上所述由北向南的变化；另一方面与其他地区相比区域性特色有逐渐加强的趋势。虽然个别考古发现并不足以证明某条线路的存在与否，但是如果这些地点在时空分布上具有固定模式，则有助于我们尝试复原其走向。据此，我们可将固原地区萨珊钱币传播路线分为南北两条线：北线主要集中在北魏时期，由西北向东南传入，自武威经须弥山石窟（北魏孝文帝太和年间始凿）、固原、彭阳向东至庆阳镇原一带，该线路内北魏时期已知萨珊钱币埋藏地点为固原、彭阳两地。这一时期（主要在太和后期，即484年以后）由于嚈哒实际控制了中亚通往内地的通道，因此出现于文献中的所谓波斯使者可能多为中亚粟特商贾所冒充。[2] 南线则主要集中于隋至唐初时期，较北魏时期略向南移，由北至南传入，已不再经过彭阳而可能向南从平凉前往两京一带，该线路内隋至初唐时期已知萨珊钱币埋藏地点主要集中于固原一地。而这一时期中亚粟特裔族群的内迁原因除却贸易交流的因素以外，还可能与阿拉伯帝国的东向扩张有关。即席卷粟特城邦的圣战浪潮也导致了粟特裔族群主动选择东迁躲避战乱。[3] 可见，固原地区萨珊钱币的流入与分布地点的变化均与特定的历史背景相联系。

北魏中期入华粟特裔开始徙入固原，将萨珊钱币带入该地后迅速融入了汉地的钱币随葬习俗中，被当地的鲜卑人或汉人所使用，因此萨珊钱币分布地点较为零散，分属固原东郊、南郊及彭阳县等地；而在隋至初唐时期随着固原入华粟特聚落的形成，使得萨珊钱币主要集中于固原南郊附近，这些由粟特裔族群所带入的萨珊钱币以及将之穿孔佩戴于胸前并入葬的习俗，也影响了当地汉族的丧葬习惯，被其吸收借鉴。[4] 总体而言，固原地区北魏至隋唐时期出现的萨珊钱币主要由粟特裔所

1　前揭《萨珊银币在中国的分布及其功能》，第43页。

2　前揭张星烺编注、朱杰勤校订：《中西交通史料汇编》（第三册）第三章第一节"北魏与波斯"，第50页。

3　蔡鸿生：《我和唐代蕃胡研究》，《学林春秋》第三编上册，朝华出版社，1999，第246—247页。

4　隋唐时期，中原地区的汉族贵族并没有接受贴身随葬外国金银币的习俗（即穿孔戴于胸前随葬），这种以穿孔外国金银币随葬的习俗与粟特人有关。详参前揭《唐代拂菻丛说》，第78页。

带入，受当地较为宽松的政治与文化因素影响，一经传入并迅速融入当地手握钱币的葬俗中去。从北魏时期作为宝物全部入葬，到隋唐以后受粟特裔族群葬俗影响，穿孔佩戴于胸前，死后随墓主入葬的丧葬功能的变化，代表了粟特裔族群的丧葬文化对当地葬俗的影响，这也是北魏至隋末唐初墓葬中萨珊钱币数量迅速减少的主要原因。

综之，固原地区北魏至隋唐时期出现的萨珊钱币绝非偶然，一方面，出于政治原因此地始终是京畿与河西交往的桥梁，与以上两区域相比，固原地区的地缘优势在于作为传播的中间地带，可以在文化交流过程中较好地平衡汉地传统与域外风格，并最终表现出兼收并蓄的特点；另一方面，固原地区北魏至隋唐墓葬所见萨珊钱币的出土地点越发集中，隋末唐初，汉族与粟特裔族群墓葬中钱币随葬习俗既相区别，又有融合的趋势，这说明随着粟特裔聚落的形成，其与当地汉族间的文化交流也更加深入。

结　论

邢义田曾指出文化交流史研究的两种可行性方法论：一是指出文化传播的过程和路线证据；二是为说明什么力量或媒介促成了传播。该提示与本文的研究路径不谋而合，于本文的讨论范畴来看，萨珊钱币的传播路线与陆上丝绸之路的线路基本吻合，应受到中西文化交流的影响，但从萨珊钱币的分布区域与葬俗功能来看，则主要与区域性文化与特定人群的出现有关。恰如陈寅恪一贯强调的，"外夷习俗之传播，必有殊类杂居为之背景"[1]，这一提示即使放在今日，仍是值得沉思的。

从固原地区萨珊钱币的丧葬情境出发，其做法主要有手握与口含两种：手握葬俗均发现于鲜卑人或汉人墓葬中，北魏至隋末唐初均有发现。进入隋唐以后，口含葬俗则主要发现于入华粟特裔墓葬中，萨珊钱币穿孔只随葬1枚的习俗还影响了当地的汉族墓葬，表现为手握习俗与穿孔萨珊钱币随葬习俗相融合的特点。这说明伴随着粟特裔居民聚落的逐步形成，其与当地汉文化的交流与互动也在加深，使得丧葬文化兼具了中亚与汉地的特征。此外，粟特裔墓葬的葬俗形态还应具有一定的本民族丧葬文化的意涵表达，体现出寓居于此的粟特裔居民特殊的汉化模式，即一种"兼收并蓄、胡汉杂糅"的二元性结构，因此与其他地区相比，具有较明显的差异。

既往研究过度重视北魏时期波斯与中原王朝的交流，认为北魏时期的萨珊钱币

1　陈寅恪：《元白诗笺证稿》，上海古籍出版社，1978，第262页。

主要由萨珊波斯使者或商人带入。但是从本文的分析可看出，至少固原地区北魏至隋唐时期墓葬中发现的萨珊钱币，与中亚地区的关系更为密切，可见该地区与中亚的文化交流可能至少在北朝中期即已经展开。此外，陈寅恪还曾指出中亚胡族迁徙的三种背景："其远因为隋季之丧乱，其中因为东突厥之败亡，其近因或因为东突厥之复兴"[1]。这一论断曾解释了隋唐时期中亚胡族大规模迁徙的主要原因，但从本文的研究语境出发，或许还可以指出，北朝至隋唐时期汉地大量出现的外国金银币以及逐步形成的胡人聚落，证明了中亚粟特裔族群的内迁并非一蹴而就，而是渐进展开并逐步到达波峰的一次漫长历程。

---

[1] 陈寅恪：《唐代政治史述论稿》，上海古籍出版社，1997，第44页。

二

图像研究

越南河内白马神祠汉喃碑铭研究[*]

■ [越南] 丁克顺（越南社会科学翰林院汉喃研究院）　叶少飞（中国红河学院）

白马神祠位于越南河内市还剑郡帆行街76号（原奉天府寿春县河口坊），陈朝14世纪的神怪传奇《越甸幽灵集》记载祠为9世纪高骈营建大罗城时所建，1010年李公蕴迁都升龙城时有白马从祠中出，重修并封赠"白马大王"。历代王朝颁赠封敕，扩建祠宇，形成现在的规模，是河内神灵信仰的重要场所（图1）。现在白马神祠已经成为越南国家文化遗产，其建立重修的传说也成为研究对象，对神祠的神主以及白马神信仰的形成过程需要进行系统、深入的探讨。白马神祠中现存最早的正和八年（1687）双面碑分别为《白马神祠碑记》和《重修汉伏波将军碑记》，均是记载此年重修白马神祠奉祀神灵之事，但前者记黎朝官民奉祀白马神，后者记清商祀伏波将军，为何相同的重修神祠之事，双方却能各自记载，且是奉祀不同的神灵，最后竟能造立为一碑两面？

康熙年间南来的清人郑峻荐即对此提出疑问，他在《越南神祠考正》中认为北商以"拓土建城白马大王"之义误认为"白马神"即汉朝南征的伏波将军，并根据《越甸幽灵》一书的记载肯定白马神即龙肚广利大王。[1] 意大利神父 Adriano di St. Thecla（1667－1765）曾经在东京（今河内）生活了三十年，2002年 Olga Dror 将其著作译为英文出版，神父直接记述白马大王就是马援，并对马援南征和二徵（徵侧、徵贰）的史事做了介绍。[2] Olga Dror 结合文献，提出两种可能，第一，是郑峻荐的考

---

[*] 本文是越南国家科学与技术发展基金（NAFOSTED，602.05－2019.01）阶段性成果。This research is funded by Vietnam National Foundation for Science and Technology Development (NAFOSTED) under grant number 602.05－2019.01。本文所引用的《越甸幽灵》有数个不同时期形成的版本，或称《粤甸幽灵》《越甸幽灵集》等，本文皆从文献本名。另河内的古称"昇龙"又称"昇隆"或"升龙"，亦从文献所名。

[1] （清）郑峻荐：《越南神祠考正》，嘉隆七年重镌河口正祠藏板，河内：汉喃研究院藏刻本，藏号 A707。

[2] Father Adriano di St. Thecla, *A study of Religion in China and North Vietnam in the Eighteenth Century*, Olga Dror translated, (New York: Cornell University, Ithaca, 2002), pp. 143－145.

图1 白马神祠外景(2019年3月17日,叶少飞摄)

察不准确,白马神祠确实因为华人的移居供奉马援;第二,白马神祠最初确实是因伏波将军马援兴教化之功而对其进行祭祀,但在11世纪越南王朝国家建立之后改易为白马神。Olga Dror 肯定白马神祠祭祀对象变化的同时,河内地区仍然存在祭祀马援的传统。[1] 许文堂对 Olga Dror 的观点进行分析,从吸收了郑峻荟考证内容的《新订较评越甸幽灵集·白马神庙传》出发,继续发掘文献,对白马大王和伏波将军的关系和祭祀情况做了梳理,认为并不是同一人神,但在帆行街白马神祠却存在白马神和马援混合祭祀的情况。[2] 王柏中则在许文堂的基础上,指出"白马"的古音就是"伏波",白马祠在唐代以前即伏波将军神祠,后改称为龙肚神祠。[3] 许、王二文实际上都是根据郑峻荟的论述进行反推,且均认为白马神祠中曾供奉伏波将军马援,但并未意识到祭祀不同神灵的《白马神祠碑记》和《重修汉伏波将军碑记》何以能够相安无事于同一碑中。滕兰花在 Olga Dror、许文堂和王柏中三位学者的研究基础上立论,认为白马神祠中伏波将军的消失是越

---

[1] Olga Dror, *Translator's introduction*, Father Adriano di St. Thecla, *A study of Religion in China and North Vietnam in the Eighteenth Century*, (New York: Cornell University, Ithaca, 2002), p. 42 – 47.

[2] 许文堂:《越南民间信仰——白马大王神话》,*Chinese Southern Diaspora Studies*(《南方华裔研究杂志》)第4卷,堪培拉:澳大利亚国立大学南方华裔研究中心,2010,第163—175页。

[3] 王柏中:《"伏波将军"抑或"龙肚之精":"白马大王"神性问题辨析》,《世界宗教研究》2011年第4期。

南国家意识发展的结果。[1]

诸位当代学者都在越南国家发展的认知下考察白马神祠中白马大王和伏波将军马援的关系，并进一步探讨在国家意识影响下形成对立的马援和二徵祭祀的消长起伏情形。本文重新考察白马神祠碑刻、神敕及传世文献后确定，因越南信仰的特殊情形导致清代华人误认为白马大王即是伏波将军马援，并立碑记事，又影响了当代学者，但其实白马神祠与伏波将军并无关联。白马大王信仰在神祠碑刻和传世文献中表现了不同的发展路径，最终完成合并，展现了信仰在实践层次与文献记录的冲突与互相影响。笔者试论之。

一 "白马"还是"伏波"：正和八年（1687）白马神祠重修碑考

白马神祠中有众多记载后世奉祀、重修活动的碑铭，现存最早的是正和八年（1687）重修碑，为一碑两面，一为记录黎朝官民重修事的《白马神祠碑记》（图2），一为记述清商集资修建事宜的《重修汉伏波将军祠碑记》（图3），笔者分析如下。

白马神祠碑记

奉天府寿昌县河口坊密太、北上、北下三甲官员上下等为重修古庙立石碑事。

夫碑者镌功勒成，所以告万世也。顾瞻本祠洞海正支，浓山余气，罗城环于右畔，珥水绕于左边，岳渎钟星宿之灵，宾主尽东南之美，真天下之佳境也。粤自前代之创立，竖以龙骨，（搻）以鱼鳞，庙貌增贲，巍峨梁栋，更加雕画。辄祈辄应，有感有通。岁时黍稷之陈，牲醴之奠，靡靡相属，不可尽也。中兴以来，谨事神之礼，设祝圣之场，累期上等加封，峻宇再造，其诸敛（即颁）赐冠盖章服，祭器供具，难以枚举。是宜灵答如响，敬信有加，不敢慢也。顷年以后，日往月来，风撞雨撼，非复畴昔之伟观。世求其能振作者，必待大（拡）那之力焉。

瞻兹三甲官员上下等，相与计虑，经始谋为致请礼科都给事中汝进用相地立向，兴功集福，以藉其成，因北驰誉蜚声，上自朱门，下至白屋，近而戴白垂髫，远及编发重译，手持肩担，钱米木石，同资功德，不可胜纪。

---

[1] 滕兰花：《清代以来越南境内的伏波信仰研究》，《民族文学研究》2012年第5期。

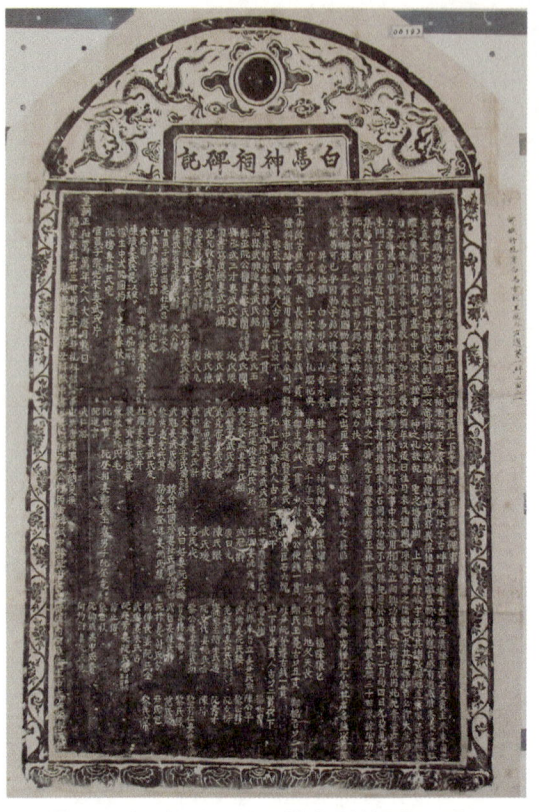

图2 正和八年（1687）重修白马神祠碑正面拓片[1]　　图3 正和八年（1687）重修白马神祠碑背面拓片

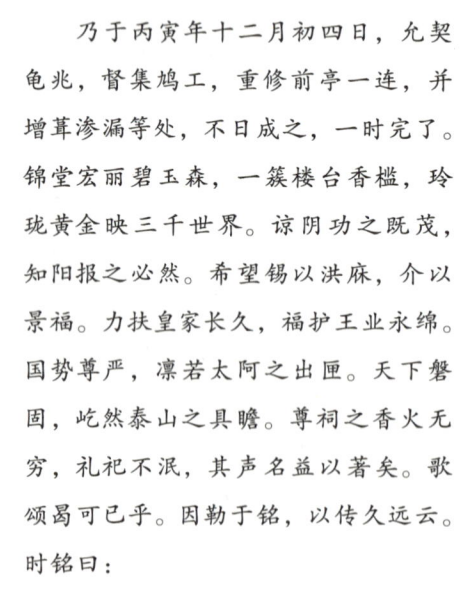

乃于丙寅年十二月初四日，允契龟兆，督集鸠工，重修前亭一连，并增葺渗漏等处，不日成之，一时完了。锦堂宏丽碧玉森，一簇楼台香槛，玲珑黄金映三千世界。谅阴功之既茂，知阳报之必然。希望锡以洪庥，介以景福。力扶皇家长久，福护王业永绵。国势尊严，凛若太阿之出匣。天下磐固，屹然泰山之具瞻。尊祠之香火无穷，礼祀不泯，其声名益以著矣。歌颂曷可已乎。因勒于铭，以传久远云。时铭曰：

升龙地胜，白马形强。山奇水秀，桂茂兰芳。神祠轮奂，圣像辉煌。威扬赫赫，福降穰穰。官民寿富，士女荣昌。礼昭祀典，乐奏笙簧。千年血食，万代蒸尝。之功之迹，地久天长。

皇上御颁古钱三贯，太长燕郡主古钱一贯，永郡主使钱一贯，少尉派郡公使钱一贯，郑氏玉莞古钱五贯，郑棍古钱二贯，礼科都给事中汝进用妻武氏蕊、参同刑科给事中汝进贤妻武氏明、阮氏薰巨石六块，府尹阮登遵古钱一贯……（功德姓名）

---

[1] 河内：汉喃研究院藏拓片，编号192、193。

皇朝正和万万年之八大庆月谷日

赐甲辰科第三甲同进士出身礼科都给事中洪唐获泽汝讷叟撰

洪唐获泽社辛丑科试中书写县丞阮公权，丙寅科试中书算内书写黄燕内，文职儒生中式武显忠写。

一面额题"白马神祠碑记"，雕刻双龙戏日，另一面无额题，雕刻双凤戏日，首题"重修汉伏波将军祠碑记"，据此推断额题"白马神祠碑记"者当为正面。从《白马神祠碑记》碑文可以知晓，要重修的即前代流传至今的"白马神祠"，至于最初何时、何人兴建，碑文都没有明确记载。自黎朝中兴以来本地即虔诚奉祀，故而只能以华丽文辞描绘神祠所在之形胜。碑文虽然言"累期上等加封"，但并未记录加封的神号，可见亦只是概言而已。因年久殿宇朽坏，所以三甲官员人等计虑重修，邀请"礼科都给事中汝进用相地立向"，显然是要扩大神祠规模，确定殿宇占地及朝向。之后四方功德云集，"丙寅年（1686）十二月初四日"吉日动工，修成巍峨殿宇，"神祠轮奂，圣像辉煌"。

此次重修得到了黎皇郑王的支持，黎熙宗赐钱六贯，三位郡主捐钱。时任郑王郑根虽未赐钱，但"郑氏玉荛古钱五贯，郑棍古钱二贯"，这两位当均为郑王族人，故能列于皇室之后，官员之前。最后由汝讷叟撰写碑文，纪之永久，"力扶皇家长久，福护王业永绵"，神佑黎皇郑王万世永昌。此次重修神祠的活动，不仅得到了本国皇王官民的支持，而且"远及编发重

译"，即有言语不通且编发的清朝人参与，此即背面碑文的由来。

重修汉伏波将军祠碑记

稽古之勋臣良将，显当时、垂后世者，皆具不世之才，能建非常之业，始获流芳百代，明祀千秋者焉，夫汉之伏波将军是矣。当初莽之候，英杰并起，彼际识真主于雒阳，知神器之有命，责隗嚣、诛王莽，北出塞漠，南渡江海，可曰无攻不克，何敌不从，咸靖中原，泽弘天地。将军诚汉世之雄豪，千古之英表也，以致振古于斯，明烟弗朽。<u>第京都之东有白马祠，其来远矣</u>。神威赫奕而仰之弥高，祐商庇民则祷之必应，不有胜于当日崇报功之典欤！奈今岁之年深，风雨飘摇，栋壁朽颓。吾侪知沐洪庥有日，宁敢以袖手傍观，任定其摧残落落而已？

兹于丙寅年拾月谷旦集众捐资，鸠工重修。幸一时庙貌辉煌，逮顿成威严凛肃，堪中外之依皈，四方之祷叩也。但恐修葺之后，未免复有倾圮之虞。然今之可能继昔，犹望后之亦效今也，尚赖诸君子有以成之，俾将军享祀于日月同增，忠勋若乾坤并永矣。是以勒石为记，所有功

德、各处姓名开陈于左。

计

一　江西广东福建胡（湖）广江南云南等处。

一　兴功江潮海妻黎氏科、范氏娘，女子江氏祝，孙黎覩，外亲母范氏榜等。

一　功德各信士詹仲联
梅长芳　徐亦舜　谢德裕　苏耀璋　丘廷举　薛盛宜
　黄代舍　黄吾元　揭存胜　龙正显　李　官　黄如琏　吴良臣　施允元
　吴绍仪　林凤翔　刘肇周　郭益祖　郭胜祖　谢旭奉　魏日翼　黄安生
　任光安　蔡沛如　梁子辉　黎秀雍　冯翰瑜　蔡昭侯　刘振生　李其佳
　江浩清　招伯涵　何达喜　胡大泮　詹之林　周祥敦　张文明　汪惟喜
　黄文炳　廖景进　隆孔轮　方谱成　饶梦麟　陈超较　陈振万　张日升
　太医院御医正陈起蛟字玄泰男福麟福安
　黎朝正和万万年之八岁在丁卯菊月谷日造。
　内殿首合侍内书写侍仍潘挺江写　广西桂林灵石匠局春禄刊

此面碑文讲得非常清楚，就是在重修"第京都之东有白马祠"，说"神威赫奕而仰之弥高，祐商庇民则祷之必应"，和黎朝官民修建的白马祠正是同一座神祠，显然是合作重修，但祭祀神灵却是汉伏波将军马援。碑文也没有说神祠自何时开始崇祀神灵，只是"其来远矣"，没有更多的信息。重修神祠由江西、广东、福建、湖广、江南、云南等处客商集资，胪列功德姓名，请本地官员书写碑文，为表示虔诚，特地请广西桂林灵石匠刻字，但并未注明碑文作者。这通碑黎朝官民的功德刻在前面，清商则刻在背面，"太医院御医正陈起蛟字玄泰男福麟福安"应该是清人在黎朝担任医官的二子，仍以华人自居，故未列于黎朝官民的一面。尽管华人丙寅年十月谷旦开始集资重修，黎朝官民则是丙寅年十二月动工，重修庙中前亭，但确是重修同一座神祠，两拨人分开撰写碑文记事可以理解，但为何能够祭祀不同的神灵，刻成一碑两面？

首先我们辨析白马神祠与伏波将军是何关系。最早对此产生疑虑的是清人郑峻荄，其作《白马庙讹传伏波祠考正》一文，认为白马讹传为伏波，白马神即《越甸幽灵》中的龙肚广利大王，收入《安南神祠考正》一书，康熙五十八年（1719）陈至为此书作序，亦特别肯定郑峻荄的定讹之功。《白马庙讹传伏波祠考正》文曰：

> 京都河口坊有白马庙者，云记汉代伏波将军马讳援也。予初

履南邦莫知之，亦诚以为然。及谒庙，阅碑碣，内载祀汉伏波神，以为福国庇民，而亦未详神祀于何代，事实之由来，及兴创于何朝。其碑时正和岁在丁卯（1687）菊月书耳。祠宇因岁久栋壁摧朽，北商詹仲联等集众捐赀，鸠工重修，其庙貌仍焕然聿新。予窃疑伏波马姓，何复以白马称焉？必有以也。及甲午秋，余偶暇检敝箧蠹简，得《幽灵集录》阅而察之，载南国祀典诸神，而东都东市神广利王者，昔曾显灵于唐高骈时，及李朝太宗讳德政间。厥后凡比年迎春，椎牛祈福，悉会祭于彼。询故老，则云："神当建城时，有护国卫隍之勋，瑞现白马之祥，赫濯英灵，莫可尚矣！然马慑于象，故今兽象经临其祠者辄毙。是以改封为白马大王。"而北人讹以为拓土建城白马大王者，乃是吾国平交南汉伏波马将军也。今以白马王封号与广利王封号校阅，字义略同。稽诸封号，利字改赖，音同字异，避今朝黎氏建国王讳也。现有彼神传书可据，内书广利王，而外目录书广赖王，则其义可知耳。顺字改正，以顺受其正，避陈朝顺宗讳日焜庙号。敷字与孚同，应字改感，鱼鲁讹传之误。故知确然是广利王龙肚王气君之神，非伏波将军明矣。若云神像何有伏波乎？神人昔前朝所雕木像，北旅讹传为伏波，制冠裳岫伞香案入供，实乃龙肚王之像也。兹敬录王气君灵应传，及白马王广利王封号以备究阅。余恐岁久，讹以传讹，犹杜大夫之为杜夫人，是以特表而出之，以俟将来考正，亦便同侪者，罔知是神实迹，以为伏波神也。故笔而书之。[1]

郑峻葬考察神祠及碑碣之后，寻访故老，认为是北客将"拓土建城白马大王"因马援南征之事讹为汉伏波马将军，实为根据字义的想当然。然后根据《幽灵集录》即《越甸幽灵》诸书确定白马大王为龙肚广利大王，北客不知其实，"制冠裳岫伞香案入供"。王柏中根据郭沫若、王力等人的古代音韵学观点指出"白马"与"伏波"发音相似，清商遂认为白马神祠即祭祀伏波将军马援。[2]

但《重修汉伏波将军祠碑记》却刻于《白马神祠碑记》之后，显然黎朝官民对清商认为白马神祠祭祀伏波将军的说法也不反对，自己则仍然坚持神祠祭祀白马大王。可能本地人并不认为白马神就是伏波将军，

---

[1]（清）郑峻葬：《越南神祠考正》，嘉隆七年重镌河口正祠藏版，河内：汉喃研究院藏刻本，藏号 A707.
[2] 王柏中：《"伏波将军"抑或"龙肚之精"："白马大王"神性问题辨析》，《世界宗教研究》2011 年第 4 期。

但实际也不清楚白马神代表的是哪位神明，清朝客商说白马神即是古贤者伏波将军，因神灵无形无常，也便由他去，但仍坚持自己的看法。

之所以出现黎朝官民与清朝客商认知不同的情况，很可能是神祠确实古已有之，但只有神名"白马大王"，亦有神像，并无具体的神名和其他神号。这并非笔者无端猜测。现在河内金莲总金莲祠中有一通巨碑，内容为《高山大王神祠碑铭并序》，由著名儒臣黎嵩撰于襄翼帝洪顺二年（1510），此碑是1509年阮文侣等人起兵辅佐襄翼帝攻杀威穆帝，得神灵之助，功成之后上奏君王，敕为神灵修建祠宇之事（图4、图5）。黎嵩在碑文中写道：

> 文侣等行至奉化县，其山林岑郁，延袤广漠，有渊名林，当一亩许，静深不测，树木交加，上有一祠，盖以草茅，<u>祠中立石，题曰高山大王</u>，文侣等觐之惊异，乃恳祝曰……[1]

显然高山大王是一块神石，并无姓名，亦无神像，仅有"高山大王"神号而已。此碑并非普通的民间立碑，而是代表了当时朝廷君臣对高山大王的认识。此碑后刻"景兴三十三年（1772）岁在壬辰仲秋初一日奉立碑。原碑在奉化县，自古传来浮于菩提江津，于弘定年间（1613—1618）本坊拽得迎回，置于寺地，至兹玄征屡

图4 河内金莲祠《高山大王神祠碑铭并序》碑（2019年8月17日，叶少飞摄）

图5 《高山大王神祠碑铭并序》碑额（2019年8月17日，叶少飞摄）

---

1 《越南汉喃铭文拓片总集》，第2册，实践研究院、汉喃研究院、远东学院编，2005，第25页，拓本编号1025。

兆，因奉迎立于本祠左边，以示尊严永传久"[1]。碑原在清化省奉化县，即今儒关县，中兴黎朝时被人水运至升龙城，却不知何故弃碑于菩提津，为金莲坊人拽回奉祀。黎嵩关于高山大王的神迹书写也得到了其他地方民众的认可，碑文又被山西省国威府不温总龙珠社重刻，额题"古迹灵祠碑记"[2]。

另河东省丹凤县杨柳总茂和社庙内有一通碑，题《总督大王神祠记》，为黎朝官员阮益逊作于洪顺四年（1512）。阮益逊为洪德十五年（1485）甲辰科进士，1495 年曾参与黎圣宗《御制琼苑九歌》君臣唱和活动。[3] 碑文言：

> 王之履历事业，史氏不载，难凭致实。土俗相传王以战略勤于国事，且爵总督王，土俗之言，必有所自也，况穹壤间一浩然之气而已。是气也，至大至刚，至精至粹，上属七政三光，下为四渎五岳，磅礴融结，毓秀炳灵，钟而为英杰圣贤，其生也则恢弘功业，泽及当时，其没也则参赞化机，福覃后世。王之所为一方福神，其有全于是气欤？

阮益逊所撰碑文中的总督大王无名无事，只有灵应，在碑文中也看不出是否有神像，显然是本地人对总督大王的情况说不清楚，言定有此神，故而阮益逊以天地浩然之气演绎总督大王的神迹和灵应。[4]

黎嵩所写的高山大王和阮益逊笔下的总督大王皆无形无象而仅有神号，这并非偶然。以此考虑正和八年白马大王神祠修建的事情，即可明了白马神很大可能和高山大王与总督大王一样，并无更加明确的神名和神号，只有一个名称"白马大王"或"白马神"[5]。黎朝官民祭祀白马神重修神祠，黎熙宗和郑王亲属亦资助，如果知晓神号神名一定会写清楚。而清朝客商则根据"白马"发音"伏波"误认为神祠祭祀伏波将军马援，黎朝官民因白马神原本就无名无形，故而亦未否定。因此黎朝官民和清商为相同的神灵重修同一个神祠，却分别撰文，刻在一个碑的两面。

二 升龙城隍神：明命元年重修白马神祠碑考证

黎朝发展出了特殊的神祠"守隶"

1　《越南汉喃铭文拓片总集》，第 2 册，2005 年，实践研究院、汉喃研究院、远东学院编，第 26 页，拓本编号 1026。

2　《越南汉喃铭文拓片总集》，第 2 册，第 956 页，拓本编号 1922。

3　陈荆和编校：《大越史记全书》（中），本纪卷之十三，东京大学东洋文化研究所，1985 年，第 742 页。

4　《越南汉喃铭文拓片总集》，第 2 册，第 255 页，拓本编号 1255。

5　Adriano di St. Thecla 神父也记述了祭祀"大王"的礼仪和过程，即本地的神灵管理者，但是并没有解释"大王"的具体由来。见 *A study of Religion in China and North Vietnam in the Eighteenth Century*, Olga Dror translated, pp. 137–138.

"皂隶"制度，即由官方指定的人员和区域民众负责神祠的供奉和祀礼等活动。[1] 奉祀白马神的河口坊密泰、北上、北下三甲亦根据"广德县安朗寨全寨等由奉事蓝昭禅寺守隶寨，全寨等由奉事灵郎祠并奉得许为皂隶"，因此请求成为白马大王神祠皂隶（图6）：

> 启为恭望渥泽，事由本坊三甲地分自古以来奉事白马上等最灵祠，累奉褒封敕命，着在祀典，凡四时八节，祭祀礼仪，日夜宿直香灯，与修理祠庙一一事务，罔有亏疎，及递年春牛、会盟、祈晴、祷雨、告祭、密恩等礼，累承奉差官役使一在三甲应承供给。

三甲将成为皂隶的缘由和要求上呈官府，此事记录在景兴三十九年（1779）四月二十日所造之碑上，上报三年之后，景兴四十二年（1781）六月二十日郑王府发文同意三甲为奉事白马上等最灵祠的皂隶，要求各衙配合，神祠造碑记事，从申请成为皂隶到郑王批复同意白马神祠的功能"春牛、会盟、祈晴、祷雨、告祭、密恩等礼"相当完备（图7）。显然白马神祠已经

图6　景兴三十九年（1779）碑拓片（丁克顺制作）　　图7　景兴四十二年（1778）《皂隶碑记》拓片[2]

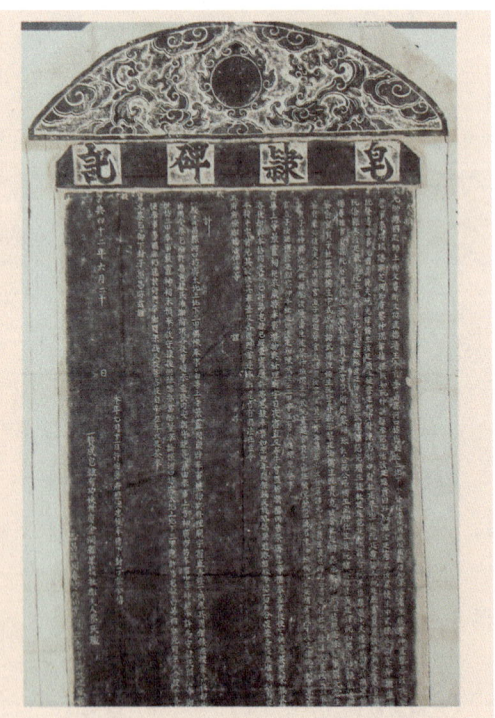

---

[1] 武氏蓝英：《越南皂例碑文研究》，博士学位论文，河内国家大学，2019。

[2] 河内：汉喃研究院藏拓本，编号191、184.

成为三甲地方公共活动的中心。这两通碑刻写的是三甲地方与官府交接的一件两份文书档案,然而两通碑文仍然没有提及白马大王的神名和神号,显然神祠方面既不知晓,亦不在意。

越地祀神之风极盛,因白马神的灵应,河内其他地方也相继奉祀。白马神祠所在的河口坊是苏沥江和珥河的交汇之处,船运便利,商贸云集,广东和福建众商亦多在河口坊居住,逐渐形成福建庯和广东庯。[1] 因而白马神祠为华越民众奉祀祈福的场所,声名远播。很可能是郑峻荅的书在清商中产生影响,传至神祠,嘉隆七年(1708)白马神祠刻印了郑峻荅撰写的《越南神祠考正》,标明"河口正祠藏版",即是宣示自己的"正祠"地位。(图8、图9)19世纪后半叶的《同庆地舆志》亦特地标出了河口坊和白马庙的位置,可见其重要地位。(图10)

1802年阮朝建立,完善祀典。因升龙城历经黎末西山之乱,白马神祠年久失修,三甲地方遂决定在明命元年(1820)重修,此时政局稳定,商贾云集,工程浩大,所造立记事碑亦远较正和八年宏伟(图11)。

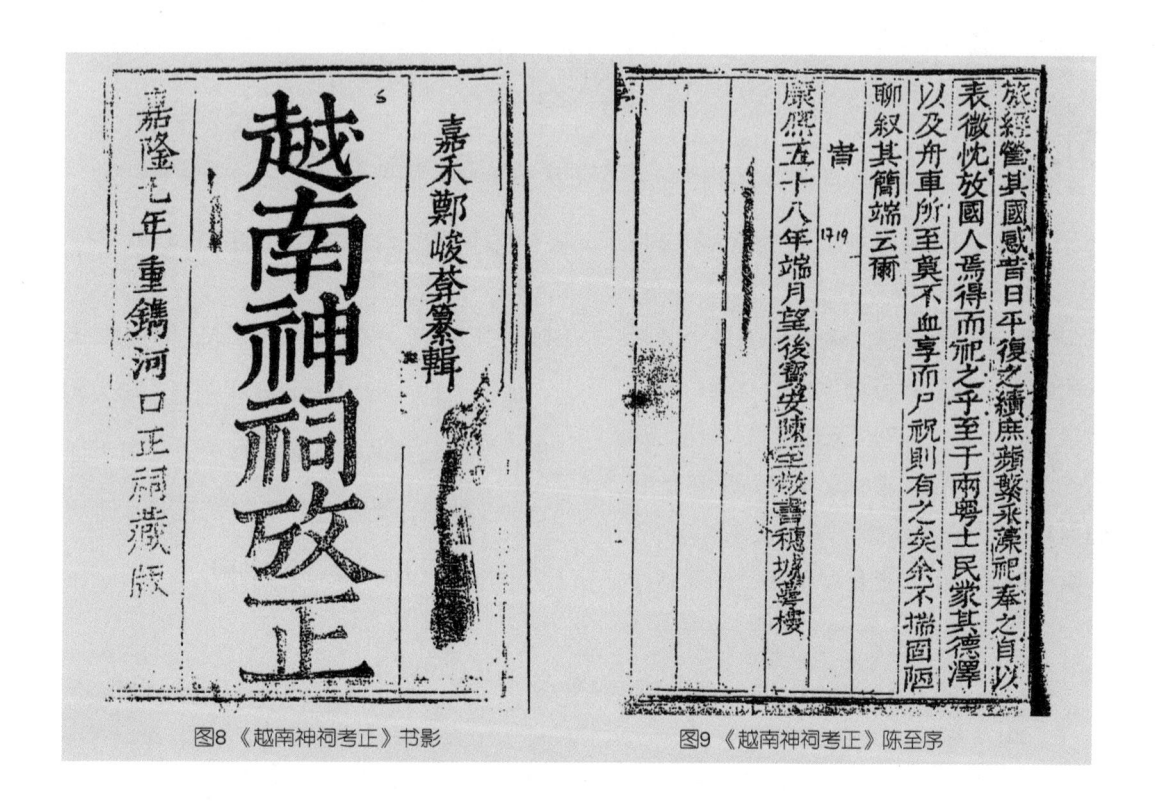

图8 《越南神祠考正》书影

图9 《越南神祠考正》陈至序

---

1 (越南)阮荣福:《华人与河内商业街区的形成》,河内:《东南亚研究》1994年第4期。[Nguyễn Vinh Phúc, *Người Hoa với sự hình thành các phô nghệ ở Hà Nội*, số 4 (17) 1994, tr. 111–120.]

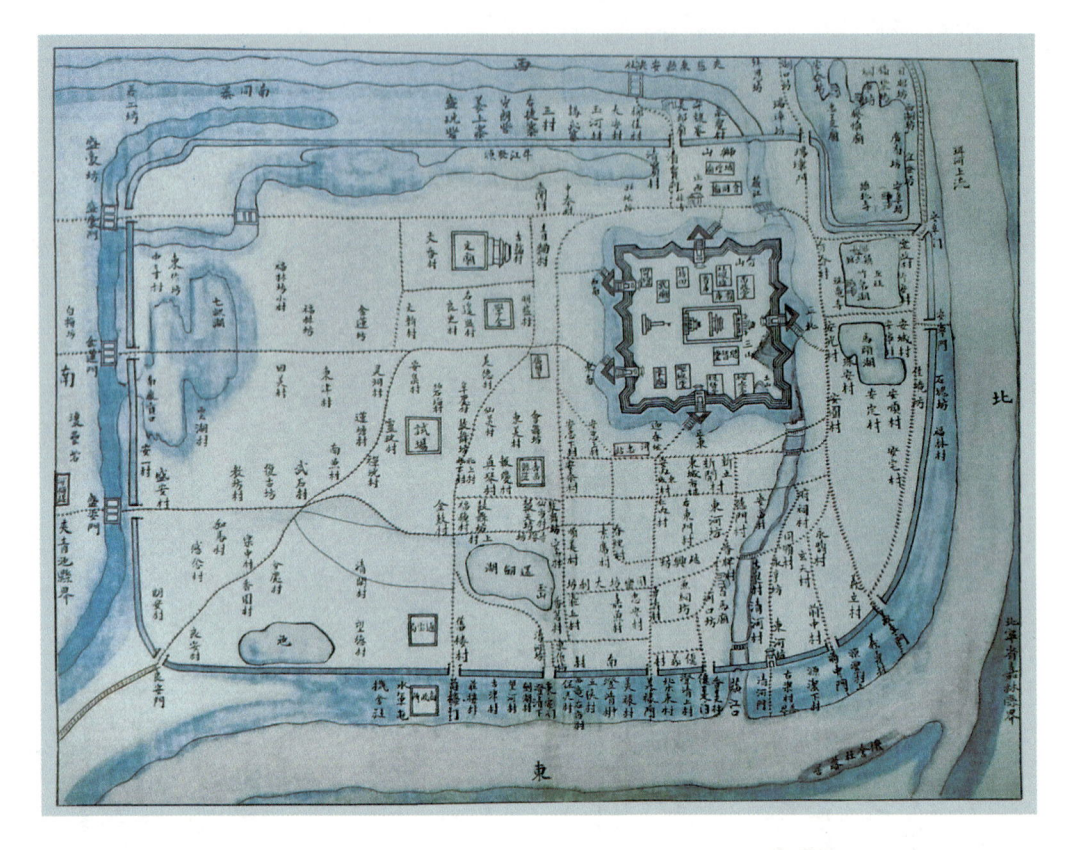

图10 《同庆地舆志·寿昌永顺二县图》右下河口坊白马庙和还剑湖边鼓舞坊位置图 1

按照惯例造立重修碑，邀请黎末进士范适撰写碑文。范适即范贵适，号立斋，黎显宗景兴四十年（1779）己亥科同进士，爵适安侯，[2]《大南实录》记载嘉隆十年（1811）六月，"议修《国朝实录》，召侍中学士范适、山南上督学阮瑲、怀德督学陈瓒等来京，充史局编修"[3]，明命二年（1821）夏五月"召侍中学士范适。适久致事，帝素重其名，至是因修史，以银币征之，及就道，复以病辞归"[4]。范贵适是历经黎末、西山朝和阮朝的名儒。

---

1 ［越南］吴德寿 阮文原 Philippe·Papin 整理《同庆地舆志》第三册，远东学院 汉喃研究院，河内：世界出版社，2003，第8页。

2 ［越南］郑克孟：《越南汉喃作家人名字号》，河内：社会科学出版社，2012，第254—257页。

3 阮朝国史馆：《大南实录》正编第一纪卷四十二，东京：庆应义塾大学言语文化研究所，影印本，昭和四十三年（1968），第3册，册第203页，总第843页。

4 阮朝国史馆：《大南实录》正编第二纪卷九，东京：庆应义塾大学言语文化研究所，影印本，昭和四十六年（1971），第5册，册第138页，总第1556页。

但碑文显示白马神祠面临一个问题，即必须应对郑峻荛提出的白马神是龙肚广利大王，并非伏波将军的观点。

重修白马庙碑记

怀德府寿昌县右肃总河口坊密泰、北上、北下三甲重修庙宇碑记檐题芳名列左

白马最灵祠也。龙城诸灵神，白马大王为最，所在坊甲多祀之。其在河口密泰、北上、北下三甲者香火为最盛。岁久甲人重修之，来征文且曰："祠古矣，自正和年稍增其制，今材木损坏，又旧址颇卑，吾甲谋修之，求神签得吉。"于是出所有以供役。神素著灵应。北客列庯诸号，及商舶北来者多于祠祈祷。闻是役也，愿出银助之，所得几叁千余两。故得肆力营造，增其制而广之，培其基而高之。以己卯年正月日起功，至是年十月日告竣。极为壮丽，盖前此所未有也。按《神祠致正》序，备述神之灵迹，其称号大同而小异，要之盖昇隆城隍神也，昇隆于今为都城，于古为畿甸。凡递年迎春鞭牛礼必于祠，其礼亦隆矣。国俗故尊神虽一村一邑之神，所以崇奉之者无不至，而况主千里之封圻，膺百王之礼秩，

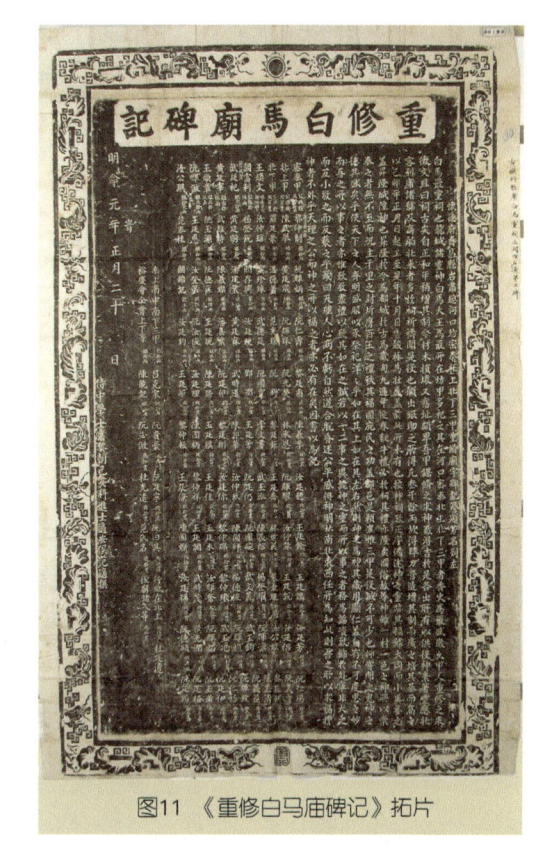

图11 《重修白马庙碑记》拓片

其福国庇民之功，盖都邑是赖，岂惟三甲，是役诚不可少也。抑尝闻之鬼神之德，其盛矣乎。使天下之人，齐明盛服以承祭祀，洋洋乎如在其上，如在其左右。然则神之为神，其藏用显仁，盖自有不可度思之妙。而吾之所以事之者，亦惟致敬尽礼，以致其如在之诚。若以一二事之异，诧神之灵而所以事之者，务为谄渎，致饰于外，宁非大之，而反小敬之，而反亵之乎。箴曰：天理人心两不亏，自然道合脱昏迷。公平感得神明祐，南北东西任所为。知此则吾之所以求福于

神者，不外乎天理之公，而神之所以福之者，亦必有在矣。因书以为记。

……（功德姓名钱数）

峕

明命元年正月二十日。

侍中学士旧黎朝己亥科进士适安侯范适撰[1]

嘉隆七年神祠刻印郑峻荐的考证之作，神祠众人似乎难以明了其中的曲折关系，但正和八年重修时神灵认知的差异问题已经由郑峻荐直接提出并进行解答，范贵适必须予以应对取舍。范贵适撰写的这通碑文与正和八年重修的情况相同，仍然只书白马神之名，没有更加具体的姓名和神号，所言神性和灵应亦是模棱两可、不可捉摸的语言。正和八年重修神祠之事在清商中影响很大，三甲决议重修之后，清商纷来捐献，得银三千余两，遂大兴其事。范贵适写道："按《神祠考正》序，备述神之灵迹，其称号大同而小异，要之盖昇隆城隍神也"，显然所指就是陈至为郑峻荐所撰《安南神祠考正》所作之序曰：

客岁余阅屈翁山新语，载安南京都有祀伏波神，威灵显赫，国人入而祭者，必膝行蒲伏惴惴然，以神之诛殛为忧。每惧汉人诉其过恶于神而得疫病，于是设军二人守庙，不使汉人得入。庙制狭小，周遭茅茨失火，庙恒不及，而交人绝神之余，未究其源，亦以为然。及戊戌秋，晤郑子峻荐邕江旅次，惠贻《神祠考正》一书，批而阅之，方知传祀之讹，记载之谬者。考其神乃龙度村乡民舍村为城，厥后土人祀之，血食于彼。唐高骈辟建罗城时，显现空中，命主城事，职今之城隍也。递年迎春之日，必鞭牛祠前，每仲春月，仕宦男女，临于祠内，盟誓以表其忱。若讼健之难白者，亦到神前誓断，然后已之。噫嘻！郑子参稽明确，非淹博群书之广，焉得而考之详且悉耶？然余尝读古文，见刘蜕论楚国当祀包胥，不宜享子胥，顿然其辨。今峻荐考正交人祀白马，而不享伏波，稽究明析，亦犹刘蜕阐辟楚祀，而峻荐之博识信其然乎？盖安南自女子微侧倡乱，为汉马伏波平复，交人震慑，怀其德而畏其威，不敢以姓名称，若然安敢立祠而祀之乎？

---

[1] 《越南汉喃铭文拓片总集》，第1册，实践研究院、汉喃研究院、远东学院编，2005，第192页，拓本编号190。

虽有谅山之祀伏波，祠宇在焉，彼中朝商旅经营其国，感昔日平复之绩，庶蘋蘩采藻祀奉之，自以表微忱，放（敌？）国人焉得而祀之乎？至于两粤士民蒙其德泽，以及舟车所至，莫不血享而尸祝，则有之矣。余不揣固陋，聊叙其简端云尔。

时康熙五十八年端月望后宝安陈至敬书穗城萼楼。[1]

因嘉隆帝改建国号为"越南"，此书嘉隆七年重刻时改称《越南神祠考正》。陈至所言"屈翁山新语"所记伏波祠，即屈大均（1630—1696）的《广东新语》卷六《伏波神》，[2] 显然是屈氏道听途说之言。陈至肯定郑峻莽关于白马神不是伏波将军的观点，并且认为交州人不应该祭祀马伏波，但他知晓谅山的伏波神祠，客商尝过而祭之。陈至接受了白马神即龙肚广利大王的观点，"职今之城隍也"。

郑峻莽和陈至二人如此论神灵是谁非谁，虽然有失恭敬虔诚，但此书为嘉隆七年河口坊正祠自己所刻，显示神祠人众可能意识到只有神名神性过于单薄，所以接受了郑峻莽所言白马神为龙肚广利大王的观点。范贵适能够应邀修撰国史，对神明之事有自己的理解，他不愿意轻易承认郑峻莽明确神灵身份的观点，而是使用了不明确的泛神概称。面对郑峻莽和陈至的考证，尽管范贵适指出神的称号大同小异，但吸收了"要之盖昇隆城隍神也"的观点，进而指出白马神即升龙城隍，村邑之神尚且四方毕至供奉，何况都城之神，更当诚心祭祀。"城隍神"多是当境神灵，亦难确指，即以广泛的神号代替了被郑峻莽明确的龙肚广利大王。

范贵适对陈至的序不以为然，写道"神之为神，其藏用显仁"，并长篇大论神之灵应，不应当对神有所怀疑。他指出白马神即升龙城隍神，神灵在天，照鉴苍生，其观点得到了阮朝官民和清商的一致认可。清商没有坚持自己捐资重修的就是伏波将军神祠，另碑刻为《重修白马庙签题录》，"广东福建潮州三庸诸贵号乐助工金芳名列左"，但仅有功德姓名，并无捐款事宜的说明。此碑与本地官民的《重修白马庙碑记》形制、纹饰、刻写字体相同，显然是三甲地方所刻，并非清商再请工书写刊刻（图12）[3]。

---

1 （清）郑峻莽：《越南神祠考正》，嘉隆七年重镌河口正祠藏板，河内：汉喃研究院藏刻本，藏号A707。

2 （清）屈大均：《广东新语》卷六，中华书局，1985，第210—211页。

3 河内汉喃研究院藏拓本，编号189。

嘉隆七年刻印《越南神祠考正》到明命元年范贵适撰写碑文，神祠对白马大王神性的认识从龙肚广利大王的一神观念转变为城隍的泛神观念，但无论如何不应该因神号不同而失去对神灵的恭谨和虔诚。在范贵适辩驳郑峻莽和陈至的过程中，白马大王获得了升龙城隍神的身份。而神祠方面从刻书到立碑，并未展现出自己的态度，可能对如此细致的辩解过程确实无能为力，只能影从郑、范二人之论。

三 "白马"与"龙肚"：白马神祠的历史文献记载

根据正和八年的《白马神祠碑记》，显然本朝官民并不知晓白马大王的神名和神号，故而碑中不记。明命元年的《重修白马庙碑记》面对郑峻莽和陈至的追考，亦只是笼统说明白马神即升龙城隍，坚持神祠祭祀白马大王的固有传统。但包括《越南神祠考正》在内的文献却认为白马神即是龙肚精气，那么二者是如何合而为一的？阮朝官方嗣德本《大南一统志·河内省》记述：

> 白马祠，在寿昌县河口坊。《越甸幽灵集》：唐咸通间，高骈筑大罗城，一日出游东门外，忽见云雾晦冥，中有彩衣异人，驾赤虬，执金简，随云逍遥。骈惊异，欲厌之，夜梦神谓曰："我龙肚之精，闻公筑城，故来相见，

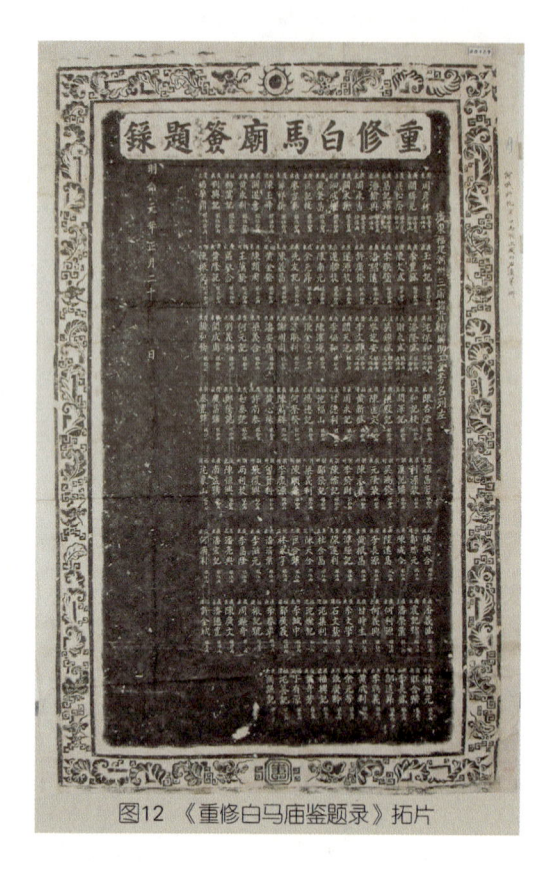

图12 《重修白马庙鉴题录》拓片

此次清商没有刻写重修伏波将军神祠事宜，并非因为受到郑峻莽的影响，而是神祠灵应已经深入人心，神之为神，不言自明。正和八年（1687）清商捐资重修或许在于误认"白马"为"伏波"，但至明命元年（1820）神祠灵应庇佑商众已经超过百年，"北客列庸诸号，及商舶北来者多于祠祈祷"。对于郑峻莽和陈至的考证行为，范贵适指出"其称号大同而小异"，终归就是升龙城隍神，即是对包括"伏波将军""龙肚广利大王"在内的各种白马大王的神号所作的定论，其关于神恩天祐的论述亦极具道理，福享百年的神祠已经具有强大的影响和号召力，故而清商能够认可神祠之灵而忽略前代所称之名。

何以厌为？"骈以为怪，乃埋金铜符以厌之。即夜雷雨大作，及旦视之，则金铜符皆碎为尘土矣。骈惧，因即其地立祠祀之，封为龙肚神。李太祖徙都升龙，因以都城随筑随圮，令祷于神，忽见白马从祠中出，绕城一周，随地落痕，入祠而没，依其迹筑之，祀为升龙城隍之神，历朝因之，封为广利白马最灵上等神。[1]

《大南一统志》为阮朝官方编撰的舆地总志，由地方官员采集内容，送至国史馆编撰成书。此事尚见于嗣德四年（1851）杨伯恭编撰的《河内地舆》，称为"白马大王祠庙"[2]，高伯适编撰的《敏轩说类·古迹》有《白马祠》一篇，[3] 内容基本相同，神号"广利白马最灵上等神"。白马祠的内容指明来自《越甸幽灵集》，即《广利大王》：

王本龙度王气之君也。昔高骈筑罗城时，一日方晡，骈出游城东，忽然云雾大作，见五色气自地出，光芒夺目，有一人冠裳严整，骑赤蛟，手执金简，随光气升降，异香袭人，宛转往来，片时而变。骈惊异，以为妖气，欲以法镇之。夜梦神来告骈曰："吾非妖气，吾是龙度王气也。见公筑城，故相见耳"。骈觉，令以铜铁为符，埋而压之。是夜雷雨大作，掘起铜铁，碎如尘土。骈大惊，无计可施。后土人立祠奉祀，尊为龙度福神。李太宗时，各国商人都会，合众辟东门市、杂居神祠左右前后。一夜，大风起，飞沙走石，寰祠诸家皆倒。惟神祠依然如故。太宗异之，问神事迹，识者以事奏。帝喜曰："神之灵"。命官致祭，敕封"广利大王"，以祠为都城祈福之所。追陈时，都城三次遭火，而祠依然无恙，远近传为最灵祠。重兴元年，敕封"圣佑"二字。四年，加"威济"二字。兴隆二十一年，加"孚感"大王。[4]

---

[1] 嗣德本《大南一统志》，河内：汉喃研究院藏抄本，藏号：A69/2。

[2] 《汉喃书籍中的河内——升龙地志》，河内：世界出版社，2007，第868页。

[3] 高伯适：《敏轩说类》，《越南汉文小说集成》第16册，上海古籍出版社，2009，第323页。此书提要称"古迹"部分抄自张国用的《退食纪闻》，但汉喃院现存的《退食纪闻》全本恰好没有《白马祠》一篇，见《大文学家、名将张国用》附《退食纪闻》抄本影印本，河内：通信文化出版社，2010，第595页。

[4] 朱凤玉点校：《粤甸幽灵集录》，陈庆浩、郑阿财、陈义主编：《越南汉文小说丛刊》第二辑，第二册，台北：学生书局，1993，第34页。

郑峻荨的考证亦来自此书。此篇只记载了高骈厌龙肚神之事和李太宗佛玛立神祠祭祀之事，并无李太祖公蕴建都且封城隍之事，之后的《新订校评越甸幽灵集·白马神庙传》《越甸幽灵集录全编·广利圣佑威济孚应大王》均如此，不知《大南一统志》所据何本。李太祖白马筑城明显与《岭南摭怪·金龟传》中安阳王金龟筑城之事相似，当袭自后者。[1] 龙度神的故事来自文本更加古老的《岭南摭怪·苏沥江传》：

> 唐懿宗咸通六年，命高骈为都护，将兵讨南诏，遂置静海军于安南城，以骈为节度使。骈通天文地理，乃相地形，筑罗城于泸江之西，周三千步以居驻焉。有小江从泸江流入西北，经过其南，回抱罗城，末流复入大江。六月雨水涨溢，骈乘轻舟顺流入小江，方里许，忽见一老人须发尽白，容貌奇异，游浴于江中，笑语怡然。骈问："叟姓名为谁？"老人对曰："我姓苏名沥。"骈复问："叟家何在？"老人对曰："在此江中。"言讫，拍手晦冥，忽然不见，骈知是神人，乃名其江为苏沥江。一日方早，高骈出立于罗城之东南，泸江之畔望焉。江中大风忽起，波涛汹涌，云雾昏暗。有异人立于水上高二丈余，身着黄衣，头戴紫冠，手持金简，空中光彩升降飞扬。日上三竿，云气未散，其形尚在。骈甚惊异，尤欲压之而未果。夜梦见神人告曰："勿压我，我是龙肚之精，地灵之长。君来筑城于兹，未得相遇，故来见耳，虽压何忧？"骈惊觉，明日设坛行醮，以金银铜铁为符，诵咒三昼夜，坑符压之。是夜，雷电轰会，风雨大作。顷刻之间，复见金银铜铁之符尽出地上，化为灰烬，飞去散尽。骈叹曰："此处既有灵异之神，不可久留，以取凶祸，我当急归北矣。"后懿宗召骈还，果被诛，以高鄩代治之。[2]

"龙肚"即"龙度"。《苏沥江传》里面实际记载了高骈与两个神人的问答，第一日所见老人乃苏沥江水神，另一日所见"身着黄衣，头戴紫冠，手持金简"之人实为罗城地神，即龙肚之精，其仙道形象突出，故高骈以符咒之术厌之而未成。《天南云箓·龙肚神传》，记述了高骈厌压之事后，又记李太祖之事：

---

[1] 陆小燕：《越南金龟传说源考》，《东南亚南亚研究》2013年第4期。
[2] 陈义校注：《岭南摭怪列传》，陈庆浩、郑阿财、陈义主编：《越南汉文小说丛刊》第二辑，第一册，台北：学生书局，1992，第89页。

……未几,僖宗有诏征还,骈果被诛,以高邹鲁代之。自是人多敬惮,立祠于京师市侧以事之。后来太祖建都于此,梦神人来贺。上曰:"汝能保亿年香火耶?"对曰:"但愿国祚绵洪亿万年之久,不啻神人保亿年之香火也"。及觉,以牡醴祭之,封为"升龙城隍大王"。时有大风振荡,破坏屋舍,而其祠晏然,又封"贵明大王"。凡有迎春之礼,率用于此祠焉。历陈朝屡有火灾,而其祠未常延及。陈光启有诗云:"昔闻赫濯大王灵,今日得知鬼胆惊;烽火三烧祠不动,风雷一阵铁成轻。指挥摧制千余众,呼吸消除百万兵;愿伏余威摧北敌,山河依旧晏然清。"凡京师之民,多所敬重,至今为福神。[1]

此篇《龙肚神传》下注:"出《天南古迹》",《天南古迹》现不存。《天南云篆》亦录入《苏沥江传》,篇名下注:"出《岭南摭怪》",但只有和苏沥江神答问以及名苏沥江一节,并无之后的夜梦龙肚精气,符压之事。[2]

根据上述文本的呈现,我们可以确定最古老的《岭南摭怪·苏沥江传》中的苏沥江神和龙肚精气神在后世逐渐分开,在《越甸幽灵·广利大王》中龙肚神的神迹和"广利大王"神号已经确立,黎初时期(1428—1527)越南的城隍信仰确立之后,又加入了李太祖封城隍的事迹,即《天南云篆·龙肚神传》所述。嗣德本《大南一统志·河内省》的记载当是综合诸书而来,以《越甸幽灵》最古而称之,郑峻荞《越南神祠考正》亦就此认为白马神即龙肚广利大王,又因黎太祖黎利讳称广赖大王。但白马筑城则为《大南一统志》所独有。综合历史文献而言,白马神祠的神灵为唐代即已显灵的龙肚精气,实为大罗城地神,李太祖迁都时遣白马出,帮助筑城,神祠即以白马为名,太祖遂以神为升龙城隍,后世褒封,奉祀至今。

然而文献认知与白马神祠信仰是两条单独发展的线索,郑峻荞不止考证了白马神的身份,而且记录了白马大王拥有"广赖佑正威济孚应宣雄英略广运"等长达151字的美号,写明"出翰苑百神封号册上等神庙,在河口坊密太、北上、北下三甲"。广利大王封号为"广利佑顺威济敷应大王",写明"出幽灵集录庙,在东都东市侧"。但明命元年(1820)范贵适在《重修白马庙碑记》中避而不谈文献记载的各类神号及争执,也不谈神的美号,而神祠

---

[1] 汪娟校点:《天南云篆》,陈庆浩、郑阿财、陈义主编:《越南汉文小说丛刊》第二辑,第一册,台北:学生书局,1992,第222—223页。

[2] 陈义校注:《岭南摭怪列传》,陈庆浩、郑阿财、陈义主编:《越南汉文小说丛刊》第二辑,第一册,台北:学生书局,1992,第218—219页。

在此年之前的碑刻也无一提及白马神的名号。尽管神祠自己刻印了《越南神祠考正》，碑刻仍然在顽强呈现原有的祭祀传统。

但文献的力量不容忽视，明命二年（1821）白马神祠获得了朝廷褒封，封敕原件不存，录文于下：

> 敕白马佑正大王护国庇民，稔着功德，经有历朝封赠，奉我世祖高皇帝大振英威，开拓疆土，肆今丕膺耿命，光绍鸿图，缅念神庥，盍隆恩典，可加赠扬威御侮保障上等神，准许寿昌县河口、密泰、北上、北下三甲依旧奉事，神其相佑，保我黎民。钦哉！
> 明命二年七月二十一日

明命七年（1826）白马神祠刻印了《龙肚最灵祠记》，首先确定"广赖白马大王，昇龙之福神也"，随后记述了高骈遇龙肚神、李太祖迁都白马筑城、李陈时神祠不受火灾，历代加封美号的过程尤其详尽，最后恭录美号，这几乎是之前文献记述的综合发展，对于白马神的身份、名号和地位都有详尽的叙述，[1] 而正和八年和明命元年神祠碑刻中显示的神灵不名传统则消失不见（图13、图14）。

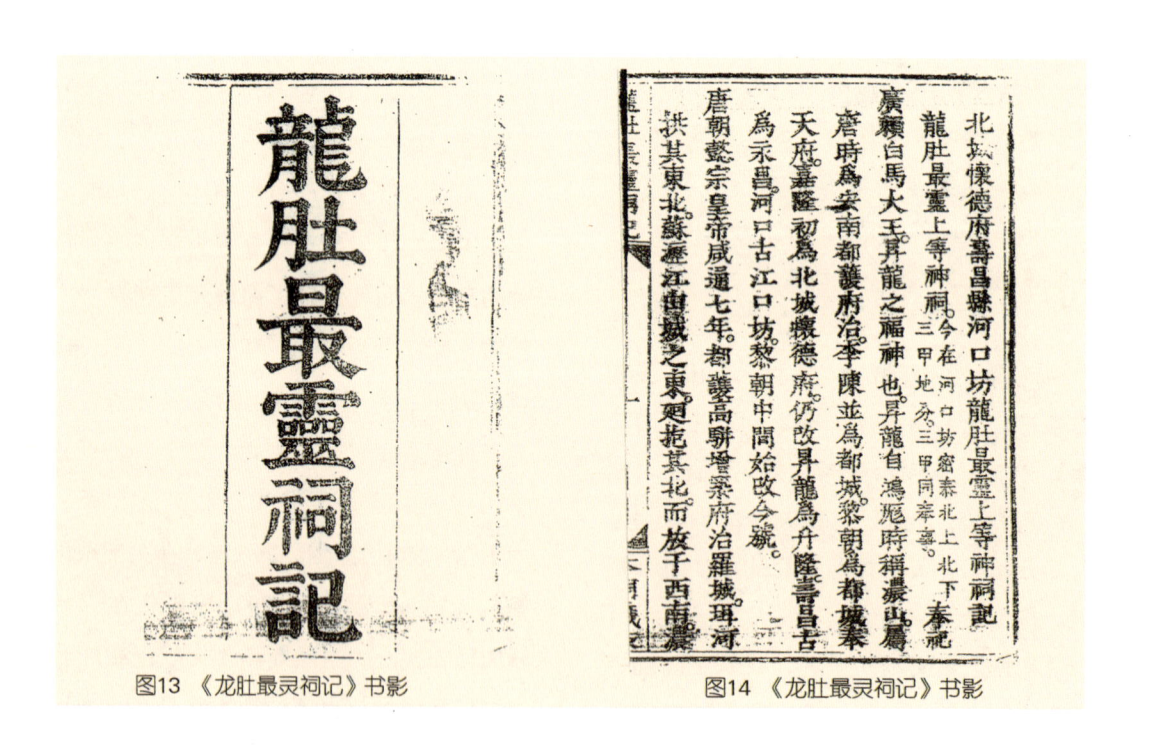

图13 《龙肚最灵祠记》书影

图14 《龙肚最灵祠记》书影

---

1 《龙肚最灵祠记》，河内：汉喃研究院藏刻本，藏号 A707。

图15 《雕漆方亭碑记》拓片 1　　　　　　　图16 《建造方亭碑记》拓片 2

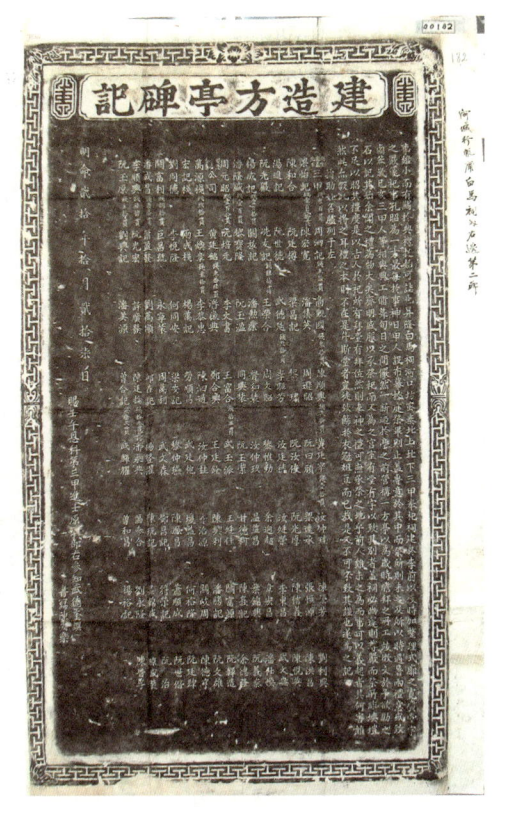

之后龙肚广利白马大王的观念逐渐深入人心。明命二十一年（1840）造立的《雕漆方亭碑记》称："广赖白马神之祀满省城，而河口坊三甲仪文为最盛"，龙肚广利王和白马神才彻底在文献和碑刻之中完成合并（图15）。同年的《建造方亭碑记》写道："昇隆白马祠，河口坊、密泰、北上、北下三甲奉祀，祠建于李前，以后时加整理，式廓之宽广，堂宇之严邃，祀事孔昭，为一方最"，[3] 言祠建于李朝以前，显然是受到龙肚广利大王文本的影响而来（图16）。此次建造方亭亦得到了华商的大力支持，王焕章即是嘉隆十六年（1815）参与创建福建会馆的客商。但此次华越人众的功德姓名并未分别列出。

神祠保存的保大拾肆年（1939）拾月吉日密泰甲乡老黎叔琳书的匾额即言："本邑凤城遗聚，同乎乐利之天，龙肚群居，共沫和平之福"，成为共识（图17）。现在祠内供奉的神像并无具体的雕塑年代，

---

1 河内：汉喃研究院藏拓本，编号183。

2 河内：汉喃研究院藏拓本，编号182。

3 《越南汉喃铭文拓片总集》，第1册，实践研究院 汉喃研究院 远东学院编，2005，第184页，拓本编号182。

图17 保大拾肆年朱漆匾（2019年3月17日，叶少飞摄）

图18 17世纪的龙肚神像（2019年3月22日，丁克顺摄）

图19 17世纪的龙肚神像补子（2019年3月22日，丁克顺摄）

笔者根据其形象及补子纹饰判断其属于17世纪的风格，很有可能是正和八年（1687）重修白马神祠时所塑。（图18、图19）并供奉有褒封美字神牌："最灵宣雄、佑正、威济、孚感、广赖、英略、广运、昭应、灵圣、弘烈、明惠、庄肃、扶国、康民、冲化、玄功、庄穆、敦刚、安仁、光启、显威、耀德、普惠、宏休、刚福白马大王。"（图20）2010年神祠又据白马大王神名塑白色神马一匹，当年守祠阮文参刻写造立一通喃字"墥白马"碑，即现在的越语称呼 Đền Bạch Mã。（图21）

四　其他地区的白马神奉祀

嘉隆七年（1808）神祠曾以"河口正祠"的名义刻印《越南神祠考正》一书，借以宣示自己的地位。明命元年（1820）范贵适指出"龙城诸灵神，白马大王为最，所在坊甲多祀之"。如此可见白马神的信仰并非河口坊三甲所独有。许文堂根据阮荣福和阮惟馨编撰的《昇龙—河内的城隍信仰》一书统计在河口坊白马神祠之外，河内地区有十四座亭庙奉祀白马大王。[1] 据笔者调查，这十四座祀亭均为社亭，其规模远不如帆行街的白马神祠，而且没有白马神祠的各种祭神礼仪。现在这些亭庙已经不再奉祀白马神了。历史上阮朝朝廷对河口坊白马神祠不断赐予褒封，其他亭获得的封敕如今也集中在白马神祠，白马神祠现在保存的封敕情况如表1所示。

图20　神祠供奉白马大王褒封美字神牌（2019年3月22日丁克顺摄）

图21　2010年阮文参撰"墥白马"碑拓片（2019年3月17日，叶少飞摄）

1　许文堂：《越南民间信仰—白马大王神话》，第173—174页。

就现存封敕文献来看，河口坊、鼓舞坊、旧楼村和宝灵村获得了朝廷褒封，其地位肯定要高于其他地方。河口坊和鼓舞坊又早先同时获得褒封。河口坊的封敕原件不存，鼓舞坊的仍在（图22）：

敕白马佑正大王护国庇民，稔著功德，经有历朝封赠，奉我世祖高皇帝大振英威，开拓疆土，肆今丕膺耿命，光绍鸿图，缅念神庥，盍隆恩典，可加赠扬威御侮保障上等神。准许寿昌县鼓舞坊上村、东甲依旧奉事，神其相佑，保我黎民。故勒。

这道封敕的内容与河口坊留传的内容几乎完全一致，只是更改了祀神地点。绍治四年河口坊和鼓舞坊又同时受到褒封，因明命皇帝五十大寿再加封白马神"健顺"美号，仍由地方奉祀，神佑黎民国家。两道封敕内容也几乎一致，就是褒赠对象不同。（图23、24）

嗣德三年（1850）朝廷再加封白马神"和柔含光"美号，鼓舞坊获得了封敕。（图25）嗣德六年旧楼村和宝灵村也获得了神敕。嗣德三十三年再次获得封赠。（图26、图27）

因久经岁月动荡，白马神祠保存的封敕当非全部。就现在所见封敕和碑刻记载而言，河口坊的白马神祠当为白马神信仰的中心，然后扩散到周边亭社，至明命元年（1820）时鼓舞坊奉祀的白马神亦具有相当的声名，故而能得到朝廷褒封。嗣德三年鼓舞坊获颁加封"和柔含光"美号，嗣德六年宝灵村和旧楼村亦获颁同样内容的封敕，我们从中可以感受到白马信仰逐步扩散的过程。尽管我们没有见到所有的封敕，但获颁封敕的亭庙地位必然高于没有封敕的亭庙。

表1			白马神祠现存封敕情况	
序号	时间	是否有印章	褒封神灵	奉祀地点
1	明命二年（1821）	原件佚失	白马神	河口三甲白马祠
2	明命二年（1821）	有	白马神	鼓舞坊
3	绍治四年（1844）	无	白马神	河口三甲白马祠
4	绍治四年（1844）	有	白马神	鼓舞坊
5	嗣德三年（1850）	有	白马神	鼓舞坊
6	嗣德六年（1853）	无	白马神	旧楼村
7	嗣德六年（1853）	有	白马神	宝灵村
8	嗣德三十三年（1880）	有	白马神	宝灵村
9	嗣德三十三年（1880）	有	白马神	旧楼村
10	同庆二年（1887）	有	白马神	宝灵村
11	同庆二年（1887）	有	白马神	旧楼村
12	维新三年（1909）	有	白马神	宝灵村

图22 明命二年白马神祠封敕（2019年3月17日，阮尹明摄）

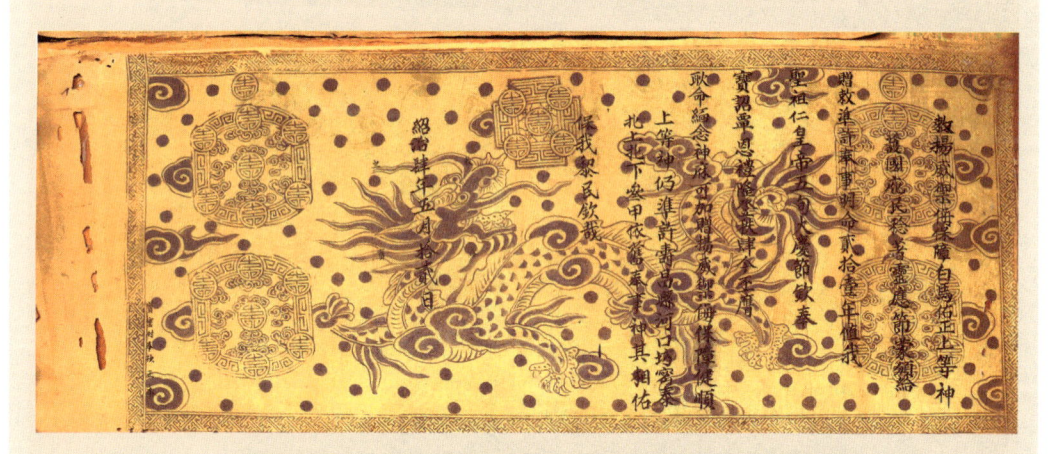

图23 绍治四年河口坊获颁封敕（2019年3月17日，阮尹明摄）

图24 绍治四年鼓舞坊获颁封敕（2019年3月17日，阮尹明摄）

图25 嗣德三年鼓舞坊获颁封敕（2019年3月17日，阮尹明摄）

图26 嗣德六年旧楼村获颁封敕（2019年3月17日，阮尹明摄）

图27 嗣德三十三年宝灵村获颁封敕（2019年3月17日，阮尹明摄）

嘉隆七年白马神祠已经在宣示自己的"河口正祠"地位，很可能就是与鼓舞坊竞争。尽管明命元年鼓舞坊与河口坊同时获得了朝廷的封敕，但前文所述的《粤甸幽灵集》《越南神祠考正》《大南一统志》等典籍只记载河口坊白马神祠，并未言及鼓舞坊的白马信仰。鼓舞坊奉祀白马神的亭庙即今鼓舞亭，位于麻行街（Hàng Gai）85号，建筑规模小于河口坊白马神祠，现在供奉灵郎大王和龙杜（肚）大王两位当境城隍，但之前亦供奉白马大王，封敕即是颁给此亭。（图28）亭内现存最早的碑刻为景兴三十九年（1778）的《造亭供进碑记》（图29），记录鼓舞坊造亭之事，但碑文中没有说明亭神的身份。此碑制作粗糙，字体亦不精美，也没有官方参与，远不能与河口坊白马祠的黎朝碑刻相比。另一通也是景兴三十九年的《后神碑记》，则是奉祀地方上三人为本亭后神，也没有言明亭神名号。可知黎末时期鼓舞亭奉祀神灵的名号身份尚未明确，应该是鼓舞亭从黎末景兴之后到嘉隆年间开始奉祀白马大王，渐有灵应，遂在明命元年获得封敕。可以确定河口坊白马神祠就是白马神信仰的中心和起点，逐渐传播到河内其他坊社。

另外许文堂根据神敕又指出河内之外的其他地方亦奉祀白马神。笔者查阅了汉喃研究院保存的几份神敕文献，与白马神相关的奉祀情况如下：

图28 麻行街85号鼓舞亭外景（2020年7月22日，丁克顺摄）

图29 鼓舞亭景兴三十九年（1778）《造亭供进碑记》（2020年7月22日，丁克顺摄）

《南定省美禄县高台总各社神敕》（藏号：AD.a16.11）邓舍社：祐德大王，琼妃公主，白马大王，西侍仙宫圣母大土，德继大王，武成镇国大王。

《南定省春长府胶水县河葛总各社神敕》（藏号：AD.a16.2）教房坊：开天大王，灵郎大王，贵明大王，高山大王，章奏大王，雪沃大王，白马雷公大王，咸名大王，南海大王等。

《南定省海后县宁美总琼芳里安礼邑神迹》（藏号：AE.a15.5）琼芳里：皇子明朗，皇子灵郎，冯兴，土令长，威灵白鹤神，李开山，白马大王等。

南定省的邓舍社、教房坊、琼芳里三地虽然奉祀白马大王，但却是与其他众多神灵合祀，且没有白马大王的事迹以及封敕，也并不以"白马"作为神祠名称，应该是从河口坊或鼓舞坊传入，祀于本地。

汉喃研究院又分别保存了乂安省和宁平省褒封白马神的封敕抄本：

《乂安省兴元府海都总鲁田村神敕》（藏号：AD b1/6）

敕当境城隍白马威灵扬灵保嘏大神，至神妙物，与天地同功，敛五福以锡民之攸位，功参玄化，协百灵而护国，万斯年福开崇成，既多显相之功，宜贲光华之命，<u>为嗣王进封王位临居正府</u>，礼有登秩，应褒封美字，可褒封当境城隍白马威灵扬灵保嘏延贶大功，故敕。

景兴四十四年（1783）七月二十六日

《宁平省嘉庆县扬武总东会社神敕》（藏号：AD a4/2）

敕白马睿哲显应神化耀灵大王，岳渎钟灵，乾坤孕秀，御灾捍患，借民生于寿域，春台贶肇，休保国世于泰磐，山磐石景，贶永垂于今日，征章盍芳于昔时，<u>为嗣王进封王位临居正府</u>，礼有登秩，应加封美字，可加封白马睿哲显应神化耀灵融渊威裕泽大王，故敕。

景兴四十四年十月二十六日

这两道封敕皆因"为嗣王进封王位临居正府，礼有登秩"而加封美字，虽然两位神灵都有"白马"之名，但神号并不相同，乂安省白马神为"当境城隍"，神敕加封"延贶"。宁平省白马神并非城隍，神敕加封"融渊威裕泽"，可以肯定这是两位不同的神灵。《龙肚最灵祠记》记录了历代加封白马大王的历程，也提及景兴四十四年嗣王进封之事：

景兴四十四年五月十六日，为嗣王进封王位，加封"融断彰威裕泽"三字。（谨按：景兴四十三年，帅府靖王薨，册谥圣祖盛王，季子奠都王被废，长子端南王袭封，总国政。）[1]

义安省和宁平省的封敕即是因为1782年端南王郑棕即位，加封神灵美字。宁平省神敕虽然抄写时出现错误，但"威裕泽"三字相同，应该是同一位白马神灵。可知河口坊白马神信仰在黎末已经传至河内之外的宁平省。而义安省神敕褒封的白马神当境城隍情形如何，与河口坊白马神是何关系，尚待进一步探索。

五 结论

越南古代的神灵信仰复杂多样，有本地自然神、古骆越神灵、越南王朝神灵、印度化的占婆神灵、中国神灵、外来宗教神等，大多记录在《岭南摭怪》和《越甸幽灵》两部神怪故事集中。神灵信仰也自都城达于村社，成为越南农业社会文化的重要特征。[2] 在河内白马大王信仰的发展过程中，神祠碑刻与传世文献呈现出不同的认识，碑刻认为白马大王仅有此名称，因而在正和八年重修碑中没有说明神性和神号，这是当时的传统，与高山大王和总督大王的情况相同，只有一个名称，即神自有灵，不言而明，故只称"白马大王"单一神号。清人因"白马"与"伏波"发音相同，误认为白马大王即是伏波将军马援，因神性无常，神明无定，故而黎朝官民亦未否定。记录黎朝官民重修事宜的《白马神祠碑记》和清商参与捐纳功德的《重修汉伏波将军祠碑记》记录相同之事，却毫不违和地刻为一碑两面。

尽管从《越甸幽灵》以来的文献都认定白马神即龙肚广利大王，郑峻莽亦据此考证白马神并非伏波将军，且得到了神祠方面的认可，并在嘉隆七年以"河口正祠"的身份重刻其书为《越南神祠考正》。明命元年阮朝官民重修白马神祠，范贵适面对郑峻莽和陈至《越南神祠考正》对神号的追考，不认可二人关于白马神即广利龙肚大王的观点，坚称白马神号，并认定白马神即是升龙城隍，无具体的神名和神性。

郑峻莽的考证细致完整，尽管范贵适不予认可，但白马神祠方面已经相信，最终在明命七年（1826）由神祠综合诸家文献，刻印了《龙肚最灵祠记》，确定白马大王就是龙肚广利大王，亦即昇龙城隍，碑刻与文献记录的不同信仰传统在此彻底合二为一。明命二十一年重修方亭碑时，即述龙肚广利白马大王之事。在白马大王信仰的发展中，虽然官方予以承认支持，亦有权贵捐献功德，但并非官方组织祭祀，均是由河口坊三甲等自发组织，仍然属于民间信仰活动。

越地广泛的神灵信仰使得白马神以河口坊为中心向周边地区传播，接受白马神

---

[1] 《龙肚最灵祠记》，河内：汉喃研究院藏刻本，藏号A707。
[2] ［越南］谢志大长：《越地的神与人》，河内：知识出版社，2014年。（Tạ Chí Đài Trường, *Thần, Người và đất Việt*, Nhà xuất bản Tri thức, năm 2014。）

信仰的地区大多与本境神灵合祀，尽管也获得了朝廷的褒封，但并未发展出如同河口坊一样的祭祀礼仪，而河口坊也在白马神信仰传播的过程中保持并强调自己的正祠地位。河口坊白马神祠之事由杨伯恭采集，最后录入官方《大南一统志》之中，成为共识。

最早关注到清商在白马神祠中祭祀伏波将军之事的郑峻荨通过考证，坦诚是清商理解有误，其观点得到了神祠方面的认可。清商在白马神祠的修建过程中表现积极，祭祀伏波将军虽是与本身的信仰相结合，白马神祠刻印《越南神祠考正》之后即确定白马大王即龙肚广利大王而非伏波将军，但这并不影响清商继续参拜白马神祈福并捐款修祠，其看重的仍是白马神的灵应并祈求商贸兴旺。这亦表示知识精英与信众的认知存在相当的差距。

在白马大王信仰中，文献认知与碑刻代表的信仰本身各自发展，最终由白马神祠综合诸家认识，刻印成书合流，又反过来影响碑刻，最终河口坊白马大王祠的神迹进入官方典籍之中，其中所反映的正是越地信仰在实践层面的神灵无名与文献认知神灵有名的合并过程，神祠以祭祀礼仪即动作行为展现尊崇，文献以细节描写即文字呈现威灵，文献记载与信仰实践之间不同人群的认知差异也若隐若现地展现其中。

敦煌文书 P.2607《勤读书抄》考辨

■ 刘 婷（中国社会科学院大学）

　　法藏敦煌文书 P.2607《勤读书抄》（见图1），前全后缺，长168.2厘米、高29.8厘米，存73行，每行10到20字不等；背面（见图2）有"王梵志诗一卷""孟春犹寒""兄弟须""岁戍诫天成一月"等约13行，定名《杂写》。[1] P.2607号文书最早由王重民先生作跋文，后王三庆、屈直敏、福田俊昭诸先生有录文和校笺。[2] 不过，前贤大多集中于文字的校勘，少有论及《勤读书抄》与其他文献之间的联系等问题。笔者拟重新校录《勤读书抄》的同时，对其引书内容逐一分析，以期从这一角度对《勤读书抄》有所研究。

一　P.2607号文书介绍

　　《勤读书抄》首题"勤读书抄示顒等"，存引自《论语义疏》《颜氏家训》《抱朴子》《风俗通》《史记》《晋书》《汉书》《后汉书》《魏书》《庄子》《墨子》等书中的勤学人物事迹或言论16则。关于《勤读书抄》的性质，前贤意见不同。[3] 笔者认为《勤读书抄》虽无门类子目，但从内容可知其兼具阅读对象和主题抄录两种特性，而这种围绕一个主题博采群书且不加更改的引录格式，已具备了普通类书"资料汇编""以类相从""述而不作"的

---

[1] 法国国家图书馆、上海古籍出版社编：《法国国家图书馆藏敦煌西域文献》第16册，上海古籍出版社，2001，第217—218页。

[2] 王重民：《敦煌古籍叙录》，中华书局，1979，第214—215页。王三庆：《敦煌本古类书（一）勤读书抄（P.2607号）研究》，《木铎》1984年第11期；《敦煌类书》，丽文文化事业股份有限公司，1993，第85页、录文见第289—290、校笺见第717—718页。屈直敏：《敦煌古钞〈勤读书抄〉校注》，《敦煌学辑刊》1999年第2期。[日] 福田俊昭：《敦煌类书の研究》，大东文化大学东洋研究所刊，2003，第182—197页。

[3] 《敦煌古籍叙录》归类于"四部书"，《敦煌类书》归纳为"近似书名冠首之书抄"，《敦煌古钞〈勤读书抄〉校注》认为是具有家训蒙书及书钞类书性质的蒙学教材。

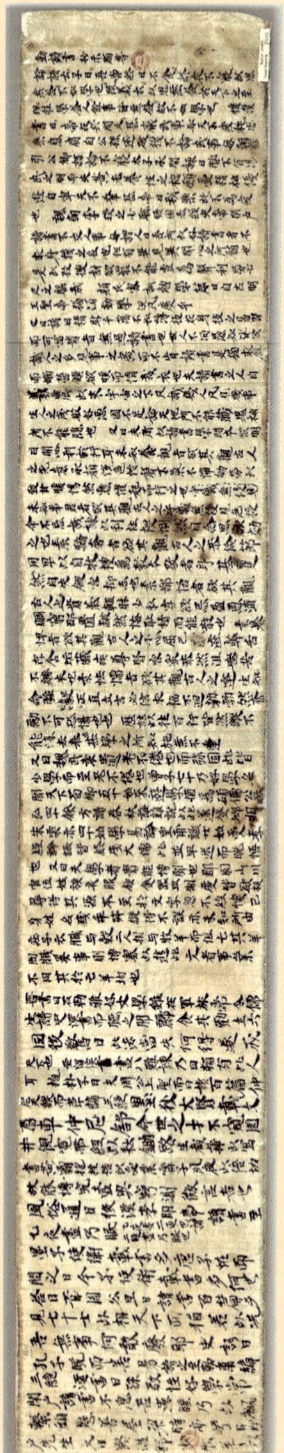

图1 P.2607《勤读书抄》

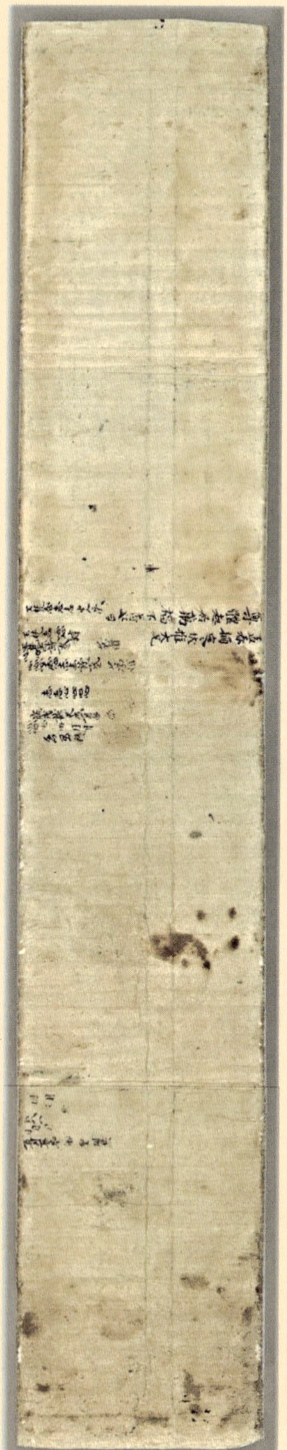

图2 P.2607v《杂写》

基本特点，¹ 可以看作是一种单一主题的类书。

《勤读书抄》的成书时间，王重民等先生持"中唐"说，² 岑仲勉先生进一步认为是大历十二年（777）至建中三年（782）之间所成。³ 但由于岑先生并未得见图版，一些推论难免不确。如"頵"字无从断定必为颜真卿之子颜頵；再者，以颜之推为颜真卿五世祖，故引祖训《颜氏家训》颇多的说法也无依据，其实卷中引《颜氏家训》仅有 5 则，全部出自"勉学篇"，是与主题相关，而其他引文也有重复出处。

笔者发现 P. 2607v 或许有供判定创作时间的信息，过录如下：

1　军
2　王梵志志志中人
3　王梵志心心诗
4　王梵志诗一卷　　兄弟须
5　心心
6　心心心志心志诗一卷　　兄弟须
7　志志心心心心
8　岁成诚天成一月
9　心心心　心月月
（倒行书写）
1　孟春犹寒伏惟大兄
2　尊体起居万福不审□日

郑阿财、朱凤玉先生考证 P. 2607v 号为学童习字卷子，其中"王梵志诗一卷""兄弟须［和］［顺］"皆源自一卷本《王梵志诗》。⁴ 项楚先生曾考证《王梵志诗》并非特定一人创作，且一卷本《王梵志诗》部分作品是由《太公家教》改写，据此推测其创作于晚唐。⁵ 但刘安志先生据吐鲁番文书考证《太公家教》在 7 世纪下半叶成书，8 世纪即流传各地。⁶ 结合这些线索，只能保守推测一卷本《王梵志诗》创作于 8 世纪左右，P. 2607v 号抄录更在其后。一般来说，卷背文字当晚于正面文字，这虽无法进一步推测 P. 2607 号准确的抄写时间，但可以得知其成书上限为中唐。

1　张涤华：《类书流别》（修订本），商务印书馆，1985，第 4 页；刘叶秋《类书简说》，上海古籍出版社，1980，第 1 页；胡道静《中国古代的类书》，中华书局，1982，第 1 页；刘全波：《类书研究通论》，甘肃文化出版社，2018，第 1—18 页。
2　王重民、王三庆、屈直敏先生皆同意"卷中基字缺笔，似犹出于中唐人之手"的说法。
3　岑仲勉：《跋敦煌抄本唐人写卷作品两种》，《中华文史论丛》1981 年第 1 辑，第 149—156 页。
4　郑阿财、朱凤玉：《敦煌蒙书研究》，甘肃教育出版社，2002，第 424 页。
5　（唐）王梵志著，项楚校注：《王梵志诗校注·前言》，上海古籍出版社，1991，第 18—21 页。
6　刘安志：《〈太公家教〉成书年代新探——以吐鲁番出土文书为中心》，《中国史研究》2009 年第 3 期。

二　引文来源分析

P. 2607《勤读书抄》现存部分，由16则引文组成，将其来源分析如下。

1.《论语》云：子曰：吾尝终日不食，终夜不寝，以思，无益，不如学也。《疏义》云：以思，无益，于天下之至理，唯学益人，余事皆无益，故不如学也。

此则出自《论语·卫灵公》，引自皇侃《论语义疏》：

> 子曰："吾尝终日不食，终夜不寝，以思，无益，不如学也。"〔疏〕劝人学也。终，犹竟也。寝，眠也。言我尝竟日终夕不食不眠，以思天下之理，唯学益人，余事皆无益，故云"不如学也"。[1]

按：《论语义疏》是南朝皇侃集合六朝《论语》注解材料而成的一部义疏注本，又名《论语义》《论语疏》，此处"疏义"疑为抄误。此则与传世文献略有差异，但大意不变。

2.《后汉书》曰：帝（光武帝）在兵间久甚，厌武事，知天下疲耗，思乐息肩。自公孙述破后，不论武事，每朝罢引公卿讲论不寝。太子承闲谏曰：阶（陛）下有汤、武之名，而失黄老养性之福，愿〔颐〕爱精神，优游自宁，天不（下）幸甚。帝曰：我乐此，不为疲也。

此则引自范晔《后汉书·光武帝纪》：

> 初，帝在兵间久，厌武事，且知天下疲耗，思乐息肩。自陇、蜀平后，非儆急，未尝复言军旅。皇太子尝问攻战之事，帝曰："昔卫灵公问陈，孔子不对，此非尔所及。"每旦视朝，日仄乃罢。数引公卿、郎、将讲论经理，夜分乃寐。皇太子见帝勤劳不怠，承闲谏曰："陛下有禹汤之明，而失黄老养性之福，愿颐爱精神，优游自宁。"帝曰："我自乐此，不为疲也。"[2]

按：此则较今本范晔《后汉书》略有删削，但大体一致。东汉初，公孙述据蜀称帝，与隗嚣割据陇、蜀，建武十二年（36），吴汉、臧宫破公孙述于成都，刘秀方得统一天下，此后便采取"偃干戈，修文德"的措施。故"陇、蜀平后"与"公孙述破后"指同一事。"汤武之名"与"禹汤之名"的混同不独见于此处，史书中有类似记载，如《史记·平津侯主父列传》："臣窃以为陛下天然之圣，宽仁之资，而诚以天下为务，则汤武之名不难侔，而成康之

---

[1]（南朝梁）皇侃：《论语义疏》卷第八《卫灵公第十五》，高尚榘点校，中华书局，2013，第410页。

[2]（南朝宋）范晔：《后汉书》卷一《光武帝纪第一下》，中华书局，1965，第85页。

俗可复兴也"[1]；《汉书·徐乐传》记同一事改"汤、武"为"禹、汤"。[2]《金楼子·兴王》[3]《群书治要》[4]《册府元龟》[5]中亦引此事作为勤政典范。

另有《太平御览·皇王部十五·后汉世祖光武皇帝》引《东观汉记》："群臣争论上前，常连日。皇太子尝承间言：'陛下有禹、汤之明，而失黄、老养性之道。今天下大安，少省思虑，养精神。'上答曰：'我自乐此。'"[6] 同书《人事部一百九·乐》引袁宏《后汉纪》亦为此事。[7] 诸家"后汉书"皆在《东观汉记》基础上形成[8]，范晔之书形成较晚，得以吸纳诸家的长处，叙事更加详细铺陈。

3. 魏朝李琰之少聪晤，固志经史，常闭户读书，不交人事，每谓人曰：吾所以好读书者，不求身后之名也，但有异见异闻，心之所愿也。是以孜[孜]搜讨，欲罢不能。岂为声利劳七尺之躯也。

李琰之，字景珍，小字默蠡，北魏大臣，曾有神童之名。此则未注书名，当引自《魏书·李琰之传》，略有增删。

琰之少机警，善谈，经史百家无所不览，朝廷疑事多所访质……每休闲之际，恒闭门读书，不交人事。尝谓人曰："吾所以好读书，不求身后之名，但异见异闻，心之所愿，是以孜孜搜讨，欲罢不能。岂为声名劳七尺也？"[9]

按：同卷中华点校本校勘记："殿本《考证》云：魏收书阙，后人所补……检此卷传文大体与《北史》同，间有溢出语。当是后人以《北史》相同诸人《传》补，而增入《高氏小史》等他书中文句。"[10] 又《北史》与《魏书》几乎重合，仅"岂为

---

[1] （西汉）司马迁：《史记》卷一百一十二《平津侯主父列传》，中华书局，1982，第2957页。

[2] （东汉）班固：《汉书》卷六十四上《徐乐传》，中华书局，1962，第2806页。

[3] （南朝梁）萧绎撰，许逸民校笺：《金楼子校笺》卷一《兴王篇第一》，中华书局，2011，第180页。

[4] （唐）魏徵、虞世南、褚亮、萧德言编：《群书治要译注》第14册，中国书店，2012，第11—12页。

[5] （宋）王钦若等：《册府元龟》卷五十八《帝王部·勤政》，周勋初等校订，凤凰出版社，2006，第610页；卷二百六十一《储宫部·忠谏》，第2960页。

[6] （宋）李昉等：《太平御览》卷九十，中华书局，1960，第433页。

[7] （宋）李昉等：《太平御览》卷四六八，中华书局，1960，第2151页。

[8] 周天游辑注：《八家后汉书辑注·前言》（上海古籍出版社，1986）对诸家后汉书作了梳理，除（南朝宋）范晔《后汉书》外，有（吴）谢承《后汉书》、（晋）袁宏《后汉纪》、（晋）薛莹《后汉记》、（晋）司马彪《续汉书》、（晋）华峤《后汉书》、（晋）谢沈《后汉书》、（晋）张莹《后汉南记》、（晋）袁山松《后汉书》、（南朝宋）刘义庆《后汉书》、（南朝梁）萧子显《后汉书》、（晋）张璠《后汉纪》等，卷数、体例各有差异。

[9] （北齐）魏收：《魏书》卷八十二《李琰之传》，中华书局，1974，第1798页。

[10] （北齐）魏收：《魏书》卷八十二《李琰之传》，中华书局，1974，第1808—1809页。

声名劳七尺也"记为"岂为声名疾劳世人也"。

4.《颜氏家训·勉学篇》曰：自古明王圣帝犹须勤学，况凡庶乎！

此则引自《颜氏家训·勉学》首句：

> 自古明王圣帝，犹须勤学，况凡庶乎！[2]

按：今本此句后接"此事篇于经史，吾亦不能郑重，聊举近世切要，以启寤汝耳"。想必《勤读书抄》的作者摘录也出自同样目的，教育勤奋学习是应有的品质，不应因天赋或地位而改变。

5. 又曰：谚曰：积财千万不如薄技在身。技之易习而可富贵者，无过读书也。世人不问愚知，皆欲识人之多，见事之广，而不肯读书，是犹求饱而嬾营馔，欲暖而惰裁衣也。夫读书之人，自羲、农已来，宇宙之下，凡识几人，凡见几事，生人（民）之成败好恶，固不足论，天地所不能藏，鬼神所不能隐也。

此则引自《颜氏家训·勉学》第3条第3句：

> 谚曰："积财千万，不如薄伎在身。"伎之易习而可贵者，无过读书也。世人不问愚智，皆欲识人之多，见事之广，而不肯读书，是犹求饱而嬾营馔，欲暖而惰裁衣也。夫读书之人，自羲、农已来，宇宙之下，凡识几人，凡见几事，生民之成败好恶，固不足论，天地所不能藏，鬼神所不能隐也。[3]

按：此则强调读书是修身立命最有效的途径。其中"积财千万，不如薄技在身"的变体还见于 P.2981v《太公家教》："积财千万，不如明解一经；良田百顷，不如薄艺随躯。"[4]

6. 又曰：夫所以读书学问，本欲明目开心，利于行耳。未知养亲者，欲其观古人之先意承颜悦色，怡声下气，不惮劬劳，以致甘腝（膬），惕然惭惧，起而行之也；未知事君者，欲其观古人之守职无侵，见危授命，不忘诚谏，以利社稷，恻然自念，思欲效之也；素骄奢者，欲其观古人之恭俭节用，卑以自牧，礼为教本，敬者身基，瞿然自失，敛容抑志也；素鄙吝者，欲其观古人之贵义轻财，少私寡欲，忌盈恶满，赒穷恤匮，赧然悔耻，积而能散也；素暴悍者，欲其观古人之小心屈己，齿弊舌存，含垢藏疾，尊贤容众，恭然沮丧，若不胜

---

1 （唐）李延寿：《北史》卷一百《李琰之传》，中华书局，1974，第3338页。
2 王利器：《颜氏家训集解》，中华书局，1993，第143页。
3 王利器：《颜氏家训集解》，中华书局，1993，第157页。
4 法国国家图书馆、上海古籍出版社编：《法国国家图书馆藏敦煌西域文献》第20册，上海古籍出版社，2002，第312页。

衣也;素怯懦者,欲其观古人之达生知命,强毅正直,立言必信,求福不回,勃勃然奋励,不可恐慑也〈也〉。历兹以往,百行皆然。纵不能淳,去泰去甚。学之所知,施无不达。

此则引自《颜氏家训·勉学》第6条:

> 夫所以读书学问,本欲开心明目,利于行。未知养亲者,欲其观古人之先意承颜,怡声下气,不惮劬劳,以致甘腝,惕然惭惧,起而行之也;未知事君者,欲其观古人之守职无侵,见危授命,不忘诚谏,以利社稷,恻然自念,思欲效之也;素骄奢者,欲其观古人之恭俭节用,卑以自牧,礼为教本,敬者身基,瞿然自失,敛容抑志也;素鄙吝者,欲其观古人之贵义轻财,少私寡欲,忌盈恶满,赒穷恤匮,赧然悔耻,积而能散也;素暴悍者,欲其观古人之小心黜己,齿弊舌存,含垢藏疾,尊贤容众,苶然沮丧,若不胜衣也;素怯懦者,欲其观古人之达生委命,彊毅正直,立言必信,求福不回,勃然奋厉,不可恐慑也:历兹以往,百行皆然。纵不能淳,去泰去甚。学之所知,施无不达。[1]

按:此则强调学习的目的在于"开心明目,利于行",提倡读书可以提高个人修养,使德行有缺的人认识错误并改正。

7. 又曰:魏武袁遗,老不倦也,而弥固,此皆少学而老不倦也。曾子七十,乃好学,名闻天下;荀卿五十,始来游学,犹为硕儒;公孙弘四十余,方读《春秋》、杂说,以此遂登卿相;朱云亦四十,始学《易》《论》;皇甫谧廿,始受《孝经》《论语》,皆终成大儒,此并早迷而晚悟也。

此则引自《颜氏家训·勉学》第9条第4句:

> 魏武、袁遗,老而弥笃,此皆少学而至老不倦也。曾子七十乃学,名闻天下;荀卿五十,始来游学,犹为硕儒;公孙弘四十余,方读《春秋》,以此遂登丞相;朱云亦四十,始学《易》《论语》;皇甫谧二十,始受《孝经》《论语》,皆终成大儒,此并早迷而晚寤也。[2]

按:此则包括了魏武帝、袁遗、曾子、荀卿、公孙弘、朱云、皇甫谧7位先贤的故事,表达"然人有坎壈,失于盛年,犹当晚学,不可自弃"的观点。《颜氏家训》原文后还有"幼而学者,如日出之光,老

---

1 王利器:《颜氏家训集解》,中华书局,1993,第165—166页。
2 王利器:《颜氏家训集解》,中华书局,1993,第173页。

而学者，如秉烛夜行，犹贤乎瞑目而无见者也"，此则未抄，P.4588《太公家教》中"人儿学者如日出之光；长而学者如日中之光；老而学者如日暮之光；劳而不学，实实如夜行"[1]句，应当受《颜氏家训》影响。

8. 又曰：夫学者贵能博闻也。郡国山川，官位姓族，衣服饮食，器皿制度，皆欲根寻，得其原本；至于文字，忽不经怀，己身姓名，或乖舛，纵得不误，亦未知所由。

此则引自《颜氏家训·勉学》第21条：

> 夫学者贵能博闻也。郡国山川，官位姓族，衣服饮食，器皿制度，皆欲根寻，得其原本；至于文字，忽不经怀，己身姓名，或多乖舛，纵得不误，亦未知所由。[2]

按：此则强调读书的方法之一是要重视广博汲取知识。

《颜氏家训·勉学》共29则，而《勤读书抄》仅从中摘录了5则。综合来看，笔者旨在将引文构建成一个比较完整的劝学说理体系，从读书是人人应当践行的活动的中心观点出发，强调读书的价值不仅在于开阔视野、提高个人修养，更重要的是学以致用，用于安身立命或是建功立业之途；引圣贤故事说明读书并无早学或晚学之差，重在实践，不应自弃；最后治学贵能博闻的观点，也在说明这一方法是学问运用至实务之需。由此涉及了读书的目的、价值、时机、方法等问题，起到了很好的说理警戒作用。

9.《庄子》云：臧与穀，二人相与牧羊，而俱亡其羊。问臧奚事，则博塞以游，此二人者，事业不同，其于亡羊均也。

此则引自《庄子·骈拇》：

> 臧与穀，二人相与牧羊而俱亡其羊。问臧奚事，则挟策读书；问穀奚事，则博塞以游。二人者，事业不同，其于亡羊均也。[3]

按：此则作为勤学故事见于《北堂书钞·艺文部四·读书》[4]《艺文类聚·杂文部一·读书》[5]《太平御览·学部十·读诵》[6]，除省略"二人者，事业不

---

[1] 法国国家图书馆、上海古籍出版社编：《法国国家图书馆藏敦煌西域文献》第32册，上海古籍出版社，2005，第103页。

[2] 王利器：《颜氏家训集解》，中华书局，1993，第222—223页。

[3] （清）郭庆藩：《庄子集释》卷四上《骈拇第八》，王孝鱼点校，中华书局，2013，第330页。

[4] （隋）虞世南：《北堂书钞》卷九十八，中国书店影印本，1989，第375页。

[5] （唐）欧阳询：《艺文类聚》卷五十五，汪绍楹校，上海古籍出版社，1985，第991页。

[6] （宋）李昉等：《太平御览》卷六一六，中华书局，1960，第2767页。

同，其于亡羊均也"外，文字几无差异，说明是一则各种类书争相著录的经典勤学故事。

10.《晋书》曰：石勒雅好文学，虽在军旅，常令儒生读《史》《汉》书而听之，闻郦食其劝立六国后，惊曰：此法当失，何得遂成天下也。至留侯〈书〉画八难谏，乃曰：赖有此人耳。

石勒，十六国后赵政权建立者，此则出自《晋书·石勒载记》：

> 勒雅好文学，虽在军旅，常令儒生读史书而听之，每以其意论古帝王善恶，朝贤儒士听者莫不归美焉。尝使人读《汉书》，闻郦食其劝立六国后，大惊曰："此法当失，何得遂成天下！"至留侯谏，乃曰："赖有此耳。"其天资英达如此。[1]

按：唐太宗下诏修《晋书》前，诸家"晋史"虽多，但并无系统记载十六国史事的篇章。[2] 唐修《晋书》在臧荣绪本基础上"采正典与杂说数十余部，兼引伪史十六国"而成[3]，新立"载记"30 卷专记十六国史事。然石勒勤学另见载于《世说新语·识鉴第七》："石勒不知书，使人读汉书。闻郦食其劝立六国后，刻印将授之，大惊曰：此法当失，云何得遂有天下？至留侯谏，乃曰：赖有此耳！"刘孝标注引邓粲《晋纪》曰："勒手不能书，目不识字，每于军中令人诵读，听之，皆解其意。"[4] 可见唐修《晋书》此条应引自《世说新语》。

11.《抱朴子》曰：夫周公上圣，而日读百篇；仲尼天纵，而韦编三绝；墨狄大贤，载文盈车；仲尼舒命世之才，不窥园井；倪宽带经以耘锄，路生截蒲以写书，黄霸抱栙楷以受业，宁子夙夜以倍功，故能博究壶奥，穷测微言者也。

此则引自《抱朴子外篇·勖学》：

> 夫周公上圣，而日读百篇。仲尼天纵，而韦编三绝。墨翟大贤，载文盈车。仲舒命世，不窥园门。倪宽带经以芸锄，路生截蒲以写书，黄霸抱栙楷以受业，宁子勤夙夜以倍功，故能究览道

1　(唐) 房玄龄等：《晋书》，中华书局，1974，第 2741 页。

2　谢保成：《隋唐五代史学》(商务印书馆，2007，第 70 页) 中引《修晋书诏》对诏书所述唐以前的晋书作了梳理，诏书所言 18 家，但仅举 14 家，包括臧荣绪、谢沈、虞预、萧子云、王隐、何法胜、干宝、陆机、曹嘉之、邓灿、檀道鸾、孙盛、徐广、刘迁之。这其中以臧荣绪《晋书》的记述、保存最为完整，因此在唐修新《晋书》时便以此为底本，兼引他书。

3　(唐) 刘知几撰，(清) 浦起龙通释，王煦华整理：《史通通释》卷十二《古今正史》，上海古籍出版社，2009，第 325—327 页。

4　余嘉锡：《世说新语笺疏》，中华书局，2007，第 464—465 页。

奥，穷测微言。[1]

按：《抱朴子外篇·自叙》提及"其内篇言神仙方药、鬼怪变化、养生延年、禳邪却祸之事，属道家；其外篇言人间得失，世事臧否，属儒家。"[2] 而《勖学篇》是外篇中专论勉励勤学的篇章。此则集合了周公旦、孔子、墨子、董仲舒、倪宽、路温舒、黄霸、宁越共 8 位先贤勤学故事。另《太平御览·学部六·博学》引此则。[3]

12.《风俗通》曰：后汉孝明帝读书至乙夜尽乃眠。乙夜尽，二更也，谓二更尽乃眠也。

按：此则今本《风俗通》未见。[4] 从现存《风俗通》体例看，几乎都是先引俗说，再以"谨按"接续，通过征引文献来解释和评价"俗说"，而《勤读书抄》对"乙夜尽"作双行小字注，其体例与《风俗通》差异较大。若从《风俗通》的内容看，应劭以皇帝事迹说明上层人物言行影响社会风气的记载颇多，如"自高祖受命，郊祀祈望，世有所增，武帝尤敬鬼神，于时盛矣"[5]；佚文"灵帝好胡服、胡帐、胡床，京师皆竞为之"[6] 等，推测孝明帝事确为《风俗通》载，只是今本已散佚不见。孝明皇帝的读书事迹，另见载于《北堂书钞·帝王部十二·好学》[7] 和《太平御览·皇王部十六·后汉显宗孝明皇帝》《人事部七十二·勤》[8]，后者注引自《东观汉记》。《东观汉记》成书于《风俗通》前，且应劭多有引用，《风俗通》若原载此则内容，也可能是引自《东观汉记》。

13. 墨子使卫载书多，唐子怪而问之曰：今子使卫载书多，何也？答曰：昔周公旦朝读书百篇，夕见七十士，以相天下，而犹若此，况吾无事，何敢废耶？

此则未注书名，当出自《墨子·贵义》：

---

1 杨明照：《抱朴子外篇校笺》卷三《勖学》，中华书局，1991，第 127—128 页。

2 杨明照：《抱朴子外篇校笺》卷五十《自叙》，中华书局，1911，第 698 页。

3 （宋）李昉等：《太平御览》卷六一二，中华书局，1960，第 2753 页。

4 《风俗通》为东汉应劭所作，全本三十篇，今所存不过三分之一。（宋）苏颂《苏魏公文集》卷六十六《校风俗通义题序》（王同策等点校，中华书局，1988，第 1006—1007 页）辑佚前朝文献书目得出《风俗通》原有《皇霸》《正失》《愆礼》《过誉》《十反》《声音》《穷通》《祀典》《山泽》《心政》《古制》《阴教》《辨惑》《折当》《恕度》《嘉号》《徽称》《情遇》《姓氏》《讳篇》《释忌》《辑事》《服妖》《丧祭》《宫室》《市井》《数纪》《新秦》《狱法》30 篇，今仅存前 10 篇内容。

5 （汉）应劭撰，王利器校注：《风俗通义校注》卷八《祀典》，中华书局，1981，第 350 页。

6 （汉）应劭撰，王利器校注：《风俗通义校注》，中华书局，1981，第 568 页。

7 （隋）虞世南：《北堂书钞》卷十二，中国书店影印本，1989，第 27 页。

8 （宋）李昉等：《太平御览》卷九一、卷四三一，中华书局，1960，第 435、1985 页。

子墨子南游使卫，关中载书甚多，弦唐子见而怪之曰："吾夫子教公尚过曰：'揣曲直而已。'今夫子载书甚多，何有也？"子墨子曰："昔者周公旦朝读书百篇，夕见漆十士。故周公旦佐相天子，其修至于今。翟上无君上之事，下无耕农之难，吾安敢废此？"[1]

按：此则内容还见于《北堂书钞·艺文部三·好学》《艺文部四·读书》《艺文部七·载书负书》[2]和《艺文类聚·杂文部一·读书》[3]《太平御览·学部五·勤学》[4]，诸书文字差异不大，可见此则亦为类书中常见的勤学故事。

14.《史记》曰：孔子晚而善《易》，读之至勒（勤），韦编三绝。

本则引自《史记·孔子世家》：

孔子晚而喜《易》，序《彖》《系》《象》《说卦》《文言》。读《易》，韦编三绝。[5]

按：此则故事又见于《北堂书钞·艺文部四·读书》[6]《艺文类聚·杂文部一·读书》[7]《太平御览·学部十·读诵》[8]。

15.《[后]汉书》曰：孙敬性好学，常闭户读书不息，苦患睡，乃以绳系头，悬着屋梁，时亦号曰：闭户先生。

按：孙敬，东汉人，其人应见于《后汉书》，引文漏写"后"字，但考今本范晔《后汉书》无载。汪文台认为此则引自谢承《后汉书》，周天游认为汪误辑。[9]《艺文类聚》引"谢承后汉书"内容时有完整书名，而在引孙敬事迹前只注《后汉书》，因此笔者同意周天游说，但无法确定是引自哪家的《后汉书》。

《北堂书钞》《艺文类聚》《太平御览》《蒙求》《语对》《古贤集》《事林》等传世类书与敦煌类书中皆有孙敬事迹，引文出处分为《楚国先贤传》和《后汉书》两种，且以前者为主。此外，"孙敬悬头"在《太平御览》中出现了三次，一处自《汉

---

1 （清）孙诒让：《墨子闲诂》卷十二《贵义》，孙启治点校，中华书局，2001，第444—445页。
2 （隋）虞世南：《北堂书钞》卷九七、卷九八、卷一〇一，中国书店影印本，1989，第369、374、386页。
3 （唐）欧阳询：《艺文类聚》，汪绍楹校，上海古籍出版社，1985，第990页。
4 （宋）李昉等：《太平御览》卷六一一，中华书局，1960，第2751页。
5 （西汉）司马迁：《史记》卷四十七《孔子世家第十七》，中华书局，1982，第1937页。
6 （隋）虞世南：《北堂书钞》，中国书店影印本，1989，第375页。
7 （唐）欧阳询：《艺文类聚》，汪绍楹校，上海古籍出版社，1985，第990页。
8 （宋）李昉等：《太平御览》，中华书局，1960，第2767页。
9 （清）汪文台辑：《七家后汉书》，周天游校，河北人民出版社，1987，第160页。

书》，¹ 两处自《楚国先贤传》，² 同一人事被归在三种类别中，说明类书的编纂中常有史源上的错漏和重复。

16. 又曰：路温舒，少牧羊，取³……（后缺）

路温舒，西汉司法官。此则引自《汉书·路温舒传》：

> 路温舒字长君，巨鹿东里人也。父为里监门。使温舒牧羊，温舒取泽中蒲，截以为牒，编用写书。⁴

按：此则以"又曰"起头，是作者默认取自《汉书》，但前一则实引自《后汉书》，说明作者混淆了孙敬和路温舒的时代和史源。此则又见载于《北堂书钞·艺文部三·好学》⁵《艺文部七·写书》⁶《太平御览·学部五·勤学》⁷ 和 P.2524《语对》⁸、P.4502《事林》⁹ 等。

三 撰述方式和特点分析

分析完《勤读书抄》引文的来源，笔者将进一步分析其结构和内容。P.2607 号并无明确的分类结构，要说明它的撰述方式、特点等，只得从比对文书内容和排列次序等方面考虑。现依引文次序排列如下：

1. 《论语义疏》"以思无益，不如学也"
2. 《后汉书》东汉光武帝
3. 《魏书》李琰之
4—8. 《颜氏家训·勉学》
9. 《庄子》臧谷亡羊
10. 《晋书》石勒
11. 《抱朴子·勉学》
12. 《风俗通》东汉明帝
13. 《墨子·贵义》墨子负书，朝读百篇

1　（宋）李昉等：《太平御览》卷三六三《人事部四·头上》，中华书局，1960，第1673页。

2　（宋）李昉等：《太平御览》卷一八四《居处部十二·户》，中华书局，1960，第892页；卷六一一《学部五·勤学》，第2751页。

3　《敦煌类书》和《敦煌古钞〈勤读书抄〉校注》均录作"欲"，但笔者结合图版和史籍记载，认为录作"取"更为合适。

4　（汉）班固：《汉书》卷五十一《路温舒传》，中华书局，1962，第2367页。

5　（隋）虞世南：《北堂书钞》，中国书店影印本，1989，第371页。

6　（隋）虞世南：《北堂书钞》，中国书店影印本，1989，第374页。

7　（宋）李昉等：《太平御览》，中华书局，1960，第2751页。

8　法国国家图书馆、上海古籍出版社编：《法国国家图书馆藏敦煌西域文献》第15册，上海古籍出版社，2001，第119页。

9　法国国家图书馆、上海古籍出版社编：《法国国家图书馆藏敦煌西域文献》第31册，上海古籍出版社，2005，第44页。

14.《史记》孔子韦编三绝

15.《［后］汉书》孙敬

16.《汉书》路温舒

可见《勤读书抄》的排列并非全然无序，首先引自同一书的内容皆衔接，以"又曰"续，如《颜氏家训》和《汉书》。具体到每一则，第 2 则光武帝与第 15 则孙敬皆出于《后汉书》，但分开抄录，推测并非出自同一版本《后汉书》；第 15 则与第 16 则《汉书》与《后汉书》混同，说明作者并非一一读完某书摘录所得，而是有转抄自他书导致失误的可能。隋唐时期的类书层出不穷，将《勤读书抄》放在隋唐类书的大环境中来看，即使保存内容不多且单一，但总归会受到当时流行的某些类书风格的影响。因此，笔者拟将《勤读书抄》与其他传世或敦煌类书的相似内容比对如下，以备讨论。

（一）《勤读书抄》与传世类书

搜检现存隋唐四大类书，《初学记》《白氏六帖》无"读书"类目，本文不作讨论。就勤学主题而言，《北堂书钞》之《帝王部第十二》专设"好学"目，存 46 则主题词；《艺文部第三》存"好学"72 则、"博学"36 则；《艺文部第四》存"谈讲"64 则、"读书"22 则、"诵书"17 则，但每一小类内容排列无规律且重复率较高，同一典故还以多个主题词出现在不同小类中，其中有 5 则与《勤读书抄》重合。《艺文类聚·杂文部一》专设"读书"目，共载 18 则勤学人物事迹，另有诗、赋、赞、铭各 1 则，其中 4 则与《勤读书抄》重合。另，《太平御览》卷六百一十六《学部十》存"读诵"66 则，其中 3 则与《勤读书抄》重合，《皇王部》《人事部》所存部分引文可资参考。现将相关内容转录如下。

1."《后汉书》光武帝"参见上文第 2 则。

> 群臣争论上前，常连日。皇太子尝承间言："陛下有禹、汤之明，而失黄、老养性之道。今天下大安，少省思虑，养精神。"上答曰："我自乐此。"（《太平御览·皇王部十五·后汉光武世祖皇帝》）

> 袁宏《后汉纪》曰：光武尝听朝至于日侧，讲经至于夜半，皇太子从容曰："陛下有禹汤之明，而失黄老养性之道。今天下又安，愿省思旅，养精神，优游以自宽。"上答曰："吾以为乐也。"（《太平御览·人事部一百九·乐》）

2."《庄子》臧穀亡羊"参见上文第 9 则。

> 挟策读书《庄子》：臧与穀相与牧羊，而俱亡其羊。问臧何事，挟策读书；问穀何事，博塞以游。（《北堂书钞·读书》）

> 《庄子》曰：臧与穀相与牧羊，俱亡其羊。问臧奚事，挟策

读书；问毂奚事，博塞以游。（《艺文类聚·读书》）

[《庄子》] 又曰：臧与毂相与牧羊，而俱亡其羊。问臧奚事，挟策读书；问谷奚事，博塞以游。（《太平御览·学部十·读诵》）

3. "《抱朴子·勖学》" 参见上文第11则。

[《抱朴子》] 又曰：夫周公上圣而日读百篇，仲尼天纵而韦编三绝，墨翟大贤载文盈车，仲舒命世不窥园囿，倪宽带经以芸锄，路生截蒲以写书，黄霸桎梏以受业，宁子夙夜以倍功，故能究览玄奥，穷测微言。（《太平御览·学部十·读诵》）

4. "《风俗通》东汉明帝" 参见上文第12则。

甲夜读书（《北堂书钞·帝王部十二·好学》）

[《东观汉记》]：甲夜读众书，乙夜尽乃寐，先五鼓起，率常如此。（《太平御览·皇王部十六·后汉显宗孝明皇帝》）

[《东观汉记》]：明帝行部署，不用辇车，甲夜乃解，偃读众书，乙夜尽寝，先五鼓起，率常如此。（《太平御览·人事部七十二·勤》）

5. "《墨子》墨子载书" 参见上文第13则。

朝读百篇《墨子》云：墨子使于卫，载书甚多，弦唐子见而怪之曰："今子载书何多？"墨子曰："夕公旦朝读百篇，夕见七十士，相天下犹如此，况吾无事，何敢废乎？"（《北堂书钞·好学》）

朝读百篇《墨子》云：周公朝读书百篇，夕见士七十。（《北堂书钞·读书》）

墨子载书墨子南游卫，载书甚多，弦唐子怪之。墨子曰：昔周公朝读百篇，吾安敢废此？（《北堂书钞·载书负书》）

《墨子》曰：周公朝读百篇，夕见七十士。（《艺文类聚·读书》）

《墨子》曰：周公朝读书百篇，夕见七十五士。（《太平御览·学部十·读诵》）

6. "《史记》孔子" 参见上文第14则。

韦编三绝，铁挝三折 《孔子世家》云：孔子晚喜《易》，读之，韦编三绝，铁挝三折，漆书三灭。（《北堂书钞·读书》）

《史记》曰：孔子晚喜《易》，读之韦编三绝。（《艺文类

聚·读书》)

[《史记》] 又曰：孔子晚善《易》，韦编三绝，铁擿三折，漆书三灭也。(《太平御览·学部十·读诵》)

7. "《后汉书》孙敬"参见上文第15则。

《后汉书》曰：孙敬字文质，好学，闭户读书，不堪其睡，乃以绳悬之屋梁，人曰：闭户先生。(《艺文类聚·读书》)

8. "《汉书》路温舒"参见上文第16则。

截蒲为牒《汉书》：路温舒取泽中蒲，截以为牒，编用写书。(《北堂书钞·好学》)

温舒截蒲《汉书》路温舒字长君，父使牧羊，温舒取泽中蒲，截以为牒，编用写书。(《北堂书钞·写书》)

(二)《勤读书抄》与其他敦煌类书

敦煌类书中也留下了许多勤学主题或是有勤学分类的内容。如 P. 4052《事林》存董仲舒、倪宽、桓荣、朱买臣、丞宫、宁越、苏秦、路温舒等 8 则；[1] S. 2072《珠玉集》(别本)"勤学篇"存孙敬、管宁、董仲舒、桓荣、高凤、常林、袁安等 7 则；[2] P. 2524《语对》"劝学篇"存董仲舒、路温舒、孙敬（悬头）、苏秦、匡衡、车胤、高凤、常林、桓荣、王充、应奉、李固、孙敬（编柳）、马融、董遇、朱穆、刘仲、葛洪等 18 则；[3] P. 2748v《古贤集》存司马相如、匡衡、苏秦、孙景[敬]、姜肱、车胤、桓荣、曹子建、罗含、宁越、朱买臣等 11 则。[4] 还有一个特例来自《类林》，敦煌本《类林》"勤学"的内容已经散佚，但金代王朋寿编《增广分门类林杂说》中还保存了相关内容，史金波、黄振华、聂鸿音据此复原出《类林》"勤学篇第一"，有董仲舒、车胤、朱买臣、匡衡、杨震、孙敬、宁越、路温舒 8 则。[5] 现将与《勤读书抄》重合

---

[1] 法国国家图书馆、上海古籍出版社编：《法国国家图书馆藏敦煌西域文献》第 31 册，上海古籍出版社，2005，第 44 页。

[2] 方广锠、[英] 吴芳思主编：《英国国家图书馆藏敦煌遗书》第 33 册，广西师范大学出版社，2014，图版见第 112—127 页，条记目录见第 4 页。

[3] 法国国家图书馆、上海古籍出版社编：《法国国家图书馆藏敦煌西域文献》第 15 册，上海古籍出版社，2001，第 119 页。

[4] 法国国家图书馆、上海古籍出版社编：《法国国家图书馆藏敦煌西域文献》第 18 册，上海古籍出版社，2001，第 65 页。

[5] 史金波、黄振华、聂鸿音：《类林研究》，宁夏人民出版社，1993，第 249—250 页。

的事迹转录如下。

1. "《后汉书》孙敬"参见上文第15则。

> 孙敬，字文宝，后汉楚郡人也。性好学，恒闭户读书。夜不息，不堪其睡，乃以绳系头，悬着屋梁上，睡即迁举，时人号为：闭户先生。天子特征，称疾不就。《［后］汉书》［S.2072《珋玉集》（别本）］[1]

> 悬头：孙敬字文宝，闭户读书，以绳悬头于梁，睡则牵之，时人号曰：闭户先生。特征不仕。（P.2524《语对》）[2]

> 闭户先生：孙敬者，楚人也。好学，恒闭户读书，每欲睡来，以绳系头，悬之梁上。及其行市，市人曰：闭户先生子来。天子特征，称疾不肯就。（P.3650《籯金》）[3]

> 匡衡凿壁，孙敬闭户
> 注引《楚国先贤传》孙敬，字文宝，恒闭户读书，睡以绳系头于梁上，尝入市，人见之皆曰：闭户先生来。帝特征不就也。（敦研95《蒙求》）[4]

> 孙景［敬］悬头犹恐睡。（P.2748v《古贤集》）[5]

> 孙敬，楚人，字文宝。常闭户读书，睡则以绳系头，悬之梁上。常［尝］入市，市人见之，皆曰："闭户先生。"帝特征，不就。（《类林》）[6]

2. "《汉书》路温舒"参见上文第16则。

> 路温舒，字长君，巨鹿人也。与人牧牛于大泽中。温舒截蒲为简，勤学。太守见，乃奇之，因命而生。学进，时拜九卿。出《汉书》（P.4052《事林》）[7]

> 路温舒，字长君，前汉巨鹿人也。少时牧羊于大泽中，每截蒲叶，以用写书。郡守见而奇之，将归使学，仕至郡守。出《前汉

---

[1] 王三庆：《敦煌类书》，丽文文化事业股份有限公司，1993，第256页。

[2] 王三庆：《敦煌类书》，丽文文化事业股份有限公司，1993，第368页。

[3] 王三庆：《敦煌类书》，丽文文化事业股份有限公司，1993，第424页。

[4] 段文杰主编：《甘肃藏敦煌文献》第1卷，甘肃人民出版社，1999，第101页，录文参郑阿财、朱凤玉《敦煌蒙书研究》，甘肃教育出版社，2002，第234页。

[5] 王三庆：《敦煌类书》，丽文文化事业股份有限公司，1993，第547页。

[6] 录文参史金波、董振华、聂鸿《类林研究》，宁夏人民出版社，1993，第249页。

[7] 王三庆：《敦煌类书》，丽文文化事业股份有限公司，1993，第236页。

书》[S. 2072《琱玉集》（别本）][1]

截蒲：路温舒字君侯，少时牧羊泽中，截蒲写书。出《汉书》（P. 4636《语对》）[2]

路温舒，字长君，巨鹿人也。少为人牧羊于大泽中，乃截蒲写书。太守行，见而奇之，将归，使学，仕至郡守。出《汉书》[《类林》][3]

总之，传世类书和敦煌类书中都有关于勤学主题的内容，但引录情况各有特色。一是引书类型和内容都有不同，传世类书兼收经史子集，事文并重，而敦煌类书的有关内容几乎只引人物事迹。二是引文格式差异较大，现存隋唐四大类书的格式胡道静先生已有研究，[4] 此处简要概括：《北堂书钞》格式有三种，一是提取关键字在句首大字标明，小字抄录内容、出处及注；二是仅摘出句子并删削原文大部分内容、而无注语；三是采集原文，无摘句无小字，将一书相关内容一抄到底，用"又曰"表明。《艺文类聚》的格式与《北堂书钞》第三式基本相同，只是添加了"集"的内容；《初学记》也是先事后文，加入"事对"，且对引文进行了整合，具有条理性；《白氏六帖》分门辑录典故佳句，但不注出处。而《北堂书钞》《艺文类聚》均有"读书""勤学"相关子目，《初学记》《白氏六帖》未明确注明。敦煌类书的抄写体例也各有不同，《兔园策府》以一问一对成文，引文多用双行小字注；《蒙求》以四字骈文成文，引文以小字注；《语对》先提取二字主题词，再抄具体条文；《古贤集》集结成诗；《类林》《事林》《琱玉集》均在引文后注出处。

相较之下，《勤读书抄》也在引书类型和引文格式上呈现出特别之处。一是其引书涉及经、史、子部，并无时间或具体类型上的区分，结合了关于有关"勤学""读书"的佳句言论和人物事迹。二是引书各有特色和功能，与一般敦煌类书所引勤学故事出处不同，包括了如《颜氏家训·勉学篇》和《抱朴子·勖学篇》等专门为勉励后生勤学而撰写的篇章；《史记》《汉书》《后汉书》《魏书》《晋书》等史籍中具有一定代表性的人物事迹；《论语义疏》《墨子》《庄子》等诸子典籍则摘录相关教诫；《风俗通》是以俗说故事正社会风气的读物。而且从具体引文看，除《太平御览》外，《勤读书抄》引文第1—8则不常见于其他类书，其中第4—8则专抄《颜氏家训》，第11则《抱朴子》和第12则《风俗通》在其他相似类书中出现的频率也极低。第9则《庄子》与末4则《墨子》"墨

---

1 王三庆：《敦煌类书》，丽文文化事业股份有限公司，1993，第257页。

2 王三庆：《敦煌类书》，丽文文化事业股份有限公司，1993，第368页。

3 录文参史金波、董振华、聂鸿《类林研究》，宁夏人民出版社，1993，第249页。

4 胡道静：《中国古代的类书》，中华书局，1982，第89—148页。

子"、《史记》"孔子"、《后汉书》"孙敬"、《汉书》"路温舒"故事常见于传世类书有关"勤学"或"读书"部分,其中孙敬、路温舒出现尤其频繁。如前文所述,《勤读书抄》可能并非作者全部自己阅读某书后一一摘录,而是借鉴或转抄他书,其转抄来源比较复杂,这一点或许可以作为《勤读书抄》与其他类书产生联系的例子,但由于不知后缺几何,无法直接断定其是否直接来源于其他敦煌类书。三是比对与其他类书重合的部分,《勤读书抄》皆是书名在前内容在后,一书归于一处,而且摘录文字无较大变动,这种引文格式与大部分敦煌类书差异较大,与《北堂书钞》第三种格式和《艺文类聚》去掉"文"后的部分十分相似,可能是受到了这些大型类书的影响。

还有一点值得关注,大型类书大多会将帝王事迹单独归类成目,臣下或百姓则另起门类。如《册府元龟》将光武帝勤学事迹列于帝王部、《北堂书钞》将东汉明帝勤学事迹列入帝王部,《太平御览》将二者列入皇王部。部分比较正式和完整的类书也会有所区分,如《语对》专列"诸王""公主""公卿";《籯金》列"帝德""诸君""诸王"等,但大部分敦煌类书并未引录帝王事迹,即使有也多未将其单独区分,如《类林》"聪慧篇"将晋明帝列于蔡琰之后,"文章篇"将汉武帝、汉成帝分别列于荀卿、刘向之后等。《勤读书抄》也并未规避这一形式,帝王与臣民事迹并无区分,这也是私修类书的一个特点。

笔者结合 P. 2607 号卷背文字为《勤读书抄》成书于中唐的时间上限提供了又一条线索。在关注引书来源的同时,得以发现文书所引《后汉书》可能不止出自一个版本。《勤读书抄》还存在转抄他书的可能,且与敦煌其他同类同主题的类书或书抄差异较大,具体表现在言论和事迹混同、帝王与臣民事迹并行抄写等处。总之,敦煌类书种类繁多,编纂目的也各不相同,《勤读书抄》这种以"勤读书"为单一主题的类书的存在,可以说明勤学与读书在知识分子眼中的重要性,而这或许与当时日渐盛行的科举考试的社会背景有关。

从"瘦娇小"到"白胖妖"

■ 孙 晓（中国社会科学院古代史研究所、中国国学研究与交流中心）

经年以来，关于古代女性体态审美形象的演变，多有研究触及。随着身体美学的沉渣泛起与后宫内斗影视剧的推波助澜，[1] 这个话题更为人们津津乐道。文献中对赵飞燕"瘦娇小"与杨贵妃"白胖妖"的追述，似乎成为对汉唐女性形象演变的共识。其实，这种共识与史实不洽，个中的缘由，或值得玩味与思考。

一

关于汉成帝皇后赵飞燕体轻如燕的描述，古籍较为常见。宋代苏轼有"短长肥瘦各有志，玉环飞燕谁敢憎"的诗句，[2] 嗣后，"环肥燕瘦"便脍炙人口。春秋时楚灵王喜爱细腰，"楚王好细腰，宫中多饿死"；[3] 而汉朝开国皇帝刘邦又是楚人，建国伊始，满朝贵胄也以楚人居多；同时，在汉代画像石与考古出土的舞俑也能见到细腰女子的造型（图1）。因此，汉代女子以瘦为美，便得到了史册与文物的加持，

图1 舞俑
（江苏省徐州市驮篮山楚王墓出土，江苏徐州博物馆藏）

---

[1] 参见［美］理查德·舒斯特曼《身体意识与身体美学》，程相占译，商务印书馆，2011。
[2] （宋）苏轼：《孙莘老求墨妙亭诗》，《宋诗选》，人民文学出版社，2004，第189页。
[3] 《后汉书》卷二四《马廖传》："《传》曰：吴王好剑客，百姓多创瘢。楚王好细腰，宫中多饿死。"民国商务印书馆百衲本。

遂为人们深信不疑。但是，这种推论，问题很大。

楚王好细腰，本来是先秦诸子佚事寓言。细腰不是指女子，是指男子。《墨子·兼爱中》说："昔者楚灵王好士细腰，故灵王之臣，皆以一饭为节，胁息然后带，扶墙然后起。比期年，朝有黧黑之色。"《战国策·楚策》也有类似记载："昔者先君灵王好小要，楚士约食，冯而能立，式而能起，食之可欲，忍而不入。死之可恶，就而不避。"在著录为先秦作者的诸子书中，提及楚王好细腰事，均是指男子。[1] 至于楚王所好的细腰何时变成女子，或是汉代以后的事。刘向删编的《管子·七臣七主篇》说："夫楚王好细腰，而美人省食。吴王好剑，而国士轻死。"到了魏晋，细腰作为美人别称的看法已经普及。南朝徐陵《玉台新咏》序："楚王宫内无不推其细腰。"到了唐代，楚国的王宫章华台，也被命名为细腰宫。[2] 有宋一代，以细腰拟美人的诗句就繁多了，仅《东坡集》就有多处。[3] 由此可见，细腰本不是楚文化女子体态之美的符号，由男转女有一个变化过程。

虽然细腰本来不是楚国美女的代称，但楚文化中确实有娇小女子形象的描述。屈原《大招》："小腰秀颈，若鲜卑只"，"丰肉微骨，调以娱只"，"丰肉微骨，体便娟只"。宋玉《登徒子好色赋》："腰如束素，齿如含贝。"这样的美女标准，与当时中原各国区别较大。中原地区推崇高大、体长为美。《诗经·硕人》记述齐国公主庄姜出嫁卫庄公时，两次提到庄姜的身材："硕人其颀""硕人敖敖"。《诗经·椒聊》又用"彼其之子，硕大无朋""彼其之子，硕大且笃"的语句，赞美一个女子，这位采椒女，身材高大，健壮丰满。[4] 战国、齐国后宫选女，要求 7 尺以上。[5] 其实，古代南方美女以娇小为美与北方以健硕为美，是南北身高基因的差异，在当代也是如此，不难理解。问题是，纵使楚文化有女子以瘦娇小为美的时尚，是否为汉代文化所传承？西汉初年，朝廷以楚人居多的论断是有问题的。楚汉交战，刘邦依赖其丰沛集团取得胜利，汉初所封的 18 位元功之臣，

---

1 《韩非子·二柄篇》："故越王好勇，而民多轻死。楚灵王好细腰，而国中多饿人。"《晏子春秋·外篇》："越王好勇，其民轻死。楚灵王好细腰，其朝多饿死人。"

2 （唐）汪遵七言绝句有《细腰宫》。（唐）胡曾有《咏史诗·细腰宫》。（唐）李商隐《闻歌》："青冢路边南雁尽，细腰宫里北人过。"（唐）杜牧《题桃花夫人庙》："细腰宫里露桃新，脉脉无言度几春。"见《全唐诗》，上海同文书局石印本。

3 （宋）无名氏《满江红·五五芳辰》："细腰歌舞娇姿逞。"（宋）黄庭坚《菩萨蛮·细腰宫外清明雨》："细腰宫外清明雨。"（宋）苏轼《南歌子·日出西山雨》："细腰轻。"《洞仙歌·咏柳》："细腰肢，自有入格风流。"《自昌化双溪馆下步寻溪源，至治平寺》"举族长悬似细腰"。见《全宋词》，中华书局，2009。

4 此诗"彼其之子"有男说、女说。《毛诗序》和三家诗均认为是赞美曲沃桓叔势力强盛之诗作；应劭、第五伦则判定为赞美后妃多子。朱熹也说"此诗未见其必为沃而作也"。参见《诗序辨说》，明正统司礼监刻本。

5 《史记》卷四六《田敬仲完世家》，民国商务印书馆百衲本。今人或认定此处 7 尺当为 1.61 米，参见彭卫《汉代女性的身体形态与疾病》，《浙江学刊》2009 年第 6 期。

丰沛集团占据11位，汉初三杰之一张良竟未能挤入。《汉书·高惠高后文功臣表》中载147侯，丰沛集团占了1/3强。[1] 丰沛在秦统一前，属于楚地。但若说丰沛文化属于楚文化范畴，似乎难以成说。战国末年，楚国向东拓展是迫于秦的压力，楚国控制丰沛地区不超过50年，在此之前，是宋国的封地，宋文化是殷商文化的继承者，孔子"其先宋人"。[2] 丰沛集团宗主刘邦的祖父是从魏迁至沛县，原为魏国贵族。[3] 文化与制度不同，其改变不是一朝一夕的事，在战国末年，丰沛文化虽受到楚文化的冲击，但其文化主体还是中原文化。今人也有以汉高祖《大风歌》、汉武帝《秋风辞》为楚歌之说，那么我们是不是也要把荆轲的《易水歌》视为楚歌？荆轲是卫国人，歌是在燕国的易水河畔唱的。

汉代画像石与出土的陶俑，不能证明汉代女子以瘦为美之风尚。南阳汉画馆展品有纤瘦端灯侍女（图2），同样也有体态丰腴的拥彗侍女（图3）。南阳汉画像石许多女娲的造型，虽为蛇身，体态婀娜，但与交尾的伏羲比较，体型一样健壮，未见纤瘦。汉代人最独特的信仰是对西王母顶礼膜拜。四川成都青白乡画像石西王母，头戴华胜，凭几而坐，雍容富态。嫦娥奔月是汉画像石与画像砖常见题材，嫦娥的形象大多体态均匀，而南阳画像石的四幅，

图2 端灯侍女（河南南阳汉画馆藏）　　图3 拥彗侍女（河南南阳汉画馆藏）

嫦娥小腹还微微凸起（图4）。四川大学博物馆收藏的彭山汉代"秋胡戏妻"画像石，秋胡妻的形象丰腴饱满、健硕修长。河南新密打虎亭东汉大墓二号墓是汉弘农郡太守张德夫人的墓，其壁画十分绚丽。其中郡守夫人宴客的《宴饮百戏图》，画面中的女眷宾客，体态普遍比较富态。太守夫人

1　参见夏增民《刘邦与其功臣集团关系析论》，《南都学坛》1998年第1期。
2　《史记》卷四七《孔子世家》，民国商务印书馆百衲本。
3　李祖德：《刘邦祭祖考——兼论春秋战国以来的社会变革》，《中国史研究》2012年第4期。

图4 嫦娥奔月
（河南南阳汉画馆藏）

居帷幄中，脸若银盘，颈叠凝脂。图中的女性体态丰腴（图5）。此外，朝鲜乐浪彩箧冢出土，湖北省博物馆藏漆器上描绘的王后、美女也都肥胖敦实。[1] 考古出土的舞俑，大多身材苗条纤细，这是舞蹈艺术对舞者的基本要求，俨然不能作为汉代女性体态审美的标准。其实，湖南长沙楚墓的木舞俑，体态丰腴；1983年广东广州市象岗南越王墓出土玉舞人（图6），陕西阳陵四号建筑遗址出土了一批造型别致的塑衣式陶俑女性，仅束腰而已，身体胖瘦适度。

综上所述，我们无法得出汉代女子以"瘦娇小"为美的结论，出土的形象资料也不能提供证明。那么汉代女子美的标准如何？其实，古籍文本原有清晰说明。屈原《大招》描述楚国美女"束腰""微骨"时，皆强调"丰肉"，与宋玉的《高唐赋》有"貌丰盈以庄姝兮"、司马相如的《美人赋》"皓体呈露，弱骨丰肌"、王粲描写赵飞燕"丰肤曼肌，弱骨纤形""肤柔曼以丰盈"的语句一样。[2]《方言》卷一说："凡物之大貌曰丰。"汉代皇帝后宫选女，也以"长、壮、妖、洁有法相者"为标准，[3] 东汉明帝马皇后"身长七尺二寸，方口美发"，和帝邓皇后"长七尺二寸，姿颜姝丽"，灵帝何皇后"长七尺一寸"，身材都是较高的。[4] 若以东汉章帝前后一尺等于23.04—23.75厘米推算，这三位皇后的身高在1.65—1.71米，纵使在当代，也算比较高的。

---

[1] 李正光编绘：《汉代漆器图案集》，文物出版社，2002，第217页。

[2] （汉）王粲：《七释》，《丛书集成续编》第123册，上海书店出版社，1994。

[3] 文见《文选·皇后纪论》李善注引《风俗通》。慧琳《一切经音义》卷二一《风俗通》作"长壮皎洁有法相者"，稍异。

[4] 《后汉书》卷一〇《皇后纪》，民国商务印书馆百衲本。

图5 宴饮百戏壁画
（河南新密打虎亭汉墓）

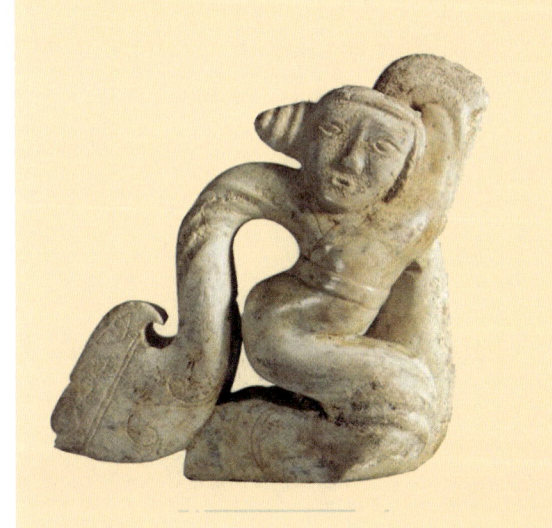

图6 玉舞人
（广东广州西汉南越王墓博物馆藏）

关于赵飞燕体态，《汉书·外戚传下》只有"及壮，属阳阿主家，学歌舞，号曰飞燕"的记载。《赵飞燕外传》记述比较详细："宜主（赵飞燕）幼聪悟，家有彭祖方脉之书，善行气术。长而纤便轻细，举止翩然，人谓之飞燕。"成帝于太液池作千人舟，号合宫之舟，飞燕歌舞《归风》《送远》之曲，成帝以文犀簪击玉瓯，侍郎冯无方吹笙以倚后歌。中流歌酣，风大起。后扬袖曰："仙乎，仙乎，去故而就新，宁忘怀乎？"帝令冯无方持后履。风止，后泣曰："帝恩我，使我仙去不得。"《西京杂记》："赵后体轻腰弱，善行步进退，女弟昭仪不能及也。但昭仪弱骨丰肌，尤工笑语。二人并色如红玉，为当时第一，皆擅宠后宫。"《拾遗记》记载："赵飞燕体轻恐暴风，帝为筑台焉。"《赵飞燕别传》描述更为清晰："赵后腰骨纤细，善踽步而行，若人手持花枝，颤颤然，他人莫可学也。在王家时，号为飞燕。"[1]《杨太真外传上》记载："汉成帝获飞燕，身轻欲不胜风。恐其飘荡，帝为造水晶盘，令宫人掌之而歌舞。又制七宝避风台，间以诸香，安於上，恐其四肢不禁也。"《赵飞燕昭阳趣史》："姿容出世，窈窕无双，纤腰袅娜，小脚妖娆。"

赵飞燕学歌舞，号飞燕，体态轻瘦应该是可信的。但是文史描述有一个从模糊到清晰的过程，却很有意思。《赵飞燕外传》旧题汉伶玄撰，实属伪托之作。此书伶玄自叙为汉元、成年间为官，但《四库全书总目提要》说："其文纤靡，不类西汉人语。"并以清人王懋竑《汉火德考》为据，指出是书所载而祸水灭火之语，不为典据。[2] 此书不见于唐人书目，最早著录的是南宋初年晁公武的《郡斋读书志》。其实，是书破绽很多。如伶玄自叙中自称为"字子于，潞水人"，然《汉书·地理志》无"潞水"县。[3] 又如，伶玄自叙"历三署，刺守郡州，任淮南相"，然汉武帝元狩元年（前122年），淮南王刘安获罪自尽，废淮南国，置九江郡。[4] 后人大致认为其成书应当在魏晋期间，[5] 或为宋人作品。笔者认为，就文风而言，两汉质朴，魏晋清峻，本书文法虽仿汉史旧籍，然媚俗寄趣难掩，

---

[1] （元）陶宗仪：《说郛》卷三二，民国涵芬楼，1927。

[2] 《四库全书总目提要》："而祸水灭火之语，司马公载之《通鉴》。夫文士引用，不为典据。采淖方成语以入史，自是《通鉴》之失。乃援以证实是书，纰缪殊甚。且祸水灭火，其语亦有可疑。考王懋竑《白田杂著》有《汉火德考》，曰汉初用赤帝子之祥，旗帜尚赤。而自有天下后，仍袭秦旧，故张苍以为水德。孝文帝时，公孙臣言，当改用土德，色尚黄，其事未行至孝武帝改正朔，色尚黄，印章以五字，则用公孙臣之说也。王莽篡位，自以黄帝之后，当为土德，而用刘歆之说，尽改从前相承之序，以汉为火德。后汉重图谶，以赤伏符之文改用火德。"

[3] 《汉书·地理志》有"上党郡"有属县名"潞县"。若说"潞县"以潞水得名，但这样叙述，不合汉代书写惯例。

[4] 《汉书》卷6《武帝纪》，民国商务印书馆百衲本。

[5] 侯忠义：《中国文言小说史稿》，北京大学出版社，1990，第31页。

应该是宋人借古自高之作。本书叙古事、讲教训，题材与宋代同类小说类同；书中艳情刻画，与宋代文人旨趣相合；其描写成帝吞服春药，"阴精流输不禁，有顷绝倒"，无疑启迪了《金瓶梅》对西门庆之死的描述。《西京杂记》是古代历史笔记小说集。今或著录为汉刘歆撰，晋葛洪辑。《西京杂记》历代多指为伪书。《隋书·经籍志》载是书二卷，不著撰人名氏。《汉书·匡衡传》唐颜师古注称今有《西京杂记》者，出于里巷，亦不言作者为何人。然《旧唐书·经籍志》载此书，注曰晋葛洪撰。[1] 此书作者历代学者考证甚多，难有头绪。但从语气及内容看，当是杂抄汉魏六朝佚史而成。《拾遗记》是魏晋时代作品，大致可信。《隋书·经籍志》说："有《拾遗录》二卷，伪秦姚苌方士子年撰"；"又有《王子年拾遗记》十卷，萧绮撰"。今本大约即萧绮所作《王子年拾遗记》。《赵飞燕别传》是宋代秦醇的作品，收入刘斧《青琐高议》一书。内容与《赵飞燕外传》略同。今人或以为是《赵飞燕外传》别名，[2] 实误。《杨太真外传》是宋代传奇，乐史撰，收入《顾氏文房小说》。《赵飞燕昭阳趣史》，简称《昭阳趣史》，是明代艳艳生创作的白话长篇艳情小说，成书于明后期。

二

到了魏晋，体态审美的观念的确有些

图7 《步辇图》局部
（故宫博物院藏）

---

[1] 参见《四库总目提要》，河北人民出版社，2000。
[2] 如王学铭《〈赵飞燕外传〉不是史实》（《农业考古》2009年第2期）。此文目的是纠正钱歌川的《中国人与茶》"赵飞燕梦茶"史料失误，但作者自己却把《赵飞燕外传》与《赵飞燕别传》混同一书。

变化。尤其在南朝，贵族式的士人心理追求一种弱柳扶风的病态美。《晋书》又曰："武帝泰始初，衣服上俭下丰，著衣者皆厌腰。"厌腰即束腰。晋代名列金谷二十四友之一的石崇，喜好奢靡斗富，曾把沉香碾碎成粉，撒在床上，让爱妾行走。床上无脚印者赐真珠百琲（珠十贯为一琲，或说为五百枚）；若有痕迹，就令其节食减肥。故闺中相戏曰："尔非细骨轻躯，那得百琲真珠。"[1] 瘦不仅仅是对女性要求，对男性亦然。位列"竹林七贤"的王戎，其儿子王绥，少有美名，"有大成之风"，"见重当世"[2]。但王绥体胖。为了让儿子瘦下来，"戎令食糠，而肥愈甚。年十九卒。"[3] 这大概是正史记载的第一桩减肥失败的案例。

赵飞燕能做掌上舞，是晋朝人的记述。在正史中，还真记载了掌上舞之事，不过主角不是赵飞燕。《南史·羊侃传》："儛人张净琬，腰围一尺六寸，时人咸推能掌上儛。"后人把此事与杂史混为一起，皆以为掌上舞是赵飞燕的事。[4] 魏晋体态审美的观念的变化从近年出土的魏晋陶俑与菩萨造型及石窟造像可以得到证明。相较汉代，魏晋陶俑的女性丰腴者不多；相较唐代，魏晋佛像，显然十分清瘦俊朗。敦煌莫高窟西魏 285 窟女供养人，身体曼妙修长，很好地诠释了画工对时代审美的理解。

唐代以胖为美的认识，其实也滥觞于苏轼"环肥燕瘦"诗句。我们从古籍记述上，似乎无法找到唐代以胖为美的证据。初唐，仍延续魏晋苗条颀长的审美。僧人法宣《和赵王观妓》诗："城中画广黛，宫里束纤腰。"[5] 李百药"千金笑里面，一搦掌中腰"[6]。唐朝著名宫廷画师阎立本的《步辇图》中，簇拥李世民的九个侍女皆身材清瘦颀长（图7）。药王孙思邈生活在初唐，其医学名著《千金要方》记载了一副减肥的秘方："采三株桃花，阴干末之，空心饮服方寸匕，日三，并细腰身。"[7] 这说明这个时期对女性审美循仍魏晋，别无二致。纵使到了唐玄宗"亟选人间女子细、

---

[1] （晋）王嘉：《拾遗记·晋时事》，上海古籍出版社，2012。

[2] （南朝宋）刘义庆：《世说新语·赏誉》，中华书局，2015。

[3] 《晋书》卷四三《王戎传》，民国商务印书馆百衲本。

[4] （南朝梁）吴均《大垂手》："垂手忽迢迢，飞燕掌中娇。"（《乐府诗集》，中华书局，2017）（唐）李冗《独异志》："汉成帝赵飞燕身轻，能为掌上舞。"（商务印书馆，1937）（唐）张南容诗："为照齐王门下丑，何如汉帝掌中轻。"（《全唐诗》，上海同文书局石印本）（唐）李商隐："宓妃腰细才胜露，赵后身轻欲倚风。"（《全唐诗》，上海同文书局石印本）（宋）柳永："解教天上念奴羞，不怕掌中飞燕妒。"（《柳永词详注及集评》，中州古籍出版社，1991）

[5] 《全唐诗》卷八〇八，上海同文书局石印本。

[6] 《全唐诗》卷四三，上海同文书局石印本。

[7] （唐）孙思邈：《千金要方》"面药第九"，中医古籍出版社，2019。又，佚名《名医别录》载："桃花味苦、平、主除水气、利大小便、下三虫。"（中国中医药出版社，2013）

长、洁、白者五人,将以赐太子"[1],而唐玄宗大哥,宁王李宪曾夺人妻,此女长相即纤白明晰。[2] 诗人白居易有两个小妾,一个善歌,名叫樊素;另一个善舞,名叫小蛮。唐孟棨《本事诗·事感》记载:"白尚书(居易)姬人樊素善歌,妓人小蛮善舞,尝为诗曰:樱桃樊素口,杨柳小蛮腰。"晚唐杜牧《大雨行》亦有"奔觥槌鼓助声势,眼底不顾纤腰娘"的诗句;[3] 贯休《白雪歌》更有"为人无贵贱,莫学鸡狗肥"句。[4] 这些从一个侧面说明了时人审美取向。

仔细检索,唐代以胖为美的证据主要如下。其一,唐代仕女画中可以见到较多造型肥硕、脸型圆润、体态丰腴的女性。《虢国夫人游春图》贵夫人与侍女大都腴丽满秀;《捣练图》中劳作的女性基本是肥腰厚目(图8);《簪花仕女图》《金桥图》等中的侍女们也都腴丽富态(图9)。其二,近年出土唐代陶俑,胖美人也较常见。西安博物院有很多唐代女性陶俑,多是体态丰盈、面如月满。唐三彩的胖美人陶俑也很有名(图10)。[5] 其三,便是人们对杨贵妃形象的解读。其实史料记载的杨贵妃,强调的均为美貌。《旧唐书·后妃传》上说:"太真(杨贵妃)资质丰艳,善歌舞,通音律,智算过人。"《新唐书·后妃传》上说她"资质天挺,宜充掖廷"。杜甫《丽人行》说:"态浓意远淑且真,肌理细腻骨肉匀。"[6] 白居易《长恨歌》:"春寒赐浴华清池,温泉水滑洗凝脂。"[7] 白居易同时代人陈鸿则说:"鬒发腻理,纤秾中度,举止闲冶,如汉武帝李夫人。"[8] 李夫人的体态"美连娟以修嫭兮"[9],连娟,纤弱貌,是很苗条的。唐代的诗人中,李白是见过杨贵妃本人的,他的《清平调三首》第二首写道:"一枝红艳露凝香,云雨巫山枉断肠。借问汉宫谁得似?可怜飞燕倚红装。"[10] 李白以飞燕比拟杨贵妃,若杨果真很胖,李白诗句显然会很唐突。所以唐代文献资料虽然没

---

[1] (唐)李德裕:《次柳氏旧闻》,上海古籍出版社,2012。

[2] (唐)孟棨《本事诗》说:"宁王宪贵盛,有宠妓数十人,皆绝艺上色,宅左有卖饼者妻,纤白明晰,王一见属目,厚遗其夫取之宠惜逾等。环岁,因问之:'汝复忆饼师否?'默然不对。王召饼师使见之。其妻注视,双泪垂颊,若不胜情。时王座客十余人,皆当时文士,无不凄异。王命赋诗,王右丞维诗先成,云云。……王乃归饼师,使终其志。"(《本事诗本事词》,古典文学出版社,1957)

[3] 《杜牧集》,山西古籍出版社,2004。

[4] 《禅月集》,四部丛刊本,上海涵芬楼,1912—1948。

[5] 参见文亮《国内馆藏唐三彩女陶俑珍赏》,《收藏界》2016年第3期。

[6] 萧涤非:《杜甫诗选注》,人民文学出版社,1998。

[7] 谢思炜:《白居易诗选》,中华书局,2009。

[8] (唐)陈鸿:《长恨歌传》,神州国光社,1946。

[9] (汉)刘彻:《李夫人赋》,《汉书》卷九七《外戚传》上,民国商务印书馆百衲本。

[10] 《李太白全集》,中华书局,2015。

有杨贵妃纤瘦的记述，但也没有关于其胖的描述。五代王仁裕《开元天宝遗事》或是记载杨贵妃胖的最早文献出处，称贵妃"素有肉体，至夏苦热"，还爱出汗，"使恃儿交扇鼓风，犹不解其热"[1]。胖是爱出汗的原因。但此书有类小说家言。洪迈《容斋随笔》则以为此书托名仁裕；《四库全书总目提要》认为"盖委巷相传，语多失实"。关于杨贵妃的体态，《长恨歌传》的描述应该是准确的。[2]

图8 《捣练图》局部
（画作原属圆明园收藏，"火烧圆明园"后被掠夺并流失海外，现藏于美国波士顿博物馆）

图9 《簪花仕女图》局部
（辽宁省博物馆藏）

---

[1] （五代）王仁裕：《开元天宝遗事》，上海古籍出版社，2012。

[2] 《长恨歌》与《长恨歌传》之间的关系，学术界一直存在着较大的争议，主要有两种截然不同的观点。一是《长恨歌》与《长恨歌传》一体化，以陈寅恪之说为代表。二是《长恨歌》与《长恨歌传》疏离，见夏承焘先生《读〈长恨歌〉：兼评陈寅恪教授之〈笺证〉》。

今人或从考古学视角，考察唐代纪年墓所见的女性形象。大致分为5类：（1）呆板清瘦型；（2）匀称修长型；（3）珠圆玉润型；（4）厚实臃肿型；（5）纤弱病态型。通过列表分析发现前两种大多见于武后前；第3种多见于武后至开元时期，第4种常见于安史之乱至代宗，第5种见于唐后期。[1] 唐代受武则天女主主政的影响，出现了一些"胖美人"的形象。在当时宫廷画如《彩衣升平图》等中都出现了肥媚的宫女、仕女形象；此时一些王公大臣陵寝内也出土了许多类似形象女子的陶俑、壁画等。《旧唐书·外戚传》载："（太平）公主丰硕，方额广颐，多权略，则天以为类己。"武则天以后，丰腴之美也颇流行一段时间。

今人解释唐代"以胖为美"的原因，多以陈寅恪"若以女系母统言之，唐代创业及初期君主，如高祖之母为独孤氏，太宗之母为窦氏，即纥豆陵氏，高宗之母为长孙氏，皆是胡种，而非汉族"[2] 的论述为据。因唐朝具有北方游牧民族血统，游牧民族逐水草而居，崇尚健硕，故以胖为美，便是自然而然的事。然而，这样的解释却无法说明唐初没有以胖为美的倾向。实际，唐代胖的女性形象出现，与武则天不无关系。武则天主政后，多宠美男。薛怀义"伟形神，有膂力"[3]，张易之"年二十余，白皙美姿容"，张昌宗"面似莲花"[4]。另外，"天后令选美少年为左右奉宸供奉"，又"近闻上舍奉御柳模，自言子良宾洁白美须眉，左监门卫长史侯祥云阳道壮伟，过于薛怀义，专欲自进，堪奉宸内供奉"[5]。这时，女性地位有较大提高，天平公主更是开府置官；同时女诗人也如雨后春笋，破土而出；女着男装更成为时尚。

图10 胖美人陶俑
（陕西历史博物馆藏）

1　参见魏子元、王乔玉《唐代"以胖为美"之审美观的考古学观察——以唐代纪年墓所见女性形象为中心》，《文博》2020年第1期。

2　陈寅恪：《隋唐制度渊源略论稿 唐代政治史述论稿》，生活·读书·新知三联书店，2001，第183页。

3　《新唐书》卷一八三《薛怀义传》，民国商务印书馆百衲本。

4　《旧唐书》卷一四〇《张易之传》，民国商务印书馆百衲本。

5　《旧唐书》卷七八《张行成传》，民国商务印书馆百衲本。

三

从汉代"瘦娇小"到唐代"白胖妖",这种对古代女性身材之美流变的认定,其实是宋人的创作。与汉代一样,宋崇尚儒学,并自认为是儒学法统的正脉。宋代的士人酷爱"人比黄花瘦"的女子,于是认为汉代也是一样。宋代不太接受唐代的雍容与歧异,也没有汉代文化的大气与唐代文化的从容。宋一直身处"夷狄"的威胁中,且无力铲除这些威胁,对"夷狄"文化极为排斥。宋代朱熹说"唐源流出于夷狄"[1],所以唐代"白胖妖"是来自"夷狄"的审美观,自然无法苟同。这种看法似乎也贴合唐代喜爱外来的物品和风尚。唐太宗就说:"自古皆贵中华,贱夷狄,朕独爱之如一。"[2]

宋代仕女画的女子,大都体态轻盈、清瘦娇小。有"宋画第一"等美誉的李公麟,所画的仕女,以墨线描绘,不设色,皆身材清癯,娇柔的面庞略带端庄。苏汉臣《妆靓仕女图》的仕女,文弱纤丽,神态沉静,略带忧郁。刘宗古《瑶台步月图》的仕女娇弱纤瘦,淡雅拘谨(图11)。北

图11 《瑶台步月图》(局部)
(故宫博物院藏)

京故宫博物院藏陈清波《瑶台步月图》仕女衣饰为典型的南宋风格,用笔轻润,人物形象纤秀婉约。上海博物馆藏有一幅无款宋画《歌乐图》,描绘的是南宋宫廷女乐演奏,画面中的九位女子皆身体修长,窈窕文静(图12)。

从仕女画可以看出,宋代社会对美女的要求渐渐转向削肩柳腰、文弱清秀。这样,平胸纤足也就成为衡量女子美的标准。中国文人对女性乳房的描述很少,纵使在艳情小说中,也不多见。[3] 以宋代文化的视

---

1 (宋)黎靖德编:《朱子语类》卷一一六《历代类》,台湾正中书局,1962。又,其实,李唐为胡种并非陈寅恪的发明。陈氏论述李唐源流,开篇即引朱子之语为援。

2 《资治通鉴》卷一九八,唐纪一四,太宗贞观二十一年,中华书局,2013。

3 传统文献中,对乳房的描写或肇始于敦煌曲子词,如"胸上雪,从君咬"(《云谣集·渔歌子》),"素胸未消残雪,透轻罗"(《云谣集·风归云》)等。似乎可以理解为唐代风俗受西来文化影响所致。

图12 《歌乐图》
（上海博物馆藏）

角，丰乳肥臀绝对是粗俗的象征，而娇小的丁香乳则是美女的标配。对于平胸自然不会称作"平胸"，而叫作"胸乳菽发"，形容双乳刚刚发育，如初生豆苗一般娇嫩。

甚至有"欲御女，须取少年未生乳"嗜好。[1] 古代缠足的起源有许多说法，但兴盛于宋代应该无疑。南宋一代，缠足之风则遍及民间，[2]"三寸金莲"成了对女性美的基本要求。裹小脚必然影响了女性的身体发育，女子走路时风摆杨柳、楚楚可怜的姿态，极大地映衬了士大夫们的优越感，

苏东坡诗："偷穿宫样稳，并立双趺困。纤妙说应难，须从掌上看。"[3] 辛弃疾诗："淡黄弓样鞋儿小，腰肢只怕风吹倒。"[4]

宋朝女性中很流行戴一种叫"花冠"的装饰品，制作精细，走路时花枝颤动，符合这一时代的女性娇羞与妩媚气质特征。窄袖衣是当时流行的一种款式，外衣对称，领口交叉，下摆到膝盖，给人一种贴身瘦弱的感觉，打破了宽大衣袖的服饰传统。当时社会流行的褶裙也极富特色，裙多层褶皱迭起，穿着走动，步步生花，姿态人

---

[1] 《玉房秘诀》，内蒙古文化出版社，1998。此书题晋葛洪撰，但应为假托之作，成书应在唐以后。原书部分只见于日本丹波康赖的《医心方》一书。

[2] 参见高洪兴《缠足史》，上海文艺出版社，1995。

[3] 《东坡词注》，岳麓书社，2005。

[4] 《稼轩长短句》，上海人民出版社，1975。

见尤怜。

有宋一代,"瘦娇小"才是美女的基本标准。宋代关于"瘦"的诗句甚多,贺铸《醉春风·楼外屏山秀》有"东阳咏罢不胜情,瘦瘦瘦"句,陆游《钗头凤·红酥手》有"春如旧,人空瘦"句,秦观《如梦令·门外鸦啼杨柳》有"消瘦。消瘦。还是褪花时候"句,蔡伸《点绛唇·绿萼冰花》有"玉肌清瘦。夜久轻寒透"句,朱敦儒《减字木兰花·接花弄扇》有"人瘦春残。芳草连云日下山"句。不但人要瘦,自然的一切也要瘦。花要瘦,刘克庄《水调歌头·遣作岭头使》有"屋茅破,篱菊瘦,架签残"。李清照《殢人娇·后亭梅花开有感》有"玉瘦香浓,檀深雪散"句;藤要瘦,释绍昙《偈颂一百一十七首》有"瘦藤枝,乌律卒"句;竹要瘦,黄庭坚《长芦夫和尚真赞》有"松枯竹瘦,是其岁寒也"句;树要瘦,辛弃疾《感皇恩·春事到清明》有"席上看君,竹清松瘦"句;春要瘦,晏几道《点绛唇·花信来时》有"又成春瘦,折断门前柳"句;秋要瘦,释正觉《针线贯通》有"羲羲青山著秋瘦,毛发凋减风骨旧"句。就连珊瑚,也要瘦,杨无咎《曲江秋》有"珊瑚瘦,琉璃滑"句。宋代的瘦,与唐代不同,宋代的"瘦"大多是一种美的陈述,而唐代的"瘦"大多是对惨的勾勒。杜甫《北征》有"瘦妻面复光,痴女头自栉"句,又《可叹》有"贫穷老瘦家卖屐,好事就之为携酒"句,白居易《自咏》有"卧疾瘦居士,行歌狂老翁"句,李贺《平城下》有"风吹枯蓬起,城中嘶瘦马",李商隐《杂歌谣辞·李夫人歌》有"不知瘦骨类冰井,更许夜帘通晓霜"句,等等。通检《古代诗词数据库》,含有"瘦"字的诗句有4059条,其中宋代3282条,唐代286条,元明385条。宋代几乎占75%。可见宋代有多"瘦"。

"娇"字同样为宋代文人所推崇。苏轼《减字木兰花·双鬟绿坠》有"双鬟绿坠。娇眼横波眉黛翠"句,又《水龙吟·次韵章质夫杨花词》有"萦损柔肠,困酣娇眼"句等;欧阳修《渔家傲·二月春期看已半》有"酒侵花脸娇波慢"句,又《浣溪沙》有"休回娇眼断人肠"句等;晏殊《渔家傲·荷叶荷花相间斗》有"红娇绿嫩新妆就"句,又《菩萨蛮·人人尽道黄葵淡》有"擎作女真冠,试伊娇面看"句等;陆游《新晴》有"风花娇作态,野水细无声",又《成都行》有"燕脂褪尽见玉肤,绿鬟半脱娇不梳"句等;辛弃疾《满江红·点火樱桃》有"乳燕引雏飞力弱,流莺唤友娇声怯"句,又《西江月·人道偏宜歌舞》有"何处娇魂瘦影,向来软语柔情"句等。通检《古代诗词数据库》,含有"娇"字的诗句有2948条,其中宋代1829条,占62%。可见宋代有多"娇"。

"小"更为宋人推崇。苏轼的诗词中,到处可见的是小婵娟、小诗缠、小乔、小窗轩、小栏杆、小池塘、青杏小、文姬小等词语。通检《东坡集》,共有441处。东坡虽然对亡妻感情很深,写下了"十年生死两茫茫,不思量,自难忘。千里孤坟,无处话凄凉"的名句,但并不妨碍他娶下十一二岁的幼女为侍妾。[1] 宋代人喜欢"小"的意识，戳心灌髓。张先是苏东坡好友，80 岁娶了一个 18 岁女子。东坡作诗《戏赠张先》："十八新娘八十郎，苍苍白发对红妆。鸳鸯被里成双夜，一树梨花压海棠。"又《通俗编·妇女》："宋谢幼词：'破瓜年纪小腰身'。按俗以女子破身为破瓜，非也。瓜字破之为二八字，言其二八十六岁耳。"通检《古代诗词数据库》，查询到含有"小"字的诗句计 22537 条，其中宋代有 16531 条，可见宋代有多"小"。

宋代诗词中，"娇小"常常连用。晏几道《清平乐·可怜娇小》有"可怜娇小，掌上承恩早"句。赵彦端《鹧鸪天·未有年光好破瓜》有"未有年光好破瓜，绿珠娇小翠鬟丫"句。范成大《虞美人·谁将击碎珊瑚玉》有"恰如娇小万琼妃"句。周紫芝《蓦山溪·月眉星眼》有"娇小正笄年，每当筵、愁歌怕舞"句。李从周《清平乐·美人娇小》有"美人娇小。镜里容颜好"句。无名氏《花心动·粉堞云齐》有"曾夜踏横斜，醉携娇小"句。苏轼《水龙吟·赠赵晦之吹笛侍儿》有"后堂深、绿珠娇小"句。陈师道《木兰花减字》有"尽日纤柔属阿谁，娇娇小小"句。项安世《过王师岭堠见荆门郢州山》有"西子嵯峨高髻拥，东邻娇小秀眉弯

句。[2]《东京梦华录》里就描述了当时的妙龄女童所穿的吊敦等新颖服饰："女童皆妙龄翘楚，结束如男子，短顶头巾，各着杂色锦绣捻金丝番缎窄袍、红绿吊敦、束带。"[3]

四

综上所述，我们基本可以勾画出古代女性体态审美观念的演变。汉代基本上延续先秦审美观，推崇"硕""颀"，以"体长"为美，纵使受到楚文化的影响，也强调"丰肉微骨"，并不是以瘦为美。魏晋时期有追求弱柳扶风的病态美的倾向，在南朝尤为明显。唐代也不是以胖为美，只是武则天执政后，妇女地位有所提高，出现了一些"白胖妖"美人的形象。宋代文人大多偏爱"瘦娇小"的女子。

讨论古代女性体态审美形象的演变，首先，要注意南北地域差异。一般来说，相较北方人，南方人的形体较瘦小，肯定会对形体审美产生影响。其次，还要注意人之审美富含个性，每个人美的标准会有较大差异，我们不能用特例代替一般描述。最后，要兼顾古代人身材的变化。人类学家研究，从六千年前到三四百年前，中国

---

[1] （清）俞樾：《茶香室丛钞》卷四有"东坡妾碧桃、东坡妾榴花"条。光绪九年（1883）春在堂刊本。至于苏东坡与侍妾王朝云故事更为人熟知。朝云乃西湖名伎，12 岁宴遇东坡，东坡写下"欲把西湖比西子，淡妆浓抹总相宜"名句。后朝云病故，东坡乃亲撰墓志铭，并写下《西江月·梅花》《雨中花慢》和《悼朝云》等诗词。

[2] 以上引用宋词皆见于《全宋词》，中华书局，2009。

[3] （宋）孟元老：《东京梦华录》卷七，中州古籍出版社，2013。

古代成年男性的平均身高为 1.65—1.67 米，古代成年女性的平均身高为 1.54—1.56 米。[1] 秦汉时期的人略高，宋代稍矮。[2]

至于汉代的"瘦娇小"与唐代的"白胖妖"，的确是宋代文人的臆造。宋人以"瘦娇小"为美，以宋律汉，为自己的审美品位，找出历史源流，并拉出唐代作为陪衬。

这几年，社会上有恭维宋代文化的倾向，把宋代审美视为中国文化之登峰造极。这种倾向值得思考。就女性体态审美而言，宋代的观念实际上出于不太健康的文人心理，将女性视作一件可以把玩的艺术品，"瘦娇小"楚楚可怜的姿态极大地满足了士大夫们的优越感，取悦了他们的虚荣心。有宋一代，山河残破，自信匮乏、意志孱弱，既无汉朝雄浑之精神，又无唐朝从容之气度。美女之神态已从"翩若惊鸿，矫若游龙"[3]，蜕变成媚姣无力、小鸟依人的样子。宋代文人，通过把自己追慕的异性缩小，来放大自己，这样的审美，并不高明。

有点奇怪的是，宋代以"瘦娇小"为美的嗜好，与晋代趋同。同样魏晋也是山河残破的时代，看来同处于国土分裂的历史背景下，魏晋的士大夫与两宋的官僚文人，也热衷于通过同样的手段来"伟大"自己。如此看来，魏晋名士所谓的任性自然，返归本真，其实也很不自然。既无汉之厚重，也无唐之平实。矫情造作的自然率性，不踏实，且略带病态，如同这几年有人把宋代文化抬得很高，其实残山剩水折射的点滴片羽吉光，都没有什么可以称道的。

---

[1] 人类学研究认为，15 世纪前，世界古代男子中等身高的标准是 1.60—1.65 米。参见朱泓《中国古代居民体质人类学研究》，科学出版社，2014。

[2] 参见朱泓、周亚威《北京延庆县西屯墓地汉至明清人骨的性别/年龄变化及规律》，《第四纪研究》2014 年第 1 期。

[3] （魏）曹植：《洛神赋》，《文选》，上海古籍出版社，1986。

尚见女孩的时代[*]
——由婴戏图看宋元之间生育观念的变化

■ 程 郁（上海师范大学人文学院）

中国的婴戏图罕见小女孩的身影，这和中国传统的生育观相关，亦和婴戏图的作用密不可分。在后人的观念中，称"五子登科"或七子、八子都只指儿子，并不包括女儿，"百子图"更应是一百个男孩的顽皮形象，极少出现女孩的身影。然而，宋婴戏图尚见不少女孩形象，本文主要观察宋代有关女孩的图像，进而探讨中古时期生育观的变化。

本文参考的先行研究从两个方向介绍，首先是有关婴戏图及相关图像的论述，主要有：白适铭《盛世文化表象——盛唐时期"子女画"之出现及美术史意义之解读》，所谓"子女画"指在一个画面中绘有仕女与婴儿的图像，认为"子女画"于唐朝开元、天宝年间（713—756）成为最为流行的新兴人物画题材，为"盛唐安和富庶社会性格之象征"[1]。周华斌《南宋〈百子杂剧图〉考释》对克利夫兰《百子图》进行考释，认为是南宋后期宝祐年间（1253—1258）的作品，出自宫廷画家之手。黄小峰《公主的婚礼：〈百子图〉与南宋婴戏绘画》，认为克利夫兰《百子图》为宋理宗赏赐给新婚公主的礼物。[2] 同作者《乐事还同万众心〈货郎图〉解读》，认为该图描绘宫廷庆典中的货郎表演。[3] 同作者《儿戏与沙场：13—16世纪婴戏图中对战争的回应与想象》，梳理南宋至明代中期婴戏图与战争有关的图像因素，认为它寄托成人期盼健康子嗣的愿望。[4] 扬之水《从〈孩儿诗〉到百子图》，将唐路德延

---

[*] 本文得到国家社会科学基金项目"基于图像史料的宋代女性文化研究"（编号：17BZS042）资助。

[1] 白适铭：《盛世文化表象——盛唐时期"子女画"之出现及美术史意义之解读》，《艺术史研究》第9辑，中山大学出版社，2007，第1—62页。

[2] 黄小峰：《公主的婚礼：〈百子图〉与南宋婴戏绘画》（上）（下），《美术观察》2018年第11、12期。

[3] 黄小峰：《乐事还同万众心〈货郎图〉解读》，《故宫博物院院刊》2007年第2期。

[4] 黄小峰：《儿戏与沙场：13—16世纪婴戏图中对战争的回应与想象》，《美术研究》2018年第5期。

《孩儿诗》与明定陵孝靖后棺内出土的百子衣相对照，考证古代儿童游戏的形式及玩具。[1] 盛玫《〈秋庭戏婴图〉考析》，依据造型、构图等美术鉴赏方法，并辅以玩具、家具等名物考证，认定该画为北宋末年苏汉臣的佳作。[2] 郑才旺《宋代婴戏母题下的百子图与五男二女图研究》认为，宋代的五男二女图与百子图应作为婚礼和育子时的祝福之礼。[3] 李蕴玖《"五男二女"童戏钱考》[4] 与杜晓俊《"五男二女"花钱初步分类研究》[5]，收集了宋至清"五男二女"花钱的拓片。黄卫霞《清代婴戏图研究》将清代各时期画家所作的儿童游戏作品进行了仔细梳理与分类研究。[6] 精彩的个案研究与全景式概述启发笔者进行比较与思考，注意到宋婴戏图较后世多见女童，唐宋有关"五男二女"的图像值得史学界重视，对宋婴戏图的研究已关注许多方面，但学者们似对婴戏图中的女童视而未见。

其次，为了解唐宋生育观及生育性别比，笔者梳理了相关研究：方建新《宋人生育观念与生育情况析论》根据墓志铭统计推算宋士大夫家庭的生育情况。[7] 马玉臣《宋代家庭规模再推算》认为宋代家庭规模为"三代五口"至"三代七口"[8]。丌艳敏、杜文玉《论唐宋时期的生育神信仰及其特点》认为，由生殖崇拜逐渐转变为生育神崇拜的过程中，唐宋是重要的转变期。[9] 张国刚《论唐代家庭中父母的角色及其与子女的关系》认为，儒家礼法与法律的强制力量总在人情前做出变通。[10] 方燕《宋代生育巫术的社会和文化语境》，主要论述宋人的生育观及女性的生育困境。[11] 上述论文启发笔者想到，所谓"五男二女"的期待还是与追求全男的生育观不一样，尽管重男轻女是中国生育观中延续最久远的特征之一，但随着时代的迁移还是有所变化的。

---

[1] 扬之水：《从〈孩儿诗〉到百子图》，《文物》2003 年第 12 期。

[2] 盛玫：《〈秋庭戏婴图〉考析》，《收藏家》2017 年第 8 期。

[3] 郑才旺：《宋代婴戏母题下的百子图与五男二女图研究》，《美术大观》2018 年第 2 期。

[4] 李蕴玖：《"五男二女"童戏钱考》，《收藏界》2008 年第 8 期。

[5] 杜晓俊：《"五男二女"花钱初步分类研究》，《东方收藏》2015 年第 8 期。

[6] 黄卫霞：《清代婴戏图研究》，江苏大学出版社，2016。

[7] 方建新：《宋人生育观念与生育情况析论》，《浙江学刊》2001 年第 4 期。

[8] 马玉臣：《宋代家庭规模再推算》，《中国社会经济史研究》2008 年第 4 期。

[9] 丌艳敏、杜文玉：《论唐宋时期的生育神信仰及其特点》，《宁夏社会科学》2009 年第 2 期。

[10] 张国刚：《论唐代家庭中父母的角色及其与子女的关系》，《中华文史论丛》2007 年第 3 辑，第 207—249 页。

[11] 方燕：《宋代生育巫术的社会和文化语境》，《四川师范大学学报》2007 年第 3 期。

一 "五男二女"图中的女孩形象

(一)滥觞于唐的"五男二女"生育观

所谓"五男二女"是古人认为一个家庭最理想的生育性别比。元末明初胡奎诗曰:"登山莫采连城玉,云卿有子万事足。入海莫探明月珠,云卿有子知读书。五男二女古亦少,卿家得之如得宝。"[1] 表面似乎说"五男二女"十分宝贵,但诗眼仍落在男孩身上,"知读书""万事足"只指男儿,故其"子"仅指男孩。那么,唐宋也是如此吗?

图1为出自敦煌莫高窟112号的群童采花图,[2]《敦煌石窟全集》解说谓:"七名童子正在采花作乐,三名在树上,四名在树下"。若从孩子的发式看,似乎双髻者为女,单髻者为男,则在图中层拣拾的二童为女。孩子手执的并不像花,而是一串串果实,掷于地而不坏,就不能不使人想到枣子。在民俗图像中,采枣获枣总与生男孩有关。宋《东京梦华录》载:孩子满月开浴儿会,"亲宾盛集,煎香汤于盆中,……盆中枣子直立者,妇人争取食之,以为生男之征"[3]。清王士禛《池北偶谈》曰:"今齐鲁之俗,娶妇必用枣栗,谚云:早利子也。"[4] 七子采枣包含着当时人对生育繁殖的祈愿,则此图应为唐代的"五男二女"图。

图1 莫高窟112号中唐群童采花图

宋代婚礼的祝词多提到"五男二女"。南宋婚礼吉词曰:"潇洒佳人,风流才子,

---

1 胡奎:《为云谷隐题谢周小儿卷后》,杨镰主编《全元诗》第48册,中华书局,2013,第237页。

2 图1莫高窟112号中唐群童采花图,引自谭蝉雪主编《民俗画卷》,《敦煌石窟全集》第25册,上海人民出版社,2001,第94页图81。

3 (宋)孟元老:《东京梦华录》卷五《育子》,伊永文整理,《全宋笔记》第5编第1册,大象出版社,2012,第151页。

4 (清)王士禛:《池北偶谈》卷二一《枣栗》,中华书局,1982,第511页。

天然分付成双。兰堂绮席,烛影耀荧煌。数幅红罗绣帐,宝妆篆,金鸭焚香。分明是,芙蕖浪里,一对浴鸳鸯。欢娱当此际,山盟海誓,地久天长。愿五男二女,七子成行,男作公卿将相,女须嫁君宰侯王。从兹去,荣华富贵,福禄寿无疆。"[1] 宋话本《花灯轿莲女成佛记》谓新娘子下轿,司公所念拦门诗曰:"料此会,前生姻眷,今日会佳期。喜得过门后,夫荣妇贵,永效于飞。生五男二女,七子永相随。衣紫腰金,加官转职。"[2]

元人于婚礼上亦对新娘祈"五男二女","诗曰:红叶殷勤不负人,烛花今照洞房春。红丝隔幔牵情久,罗带同心结好新。伏愿夫唱妇随,天长地久,五男二女,享盛福于高年,四德三从,著香名于彤管"[3]。

《东京梦华录》记载:"新妇下车子,有阴阳人执斗,内盛谷豆钱果草节等,咒祝望门而撒,小儿辈争拾之,谓之'撒谷豆',俗云厌青羊等杀神也。""对拜毕就床,女向左,男向右坐,妇女以金钱彩果散掷,谓之'撒帐'。"[4] 则宋婚礼要撒物两次。撒帐的风俗更为久远,起自西汉,兼具厌胜及祈子的功能,用果实撒帐,即以果实累累预示生育繁盛。

直到近现代,撒帐人口念的祝词咒语还会提到"五男二女"。邱思达《谈唐代"金玉满堂"钱》引述青阳林介眉先生收集的古代《十撒词》,其中"五撒五男二女",作者认为《十撒词》皆见于古花钱文字。作者未言《十撒词》的出处,而安徽青阳政协搜集的撒帐歌略有出入,但"五撒五男二女"却是一样的。[5] 这些婚礼上的祝词据说都来自古代,值得注意的是,其中都会念"五男二女"。

据说周武王生"五男二女"。"今人言五男二女,亦有所本。《诗》疏所谓武王有五男二女,盖出于此。"[6] 宋人认为此说来自汉末人皇甫谧,他著有《历代帝王世纪》。宋人曾考证周武王"五男二女"的分封地及出嫁国。但先秦未见"五男二女"一词的流行。

作为熟词,"五男二女"见于唐敦煌写本婚事程式,撒帐时祝愿文曰:"今夜吉辰,厶女与某氏儿结亲。伏愿成纳之后,千秋万岁,保守吉昌。五男二女,奴婢成

---

[1] (宋)佚名编:《草堂诗余》卷三胡浩然《吉席》,文渊阁《四库全书》影印本(以下简称《四库全书》本),第 1489 册,(台北)商务印书馆,1986,第 578 页。

[2] (明)洪楩辑:《清平山堂话本校注·雨窗集上·花灯轿莲女成佛记》,中华书局,2012,第 316 页。

[3] (元)谢应芳:《龟巢稿》卷八《新妇整容致语》,《四库全书》本,第 1218 册,第 188 页。

[4] (宋)孟元老:《东京梦华录》卷五《娶妇》,伊永文整理,《全宋笔记》第 5 编第 1 册,大象出版社,2012,第 149—150 页。

[5] 中国人民政治协商会议青阳县委员会文史资料委员会编:《青阳史话》第 5 辑《民国时期史料 1912—1949》,政协青阳县文史资料委员会,1991,第 179 页。

[6] (宋)朱鉴:《诗传遗说》卷四,《四库全书》本,第 75 册,第 549 页。

行。男愿惣（总）为卿相，女郎尽聘公王。从兹咒愿，已后夫妻，寿命延长。"[1]

如上所述，宋撒帐一般将花钱与豆果混撒，而"五男二女"撒帐钱亦起于唐。宋洪遵《泉志》有关于"五男二女"钱的记载：于"天下太平钱二品"目下，"李孝美曰：'此二钱大小不等，面文皆曰"天下太平"，背文并隐起。……小者径八分，重五铢，为五男二女戏弄之象，而平地作毬路文，疑亦厌胜之流也。'余按：此二钱今世有之。又有二种，……一种面文亦曰'天下太平'，为九子母之形，平地作毬路文"[2]。"九子母"即佛教诃利帝母，俗称"鬼子母"，与"五男二女"钱一样，含有求子之意。宋收藏家董逌曰："又有所谓异钱，虽不见于传记，然制作之近古者，今录之，如李唐铸撒帐钱，其文有曰长命富贵、金玉满堂，又有忠孝传家、五男二女、天下太平、封侯拜相之类。"[3]《泉志》又载：唐"景龙中，中宗出降睿宗女荆山公主，特铸此钱，用以撒帐。敕近臣及修文馆学士舍钱，其银钱则散贮绢中，金钱每十文即系一彩缕，学士皆作却扇，其最近御坐者所获居多"[4]。"此钱"指洪遵所见"长命守富贵"钱。则用钱撒帐起于唐，且唐撒帐钱已有"五男二女戏弄之象"。

唐人的确以"五男二女"为生育的最佳比例。士大夫赞某夫人则曰："生五男二女，岂唯善育，故亦能训。"[5] 唐传奇说，书生淳于棼南柯一梦，在大槐树蚁国被招为驸马，"生有五男二女，男以门荫授官，女亦聘于王族。荣耀显赫，一时之盛，代莫比之"[6]。可见，生"五男二女"为家庭幸福的重要标志。

所谓"五男二女"尚给女孩留下一席之地，和后世的厌女观念还是不同的。唐代亦颇多描述可爱女孩的诗篇，元稹的《哭女樊四十韵》最著名，他回忆说："为占娇饶分，良多眷恋诚。别常回面泣，归定出门迎。解怪还家晚，长将远信呈。说人偷罪过，要我抱纵横。腾踏游江舫，攀缘看乐棚。和蛮歌字拗，学妓舞腰轻。"[7] 白居易记外孙女曰："今旦夫妻喜，他人岂得知。自嗟生女晚，敢讶见孙迟？物以稀为贵，情因老更慈。新年逢吉日，满月乞名时。桂燎熏花果，兰汤洗玉肌。怀中有

---

[1] "婚事程式" 藏巴黎图书馆，编号 P. 3284，原无题，刘复《敦煌掇琐》七三拟题 "婚事程式各件"。转引自赵守俨《唐代婚姻礼俗考略》，《文史》1963 年第 2 辑，第 185 页。

[2] （宋）洪遵：《泉志》卷一五《厌胜品》，山东画报出版社，2013，第 242 页。

[3] （宋）董逌：《钱谱》，（明）陶宗仪等编，《说郛》一百二十卷本卷九七下，《说郛三种》，上海古籍出版社，1988，第 4483 页上。

[4] （宋）洪遵：《泉志》卷一五《厌胜品》，山东画报出版社，2013，第 238 页。

[5] 周绍良主编：《唐代墓志汇编》，《唐京兆王氏妻清河崔夫人墓志》，上海古籍出版社，1992，第 1452 页。

[6] （宋）李昉等编：《太平广记》卷四七五昆虫三《淳于棼》，中华书局，1961，第 3913 页。

[7] （唐）元稹：《元稹集》卷九《哭女樊四十韵》，冀勤点校，中华书局，2010，第 120 页。

可抱,何必是男儿。"[1] 小女孩的娇嗔与活泼如在眼前。

(二)"五男二女"图在宋代流行

图 2 为宋佚名绘扇面《荷亭婴戏图》,[2] 亦属仕女婴戏图。一棵绿荫森森的柳树占据画面的中心,与远处的荷叶表明盛夏的季节。柳树将场景一分为二,左面一张卧榻占据大半个凉亭,榻后小桌上搁置琴、香炉及书卷,以此说明主人的教养与身份。卧榻上俯卧着一个周岁左右的婴儿,一位妇人右手拍着婴儿,似在哄他入睡,忽又举左手指向阁外,手举大团扇的侍女也转身看去,受惊的母亲与侍女提示庭院的喧闹打破了寂静。右面描绘庭院中七个儿童正在嬉戏,这些孩子身高参差,年龄相差也不大,说明这是同一家的孩子,头戴东坡巾的男孩最高,似乎在扮演长者,搀着他的男孩最小,画着夸张乌嘴的男孩和手拿拍板的女孩似为老二和老三。黄小峰根据孩子们手拿的乐器及化妆,认为他们正在模仿成人的杂剧表演。[3] 郑才旺认为这就是宋代的"五男二女"图。[4] 图 2 光看右面正好 7 个孩子,但左面凉亭内还有一个男婴,全图共有 8 名儿童,便使"五男二女"图的解释难以进行下去。

《东京梦华录》记载汴京北宋时的风俗曰:"凡孕妇入月于初一日,父母家以银盆或鍮或彩画盆,盛粟秆一束,上以锦绣或生色帕复盖之,上插花朵及通草,帖罗五男二女花样,用盘合装送馒头。谓之分痛。"[5] 南宋时的临安继承了这一民俗,只是将"分痛"改称"催生礼":"杭城人家育子,如孕妇入月期将届,外舅姑家以银盆或彩盆盛粟秆一束,上以锦或纸盖之,上簇花朵、通草,贴套五男二女意思及眠羊卧鹿,并以彩画鸭蛋一百二十枚,膳食羊生、枣栗果及孩儿绣绷彩衣,送至婿家,

图2 《荷亭婴戏图》

---

1 (唐)白居易:《白居易集》卷三四《小岁日喜谈氏外孙女孩满月》,中华书局,1979,第 766 页。
2 (宋)佚名:《荷亭婴戏图》,引自《宋画全集》第 6 卷第 1 册,浙江大学出版社,2008,第 186 页图 34。
3 黄小峰:《公主的婚礼:〈百子图〉与南宋婴戏绘画》(上),《美术观察》2018 年第 11 期。
4 郑才旺:《宋代婴戏母题下的百子图与五男二女图研究》,《美术大观》2018 年第 2 期。
5 (宋)孟元老:《东京梦华录》卷五《育子》,伊永文整理,《全宋笔记》第 5 编第 1 册,大象出版社,2012,第 151 页。

名催生礼。"[1] 其实，早在缔婚诸仪式上已频现"五男二女"图样。订婚时，"男家用销金色纸四幅为三启：一礼物状，共两封，名为双缄，仍以红绿销金书袋盛之，或以罗帛贴套五男二女绿盝盛礼书，为头合，共辏十合或八合，用彩袱盖上送往"。"亲迎日分先三日，男家送催妆：花髻、销金盖头、五男二女花扇、花粉盝、洗项、画彩钱果之类。"[2] 可见，"五男二女"图样曾画在团扇上、贴在礼盒上、印在礼书的封套上，是一种广为时人接受的民俗图样。只是，在传世的宋婴戏图中，还没有一幅为美术史界普遍确认的"五男二女"图。

比起传世绘画，与民俗关系更密切的宋代文物保留着更多的"五男二女"图案。图3为国家博物馆藏傀儡戏青铜镜拓片，[3] 考古学家定为南宋制品。此镜方形有钮，镜面正中拉一横幅纬帐，帐后一童两手各执一杖头傀儡在表演，帐侧一梳辫女童，身着褙子，正击鼓伴奏。廖奔先生认为这是儿童模仿傀儡戏演出，帐后那位是女童。[4] 击鼓者明显也是女童，帐前四童帐后一童正在观看，四个能明确是男孩，其中两个男孩的头凑在一起，但右二侧坐的一个似留着头发，很难确认其性别。而执杖头傀儡的那个，头上似有三髻，又将下面头发削光，如是女孩，发式却有点儿奇怪。其实，男孩也有下面头发削光，头顶扎三髻的发式，如《长春百子图》中一男童即为这种发式。而且执杖头傀儡者表情特别活泼，也更像男孩。和图2一样，图3也是一家7童共演一场戏，这也间接证明，图2与图3都是"五男二女"图。

在花钱中保存有更多的"五男二女"图案。据杜晓俊整理，目前收藏界所收花钱或称厌胜钱，从宋至清皆有"五男二女"花钱，按形状可分为光背、背有文及背有

图3 南宋傀儡戏青铜镜拓片

---

1 （宋）吴自牧：《梦粱录》卷二〇《育子》，黄纯艳整理，《全宋笔记》第8编第5册，大象出版社，2017，第301页。

2 （宋）吴自牧：《梦粱录》卷二〇《嫁娶》，黄纯艳整理，《全宋笔记》第8编第5册，大象出版社，2017，第298—299页。

3 图3 南宋傀儡戏青铜镜拓片，引自国家博物馆官网，http://www.chnmuseum.cn/zp/zpml/csp/202008/t20200826_247465.shtml。

4 廖奔：《宋元戏曲文物与民俗》，中国戏剧出版社，2016，第73—84页。

图等类。[1] 各类钱币书籍亦有不少这类宋代花钱的记载，但这类钱断代不易，只有极少数有年号。《民俗钱收藏与投资》收录有正面刻北宋真宗年号"祥符元宝"的花钱，背面阴刻"五男二女"字样及七个人形，于2001年秋修缮福建泉州崇福寺应庚塔时发现。[2]

图4为2008年《收藏界》发表的李蕴玖收藏的"五男二女"花钱，正面竖书"五男二女"四字，中为北斗，下为龟蛇图案，背面以浮雕刻七名儿童，图像可分为四组，最下层一男童一女童正在争抢小球，次下层一男一女在玩步打球，最上一童捉蝴蝶，第二层两男童游戏待考。[3] 李蕴玖认为该钱为唐制，而《民俗钱收藏与投资》记载一款2004年中国嘉德拍卖的花钱，又《中国钱币大辞典》收有四款"五男二女"花钱，皆与李收藏的图案一样，而且都认定此钱为宋代所制。[4] 看来这个图案曾相当流行。

图5与图6皆为《中国钱币大辞典》收录的宋"五男二女"花钱。[5] 图5正面是一位仕女在拜月。苏轼描述拜月："楼下谁家烧夜香，玉笙哀怨弄初凉。临风有客吟秋扇，拜月无人见晚妆。"[6] 花钱的背面为婴戏图，最上一童的玩具极像台北"故宫"藏《秋庭戏婴图》中的推枣磨；穿右一童手举旗帜；穿左二童手牵一物飘于空中，似在放风筝；下二童前拉后推一四轮车，上坐一个最幼的孩子。这一拓本比较模糊，难以分辨性别，似乎穿左最大的一个与推车者为女孩。说明宋妇女拜月不仅仅为"乞巧"，重点还是乞子。《中国花钱与传统文化》的作者曰："曾见一台北故宫博物院宋镜拓图，与此极近。"[7] 则这类图案曾一度很时兴。图6将"五男二女"分铸于正反面，正面三童眼睛向下，地下又有一根棍，应在玩步打球；反面四童可分为两组，上组二童手拿鸟笼，应在逗鸟；下组二童正在争夺一布偶。此图较清晰，正面穿左及背面下右的儿童是女孩。

图7为藏于"台北故宫博物院"的《扑枣图》，[8] 七个孩子在果实累累的枣树下打枣，右边的女孩在拼命扑打；另一个

---

1 杜晓俊：《"五男二女"花钱初步分类研究》，《东方收藏》2015年第8期。

2 北宋真宗大中祥符"五男二女"花钱，见张廷编著《民俗钱收藏与投资》，华龄出版社，2009，第11页。

3 图4引自李蕴玖《"五男二女"童戏钱考》，《收藏界》2008年第8期。

4 见张廷编著《民俗钱收藏与投资》，华龄出版社，2009，第11页图27；《中国钱币大辞典》编纂委员会编《中国钱币大辞典·厌胜钱编》，中华书局，2013，第281—282页969—972。

5 《中国钱币大辞典》编纂委员会编《中国钱币大辞典·厌胜钱编》，中华书局，2013，第611—612页图1906、图1907。

6 （宋）苏轼：《苏轼诗集》卷八《望海楼晚景五绝》之四，曾枣庄、舒大刚主编《三苏全集》第7册，语文出版社，2001，第79页。

7 方称宇：《中国花钱与传统文化》，商务印书馆，2008，第191页。

8 引自"国立故宫博物院"编辑委员会《婴戏图》，（台北）"故宫博物院"，2000，第26页图14。

图4 李蕴玖藏"五男二女"花钱

图5 宋拜月"五男二女"花钱拓片

图6 宋"五男二女"婴戏花钱拓片

女孩似在大声呼叫;大女孩似乎受不了妹妹的扑打,正侧身躲避;而一个小女孩趴地面拣拾;一个小男孩头顶装满枣的籤箕,一个小女孩用衣襟装了许多,显得心满意足,正准备满载而归;站得最远的男孩,也用衣襟捧了一些,仍回头看,似乎还想再采一些。儿童的天真描画得十分生动,让人忍俊不禁。宋杨万里诗描画儿童打梅子的情景为:"风从独树忽然来,雨去前山远却回。留许枝间慰愁眼,儿童抵死打黄梅。"[1] "抵死"二字特别传神,描画出儿童打果时的贪心与快乐,亦可作为图1敦煌唐壁画与图7《扑枣图》的注脚。和唐壁画不同,《扑枣图》虽有七个孩子,但

图7 宋佚名《扑枣图》

---

[1] (宋)杨万里撰,辛更儒笺校:《杨万里集笺校》卷七《江湖集·梅熟小雨》,中华书局,2007,第389页。

男孩只有两个。如上所述，枣在民俗文化中象征生男，女孩们在果实累累的枣树下拼命打枣，预示这个家庭会生养更多的男孩。也许，此图是为先育女孩的家庭画的，意在说明健壮有活力的女孩会带来更多的男孩。

藏于台北"故宫博物院"的传苏汉臣作《婴戏图》，[1] 和图2一样，儿童总数也是八个。修竹、盆景和雕槛表明这是富家大院，下面两个小男孩在玩陀螺，最大的男孩背着最小的男孩正从室内走出。最顽皮的是中左的男孩，戴着一个狰狞的假面，右手举着一支毛笔，蹦蹦跳跳地冲入院子。他似乎装扮着魁星，也是这幅图的中心，预示其家将有一个孩子中进士。图绘两个女孩，大女孩坐于室外凉榻，照顾着小弟弟，小女孩正努力爬上凉榻。

这些婴戏图都绘有女孩，一般女孩较大，除《扑枣图》以外，男孩的数量都远多于女孩，而《扑枣图》的寓意也仍然指向生男儿的祈愿。也许，为适应市场的需要，"五男二女"图会千变万化，未必有一定的模式，男多女少却是其共同点。《梦梁录》载，南宋举行婚礼时，新娘入门头上都戴着盖头，直到参拜家庙前，新郎牵新娘出来，"并立堂前，遂请男家双全女亲以秤或用机杼挑盖头，方露花容"[2]。所谓"双全女亲"即指有儿有女的妇人，可见那时的生育观还是认为生有少量女孩是有福的。如果不那么拘泥于五男对二女的比例，甚至不把眼光紧盯着七童的数目，而重点注意图中有女孩，那么，会看到更多的女孩活跃于庭院、市井或原野。

二 生动活泼的女孩形象

婴原指初生的女孩。《汉语大辞典》曰："《玉篇·女部》引《苍颉篇》：'男曰儿，女曰婴。'"[3] 后泛指初生儿，幼儿，儿童游戏简称为婴戏，可见婴戏本来就应有女孩的位置。

在现存的宋代婴戏图中时常可看到女童的形象。图8为藏于美国克利夫兰艺术博物馆的南宋《百子图》扇面。[4] 与一般"百子图"不同，该图绘有多名女孩，完全不符合后人对"百子图"的想象。周华斌最早认定百名儿童在"扮杂剧"；黄小峰进而分析所扮杂剧可分为六组，左边画面倾向于"国"与政治事务，右面倾向于"家"与日常琐事。周华斌谓女童发式、服

---

1 （宋）苏汉臣《婴戏图》，见"国立故宫博物院"编辑委员会《故宫书画图录》第2册，（台北）"故宫博物院"，1989，第77页。

2 （宋）吴自牧：《梦梁录》卷二〇《嫁娶》，黄纯艳整理，《全宋笔记》第8编第5册，大象出版社，2017，第300页。

3 罗竹凤主编：《汉语大词典》第4卷，汉语大词典出版社，1989，第419页。

4 图8南宋《百子图》，藏美国克利夫兰艺术博物馆，引自《宋画全集》第6卷第2册，浙江大学出版社，2008—2010，第98页图29。

装一致，在演出中充当陪衬，或参与奏乐；黄小峰计女童有 20 名，占总数的 1/5，左边 11 人，右边 9 人，几乎是均等地分布在团扇两边。[1] 可见，当时所谓"百子图"亦绘有不少女孩。

图8 美国克利夫兰艺术馆藏南宋《百子图》

---

[1] 周华斌：《南宋〈百子杂剧图〉考释》，《戏剧》（中央戏剧学院学报）1991 年第 3 期；黄小峰《公主的婚礼：〈百子图〉与南宋婴戏绘画》（上）（下），《美术观察》2018 年第 11、12 期。

百子在一个极大的露台中演出，周华斌认为他们是为皇家服务的"童伶"，故取名为《百子杂剧图》。笔者以为，百子自然是依据童伶的形象描绘的，但画作并非为艺人写真。图2与图3皆描绘七个男女童一起演艺，他们并不是童伶，而应是贵家子女的象征，演戏亦未必为家庭的日常景象，图像当然是艺术的再创造。那么，为何要选择孩子共演杂剧或傀儡戏的主题呢？唐李商隐描绘孩子们玩耍时的情景曰："侄辈数人，竹马玉环，绣襜文袴，堂前阶下，日里风中，弄药争花，纷吾左右。"[1] 又诗曰："青春妍和月，朋戏浑甥侄。绕堂复穿林，沸若金鼎溢。"[2] 诗人表面上抱怨孩子的喧闹，实际带有夸耀的口吻，对成人来说，孩子制造的噪音正是家庭的福音。可以想象，当孩子们奏响或敲打乐器时，会比玩其他游戏时吵闹得多。和"五男二女"图一样，《百子图》的重点在于表现子孙繁盛的喧闹，而演戏却是次要的。

一般家庭不可能有一百个子女，皇宫后妃众多，赵宋王朝生育最旺的是徽宗，生31男34女，清朝康熙帝生育最旺，生35男20女，生育孩子总数还是比不上宋徽宗。文献证明，宋"百子图"与皇室相关。如名医世家靳氏有治小儿验方，因得赐皇家《百子图》，"遂世为太医。数传至从谦，为御直翰林医官，赐敕特晋三阶，出内府《百子图》赐之，命以所居巷为百子图巷。靳氏之有《百子图》，自南宋绍兴三年（1133）始也"[3]。清朱彝尊曰："黄者缥者，百子图者，龙文五彩者，皆昔日皇居帝室之所尚也，而有识者莫或顾焉。"[4] 黄小峰论证这幅《百子图》为理宗送给新婚公主的礼物，即使这一次送画未必能证实，其画面也肯定是皇家百子喧闹的想象场面。有意思的是，对皇室子孙繁盛的祝愿也包括女孩。元欧阳玄诗曰："天无一日具四时，人无一母生百儿。何人笔端巧造化，人事天时俱尽之。……谁家苑囿谁家人。莫是越王泛螟嗣，西湖湖上嬉芳尘。当时富贵旁观羡，至今宇宙流传遍。"[5] 可见，"百子图"是由皇宫走向民间的。

多人数的宋婴戏图亦往往可见女孩的身影。藏于台北"故宫"的《重午戏婴图》亦称苏汉臣绘。[6] 绿树掩映下，可见壮丽的楼阁。楼上一男着官服执笏正向一老妇行礼，旁另有二男一女或笑语或扶持老妇。说明此是官宦人家，老妇生三子一女。楼下荷塘花开正盛，塘边栏杆构成一

1　（清）董诰等编：《全唐文》卷七八二李商隐十二《祭小侄女寄寄文》，中华书局，1983，第8181页。

2　（唐）李商隐撰，（清）冯浩笺注：《玉谿生诗集笺注》卷二《骄儿诗》，上海古籍出版社，1979，第414页。

3　（宋）周守忠原撰，邵冠勇、邵文、邵鸿续编注释：《历代名医蒙求·靳氏世袭》，齐鲁书社，2013，第159页。

4　（清）朱彝尊：《曝书亭集》卷三六《感旧集序》，《四部丛刊》影印本，上海书店，1989，第6页b。

5　（元）欧阳玄：《欧阳玄集》卷四《题四时百子图》，陈书良、刘娟点校，岳麓书社，2010，第33页。

6　（宋）苏汉臣：《重午戏婴图》，见"国立故宫博物院"编辑委员会《故宫书画图录》第2册，（台北）"故宫博物院"，1989，第65页。

个较大的露台，其间活跃着 18 个儿童，三两成组在玩耍。正中一女拉着一个胆怯的男童走向众儿，从发式、服饰及身材看，她是个妇人。在他们右面，一男一女两童在搬一小桌，女孩身后一男童打着小伞，显得很顽皮。桌上放着一个圆盘，盘中立着一个小人，似乎是裸体的，很像文献描写的"摩合罗"。《梦粱录》曰："内庭与贵宅皆塑卖磨喝乐，又名'摩睺罗孩儿'，悉以土木雕塑，更以造彩装栏座，用碧纱罩笼之，下以桌面架之，用青绿销金桌衣围护，或以金玉珠翠装饰尤佳。"[1] "摩合罗"的出场表示该图的主题也是祈生儿子。中间靠下还有两女童高举双手，在蹦跳玩耍。此图儿童数介于"五男二女"与"百子"之间，18 童中有 3 女童。该图荷花正盛，兼供奉"摩合罗"，更像是七夕节的景象，台北"故宫"定名为"重午"，不知何据？

如上所述，宋代的"五男二女"图皆童趣盎然，有不少男女童一起模仿成人作戏的场面。图 9 宋佚名《蕉石婴戏图》，[2]与《重午戏婴图》一样，也描绘许多孩子在庭院中的游戏，全图共有 15 个儿童，其中有 3 名女童。左二一名身穿紫袍的女孩，手执的玩具像是杖头傀儡，她似乎刚刚走进庭院，还没找到玩伴。她身后一个男孩，手执一根红色长杖，与图 2 演杂剧的男孩一样。一个穿紫色短上衣的女孩，席地而坐，与两个趴在地上的男孩玩耍，他们身

图9　宋佚名《蕉石婴戏图》局部

1　（宋）吴自牧：《梦粱录》卷四《七夕》，黄纯艳整理，《全宋笔记》第 8 编第 5 册，大象出版社，2017，第 118 页。

2　引自《宋画全集》第 1 卷第 7 册，浙江大学出版社，2011，第 51 页图 157。

图10 明仇英摹宋人婴戏图　　　　　图11 敦煌出土北宋绢画子女共相欢乐图

边放着一个虫笼，应该是玩斗虫之类。还有一个女孩位于右二，坐在一块小小的帷幕后面，幕前两个男孩作争论状，或许她正要和男孩一起演傀儡戏。在婴戏图中，女孩总是全体儿童的极少数，但她们仍与男童一起玩耍，脸上显出自信的神情。

在婴戏图中，女孩更让人印象深刻。图2《荷亭婴戏图》中模仿杂剧的儿童明显分成两组，不仔细看很容易误为吵架，两个女孩为一伙，面向其他五个男孩，显得咄咄逼人，似乎并不示弱。在图4的七童中，无论是底层欲争抢小球的女童，还是中左拿着曲棍回头的女孩，都显得特别俏皮。图5推车的女孩与图6拿着布偶引逗弟弟的女孩，都在游戏中占上风，显得有点儿强势。

图10为明仇英临摹宋人画册中的一页，[1] 三个女孩一台戏，一个在旁看得津津有味；一个在木架框幕后演影戏，没看到她手执影人，或许是用手形演示；[2] 一个正在敲鼓，指着对方哈哈笑，全然忘却"笑不露齿"的家训。可见，全是女孩的家庭，也可能演一场好戏。图11为出自敦煌的北宋绢画父母恩重经变相中"得他子女私房共相欢乐"部分，[3] 儿女在院中自娱自乐，儿子操弄拍板，女儿弹奏琵琶，腰肢正在摇摆，父母坐在房中观看，显得乐不可支。

1　引自上海博物馆官网，https：//www.shanghaimuseum.net/mu/frontend/pg/article/id/CI00000973。

2　黄小峰引用的日本东京国立博物馆藏传苏汉臣《傀儡傀儡图》，表演的女孩手拿两个小傀儡，幕框下沿贴着"今日头场"的纸条。黄认为东京藏图亦为明摹本。见黄小峰《儿戏与沙场：13—16世纪婴戏图中对战争的回应与想象》，《美术研究》2018年第5期，第84页。

3　图11敦煌出土北宋绢画子女共相欢乐图，引自谭蝉雪主编《民俗画卷》，《敦煌石窟全集》第25册，第89页图79。

宋苏舜钦写女孩颇有神韵："娇呆人家小女儿，半啼半语隔花枝。黄昏雨密东风急，向此漂零欲泥谁。"[1]

图12取名《秋庭婴戏图》，[2] 可谓最强女孩图。女孩居于画的中央，和弟弟抢起了红缨枪，她个头更大，眼神也十分坚决，身体前倾，似乎已占据有利地位。而弟弟眼露惊愕，似乎没料到这一突然袭击，身体后仰，已站不稳，看来武器必被夺走。而另一个更小的女孩，乘机捡起另一杆红缨枪，正准备偷偷溜走，一边回头看看争夺未休的哥哥姐姐，脸上露出得意的表情。孩子们争夺模拟的武器，应该是在玩战争或"官兵捉强盗"之类的游戏。首先，直到今天，在社会性别教育中，各民族的父母几乎都不会认为武器是女孩的玩具，小女孩拿着手枪打打杀杀，父母会作何反应呢？其次，在传统的社会性别观教导下，女孩应该自小有母性，故姐姐照顾弟弟与哥哥欺负妹妹同被认作天经地义，故姐姐争夺弟弟的食物或玩具，总会第一时间遭到训斥。

图12 宋佚名《秋庭婴戏图》局部

---

[1] （宋）苏舜钦：《苏舜钦集》卷八《雨中闻莺》，沈文倬校点，中华书局，1961，第96页。
[2] 引自《宋画全集》第1卷第7册，浙江大学出版社，2011，第49页图155。

令人惊异的是，宋人似乎对这种场景十分欣赏，而并不反感，这才画入团扇，流传开来。近代以来，被西方侵略者"惊醒"的中国精英，痛感中国的儿童教育太文弱，所以曾有"欲文明其精神，先自野蛮其体魄"之说。然而，在后人印象中最文弱的宋代，游戏中的女童也曾这么"野蛮"过吗？

后人自然会问，那时的女孩能和男孩一起游戏吗？在司马光的设想中，男孩女孩七岁以后就不能在一起了。他说："七岁，男女不同席、不共食，始诵《孝经》《论语》，虽女子亦宜诵之。……八岁，出入门户及即席饮食，必后长者，始教之以廉让。男子诵《尚书》，女子不出中门。"[1] 从上列图像看，恐怕司马光的设想未必能在一般士人家实行。

夏日用的瓷枕常绘婴戏图，儿童鞠球、打角球的图像主要是男孩的形象。唐至五代，女孩亦有玩球的。宋笔记曰：南唐时"有县令钟离君，与邻县令许君结姻。钟离女将出适，买一婢以从嫁。一日，其婢执箕帚治地，至堂前，熟视地之窊处，恻然泣下。钟离君适见，怪问之，婢泣曰：'幼时我父于此穴地为球窝，道我戏剧，岁久矣，而窊处未改也。'钟离君惊曰：'父何人？'婢曰：'我父乃两考前县令也，身死家破，我遂落民间，而更卖为婢。'"[2] 父亲穴地为球窝，令女孩在园中击球为戏，可见，这是贵家妇女游戏，庶民女孩并无机会玩球。上列"五男二女"图证明，宋代女孩也会参与这项运动。图4由下往上第二层是两个持杖的儿童，穿左一女孩拿着曲棍，似在回头呼唤右面的男孩；图6花钱的正面三童，左面女孩的脚边就有一根击杖。瓷枕中尚存一个女孩蹴鞠的图像，[3] 尤为珍贵，女孩掀起缺袴衫，露出内穿的短裙和长裤，行动比男孩更利落。如是一家兄弟姊妹，在自家后院一起踢球是完全可能的。可见，当时男女童在一起游戏，女孩还会参加具有对抗性的游戏。

在较为安静的游戏中，更常见女孩的身影，而且较年长的女孩有时是游戏的主导者，如藏于台北"故宫"著名的《秋庭戏婴图》与《冬日婴戏图》。[4] 限于篇幅，此处不再列举常见的宋婴戏图。就目前所见的图像与文献史料而言，女童不参加的游戏只有相扑和跳绳。相扑是中国传统运动，到宋代发展到最兴盛的顶点，它历来是裸袒进行的，自然女性不宜，尽管宋代文献记载，当时有女性艺人进行表演，但毕竟带有色情意味，故一般女性并不会参加。

---

[1] （宋）司马光：《司马氏书仪》卷三《亲迎》，《丛书集成》（以下简称《丛书集成》本）第1040册，中华书局，1985，第45页。

[2] （宋）魏泰：《东轩笔录》卷一二，燕永成整理，《全宋笔记》第2编8册，大象出版社，2006，第93页。

[3] 宋白地黑色女孩蹴鞠枕，见陈万里编《陶枕》，朝花美术出版社，1954，图5。

[4] 引自"国立故宫博物院"编辑委员会《婴戏图》，（台北）"故宫博物院"，2000，第10—11页图2、第24—25页图13。

秋千一般被认作女性的专属运动，清明节时临安的园林矗立起高大的秋千架，让成年女性游玩，贵人院内也会安置秋千，给小女儿玩耍。唐刘禹锡诗曰："何处深春好，春深幼女家。双鬟梳顶髻，两面绣裙花。妆坏频临镜，身轻不占车。秋千争次第，牵拽彩绳斜。"[1] 唐王建诗曰："长长丝绳紫复碧，袅袅横枝高百尺。少年女儿重秋千，盘巾结带分两边。身轻裙薄易生力，双手向空如鸟翼。下来立定重系衣，复畏斜风高不得。傍人送上那足贵，终睹鸣珰斗自起。回回若与高树齐，头上宝钗从堕地。眼前争胜难为休，足踏平地看始愁。"[2] 不要旁人推，女孩必要站着荡，才可能飞上树梢，也算女孩的勇敢者运动了。

尽管在士人家庭女孩会受到更多的束缚，但爱女之心会使许多苛条软化。在苏轼家里，儿女都会开玩笑，父亲记道："今年东坡收大麦二十余石，卖之价甚贱，而粳米适尽，乃课奴婢舂以为饭，嚼之啧啧有声。小儿女相调，云是嚼虱子。"[3]《清明上河图》中有不少父亲领孩子上街的形象，但基本都带着男童。宋末元初钱选绘《货郎图》和其他《货郎图》不同，[4] 身着袍服的父亲领着四童。看到货郎，三男孩直接奔过去，女孩却胆怯地躲在父亲的身后。说明当时父亲还是会把女孩带出去散步的。士大夫或士人带小女儿外出亦得到文献的证实。黄庭坚书信曰："昨日饭饱，携小儿女扶杖经行。"[5] 姜夔词曰："白头居士无呵殿，只有乘肩小女随。"[6] 杨万里诗曰："闲携小儿女，桥上看芙蕖。"[7]

在庶民家庭，女孩显得更自然健康。骑竹马与战争相关，传统上是男孩的游戏，故历代都有相关的图像。宋文献记载，在节日狂欢中常见骑竹马的舞队。《梦梁录》曰：正月十五夜的临安社火中就有"竹马儿"舞队，[8]《武林旧事》更明确记载舞队

---

[1]（唐）刘禹锡撰，瞿蜕园笺证：《刘禹锡集笺证》外集卷二《同乐天和微之深春二十首》之十六，上海古籍出版社，1989，第1098页。

[2]（唐）王建撰，尹占华校注：《王建诗集校注》卷一《乐府·秋千词》，巴蜀书社，2006，第17页。

[3]（宋）苏轼：《苏轼文集》卷一三四《二红饭》，曾枣庄、舒大刚主编《三苏全集》第15册，语文出版社，2001，第139页。

[4]（宋）钱选：《货郎图》，见"国立故宫博物院"编辑委员会《故宫书画图录》第2册，（台北）"故宫博物院"，1989，第259页。

[5]（宋）黄庭坚：《黄庭坚全集》续集卷二《与周子文长官》，刘琳、李勇先、王蓉贵校点，四川大学出版社，2001，第1936页。

[6]《姜白石词笺注》卷五《鹧鸪天·正月十一日观灯》，第192页。

[7]（宋）杨万里撰，辛更儒笺校：《杨万里集笺校》卷一五《南海集·休日》，中华书局，2007，第783—784页。

[8]（宋）吴自牧：《梦梁录》卷一《元宵》，黄纯艳整理，《全宋笔记》第8编第5册，大象出版社，2017，第94—95页。又（宋）西湖老人《繁胜录》有类似记载，黄纯艳整理，《全宋笔记》8编5册，大象出版社，2017，第312—313页。

有"男女竹马"。[1] 可见,当时女孩也参与骑竹马表演。虽未见女孩骑竹马的形象,而宋金砖雕可见"社火"狂欢中的女孩身影。山西侯马金墓出土的社火砖雕,就有不少强壮而活泼的女孩形象,考古报告说:"参加乐舞表演者皆系少年儿童,女童较多而男童较少。"[2] 社火表演类似于全民狂欢,一般由农民、市民的业余爱好者表演,所以砖雕应以当地庶民家庭儿童为模特。

宋代女孩显得比后代活泼,应来自前代的延续。晋左思《娇女诗》描画出士族小女孩的淘气:两个小小儿"驰骛翔园林,果下皆生摘。红葩缀紫蒂,萍实骤抵掷。贪华风雨中,倏忽数百适。务蹑霜雪戏,重綦常累积"[3]。女孩在园林中奔跑摘果,在风雪中贪玩,完全不符合后人的想象。

婴戏图到宋代发展成一个独立的画种,但它并不是突然出现的,根据绘画文献,还是可以找到前代画女孩的一些踪迹。唐张彦远《历代名画记》曰:"(张)萱好画妇女婴儿",有《乳母将婴儿图》《秋千图》等。补注引元汤垕《画鉴》曰:"张萱工仕女人物,尤长于婴儿,不在周昉之右,平生所见十许本,皆合作。""戴重席,工子女,极精细。"周昉"初效张萱画,后则小异,颇极风姿"。"太原王朏,终剑南刺史,师昉画子女菩萨,但不及昉之精密。"[4] 又《新唐书·艺文志》载,除上述图名外还有《少女图》。[5]《宣和画谱》曰:张萱"又能写婴儿,此尤为难。盖婴儿形貌态度自是一家,要于大小岁数间,定其面目髫稚。世之画者,不失之于身小而貌壮,则失之于似妇人"。于王朏条下记宋御府藏其"士女家景图二"[6]。

如上所述,宋人曾见唐代"五男二女"花钱,则绘婴戏图的画家也很可能会绘出女孩形象。宋摹唐画《捣练图》中那个钻到熨帛下的小女孩,[7] 让人印象最为深刻,也许成人指派她看哪儿没熨平,但显然她把这个工作当成了游戏。只是由于唐以前的绘画作品极少传世,如今已很难看到,而敦煌壁画虽主要是宗教内容,时而也能看到女孩的身影。如果说《捣练图》中的女孩还可能是年幼侍女的话,图13敦煌莫高窟114号的中唐女童肯定是贵家千金,[8]

1　(宋)周密:《武林旧事》卷二《舞队》,范荧整理,《全宋笔记》第8编第2册,大象出版社,2017,第33页。

2　山西省考古研究所:《平阳金墓砖雕》,山西人民出版社,1999,第20页有关侯马65H4M102金墓说明;图版203—204侯马65H4M104格子门童子社火等。

3　(南朝陈)徐陵编,(清)吴兆宜注:《玉台新咏笺注》卷二左思《娇女诗》,中华书局,1985,第91页。

4　(唐)张彦远:《历代名画记》卷九《唐朝上》、卷十《唐朝下》,俞剑华注,上海人民美术出版社,1964,第184、204、205页。

5　《新唐书》卷五九《艺文志三》,中华书局,1975,第1560页。

6　(宋)佚名:《宣和画谱》卷五《人物一》、卷六《人物二》,岳仁译注,湖南美术出版社,1999,第119、131页。

7　见《宋画全集》第6卷第1册,第70页图6。

8　引自谭蝉雪主编《服饰画卷》,《敦煌石窟全集》第24册,(香港)商务印书馆,2005,第189页图178。

图13　敦煌莫高窟114号中唐女童　　图14　克利夫兰艺术博物馆藏宋仿周文矩《宫中图》局部

她衣着豪华，头梳双丫髻，双手合十，高扬着脸庞，睁大双眼，表情虔诚又显得十分骄傲。

活泼自信的女童形象，亦见于前代绘画。

南唐周文矩《宫中图》已轶，宋摹本被割成四段，分藏于美国四个博物馆。其中藏于哈佛大学赛克勒博物馆的一段，绘一宫女带着小女儿。[1] 藏于克利夫兰艺术博物馆的一卷，中段有一位瘦弱的女孩坐在椅上，年龄似乎在10岁以上，身体不好或有残疾，正由母亲与侍女照顾。女孩没受到其他妃嫔的注意，妃嫔们围着一个小男孩，当孩子奔向自己母亲时，其他二妇脸上流露出羡慕与失意，正说明当时主流的生育观。图14为该段长卷末尾的两个小女孩，她们在逗小狗玩，显得特别健壮而精力充沛。[2]

三　"子"包括女孩的生育观及其嬗变

（一）祈子器物中的女童形象

日常用品或玩具上绘塑儿童形象，一般都带有求子的祈愿，所以多见男童形象。而宋金还时而看到女童的形象。现存宋与金的女儿枕极其相似，可能是用一个模子

---

[1] 宋佚名仿周文矩《宫中图》哈佛大学赛克勒博物馆所藏部分，见《宋画全集》第6卷第6册，第96页图19。
[2] 引自《宋画全集》第6卷第2册，浙江大学出版社，2008，第24页图5。

宋代最著名的玩具是"摩合罗"，近世学者对"摩合罗"的来源多有考证，主要有三种意见：一为傅芸子先生等认为来自梵文"摩睺罗迦"（Mahoraga），即佛教天龙八部之一；二为邓之诚先生主张为佛祖独生子"罗睺罗"的转音；三为胡适等认为出自印度神话的"魔醯首罗"（Mahākāla）。宋许棐诗曰："牧渎一块泥，装塑恣华侈。所恨肌体微，金珠载不起。双罩红纱厨，娇立瓶花底。少妇初尝酸，一玩一心喜。潜乞大士灵，生子愿如尔。"[2] 不管它的来源与佛教有何关系，宋代民俗已令它带有祈子的意义。

"摩合罗"最初主要是泥制的，后来加入多种材质，在七夕前后畅销，目标客户主要是妇女，因此，其最常见的造型是男童。宋笔记曰："京师是日多博泥孩儿，端正细腻，京语谓之摩睺罗。小大甚不一，价亦不廉。或加饰以男女衣服，有及于华侈者。南人目为巧儿。"[3] 摩合罗有裸体者，而加饰女服则为女童。又宋笔记曰："御街扑卖摩候罗，多著乾红背心，系青纱裙儿。亦有着背儿戴帽儿者。"[4] 着褙子的应为女童形象。七夕时，还有儿童作"摩合罗"打扮，《武林旧事》称："小儿女多衣荷叶半臂，手持荷叶，效颦摩睺罗，大抵皆中原旧俗也。"如果"摩合罗"有女童禁忌，那女孩作这类装扮会被成人严禁。同书又称："七夕前，修内司例进摩睺罗十卓，每卓三十枚，大者至高三尺。或用象牙雕镂，或用龙涎佛手香制造，悉用镂金珠翠衣帽。金钱钗鋜、佩环真珠、头簪及手中所执戏具，皆七宝为之，各护以五色镂金纱厨。制阃、贵臣及京府等处，至有铸金为贡者。"[5] 胡适先生在元杂剧《魔合罗》中发现："摩合罗"乃"是女像，'似观音像仪'，给女孩儿们用来乞巧的。"[6] 胡适的说法未必准确，"摩合罗"是否专给女孩们尚存疑，但确实有的地方到清代还具有女形："大同于七夕以蜡若彩为女人形，涂朱施粉，衣奇锦，佩金珠，肩舆鼓吹，道送婚姻家，酒肴果饵继至，至则衰媪童姹焚香密祝，继以笑弄，名之曰摩候罗。"[7] 可见"摩合罗"有多种造型，不仅有儿童形象的玩偶，还可能指寺庙里的女神塑像。

---

1 见陈万里编《陶枕》，朝花美术出版社，1954，图12为宋白地黄黑二色女儿枕；金大定十六年黄釉黑花卧女枕藏陕西历史博物馆，见刘涛《宋辽金纪年瓷器》，文物出版社，2004，第227页彩图21。

2 （宋）许棐：《梅屋集》卷四《泥孩儿》，《四库全书》本，第1183册，第206页上。

3 （宋）金盈之：《新编醉翁谈录》卷四《京城风俗记》，古典文学出版社，1958，第20页。

4 （宋）西湖老人《繁胜录》，黄纯艳整理，《全宋笔记》第8编第5册，大象出版社，2017，第323页。

5 （宋）周密：《武林旧事》卷三《乞巧》，范荧整理，《全宋笔记》第8编第2册，大象出版社，2017，第44页。

6 胡适：《魔合罗》，欧阳哲生编《胡适文集》第10册《胡适集外学术文集》卷二，北京大学出版社，1998，第63页。

7 （清）张尔岐：《蒿庵闲话》卷一，《丛书集成》本，第347册，第35页。

现存宋代瓷娃娃中，有一男童坐在瓶上的瓷像，灌水后水会从其胯下的瓶口中流出，明显带有男性生殖器崇拜意味，考古学家确认男童像为宋"摩合罗"[1]。图15为一女童骑在大鼓上，胸前又佩一小鼓，颇有节日的热闹气氛，故目前定名为"娃娃骑鼓"。而此像与上述男童像极为相似，笔者以为，这就是女童形象的"摩合罗"。

"摩合罗"或以"一对"或"一床"出售。《东京梦华录》曰："七月七夕，潘楼街东宋门外瓦子，州西门外瓦子，北门外、南朱雀门外街及马行街内，皆卖磨喝乐，乃小塑土偶耳。悉以雕木彩装栏座，或用红纱碧笼，或饰以金珠牙翠，有一对直数千者。"又陆游《老学庵笔记》载："承平时，鄜州田氏作泥孩儿名天下，态度无穷，虽京师工效之，莫能及。一对至直十缣，一床至三十千。一床者，或五或七也。小者二、三寸，大者尺余，无绝大者。予家旧藏一对卧者，有小字云：'鄜畤田玘制。'"[2] "缣"为名贵丝帛，数千至数十千应指铜钱，确实十分昂贵。计值方式以一对或一床计，应包括装饰物及二至七个"摩合罗"，七个童子一组又让人想起"五男二女图"。今镇江市博物馆藏一组五个摔跤宋泥孩儿，两个男童倒地，其余三个在旁观。[3] 或许本为五件一组；或许原为五男二女，后来的人家不喜欢女孩形象而扔掉了。两种可能都说明市场的选择。

图15 宋娃娃骑鼓　　图16 宋榴子盘髻娃爬娃瓷像

---

1 见《中国美术全集》工艺美术编第12册《民间玩具剪纸皮影》，上海美术出版社，1993，第33页图76；图15宋娃娃骑鼓，引自同书第33页图77。

2 （宋）陆游：《老学庵笔记》卷五，李昌宪整理，《全宋笔记》5编8册，大象出版社，2012，第56页。

3 宋泥孩儿见《中国美术全集》工艺美术编12册《民间玩具剪纸皮影》，第24—25页图58。

图 16 为藏于天津艺术博物馆的一组三个宋儿童瓷像，中间的榴子盘髻娃为女童，两边爬娃为男童；与其相似者尚有藏于河南博物院的一对瓷娃娃，大者为女，座椅中较小者为男童。[1] 儿童形象都有所夸张变形。这些陶瓷或泥娃娃可分别放置，但又相互关联，似乎就是宋文献所说的"一对"或"一床"的"摩合罗"组合，当年售卖时应有"雕木彩装栏座"，或用"红纱碧笼"作装饰，随着岁月流逝，装饰用的丝绸或木件腐坏，而这些陶瓷构件基本完好。女孩像的年龄更大一些，也符合当时人的愿望，在民俗文化中石榴亦作为生育繁盛的象征，预示带来更多的男儿。

在中元节和七夕节，还有一种被称作"化生"的玩具与"摩合罗"一样受欢迎。有的文献将"化生"等同于"摩合罗"："《岁时纪事》云：'七夕，俗以蜡作婴儿浮水中以为戏，为妇人生子之祥，谓之化生。'本出于西域，谓之摩睺罗，唐诗曰'水拍银盘弄化生'。"[2] 可见，它也是童子形，一般是儿童浮在水上。唐诗薛能作《吴姬》："芙蓉殿上中元日，水拍银盘弄化生。"[3] 南宋杨万里诗曰："巧楼后夜迎牛女，留钥今朝送化生。"[4] 可知唐流行于中元节，而宋渐变为七夕玩供，亦有乞子的意义。傅芸子与扬之水先生皆认为它与"摩合罗""迥不相干"[5]，笔者无意参与这一辩论，仍着眼于其中的女童形象。

所谓"化生"只是佛教经典概括的生物繁殖四种方式："四种生：卵生、胎生、湿生、化生。泥犁天中阴一切化生。鬼神二种生：胎生及化生。余众生四种生。"[6] 佛教追求众生平等，抹杀差异，当然也包括去除性别。化生是最好的，但不能说"化生"者只有男性。佛经所描绘的天国，"诸栏楯间自然化生九亿天子、五百亿天女，一一天子手中化生无量亿万七宝莲华，一一莲华上有无量亿光，其光明中具诸乐器，如是天乐不鼓自鸣。此声出时，诸女自然执众乐器，竞起歌舞"[7]。《太平广记》载："见一佛前化生，姿容妖冶，手持莲花，向人似有意。师因戏谓所使家人曰：

---

[1] 图16宋榴子盘髻娃爬娃瓷像藏天津市艺术博物馆，引自《中国美术全集》工艺美术编第12册《民间玩具剪纸皮影》，第29页图66；宋瓷娃娃藏河南博物院，见同书第30页图68。

[2] （清）张英、王士禛等纂：《渊鉴类函》卷一九《七月七日一》，中国书店，1985年影印本，第4页a。

[3] （清）彭定求等编：《全唐诗》卷五六一薛能《吴姬十首》，中华书局，1960，第6520页。

[4] （宋）杨万里撰，辛更儒笺校：《杨万里集笺校》卷三一《江东集·谢余处恭送七夕酒果蜜食化生儿》，中华书局，2007，第1619页。

[5] 傅芸子：《宋元时代的"磨喝乐"之一考察》，《新世纪万有文库·白川集》，辽宁教育出版社，2000，第107页；扬之水《古诗文名物新证》一，紫禁城出版社，2004，第276页。

[6] （三国）佚名译：《阿毗昙甘露味论》（T.1553）卷上，《大正新修大藏经》（以下简称《大正藏》）（28），（台北）新文丰出版有限公司，1983，第967页下。

[7] （南朝宋）沮渠京声译：《佛说观弥勒菩萨上生兜率天经》（T.452），《大正藏》（14），第419页上。

'世间女人有似此者，我以为妇。'"[1] 故事的结局为，此化生找到该僧，僧大喜欲与其寻欢，终被痛殴。可见，"化生"也有女性，佛藏中就有专供化生伎乐天女所诵经。[2] 敦煌壁画常见生于莲花的化生伎乐、化生菩萨等。西魏时作为龛楣装饰的化生乐伎，[3] 便绘成女童形象。

唐人亦以"化生"乞女。诗人元稹痛失爱女后，在诗中祈愿："翠凤与真女，红蕖捧化生"，即向"化生"许愿再得女孩。[4] 唐代用于乞子的"化生"应亦有女孩形象。"化生"的形象也被做入日常器皿中，南宋末元初人方夔看到一款白瓷酒器，中作覆杯状，复有小石人出没其中。诗曰："彼美白瓷盏，规模来定州。先生文字饮，

图17 宋银金花卉童子杯盘

图18 清早期玉双童耳杯

独酌无献酬。咄哉石女儿，不作娥眉羞。怜我老寂寞，赤手屡拍浮。子顽不乞火，我醉不惊鸥。无情两相适，付与逍遥游。"[5] 所谓"石女儿"说明"化生"亦有以女童形象出现的。

图17为宋银金花卉童子杯盘，1981年出土于安徽六安花石咀二号墓，应属宋末元初文物。[6] "银杯为夹层，口径八点五厘米，内杯口沿装饰卷草纹，中心錾花朵，花朵上坐一个抱毬的儿童。外杯刻四季花卉，杯的双耳是两个女童。承盘口径十八点三厘米，口沿錾刻卷草纹，盘心錾牡丹，其外打作攀枝孩儿。"[7] 当杯子盛满酒时，中心的男童便在酒水中漂浮，这应该就是

---

[1] （宋）李昉等编：《太平广记》卷三五七《夜叉二·蕴都师》，中华书局，1961，第2828页。

[2] 《摩醯首罗大自在天王神通化生伎艺天女念诵法》（T.1280），《大正藏》（21），第340页中。

[3] 莫高窟285号西魏化生女童乐伎，见郑汝中主编《音乐画卷》，《敦煌石窟全集》第16册，（香港）商务印书馆，2002，第132页图109。

[4] （唐）元稹：《元稹集》卷九《哭女樊四十韵》，冀勤点校，中华书局，2010，第120页。

[5] 方夔：《以白瓷为酒器中作覆杯状复有小石人出没其中戏作以识其事》，杨镰主编：《全元诗》第14册，中华书局，2013，第89页。

[6] 安徽六安县文物工作组：《安徽六安县花石咀古墓清理简报》，《考古》1986年第10期。

[7] 图17宋银金花卉童子杯盘，现藏皖西博物馆，该图及说明文字引自扬之水《两宋茶事》，人民美术出版社，2015，第97页图5-18-1。

日常器皿中的"化生"形象。值得注意的是，杯耳塑成女童，也并不会被用户嫌弃。

与此杯形象相近的还有元代的玉杯。故宫博物院藏有元玉制双人耳礼乐杯，[1] 杯耳亦为两个可爱的女童，杯面浮雕为十位乐伎。玉杯未必与"化生"有关，但在礼器上雕塑女童形象，确实不多见。图 18 为清早期玉双童耳杯，[2] 藏于故宫博物院。此玉杯和元杯款式相近，同以儿童为杯耳，却已由女童变为男童。

自唐代兴起的"摩合罗"，到宋代更得到时人狂热的喜爱，不仅材质多样，而且构图变化多端，由于用作乞子，上自皇宫，下至百姓家庭，都会购买供放。值得注意的是，这类器皿仍保留不少女童的形象。

（二）祈"子"包括"女"

唐代的母子形象多为母亲与男婴，但亦见母亲抱女婴者。1954 年于西安东郊发现史思礼墓（天宝三年，744），其中出土有抱婴女俑，一仕女右臂抱一胖胖的女婴，母亲望着女婴似作逗玩状，女婴仰头望着母亲，显得十分温馨。[3] 出土的敦煌壁画尚可见唐人专门祈女的图像。图 19 为敦煌莫高窟 45 号盛唐观音经变中的求女得女图，[4] 一位大腹便便的孕妇拱手于前，似在向佛祈求，一梳着双丫髻戴帔巾的女孩跟在后面，母女的衣裙颜色相配，应是想象中的如愿得女。榜题曰："设欲求女，便生端正有相之女。"同壁还有"求儿得儿"图，绘一官服男子双手合十，后立一可爱的男童，榜题曰："设欲求男，礼拜恭敬观世音菩萨，便生福德智慧之男。"图 5 宋拜月"五男二女"花钱，正面是仕女拜月，反面是"五男二女"图，则祈子包含祈女，因而与祈子有关的文物如"摩合罗"有女童形象就毫不奇怪了。但如图 19 那样将祈女与祈男并列的图像，在宋代再也看不到了。

图 20 为敦煌莫高窟 138 号晚唐供养人像中的姐弟像，[5]《敦煌石窟全集》与《盛女敦煌》的解说词皆谓抱小男孩的大女孩为女仆，但笔者以为，这位梳双丫髻的女孩上红下绿，和姐弟们的衣裙颜色相配，在宋婴戏图中亦常见大男孩、大女孩抱弟弟的图像，因此她也可能是其家最大的女孩。那么，这个家庭有二男二女，还是很理想的性别比。

在宋代的家庭图景中，所绘后代也往往有男有女。图 21 为南宋《孝经图》之十

1　元玉制双人耳礼乐杯，见《中国美术全集》工艺美术编第 9 册《玉器》，文物出版社，1997，第 156 页图 277。

2　图 18 清早期玉双童耳杯，引自《中国美术全集》工艺美术编第 9 册《玉器》，第 174 页图 301。

3　见陕西省文物委员会编《陕西省出土唐俑选集》，文物出版社，1958，图版 69。

4　图 19 莫高窟 45 号盛唐求女得女图，引自谭蝉雪主编《民俗画卷》，《敦煌石窟全集》第 25 册，第 82 页图 69；求儿得儿图见同书第 83 页。

5　图 20 莫高窟 138 号晚唐姐弟像，由李其琼临摹，引自胡同庆、王义芝编纂《盛女敦煌》，中国旅游出版社，2014，第 185 页；原图见谭蝉雪主编《民俗画卷》，《敦煌石窟全集》第 25 册，第 84 页图 71。

《纪孝行章》。[1] 该图现题名《女孝经图》，但配文全依据《孝经》，配图亦与现存《女孝经图》全不同，应为《孝经图》。图正中老夫妻席地而坐，诸媳与婢妾在旁伺候。堂下一妇手执一杖头傀儡在表演，一男击鼓伴奏。该章配文曰："孝子之事亲也，居则致其敬，养则致其乐"，则二人应为儿子、媳妇，正在演艺娱老。中有三孙面向二老坐于地上，从背影看是一女二男，堂上右边一婢尚怀抱一婴，则其家孙辈为一女三男，当然也是女少男多。

传世的宋画中有不少《货郎图》，值得注意的是，署李嵩或谓李嵩风格的《货郎图》，在题材、风格上有明显的内在联系。藏于美国克利夫兰艺术博物馆的《货郎图》，署"嘉定壬申李嵩画"，该图绘有七子，其中有两个女孩。[2] 藏于美国大都会博物馆的《货郎图》传为李嵩绘，在一位年轻妇女身边簇拥着 4 个儿童，一女三男。[3] 藏于北京故宫博物院的《货郎图》手卷，

图19 莫高窟45号盛唐求女得女图

图20 莫高窟138号晚唐姐弟像

---

1 图21 南宋《孝经图》之十《纪孝行章》，引自《宋画全集》第 3 卷第 2 册，浙江大学出版社，2009，第 22 页图 15。

2 美国克利夫兰艺术博物馆藏宋李嵩《货郎图》，见《宋画全集》第 6 卷第 2 册，第 50 页图 11。

3 美国大都会博物馆藏传宋李嵩《货郎图》，见《宋画全集》第 6 卷第 4 册，第 114 页图 27。

图21 南宋《孝经图》之十《纪孝行章》

款署"嘉定辛未李从顺男嵩画",绘有两位母亲,12个儿童,其中有4个女童,右二女童最为生动,她手挥一个拨浪鼓,跳跃着奔向前方。台北"故宫博物院"所藏《市担婴戏图》亦有李嵩署名,绘一妇五童,亦有一女童。

黄小峰梳理宋明"货郎图"的演变过程,发现南宋"货郎图"与真实货郎的区别,并在图中找到元宵节的痕迹,进而论证《货郎图》实际上是宫廷元宵时的节令绘画。[1] 该文具有较强的说服力,按这一思路推导,"货郎图"其实是宫廷婴戏图中的一个亚种,和其他婴戏图一样,带有祈子的目的,那么,货郎图有女孩形象就不奇怪了。宋人的生育观当然是重男轻女的,但还认为有少量女孩是家庭的福气,因此,婴戏图才会有女孩形象。文献记载,画家绘婴戏图或一次画数百本,可见在市场上十分热销,当时婴戏图亦应绘有不少女孩,这才有这么多的女孩形象传至后世。

---

[1] 黄小峰:《乐事还同万众心:〈货郎图〉解读》,《故宫博物院院刊》2007年第2期。

(三）女童形象的日渐式微

为观察婴戏图中的性别比变化，笔者逐一查看目前所收集到的图像史料，制成《婴戏图儿童性别一览表》[1]，由于彻查各代民间艺术品及文物更为困难，本表仅收

图22 传宋苏汉臣《货郎图》

---

[1]《婴戏图儿童性别一览表》详见程郁《基于图像史料的宋代女性文化研究》（未刊稿），出处主要依据《中国古代书画图目》（文物出版社，2013）；"国立故宫博物院"编辑委员会《故宫书画图录》（台北"故宫博物院"，1989—2011）和《婴戏图》（台北"故宫博物院"，2000）；《宋画全集》（浙江大学出版社，2008—2010）；李飞编《吉祥百子：中国传统婴戏图》（西泠印社出版社，2007）；各博物馆及美术馆官网等。

入已过目的传世绘画作品。目前搜集到宋代婴戏图 45 幅（包括仇英等明人临摹的宋婴戏图 6 幅），其中有女童形象者 20 幅；如剔除明人临摹，则宋婴戏图为 39 幅，其中有女童形象者 17 幅。无论是否计入明摹画，有女童形象者皆占宋婴戏图总数的 40% 左右。收集到元明婴戏图 26 幅，有女童形象者 3 幅，约占 10%。现存清代婴戏图最多，宋与清的比较更有意义。目前收集到清婴戏图 63 幅（册），画册有多页，如焦秉贞《百子团圆图》16 页，将所见婴戏图册按页合计 113 幅，其中有女童形象的画作 10 幅，约占总数的 9%。

本文所谓宋代婴戏图更多见女孩形象，只是相较后世而言。当然，任何一种文化现象都不会因朝代更迭而截然两分，女童从图像中退出的历史过程同样是漫长的，所谓退出也只是相对的，笔者关注多与少的问题，而不是有与无的问题。

首先，试观察那些多人数的婴戏图，可见男孩越来越多，女孩越来越少，甚至一个都没有。

即使在女孩尚能被"看见"的宋代，除个别作品以外，女童总是绝对的少数，而且，全由男孩构成的婴戏图还是占多数。虽然唐宋文献中的"七子团圆""七子永相随"原指"五男二女"，而早在宋代，也出现七子、八子皆为男童的图像，如河南博物院所藏宋红陶浮雕童子戏仙山，[1] 塑 8 位男童。

宋《货郎图》亦有传为苏汉臣绘者，画评通常谓苏汉臣画有富贵气，而李嵩作品有乡土气。仅就笔者目前所见，上列李嵩风格的四幅《货郎图》皆有女童，而号称苏汉臣绘者未见女童。图 22 为藏于台北"故宫"的《货郎图》，[2] 旧传苏汉臣绘。背景不像村庄或市井，却似富家庭院。货郎推车而来，罗列诸多玩具，六男童环绕嬉戏，却并不关心购物。沈从文先生评此图曰："因小孩着靴子即不是宋代习惯，且图右下角孩子头上所戴暖帽，也是元人常用物。图中货架上还挂四笠子帽，货郎本人也着靴，均可证明实属元人作品。下可到明初，上不可能到南宋。"[3] 台北"故宫"藏有另一幅传苏汉臣作《货郎图》[4]，绘男童十六人，整体风格与图 22 相近。

岁朝图本为贺岁而作，天真活泼的儿童作为吉祥的因素也往往出现。题款"臣

---

[1] 宋红陶浮雕童子戏仙山藏于河南省博物馆，引自《中国美术全集》工艺美术编第 12 册《民间玩具剪纸皮影》，第 32 页图 74 幅。

[2] 图 22 传宋苏汉臣《货郎图》藏台北"故宫博物院"，引自"国立故宫博物院"编辑委员会《婴戏图》，（台北）"故宫博物院"，2000，第 13 页图 4。

[3] 沈从文：《中国古代服饰研究》，商务印书馆，2011，第 497 页。

[4] 传（宋）苏汉臣《货郎图》藏台北"故宫博物院"，见"国立故宫博物院"编辑委员会《故宫书画图录》第 2 册，（台北）"故宫博物院"，1989，第 85 页。

李嵩进"《岁朝图》藏于台北"故宫博物院",[1] 图绘正月豪门景象,贵客盈门,宾主立饮屠苏酒,过客投刺,妇女皆于后厨忙碌,一较大女童领着七弟在院中嬉戏。而清金廷标《岁朝图》亦绘新年时的贵家,[2] 老夫妇与家人坐于厅堂等待开宴,4名男童在厅里桌下讨要食物,15 个男童或在院内分食水果,或拿着各种乐器喧闹嬉戏,不见一名女童。

随着时代的迁移,后代称七子、八子、十几子、二十多子亦往往不包括女儿,大部分"百子图"更是一百个"儿子"的形象。如明佚名《货郎图》绘七男孩围货郎玩耍;清闵贞《八子观灯图》绘八男童看地上的花灯;清金廷标《婴戏图》绘一仕女看 12 个男童玩打仗游戏;清冷枚《婴戏图》绘 18 名男童在河两岸翻筋斗;明佚名《婴戏图》绘一对老夫妇及 5 名子媳看 21 名男童嬉戏;又明佚名《婴戏图》绘七仕女二婢领 23 名男童在河上及船中嬉戏等。[3] 最有意思的是在清代时兴的《八子拾玩图》,王树谷与范润皆有作品传世,绘老父坐看八子收拾古玩,题签说明绘郭子仪八子的故事。《新唐书》本传谓:郭子仪"八子七婿,皆贵显朝廷"[4]。郭子仪生八男七女历来为人称羡,仅绘八子不绘七女,充分表现出当时生育观的性别选择,它还一度成为民间年画的题材之一。

其次,婴戏图添加士人娱乐,附加成人社会的"意义",纯男孩的读书类图像成为婴戏图中的重要形象。

宋笔记曰:"国朝自太平兴国以来,以科举罗天下士,士之策名前列者,或不十年而至公辅。吕文穆公蒙正、张文定公齐贤之徒是也。及嘉祐以前,亦指日在清显。"[5] 太平兴国(976—984)为宋太宗的年号,从此科举取士成为官员录用的主要途径,更成为民间教育的唯一目标。尽管其后的元朝长期不开科考,在两宋文化熏陶中长成的元曲作者仍将"万般皆下品,惟有读书高"之类的观念渗入所有的阶层,[6] 并在明清得到充分宣扬。

1　宋李嵩《岁朝图》藏台北"故宫博物院",见"国立故宫博物院"编辑委员会《故宫书画图录》第 2 册,(台北)"故宫博物院",1989,第 145 页。

2　(清)金廷标《岁朝图》藏台北"故宫博物院",引自"国立故宫博物院"编辑委员会《婴戏图》,(台北)"故宫博物院",2000,第 36—37 页图 22。

3　(明)佚名《货郎图》见国家博物馆官网;(清)闵贞《八子观灯图》,见李飞编《吉祥百子:中国传统婴戏图》,西泠印社出版社,2007,第 50 页;(清)金廷标《婴戏图》,引自"国立故宫博物院"编辑委员会《婴戏图》,(台北)"故宫博物院",2000,第 34—35 页图 21;(清)冷枚《婴戏图》、(明)佚名《婴戏图》及又明佚名《婴戏图》分别见李飞编《吉祥百子:中国传统婴戏图》,西泠印社出版社,2007,第 97、42、41 页。

4　《新唐书》卷一三七《郭子仪传》,第 4609 页。

5　(宋)洪迈:《容斋随笔》,孔凡礼整理,《全宋笔记》第 5 编第 5—6 册,大象出版社,2008,第 123 页。

6　如(元)关汉卿作杂剧《钱大尹智宠谢天香》第一折(正末引旦上)"万般皆下品,惟有读书高",见蓝立蓂校注《汇校详注关汉卿集》,中华书局,2006,第 1153 页。

图 23 宋佚名《百子嬉春图》,[1] 裱边旧题"苏汉臣百子嬉春",今不采此说。图绘一楼阁庭院,左为古树翠竹,一百个男童密密麻麻地分布在两层露台、楼梯和庭院中。庭院中有舞狮,这一组应是社火狂欢的写照;靠近画面正中竖起一个巨大的木框幕架,似乎准备演影戏;也有个别男童手执提线傀儡,仍是儿童模仿演艺的传统图。在最高层露台,一组孩子在欣赏书画,一组孩子在下棋;中间露台有一童在弹琴;他们皆神态老成,几乎被画成了"小老头"。院里左面一童爬在桂树上折枝,预示着科举考试成功。琴棋书画等高雅娱乐居于高层,人数较少,暗示着上小下大的社会结构,并与下层的顽皮判然二分。

图23 宋佚名《百子嬉春图》

---

[1] 图23 宋佚名《百子嬉春图》,藏于北京故宫博物院,引自《宋画全集》第1卷第7册,浙江大学出版社,2011,第47页图154。

四川泸县宋墓出土的浮雕彩绘树下婴戏塑四个男童，一俯伏在地，让兄弟站在背上，其余两个男童在旁得以轻松折枝。捣药的兔子与外圆轮廓都提示位于月宫，即所谓"蟾宫折桂"的图解。[1] 其中叶梦得《避暑录话》："世以登科为折桂，此以郤诜对策东堂，自云'桂林一枝'也。自唐以来用之，温庭筠诗云：'犹喜故人新折桂，自怜羁客尚飘蓬。'其后以月中有桂，谓之月桂。而月中又言有蟾，故又改桂为蟾，以登科为登蟾宫。"[2] 此图为家族的祈祷，这样重大的任务，当时不可能让女童参与。又宋末钱选"三元送喜轴"[3]，三男童观画，神态、动作都像极了士人。元人《夏景戏婴轴》[4]，一子捉蟾为"折桂攀蟾"之喻；兰花代表士人的趣味，七名男童皆优雅有余，活泼不足，特别是正中执扇的男童，衣饰、神态都是士人的缩小版。

上海博物馆藏明仇英临宋人画册，之五绘乡塾师令二男童念诵，四男童指看窗外，母亲拖一男童入校；之六绘塾师昼眠，七男童淘气嬉戏，仅一男童写字。清代闹学图多延续宋图构思，清百子图有更多的读书、习琴棋书画的形象，并出现更多的课子图、教子图、训子图等，作为读书类的正面形象。闹学图还带有对冬烘先生的挪揄，而课子图等深刻地描绘出后期科举制的压抑。这类高雅的图像当然不会有女童。

扬之水论宋以后婴戏图变化时说："宋代绘画注重写实的精神和画家对生活的细微观察，却能够使以婴戏为题材的绘画总是童趣盎然。明清婴戏图逐渐向吉祥题材转化，前朝图样至此多成为固定的程式，并且多以谐音为之添加吉祥的寓意。"[5] 笔者以为，正因为婴戏被添加了成人的"意义"，宋婴戏图旧有的欢乐、幽默才大都消失。

最后，婴戏图诠释了传统社会性别观。

研究服饰的专家往往指出哪些女童缠足，[6] 但都没有注明理由，特别是那些跳跃的女童，很难看出其是否缠足，相较而言，扬之水关于成年女性的步态说明较充分："立姿微呈佝偻之态。"[7]

---

[1] 宋浮雕彩绘树下婴戏见中国画经典丛书编辑组编著《中国人物画经典·南宋卷2》，文物出版社，2006，第76页。

[2] （宋）叶梦得：《避暑录话》卷下，徐时仪整理，《全宋笔记》2编10册，大象出版社，2006，第342页。

[3] （宋）钱选《三元送喜轴》，藏台北"故宫博物院"，见"国立故宫博物院"编辑委员会《故宫书画图录》第2册，（台北）"故宫博物院"，1989，第257页。

[4] 元人《夏景戏婴轴》，藏台北"故宫博物院"，见"国立故宫博物院"编辑委员会《故宫书画图录》第5册，（台北）"故宫博物院"，1989，第339页。

[5] 扬之水：《从〈孩儿诗〉到百子图》，《文物》2003年第12期。

[6] 傅伯星：《大宋衣冠：图说宋人服饰》，上海古籍出版社，2016，第169—170页。

[7] 扬之水：《奢华之色——宋元明金银器研究》第一卷《宋元金银首饰》，中华书局，2010，第6、207页。其曰："女子的缠足改变了步态——步履细碎，立姿微呈佝偻之态。见大都会博物院藏宋人绘《吕洞宾过岳阳楼》。""江苏武进村前乡南宋五号墓出土的戗金朱漆奁盖上的两位女子，上身微微前倾，正是缠足女子特有的步态。"

图24 为上文提及的传苏汉臣作《婴戏图》局部，[1] 除特别小的婴儿以外，几个男孩都在自由地跑跳，而那个坐在榻上的大女孩神情忧郁，小女孩也在努力爬到榻上，并不参与男孩的游戏，和其他婴戏图中的女孩很不一样。图25 为宋佚名《蕉荫击球图》局部，[2] 顺着图中众人的目光，观者马上就能看到那个蹲在地上玩球的男童，他是全图的中心。旁边那位着红袍的男子，身材如童子面貌却如成人，所以有人认为是其家请来的陪练，更多的解说却认为他是其家的长子，只不过儿童着

图24 传苏汉臣《婴戏图》局部

图25 宋佚名《蕉荫击球图》局部

---

1 图24 传苏汉臣《婴戏图》局部，引自"国立故宫博物院"编辑委员会《婴戏图》，（台北）"故宫博物院"，2000，第14页图5。
2 图25 宋佚名《蕉荫击球图》局部，引自《宋画全集》第1卷第7册，浙江大学出版社，2011，第52页图158。

成人服装。很少有人注意到桌后的女孩，她神情忧郁，只有她没在看男童玩球。女孩头上的珍珠发饰与身边的仕女极像，所穿褙子、裙子亦与仕女相配，二人的眉眼也极像，笔者以为，她们应该是母女俩。女孩旁观男孩的游戏，虽然很难证明她们已被缠足，但母女都只能观战，具有相当重要的象征意义。

按晚清入华传教士的观察，"缠足一般是八九岁开始，早些的六七岁就缠上了"。传教士曾对男女儿童游戏分别进行调查，发现男孩还是有许多对抗性的游戏，其强度并不亚于欧洲，"这个事实就给了那种认为中国人不喜欢剧烈运动的观点有力的一击"。而女孩的游戏一般都伴随着儿歌，"游戏的单脚跳对小女孩们来说是很费力气的"[1]。由于缠足只能自幼开始，普遍实行缠足之后，还是会迫使女孩退出一些激烈对抗性的游戏。

笔者并没有能力鉴定画作的时代，只能参考艺术史家的研究成果。宋婴戏图以南宋作品为主，许多作品不题作者名与时间，研究者也只能考证画作的大致时代，而并不能考定全部作品的先后。观察宋代婴戏图，有的女孩与男孩一起游戏，显得很快乐，甚至有的会显得有点儿强势；而有的女孩又显得非常安静，甚至有点儿郁郁寡欢。那么，如何解释那些矛盾的图像呢？宋史研究者根据文献考证，认为女性缠足初兴于两宋之交，最早在乐伎、舞伎中流行，福建黄昇墓出土小鞋及缠足布等考古发现，[2] 说明起码在南宋一些士人家庭女性已经流行缠足，但也有学者找到一些士大夫家庭到宋亡也不接受缠足的资料。有关缠足的资料是相互矛盾的，正说明经历很长时间士大夫才普遍接受缠足，然后才成为整个社会的风俗。

婴戏图不画或很少画女孩，只是祈男生育观的反映，宋婴戏图仍以男童为主，男女童一起游戏的图像，其构图亦大都以男童为主角。缠足在宋代初兴，处女观念在宋代得以加强，贞节观经理学家与民间艺人宣讲而得以广泛传播，南宋朝廷旌表亦比北宋频密，这些都表明传统社会性别观在宋代得以强化。[3] 与这一趋势相应，婴戏图中的女童形象在元以后也开始逐渐减少。女童形象的减少，并不能说明元以后女童与男童便不能在一起游戏，在整个古代社会，女童一直存在，也一直有其个性，正如成人的彻底性别区隔不可能完成一样，男女童也永远会一起游戏，不管其形象是否被描绘。

1　[美]何德兰、[英]布朗士：《孩提时代》，魏长保、黄一九、宣方译，群言出版社，2000，第189、47、74页。

2　赵连赏主编：《中国古代服饰图典》，云南人民出版社，2007，第270页。其曰："黄昇墓中女主人双脚用裹脚布缠扎，长210厘米，有五双尖头鞋，长13.3到14厘米；在浙江兰溪宋潘慈明妻高氏墓中也发现缠足带和尖头鞋。"

3　相关论述详见程郁《何谓靖康耻——"靖康之难"性暴力对宋代社会性别观的影响》，《史林》2020年第1期。

三

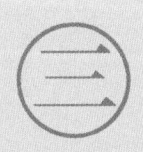

壁画研究

遮蔽与袒露之间
——图像资料中的北朝着装形象探析

■ 施尔乐（北京服装学院研究生院）

魏晋南北朝上承秦汉下启隋唐，是我国中古时期的重要阶段，北朝对隋唐文化各方面产生的重要影响更是不言而喻，其影响因素不外三端，即老庄思想、佛教与胡人习俗，[1] 而后两种因素都是自外族传入。南北朝至隋唐形成的若干不同于汉晋文化传统的特异性色彩也主要是这两种因素所起的作用。衣生活作为社会生活的重要组成部分，是体现时代特色最直观的重要载体，袒装也因与儒家传统遮蔽身体观相悖的着装表现，成为服装、历史、考古等多领域学者的研究对象，关注点多集中于其盛行的唐代，归因为鲜卑旧俗[2]、佛教传入[3]、政治人物作用说[4] 等，对其影响具体表现的讨论尚显不足。袒装的流行演变与各历史阶段的时代风尚紧密相连，接下来本文就将主要依托于图像资料进行溯源，对北朝着装形象及其背后所反映出的身体观念进行梳理和探讨。

一 鲜卑文化中的袒裸习俗

北朝统治者多为鲜卑族人，自东汉中期以来，北方草原上的各游牧少数民族，逐草而居、衣皮食肉，风俗习惯和生活方式本就大同小异，伴随着蒙古草原统治者的易位，中原王朝影响力日削，北方草原

---

1 傅乐成：《唐型文化与宋型文化》，《汉唐史论集》，联经出版事业公司，1977，第339页。
2 孙机：《中国古舆服论丛》，上海古籍出版社，2013，第230页；李志生：《中国古代妇女史研究入门》，北京大学出版社，2014，第254页。
3 傅乐成：《唐人的生活》，《汉唐史论集》，联经出版事业公司，1977，第123页。
4 纳春英：《隋唐服饰研究——以平民日常服饰为中心的考察》，博士学位论文，陕西师范大学，2014，第154—159页。

文化再度兴起，尤以鲜卑族的兴起为代表，空前的民族大迁徙，更促使草原上的民族融合具有鲜明的鲜卑化倾向。实际上，后来所称的鲜卑文化即是以鲜卑为主体的北方诸族文化的融合体。[1]

袒裸本就是拓跋氏部落的习俗之一。有学者就曾提出北朝乃至隋唐妇女袒装的流行与鲜卑的袒裸风俗有关。[2] 我们在《北史·魏本纪》中发现了"甲子，诏罢袒裸"[3] 这样的记载，同样《魏书·高祖孝文帝》中也记载了太和十六年（492），孝文帝下诏禁止百姓赤身裸体，从制度上限定胡人传统中不耻于赤身裸体的穿衣风俗。[4] 足见袒裸乃胡人旧俗。不仅鲜卑平民百姓，皇帝也时或袒裸。《北齐书·王昕传》中载："武帝或时袒露，与近臣戏狎，每见昕，即正冠而敛容焉。"[5] 北齐高氏一族虽居住于汉地，但早已鲜卑化，文宣帝高洋就是鲜卑化的汉人，亦时常袒裸，屡见于史书。[6] 文宣帝高洋的放荡行为虽受其精神疾病的影响，有一定的特殊性，但终归还是由于其固有的鲜卑旧俗造成的。吕思勉也认为文宣虽云有疾，非染于鲜卑之俗，亦当不至如是其甚耳。[7]

正是由于鲜卑文化中有此习俗，袒裸经验在其代代相传的过程中，积淀构建了内在的心理基础，人们会通过多种方式寻找"集体无意识"[8] 的投射。当然也更易接受同类经验，如北朝后期至唐前期在社会上就曾盛行一种北周时期从中亚和西域等地传来的名为"泼寒胡戏"的群众性歌舞娱乐游戏。中书令张说曾向玄宗进谏描述其为：乞寒泼胡，未闻典故，裸体跳足，盛德何观；挥水投泥，失容斯甚。[9] 可见，受到外来因素的触发，北朝时胡人袒裸习俗投射于民间的娱乐活动中并流行至隋唐，具有强大的生命力。再加之北朝统治者多为鲜卑人或鲜卑化的汉人，隋唐统治者也

---

1 陈寅恪：《魏晋南北朝史讲演录》，贵州人民出版社，2012，第 247—254 页。

2 孙机：《中国古舆服论丛》，上海古籍出版社，2013，第 230 页。

3 （唐）李延寿：《北史》卷三《高祖孝文帝元宏》，中华书局，1974，第 10 页。

4 （北齐）魏收：《魏书》卷七《高祖孝文帝元宏》，中华书局，1974，第 169 页。

5 （唐）李百药：《北齐书》卷三十一《王昕传》，中华书局，1972，第 416 页。

6 "（帝）或袒露形体，涂傅粉黛，散发胡服，杂衣锦彩……盛暑炎赫，隆冬酷寒，或日中暴身，去衣驰骋。从者不堪，帝居之自如。"参见（唐）李百药《北齐书》卷四《文宣帝高洋》，中华书局，1972，第 68 页；又云："及天保六年，文宣渐致昏狂……乃淫于后。其高氏女妇无亲疏，皆使左右乱交之于前。以葛为毂，令魏安德主骑上，使人推引之，又命胡人苦辱之。帝又自呈露，以示群下。"参见（唐）李百药《北齐书》卷九《文襄元后》，中华书局，1972，第 125 页。

7 吕思勉：《两晋南北朝史》，上海古籍出版社，2005，第 624 页。

8 [瑞士] 荣格：《原型与集体无意识》，徐德林译，国际文化出版公司，2011，第 20 页。

9 王永平：《游戏竞技与娱乐》，中华书局，2010，第 37 页。

大多具有鲜卑血统，袒裸的习俗便成为北朝乃至隋唐袒露着装形象得以发展的重要心理基础和动因。

二 传统儒家礼教中遮蔽的身体观及着装表现

不同于鲜卑的袒裸习俗，华夏民族"垂衣裳而天下治"，衣冠文化源远流长。传统儒家观念中，身体是不能裸露于衣外的，刘熙在《释名·释衣服》中对衣裳的解释为："凡服上曰衣。衣，依也，人所依以避寒暑也。下曰裳。裳，障也，所以自障蔽也。"[1] 汉代史学家班固在《白虎通》中亦曰："衣者，隐也；裳者，障也，所以隐形自障闭也。"[2] 可见，古人认为服饰的重要功能就在于遮挡身体部位，隐藏自然的身体，所谓"短毋见肤，长毋被土"[3]。身体发肤受之父母，不能公然示人，儒家思想中身体是不能作为审美对象出场的，更不可彰显身体的性别特征，这从汉代出土的几乎无性别区分的赤裸的男女俑的身体形象中也可见一斑，尤其"女子出门，必拥蔽其面"[4]。我们所见的汉代墓葬壁画、出土俑及汉魏时期流行的烈女题材故事画等图像资料中的女性形象脖颈部都是被层层衣领堆叠包裹的。

古代内衣称为"亵衣"，男子所穿亵衣被称为"泽"，汉代则称"汗衣"或"鄙袒""羞袒"[5]。古人认为赤膊不雅观，所以用六尺之布裁成小衣以遮覆胸背，可见内衣的遮羞之用。传统儒家礼教中，不仅身体部位，内衣也不能轻易示人。《礼记·檀弓下》所记："季康子之母死，陈亵衣。敬姜曰：'妇人不饰，不敢见舅姑，将有四方之宾来，亵衣何为陈于斯？'命彻之。"[6]

即便穿着无领之衣，在古人看来都是一种莫大的羞辱，《白虎通》曾曰："画象者，其衣服象五刑也。犯墨者蒙巾，犯劓者以赭著其衣，犯髌者以墨蒙其髌处而画之，犯宫者杂扉，犯大辟者布衣无领。"[7]《晋书·刑法志》亦云："大辟之罪，殊刑之极，布其衣裾而无领缘，投之於市，与众弃之。"[8] 可见，衣服之用，有赏有罚。古代之象刑，即以冠履衣服为刑罚。倘若犯了死罪，古人

---

[1] （汉）刘熙：《释名》卷第五《释衣服》，中华书局，2016，第71页。

[2] （清）陈立撰，吴则虞点校：《白虎通疏证》卷九《衣裳》，中华书局，1994，第433页。

[3] 《礼记·深衣》，李学勤主编《十三经注疏》，北京大学出版社，1999，第1561页。

[4] 《礼记·内则》，李学勤主编《十三经注疏》，北京大学出版社，1999，第837页。

[5] （清）王先谦：《释名疏证补》，上海古籍出版社，1984，第259页。

[6] 《礼记·檀弓下》，李学勤主编《十三经注疏》，北京大学出版社，1999，第283页。

[7] （清）陈立撰，吴则虞点校：《白虎通疏证》卷九《五刑》，中华书局，1994，第439页。

[8] （唐）房玄龄等：《晋书》卷三十《刑法》，中华书局，1974，第917页。

通过改变具有社会身份标识作用的服饰这种象征性的刑罚，对社会化身体进行惩罚，以替代肉刑对自然身体的伤害。

《礼记·内则》又云："不有敬事，不敢袒裼。"[1]《礼记·曲礼》云："冠毋免，劳毋袒，暑毋褰裳。"[2] 可见古人不仅重视服饰形制的遮蔽性，还重视穿着时的完整性，表"敬事"的场合，方可袒露，若非"敬事"，即便在劳动时也要戴冠，穿着亦不可袒露。丧礼中的袒左即为古代哀悼死者的一种方式，袒出上衣之左袖，再插入前襟之右，露出裼衣。此外，在表示惩罚时也可以袒，袒露这一着装表现在春秋时即有投降之意，是整个投降礼的重要组成部分。[3] 公元前597年，楚庄王率军包围郑国，国家败亡，"郑伯肉袒，牵羊以逆"表示自己需要接受惩罚。[4] 这里的袒应为右袒，礼事场合表达惩罚之意。[5]

可见，不论是袒露内衣的"袒"，还是袒肉的"袒"，都是在上述特定礼仪场合才会出现，一般情况下身体出场时的袒露是不能为儒家思想所认同的。由于文化背景、观念和习俗上的差异，袒露抑或是遮蔽都是一个相对的概念，故笔者选择以儒家遮蔽的身体观及着装表现为参照，将与其相悖的袒露形象都纳入袒装的讨论范畴。此外，需要说明的是社会化身体的袒露并不等同于未经教化的自然身体的袒裸，袒裸更侧重于身体行为，而袒露则更侧重于着装表现。

三　北朝着装形象的表现

服装领域的相关学者常按照领口所呈现的形状对古代服饰进行划分，[6] 多将"袒领"与圆领、方领等相提并论，将袒装也默认为袒领类的服饰形制或类别，但对袒领究竟为何形制，多语焉不详，虽也有学者对唐代袒装的领式进行了细分，[7] 但依然不甚明了。

领型对于袒露与否的判断虽重要，但着装形象是由服饰结构（尤其是领襟结构）、穿着层次及搭配方式等因素所共同决定的。即便是同一形制类别，受到不同文

---

[1] 《礼记·内则》，李学勤主编《十三经注疏》，北京大学出版社，1999，第835页。

[2] 《礼记·曲礼上》，李学勤主编《十三经注疏》，北京大学出版社，1999，第49页。

[3] 王进锋：《肉袒降礼考》，《文博》2008年第2期。

[4] 《春秋左传正义·宣公十二年》，李学勤主编《十三经注疏》，北京大学出版社，1999，第634页。

[5] 李文娟：《先秦"袒"礼考》，《长治学院学报》2010年第4期。

[6] 刘静：《唐代女装款式特点、演变及其文化影响》，《兰台世界》2014年第35期；雷胜男：《唐代女性服饰艺术及其审美趋尚》，硕士学位论文，山东艺术学院，2011，第36页。

[7] 纳春英：《唐代服饰时尚》，中国社会科学出版社，2009，第85页。

化因素影响，穿搭方式的变化也可使之呈现为遮蔽或袒露两种截然相反的着装形象，更何况两者之间又包括了不同的袒露形式及程度。以往学者多关注服饰的形制与结构，而脱离身体谈服饰，身体对衣着的重要性如此之大，以至于任何脱离身体的关于衣着的谈论都是隔靴搔痒。[1] 袒装也并非是哪一种或几种服饰形制的类别总称，而是一种袒露的着装形态，其本身就包含了人衣的互动关系。

李志生认为北魏司马金龙墓、北齐范粹墓、北周拓跋虎墓、叱罗协墓等出土女俑的着装形象为领口呈现V字形的袒胸女俑，并由此推论唐初妇女的袒胸装实则承自北朝。[2] 若仅从服装形制的角度看，两者并无直接的承袭关系。从身体视角看，唐代女性的袒胸装则是一种趋于袒露的极致着装表现，其表现形式、袒露程度及演变过程还需要溯源并细化讨论。接下来，笔者就将对北朝的着装形象予以具体分析。

（一）直领对襟式

《释名·释衣服》载："领，颈也，以雍颈也。亦言总领，衣体为端首也。"[3]

"领"是服装中起到总领作用的重要部分。直领和交领皆为华夏民族传统领部结构，中国古代服饰的领襟结构多为一体，即与衣身相连的位于领部和襟部区域的服装结构，对襟则是指该直领服饰形制的穿着方式。较早见于安阳殷墟五号墓出土人形雕像玉人的着装形象中，之后又见于江陵马山一号楚墓出土竹笥里的鞦衣冥器实物资料（图1）。相较于穿着形态更为遮蔽的交领直裾或曲裾式，直领对襟式在汉代图像资料中并不经见，仅有马王堆三号西汉墓出土的着直领对襟半袖襦的雕衣俑形象（图2），且从领口的多层穿衣即可看出其雍颈的遮蔽形态。

北朝服饰形制多承汉晋之制，相较于交领，直领对襟式在此时广为流行。与前代不同，领口呈现倒梯形或深V字形，袒露出大面积内衣或圆领袍衫，不再雍颈，腰部束宽带以固定领襟位置。如北魏巩县石窟帝后礼佛图中的帝后（图4），洛阳出土的北魏时期世俗石椁线刻孝子故事画题材中郭巨（图6、图7）的着装形象。此外，在山东临淄曹望僖造像碑座（图8）、洛阳永宁寺址[4]及敦煌莫高窟288窟壁画东壁的供养人像（图9）中都有所表现。东

1　[英]乔安妮·恩特维斯特尔：《时髦的身体时尚、衣着和现代社会理论》，郜元宝译，广西师范大学出版社，2005，第5页。
2　孙机：《中国古舆服论丛》，上海古籍出版社，2013，第230页；李志生：《中国古代妇女史研究入门》，北京大学出版社，2014，第254页。
3　（东汉）刘熙撰，（清）毕沅疏证，王先谦补：《释名疏证补》，中华书局，2008，第165页。
4　[日]石松日奈子：《龙门石窟和巩县石窟的汉服贵族供养人像——"主从形式供养人图像"的成立》，《石窟寺研究》2010年辑刊，第92页图15。

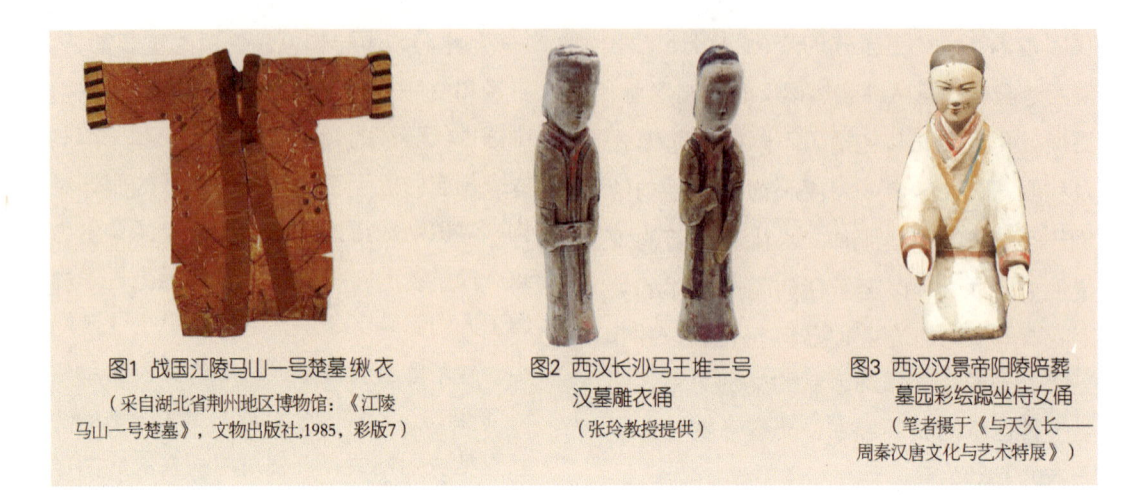

图1 战国江陵马山一号楚墓纵衣
（采自湖北省荆州地区博物馆：《江陵马山一号楚墓》，文物出版社，1985，彩版7）

图2 西汉长沙马王堆三号汉墓雕衣俑
（张玲教授提供）

图3 西汉汉景帝阳陵陪葬墓园彩绘跽坐侍女俑
（笔者摄于《与天久长——周秦汉唐文化与艺术特展》）

西魏依然流行，如东魏茹茹公主墓中出土文官俑[1]、西魏莫高窟285窟北壁的贵妇形象（图10）等。北齐、北周沿袭之，如北齐磁县湾漳壁画墓中的仪仗人物形象[2]、北周428窟中心柱中的贵妇形象（图11）等。

该类袒装主要流行于北魏迁都洛阳之后，流行区域广，时间长，男女通用，为各阶层人士所好尚。相较于男性领口处袒露的内衣，女性仅露出里层的圆领袍衫，袒露程度相对较小。此外，较之常服，礼服则多露出曲领中单，更为遮蔽。如西魏莫高窟285窟南壁的国王与大臣（图12）。可见，即便是袒露，也体现了儒家礼教中等级观念及性别制度在一定程度上的渗透及北魏孝文帝汉化改革所取得的成效。

但与世俗礼仪生活空间中趋于遮蔽的礼服着装形象不同，北魏龙门石窟宾阳中洞东壁的文昭皇后礼佛图中出现了直接袒露内衣的帝后礼服形象（图5）。儒家礼教中女子内衣外露示人是不被允许的，皇后袒露较甚的穿搭形象更是前所未见。儒家思想在北魏孝文帝时期虽然成为正统思想，但宣武帝后佛教盛行，孝明帝时全国寺院就有三万余所，元诩时胡太后在洛阳修永宁寺，又在龙门造石窟，历时二十四年。北魏后期皇室贵族崇佛盛况空前，礼佛图中可见，皇帝皇后等皇室成员也参与到布施礼佛的行列中，足见当时将礼佛活动视同谒庙助祭、先蚕助织一般，极为盛大神圣，穿着世俗服饰中最为隆重的礼服出席不足为奇。礼佛图中所表现的众多供养人按照等级身份进行礼佛仪式的过程，虽反映出了儒家礼仪的秩序感，但所有人的身体行为及表现还是在佛教礼仪空间中完成的，而佛教服饰却以袒露为礼，在这一特殊的佛教信仰空间中，礼服的穿搭方式受其影响，被赋予了神圣性维度，趋于

---

1 朱全升：《河北磁县东魏茹茹公主墓发掘简报》，《文物》1984年第4期，图版4。
2 中国社会科学院考古研究所、河北省文物研究所：《磁县湾漳北朝壁画墓》，科学出版社，2003，彩版51。

图4　　　　　　　　　图5　　　　　　　　　图6

图7　　　　　　　　　图8　　　　　　　　　图9

图10　　　　　　　　图11　　　　　　　　图12

图4　北魏巩县1号石窟帝后礼佛图（采自河南省文物研究所：《中国石窟：巩县石窟寺》，文物出版社，1989，图39、图41）

图5　北魏龙门石窟宾阳中洞帝后礼佛图（采自 https：//www. metmuseum. org/art/collection/search/42707）

图6　北魏洛阳石椁线刻（采自黄明兰：《洛阳北魏世俗石刻线画集》，人民美术出版社，1987，第7页，图9）

图7　北魏洛阳石椁线刻（采自黄明兰：《洛阳北魏世俗石刻线画集》，人民美术出版社，1987，第80页，图88。）

图8　北魏山东临淄曹望憘造像（碑）座画像供养人（采自王树村：《中国美术全集：绘画编19 石刻线画》，上海人民美术出版社，1988，第3页，图3）

图9　北魏莫高窟288窟东壁供养人（采自敦煌研究院：《敦煌石窟全集·服饰画卷》，商务印书馆有限公司，2005，第42页，图30）

图10　西魏莫高窟285窟北壁供养人（采自敦煌研究院：《敦煌石窟全集·服饰画卷》，商务印书馆有限公司，2005，第43页，图32）

图11　北周莫高窟428窟中心柱供养人（采自敦煌研究院：《敦煌石窟全集·服饰画卷》，商务印书馆有限公司，2005，第45页，图36）

图12　西魏莫高窟285窟南壁国王与大臣（采自敦煌研究院：《敦煌石窟全集·服饰画卷》，商务印书馆有限公司，2005，第19页，图3）

袒露亦不足为奇。值得注意的是，文化的影响从来都不是单向的，北朝至隋唐，由于受到民族心理、佛教及气温升高[1]等因素的影响，世俗服饰逐渐走向袒露。而佛衣在本土化进程中由于受到中原文化的影响，逐渐趋于遮蔽，如该直领对襟的形制就对当时的佛造像服饰产生了直接而重要的影响，最早的佛教服饰只有右袒式和通肩式两种，并无对襟式，北朝后来出现的"褒衣博带"式即为仿效对襟式的着装形象，杨泓先生认为该类佛衣是佛教造像进一步民族化的表现，云冈第6窟佛像的褒衣博带式的宽博大衣也正是仿效了北魏改制后的帝王服饰。[2] 同样，世俗服饰中此类领口呈深V字形的穿着形态也对同时期汉地的佛造像服饰产生了重要影响，如陕西北朝时期的佛道造像碑中的造像服饰。

（二）直领合襟式

主要流行于北魏平城时期的直领合襟式，可看作对襟与交襟式的中间形态，即将两襟相对并加以固定，领口呈现V字形的穿着方式。至少在六朝的孙吴时期，该式就已出现，仅在出土的青瓷侍俑着装形象（图13）中可见，两襟相合的边缘处还有明显固定内扣装置的工艺痕迹的表现，第一个合扣点在脖围处，较为靠上，使得领口呈小V字形，袒露较少。从北魏太和

---

[1] 竺可桢：《中国近五千年来气候变迁的初步研究》，《考古学报》1972年第1期。

[2] 杨泓：《试论南北朝前期佛像服饰的主要变化》，《考古》1963年第6期。

十九年（495）龙门石窟古阳洞北壁长乐王夫人龛中鲜卑系女性胡服供养人的着装形象（图14）中我们还能够发现此种穿着方式在北方的遗存。

但之后北方十六国墓出土的乐舞纸画中着鲜卑装的伴奏人物形象[1]中可见它的演进形式，即两襟相搭且垂直重合，交点下移，领口的袒露程度稍有增加，能见其内穿的圆领袍衫，且两襟用带饰系扎固定。北魏太延五年（439），太武帝灭北凉，平城时期鲜卑服盛行，继续沿袭此式，如宋绍祖墓[2]、司马金龙墓出土的男女俑[3]、固原漆棺墓棺板漆画中着鲜卑装的郭巨夫妇（图15）、敦煌莫高窟出土绣佛断片鲜卑王族供养人（图16）等着装形象。直到北魏中后期谭副造释迦牟尼像背面的鲜卑供养人像（图17）中依然可见袒露圆领袍衫的此类着装形象。此外，在没有明确纪年的北魏图像资料，如敦煌莫高窟275窟[4]及云冈石窟[5]中众多鲜卑供养人形象中也常见。

同样是直领式，鲜卑人上至贵族下至平民，多选择了与六朝汉式衣冠交襟式所不同的着装方式，从民族心理的角度，可视之为一种与汉民族相区别的民族性在服饰穿着方式中的坚持和表达。但鲜卑贵族的服饰还是不可避免地受到了汉魏衣冠的影响，衣身趋于宽博，如山西大同北魏智家堡墓出土的石椁壁画[6]、云波里路[7]、南郊仝家湾[8]及沙岭壁画墓中的男女墓主人形象（图18）。领口处还是显示出雍颈的层层穿衣的遮蔽形态，呈现出多元文化融合的特点，但笔者以为其受儒家遮蔽身体观影响的可能性较小，因此时汉化改革并未有效推进，也未深入到服饰领域，况且其依然头戴鲜卑帽。孙机先生也曾提到鲜卑帽在脑后垂披幅的原因之一就是北地苦寒。[9] 可见，气候条件是其着装形象趋于遮蔽的主要因素。云波里路北魏墓葬壁画中也可见墓主人为了御寒，还外披有一件鲜卑直领合襟式的窄袖衣（图19）。司马光在《资治通鉴》中也记载过："魏主以平城地寒，六月雨雪，风沙常起，将迁都洛阳。"可见气候恶劣是其南迁的主要原因。大同地区古时候气候地冻天寒，六月应为暑热天气，却常会飘下雪花，是为苦寒之

---

1 静安摄影：《甘肃丁家闸十六国墓壁画》，重庆出版社，1999，第7页。
2 刘俊喜：《大同市北魏宋绍祖墓发掘简报》，《文物》2001年第7期，图15。
3 山西省大同市博物馆、山西省文物工作委员会：《山西大同石家寨北魏司马金龙墓》，《文物》1972年第3期。
4 敦煌研究院主编：《敦煌石窟全集：24. 服饰画卷》，商务印书馆有限公司，2005，第30页，图16。
5 李雪芹：《试论云冈石窟供养人的服饰特点》，《文物世界》2004年第5期。
6 王银田：《大同智家堡北魏墓石椁壁画》，《文物》2001年第7期，图11。
7 刘俊喜：《山西大同云波里路北魏壁画墓发掘简报》，《文物》2011年第12期，图10。
8 张庆捷：《山西大同南郊仝家湾北魏墓（M7、M9）发掘简报》，《文物》2015年第12期，图33。
9 孙机：《从幞头到头巾》，《中国古舆服论丛（增订本）》，上海古籍出版社，2013，第202页。

地。有学者认为北魏平城迁都洛阳的重要原因之一就是气候条件的影响,[1] 这从北魏平城到洛阳时期着装形象从遮蔽趋于袒露也可以得到有效的印证。所以鲜卑服多采

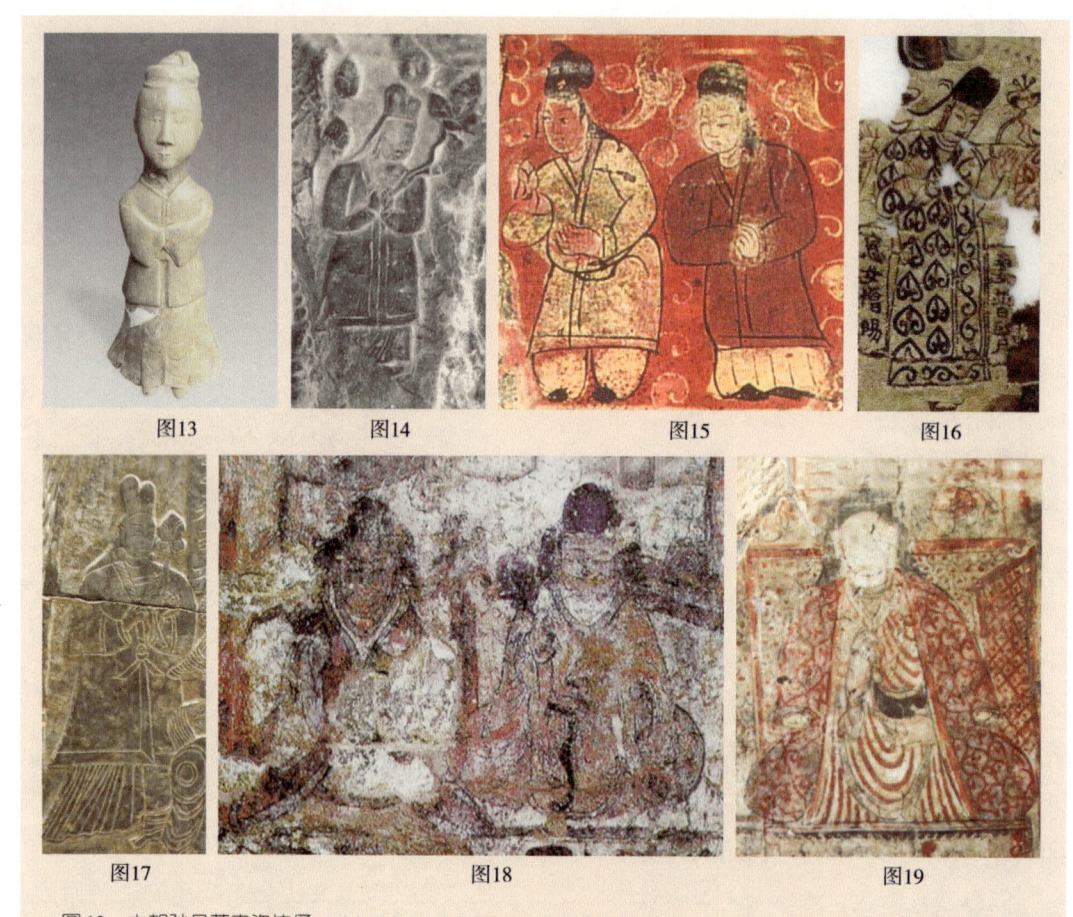

图13　六朝孙吴墓青瓷侍俑（采自王志高：《南京江宁上坊孙吴墓发掘简报》,《文物》2008年第12期,图33）

图14　北魏龙门石窟古阳洞北壁长乐王夫人龛鲜卑系胡服供养人（采自［日］石松日原子：《龙门石窟和巩县石窟的汉服贵族供养人像——"主从形式供养人图像"的成立》,第86页,图5）

图15　北魏固原雷祖庙墓描金彩绘漆木棺郭巨故事画像（采自宁夏固原博物馆：《固原北魏墓漆棺画》,宁夏人民出版社,1988,图版）

图16　北魏敦煌莫高窟绣佛断片鲜卑王族供养人像（采自王树村：《中国美术全集：绘画编19 石刻线画》,上海人民美术出版社,1988,第45页,图35）

图17　北魏谭副造释迦牟尼像背面鲜卑供养人（笔者摄于国家博物馆《和合共生——临漳邺城佛造像展》,第86页,图5）

图18　北魏大同沙岭壁画墓男女墓主人像（采自高峰：《山西大同沙岭北魏壁画墓发掘简报》,《文物》2006年第10期,图40）

图19　北魏山西大同云波里路壁画墓墓主人像（采自刘俊喜：《山西大同云波里路北魏壁画墓发掘简报》,《文物》2011年第12期,图10）

---

[1] 徐胜一：《北魏孝文帝迁都洛阳与气候变化之研究》,《师大地理研究报告》2003年第38期。

用具有防风御寒功能，硬挺厚重的材质，或多层穿衣，不适用于交襟式的穿着方式。可见，并不能把遮蔽的着装形象简单归因为受到儒家遮蔽身体观念的影响。还需要综合考虑气候条件、民族习俗与心理等综合因素的作用。

（三）直立领交襟式

该式多见于十六国及六朝的图像资料中，如十六国墓葬壁画中男女乐伎[1]、阿斯塔那 Ast. vi. 4 号墓、西善桥东晋墓、砂石山六朝墓[2] 等出土女俑的着装形象都为两襟交点较高，领口呈浅 V 字形的直领交襟式。此外，东晋南朝时，常州戚家村墓出土侍女着装形象[3] 及传世绘画《洛神赋》[4] 中的女性着装形象皆为两襟交于胸围线上下，领口呈深 V 字形的肉袒状。相较于女性，男性中，除曹植内着曲领中单较为遮蔽，其余侍者服饰的两襟交点几乎低至腰线，袒露较甚。之后的南朝士人，如南京西善桥宫山墓竹林七贤与荣启期拼镶砖画像中的王戎和荣启期领口也为肉袒。[5]

直立领交襟式也多见于北朝男性着装形象中，但在此基础上，北魏女性服饰又形成了自身的时代特色，并贯穿流行于整个北朝，成为最具代表性的着装形象之一。为以示区别，笔者将其称为直立领交襟式，特指两襟相交领口呈现竖立状的着装形态及将直领穿成交领状的着装方式。诸如北魏洛阳时期出土的石椁线刻（图 20），杨机墓（图 21），东魏赵胡仁墓[6]、茹茹公主墓（图 22）、北齐忻州九原岗墓（图 23）、元良墓[7]、张肃墓[8]、磁县湾漳大墓（图 24）、徐显秀墓（图 25），北周康业墓（图 26）[9]、史君墓（图 27）[10] 等图像资料中的女性着装形象。可见此式在北朝墓葬礼仪空间出土的俑、壁画、石椁线刻等各类图像资料中均有所出，上至贵族下至侍从，流行范围广，影响大。

传统华夏族的交领结构多见于礼服，具有典型的礼仪因素及民族标识性特征，

---

1 静安摄影：《甘肃丁家闸十六国墓壁画》，重庆出版社，1999，第 7 页。

2 王乐：《阿斯塔那 Ast. vi. 4 号墓出土的两件木俑——十六国时期服饰研究》，《考古与文物》2019 年第 2 期。

3 骆振华：《常州南郊戚家村画像砖墓》，《文物》1979 年第 3 期，图版 1。

4 学者普遍认为是东晋作品，也有学者提出为南朝中晚期，参见张珊《传顾恺之〈洛神赋图〉祖本创作时代再探——从东晋南朝服饰角度谈起》，《美术与设计》2018 年第 6 期。

5 姚迁：《六朝艺术》，文物出版社，1981，图版 162、163。

6 磁县文化馆：《河北磁县东陈村东魏墓》，《考古》1977 年第 6 期，图版 9：1。

7 张子英：《河北磁县北齐元良墓》，《考古》1997 年第 3 期，图 7。

8 山西省博物馆编：《太原圹坡北齐张肃墓文物图录》，中国古典艺术出版社，1958，第 16 页。

9 寇小石：《西安北周康业墓发掘简报》，《文物》2008 年第 6 期，图 9。

10 杨军凯：《西安北周凉州萨保史君墓发掘简报》，《文物》2005 年第 3 期，图 40。

图20　　　图21　　　图22　　　图23

图24　　　图25　　　图26

图27　　　图28

图29　　　图30　　　图31

图20　北魏洛阳石椁线刻孝子故事画郭巨夫人［（采自https：//www．metmuseum.org/art/collection/search/42707），第7页，图9］

图21　北魏杨机墓侍女俑（采自洛阳博物馆：《洛阳北魏杨机墓出土文物》，《文物》2007年第11期，图14）

图22　东魏茹茹公主墓侍女俑（采自朱全升：《河北磁县东魏茹茹公主墓发掘简报》，《文物》1984年第4期，图版4）

图23　东魏至北齐早期山西忻州市九原岗北朝墓葬壁画侍女（采自张庆捷：《山西忻州市九原岗北朝壁画墓》，《考古》2015年第7期，图54）

图24　北齐磁县湾漳大墓侍女俑（采自中国社会科学院考古研究所，河北省文物研究所：《磁县湾漳北朝壁画墓》，科学出版社，2003，图版44：2）

图25　北齐徐显秀墓葬壁画女墓主（采自常一民：《太原北齐徐显秀墓发掘简报》，《文物》2003年第10期，图29）

图26　北周康业墓石椁线刻贵族女性（采自寇小石：《西安北周康业墓发掘简报》，《文物》2008年第6期，图25）

图27　北周史君墓石椁线刻贵族女性（笔者摄于西安博物院）

图28　北齐山西朔州水泉梁壁画墓军政长官（采自山西博物馆：《山西朔州水泉梁北齐墓葬壁画修复报告》，科学出版社，2014，第6页，图2.3）

图29　北齐口道贵墓男墓主（采自韩明祥：《济南市马家庄北齐墓》，《文物》1985年第10期，图9）

图30、图31　茹茹公主墓仪仗人物形象（徐光冀：《中国出土壁画全集01河北》，科学出版社，2012，第29页，图28）

从汉代出土的交领袍及俑像[1]中也可见，其领缘较宽，穿着时雍脖并出现竖立状。不同于六朝，在身体表现上，北朝该类袒装更趋于复古，女性服饰创造性地将直领穿成交领的形态，追求汉式衣冠的宽博端庄之美，还进行了诸如将领襟边缘加宽、裙子加长等服饰形制方面的改变和调整。笔者以为这或是少数民族政权入主中原后极力证明自己政权合法性的心理动因在女性服饰上的象征性表现。但某种程度上，对形式感的过分追求，会失去对于实用功能的关照，从该时期出土的大量手提长裙的侍女俑的着装形象中就可见一斑。类似的例子还有在礼服制度方面，北周重构了冕服制度，衣二十四章、冕二十四旒的设置也是有史以来最为隆重崇高的，以至于后人拿其当怪物，目为"迂怪"[2]。

但从另一个方面看，在模仿的过程中女性服饰也加入了新的时代元素。其对领襟边缘宽博效果的追求，虽使得两襟相交后与身体前胸的贴合度不够，但又反向影响了穿着方式的改变，创造性地将前胸鼓出的余量转移至领缘，故其服饰在穿着时领襟部位不能有效与肩部贴合，领口边缘呈竖立状，双肩趋于袒露。此外，宽缘材质硬挺，采用贴领技术，也便于磨损后进

---

[1] 湖南省博物馆、中国科学院考古研究所编：《长沙马王堆一号汉墓（下集）》，文物出版社，1973，图78；图202。

[2] 阎步克：《服周之冕——〈周礼〉六冕礼制的兴衰变异》，中华书局，2009，第293页。

行更换。贴领的下半部分不与衣身缝合，可塞于裙腰内，视觉形态上作为领襟结构的组成部分，既能模仿交领形态，又在功能上使得脖颈处的领襟结构不会受到胸部以下衣身结构的牵扯，领襟形态更为固定。实际穿着时也有将其置于外的情况，作为一种飘带状的装饰，可视之为衍生出的一种女性着装的时尚性表达。值得注意的是上述肩部袒露的着装形象多为贵族女性，其上衣较短，裙子多束于外，腰线上移，在北朝末年逐渐发展提高至乳上。这类袒装也继续强化了女性常服"殊衣裳"的二部式结构，上短襦下长裙的着装形态最终也得以盛行于隋唐，二部式最迟在隋代也进入了皇后祎衣的大礼服系统。[1] 当然也有部分肩部袒露不明显的侍女着装形象，其衣身长度则越过臀围线，衣襟与底摆呈现45度左右的锐角，此时，裙子多穿于内，腰部束宽带以固定领襟。可见，身体的袒露程度与穿着方式、服饰形制、穿搭方式及类别之间的联动关系。

除上述穿着方式的改变、服饰形制的调整，在搭配方式上也出现了多层穿衣的复古趋势，北魏女性还内穿有一层直领交襟式的襦衫，虽领口袒露，但未露出内衣，且此类着装形象能够出现在类似郭巨这种儒家传统孝子故事画题材的表达中，也说明在时人的观念里并不认为女性袒露脖颈及肩部的形象有何不妥。此外，图像资料中也有内着圆领袍衫的着装形象，如北齐徐显秀墓壁画中内着圆领袍衫的女墓主人形象，但从右边男主人身披裘皮即可知其生活地域的气候寒冷，其趋于遮蔽的着装形象主要还是由于气候寒冷所致。

（四）交领式

交领形态的实物资料，较早的如战国江陵马山一号楚墓出土的交领小菱形纹锦面棉袍[2]。此后，西汉马王堆一号汉墓又出土了交领的直裾与曲裾袍[3]，前者较为常见，后者多为贵族男女所好尚，从同时期的俑像中也可见，不论男女，领口处都显露出多层穿衣的竖立遮蔽形态（图3）。

北朝时，交领结构大多为直立领交襟式所替代，在图像资料中较为少见，但在男女着装形象中仍有保留且有所区别。如北魏宁懋石室世俗石刻，北齐太原第一热电厂墓、崔芬墓、敦煌莫高窟隋295窟的壁画中都有发现，且一直流传至唐初，又见诸于蔡须达墓、李寿墓等出土的女性形象资料，领口肩部趋于袒露，且领襟结构在转折处处理得较为圆润，天圆地方，男

---

[1] 张玲：《隋初皇后礼服"改制"考论》，《故宫博物院院刊》2021年第5期。

[2] 湖北省荆州地区博物馆：《江陵马山一号楚墓》，文物出版社，1985，彩版6。

[3] 湖南省博物馆、复旦大学出土文献与古文字研究中心：《长沙马王堆汉墓简帛集成》（六），中华书局，2014，图79、图81。

性是天，女性是地的性别区分观念[1] 也在男女着装形象中得以体现。虽然在着装形态上极力复古，但随着二部式结构的盛行，此时女性着装形象中交领结构及内涵早已悄然改变，周汉以降妇女"连衣裳"寓意妇德专一的"深衣制"[2] 传统逐渐被摒弃。儒学式微，服装形制被赋予的伦理内涵淡化，时尚性个性化的因素增加。

相较而言，男性着装形象则呈现出衣襟方正，衣身宽博的端正威严之态，领部结构呈竖立状且在颈侧的转折结构形成明显的折角，即古人所说的"如矩"。《礼记·深衣》云："曲袷如矩以应方"，"袷"，交领也。[3]《礼记·曲礼下》曰："天子视不上于袷，不下于带。"[4] 天子至尊，臣视之，目不过此。可见，此种领式作为帝王服饰礼仪制度的一部分，更具古意。其衣领相交叠之上即为目光所不能及之处，成为天子身体神圣性表现在着装形象上的重要分界点。且该领襟形态还被赋予了人品方正、正直等伦理教化的精神意义。汉以前，交领因其"如矩"的穿着形态也被称为直领，《释名·释衣服》中载："直领，邪直而交下，亦如丈夫服袍方也。"清代王先谦注："颈下施衿，领正方，学者之服也"[5]，皆是指此种穿着效果。可见于北齐山西朔州水泉梁壁画墓—镇守朔州的军政长官（图28）、山东济南市马家庄墓的男性墓主（图29）、山东益都北齐石室线刻画像墓商谈图里的男主人[6] 等男性着装形象中。该着装方式在北齐为上层主流社会所接受，并一直流传至隋，如张盛墓出土的白瓷文官俑[7]、宁夏固原隋史勿射墓葬壁画中的武士形象[8] 等。相较于女性肩部的袒露，男性则领口收口较窄，遮蔽性较强，内穿圆领袍衫。可见，相较于同阶层的女性，上层男性受到儒家思想中礼制因素的制约更强，穿搭方式较为遮蔽。

（五）右袒式

在已披露的北朝墓葬出土资料中，亦发现部分特殊的男性右袒着装形象，前代未见，多袒露出里层衣物。根据相关学者

1　《周易·系辞》说："乾道成男，坤道成女。乾知大始，坤作成物。"《春秋繁露·循天之道》说："君子法乎其所贵，天地之阴阳当男女，人之男女当阴阳，阴阳亦可以谓男女，男女亦可以谓阴阳。"参见闵家胤《阳刚与阴柔的变奏：两性关系和社会模式》，中国社会科学出版社，1995，第21页。

2　"深衣制"一词，《续汉书·舆服志》首见，《晋书·舆服志》复见，后世多有沿袭。"深衣制"特指与先秦古制"深衣"形制相同的基础服装样式，即上衣与下裳独立剪裁，于中腰处将二者缝合，成为"连衣裳"的经典范式。张玲：《隋初皇后礼服"改制"考论》，《故宫博物院院刊》2021年第5期。

3　《礼记·深衣》，李学勤主编《十三经注疏》，北京大学出版社，1999，第1823页。

4　《礼记·曲礼下》，李学勤主编《十三经注疏》，北京大学出版社，1999，第188页。

5　(东汉) 刘熙撰，(清) 毕沅疏证，王先谦补：《释名疏证补》，中华书局，2008，第174页。

6　夏名采：《益都北齐石室墓线刻画像》，《文物》1985年第10期，图2。

7　考古研究所安阳发掘队：《安阳隋张盛墓发掘记》，《考古》1959年第10期，图2。

8　罗丰编：《固原南郊隋唐墓地》，文物出版社，1996，彩图3。

统计，山西省发现的数量最多，且多发现于东魏、北齐的统治区域内，而西魏、北周境内则少有发现。[1] 不仅内衣，袒露里层衣物即是对传统儒家礼制的反叛，东魏茹茹公主墓葬中不仅发现了大量右袒里层衣物的侍卫骑俑、击鼓俑和伎乐俑，墓葬壁画中还出现了肉袒露肩的男性仪仗侍卫形象（图30、图31），袒露程度之大在已披露的北朝墓葬礼仪空间出土资料中为仅见，其必然不仅是出于便事利身的需要，而是受到了某种袒露观念的影响，并为统治阶层所默认。

墓主茹茹公主是柔然族人。北齐文宣帝天保六年（555）柔然汗国灭亡前，已经佛化。《高僧传》卷八《法瑗传》中就记录了南齐沙门法瑗之兄法爱，解经论，兼数术，为芮芮（柔然）国师，俸以三千户。柔然统治者也多敬仰佛教，《魏书·蠕蠕传》载，北魏宣武帝"永平四年（511）九月，丑奴（柔然豆罗伏跋豆伐可汗）遣沙门洪宣奉献珠像"[2]。永熙四年（534），北魏正式分裂为东西魏。东魏权臣高欢东迁孝静帝于邺都，洛阳僧尼大多随行。于是，邺都便成为佛教重镇，新寺竞相建立，东魏时期佛教事业蓬勃发展，虽然东魏末期高澄崇道，但据《魏书·释老志》记载，至东魏末年，其境内"略而计之，僧尼大众二百万矣，其寺三万有余"[3]。可见东魏末期佛教发展之盛，不可阻挡。此后北齐崇佛就更加显著，所有君主几乎都崇佛。此外，东魏墓葬所处时代统治集团的核心人物高欢虽为汉人，但高氏家族世居北镇，深染鲜卑习俗，是高度鲜卑化的政权。至北齐，鲜卑化的风气极盛。上面已述，鲜卑固有袒裸习俗，本就更加具备接受佛教中袒露观念与着装形象的心理基础。

宋道诚《释氏要览》引《舍利弗问经》中也云："于何时披袒（披即通覆两肩，袒即偏露右臂）。佛言：随供食时，应偏袒，以便作事故。作福田（坐禅、诵经、人聚落、树下坐）时，应覆两肩现福田相故。"可见，西土以袒露为礼[4]，袒肩式佛衣多用于礼佛、供养、忏悔、面见长老、论证佛法等场合，以示慎重、尊威之意。

与墓葬图像中袒露的着装形式相同，佛教仪制中也是袒右而不袒左的，且右袒式也为印度传统的佛像着衣样式之一。随着佛教的传入，袒露出身体的肩臂部位有违于汉地民族习俗和礼制规定，右袒式佛衣在汉地难觅踪迹。但其袒露的观念还是对世俗服饰产生了一定程度的影响，以至于在东魏北齐佛教盛行地区墓葬中，表现仪仗的礼仪空间都出现了借鉴佛造像及沙门弟子佛衣袒露右肩这一外在穿着方式的人物形象。如果说鲜卑旧俗是其袒露的内

---

[1] 宋丙玲：《北朝袒右肩陶俑初探》，《华夏考古》2007年第2期。

[2] （北齐）魏收：《魏书》卷一百三《蠕蠕》，中华书局，1974，第2297页。

[3] （北齐）魏收：《魏书》卷一百一十四《释老志》，中华书局，1974，第3048页。

[4] 费泳：《中国佛教艺术中的佛衣样式研究》，中华书局，2011，第60页。

在心理动因，那么佛教中的右袒形象则为其提供了袒露的外在表达形式。但需要注意的是右袒式佛衣与墓葬出土右袒式服饰不同，佛教律典中规定的佛及沙门服饰平铺开来大多为一块方形的布，通过披挂缠绕方式造型，并不是世俗服饰中有衣袖、领子结构的成衣。所以墓葬图像中所表现的世俗服饰只是借鉴了佛衣的穿着方式，将直领对襟式袍衫或圆领窄袖袍右边的袖子掩于腰部袒露右肩及手臂，两者在衣着形制上有着本质不同。同时也说明世俗服饰的形制结构具有相对稳定的特征，不易改变。

但即便是在佛教如此兴盛的东魏北齐，此种穿着方式的俑像和壁画人物形象的占比也不是很大，显然是受到了汉地习俗的制约，除东魏茹茹公主墓，大多数墓葬礼仪空间中的此类形象的袒露也并非肉袒，已经对其进行了民族化改造，多袒露出圆领袍衫式的里层衣物。而不直接肉袒也符合北朝时期北地苦寒的自然条件状况。可见该右袒式为佛教对世俗服饰产生冲击之后，多方因素叠加并互相妥协平衡的产物。

四　结语

北朝着装形象富于变化，其多样性不仅来源于服装品类和形制的变化，更主要的是来自反应速度更加敏锐迅速的穿搭方式的改变。相较于汉代服饰遮蔽的着装形态，北朝服饰的文化内涵已发生了变化，逐渐从遮蔽走向袒露，客观条件上，气候的变化也起到了极为关键的作用。汉魏衣冠树立起的威仪之态已逐渐被撼动，但相较于隋唐的袒露，北朝无疑又趋于遮蔽，作为汉唐间的过渡阶段，北朝着装形象在遮蔽与袒露之间不停找寻着平衡点，出现了特异性和多元融合特点，并体现在不同的着装形象中。

值得注意的是上述着装形象的袒露程度不同，可分为袒露圆领袍衫、袒露内衣和肉袒，其中肉袒式袒露较甚，且女性着装中的肉袒风尚也一直延续至隋唐，袒胸装以其大胆、新颖的身体表达为后人所惊叹。

虽然孝文帝进行了汉化改革，但北齐、北周依然胡化严重，其对遮蔽与袒露的界限较为模糊，礼法观念淡漠，加之北地胡人原本的生存环境就恶劣，着装的实用性被放在了首位，草原民族窄袖、长靴、裤褶类的民族服饰，相较于汉民族轻薄的宽袍大袖，无不具有良好的御寒效果。童书业也曾说北土寒，南土暖，故南人袒臂；北俗袒臂疑受佛教影响，非古制也。[1] 笔者以为然，上述茹茹公主墓中的肉袒形象更是较深程度受佛教影响。但北朝着装形象中即便是肉袒，大多袒露程度不大，且在北朝末年又走向遮蔽，并未真正流行，其时并不具备肉袒大面积流行的气候条件。此外，也与北朝时期北魏、北周先后两次

---

[1] 顾颉刚：《史林杂识初编》，中华书局，1963，第 152 页。

的灭佛之举有直接关系，使得肉袒这一袒露表现形式不论是在世俗服饰中还是佛造像服饰中都表现得极为不稳定，最终此种特异性的时代风尚在北朝未能大放异彩。

不论是何种形式的袒露，都是对儒家礼教遮蔽身体观的反叛，如果说鲜卑袒裸的习俗是其民族内在的重要心理基础和动因的话，那么佛教在南北朝的盛行，其袒露的服饰形制恰好为其提供了表达自身民族性的可借用的最直接的外在形式，这两者成为袒装发展的最重要的推动力。北朝女性的身体表达已在不知不觉中从遮蔽走向袒露，北朝也成为上承汉晋遮蔽之形，下启隋唐袒露之风的重要过渡阶段。

多元融合：对唐代墓葬壁画"金盆花鸟"图的再思考

■ 曹可婧（中央美术学院）

西安王家坟兴元元年（784）唐安公主墓[1]、河南安阳刘家庄北地大和二年（828）M126郭燧墓及临近的M68[2]和安阳北关大和三年（829）赵逸公墓[3]中出土的花鸟题材的墓葬壁画呈现出了高度的相似性（图1至图4）。它们都位于墓室西侧，紧靠棺床。画面都以一个盛水的金（银）盆为中心，多种鸟类或环绕飞翔或立于盆边，周围花草树木丛生、蜂蝶飞舞，整体呈大致中轴对称式的构图。

既往的研究已经指明了这类壁画与画史记载中的"金盆鹁鸽"画题之间的关系，李星明将之视为中唐花鸟画的一种特定样式，并与画史记载中边鸾的花鸟画风格进行了对照。[4] 刘婕指出了壁画中的金银器形似萨珊、粟特风格的"金花银器"，同时认为这一题材与唐代园林中的"盆池景观"存在着紧密的关系。[5] 陈韵如则以庭院景观的营造非自唐代开始为据，认为这一题材"很难仅从庭院营造的脉络背景中论定"，并指出唐安公主墓壁画中两侧树木相接的造型与敦煌莫高窟321窟的十一面观音图上的树梢形象有相似之处，进而颇具启发性地提出了这类图示"是否可能有不同于

---

[1] 陈安利、马咏钟：《西安王家坟唐代唐安公主墓》，《文物》1991年第9期。

[2] 何毓灵、唐际根、申文喜、胡洪琼、岳占伟、牛世山：《河南安阳刘家庄北地唐宋墓发掘报告》，《考古学报》2015年第1期。

[3] 郑汉池、刘彦军、申明清：《河南安阳市北关唐代壁画墓发掘简报》，《考古》2013年第1期。

[4] 李星明：《唐代墓室壁画研究》，陕西人民美术出版社，2005，第382—385页；李星明《唐代和五代墓室壁画中的花鸟画》，《南京艺术学院学报》（美术与设计版）2007年第1期。

[5] 刘婕：《〈金盆鹁鸽图〉与唐代园林盆池景观》，《考古、艺术与历史——杨泓先生八秩华诞纪念文集》，文物出版社，2018，第313—329页；"Paintings of Birds by Basins," *Visual and Material Cultures in Middle Period China*, (Leiden: Koninklijke Brill nv, 2017), pp. 255–283. 同样持此观点的还有沈伟棠、郭真真《再造：从安阳北关唐墓壁画看中晚唐北方庭园中的盆池景观》，《装饰》2018年第1期；高珊、郑以墨《图画与文字——唐墓壁画中盆池图像的叙事方式研究》，《美术文献》2019年第1期。

图1 西安东郊王家坟唐安公主墓西壁"金盆花鸟"壁画（784）
（贺西林、李清泉：《永生之维：中国墓室壁画史》，高等教育出版社，2009，第200页）

图2 河南安阳北关赵逸公墓西壁"金盆花鸟"壁画（829）
（《考古》2013年第1期）

图3 河南安阳刘家庄北地M126郭燧墓西壁"金盆花鸟"壁画（828）
（《考古学报》2015年第1期）

图4 河南安阳刘家庄北地M68西壁"金盆花鸟"壁画
（《考古学报》2015年第1期）

中原的图像来源"[1]。

一 "金盆鹁鸽"与"盆池景观"

诚然，许多诗文都体现了唐代确实存在着于庭院中置盆做池，并将之视为一种景观的现象。但如果进一步对比诗词中的描述与画面的内容，却可发现文字描述的景象与图像之间仍存在一定差距。

杜牧《盆池》："凿破苍苔地，偷他一片天。"[2]

韩愈《盆池五首》："老翁真个似童儿，汲水埋盆作小池。一夜青蛙鸣到晓，恰如方口钓鱼时。莫道盆池作不成，藕梢初种已齐生。从今有雨君须记，来听萧萧打叶声。瓦沼晨朝水自清，小虫无数不知名。忽然分散无踪影，惟有鱼儿作队行。

---

1 陈韵如：《8至11世纪的花鸟画之变》，《艺术史中的汉晋与唐宋之变》，北京大学出版社，2016，第340—343页。

2 （唐）杜牧：《盆池》，《全唐诗》卷五二三，中华书局，1980，第5988页。

泥盆浅小讵成池，夜半青蛙圣得知。"[1]

浩虚舟《盆池赋》中有："达士无羁，居闲创奇。陷彼陶器，疏为曲池。小有可观，本自挈瓶之注；满而不溢，宁逾凿地之规。原夫深浅随心，方圆任器。分玉瓽之余润，写莲塘之远思。"[2]

可见，唐代诗文中展现出的"盆池景观"是于地面凿挖成坑，放入盛水器以为盆池，盆池之内多养育莲花浮萍等水生植物或有小鱼，时而也会引得青蛙小虫绕盆，材质多见"泥盆"与"陶器"，尚未见任何以金银器营造"盆池景观"的记载。而壁画中描绘的景象则是以金（银）盆直接放置于地面之上，与诗文中记载的"盆池景观"的营造方式有不同之处。且有关"盆池景观"的诗文大都表达出的是日常生活中经营园林的逸志，也与"金盆花鸟"墓葬壁画中以金（银）盆为中心，各类禽鸟环绕、蜂蝶飞翔、花木丛生的盛大意象不尽相同。

另一个问题在于，如果将墓葬壁画中的"金盆花鸟"图完全视作对现实生活中园林景观的真实描绘的话，那么画面中的这个金（银）盆的尺寸将明显过于巨大了。以唐安公主墓壁画为例，画面中可辨识出的鸟类有于盆左上方相对飞翔的两只鸽子、立于盆沿左数第二只颈部有清晰的黑色横纹的斑鸠、左数第三只有羽冠和两条极长中央尾羽的寿带、盆右上方两只向上飞翔的红嘴蓝鹊。[3] 红嘴蓝鹊枕部有淡灰白色斑块延伸至头部，侧面看头顶至颈部形成一道白色的斑纹，生有极长的尾羽，画面中将这种形态特征绘制得十分明确，非考古报告中指认的雉鸡。[4] 现在常见的岩鸽、山斑鸠、寿带与红嘴蓝鹊的体长分别为30—32厘米、30—33厘米、35—49厘米、53—68厘米，画面中鸟类之间的身长比例是基本符合自然规律的。[5] 但如果将这种比例推之于金（银）盆的话，那么壁画中心的口径接近三只鸽身长的金（银）盆却将远远超过我们目前对唐代金银器体量的认知。[6] 赵逸公墓"金盆花鸟"壁画中的金（银）盆比例更为夸张，立于金（银）盆之前的是三只雁，即使是自然界中的小型雁，体长也一般在50厘米以上。而画面中的金（银）盆直径已接近三只雁的身长，如此巨大的金（银）器的真实存在是很难想象的。

绘画虽然不可能是对现实分毫不差的写照，几面"金盆花鸟"壁画绘制得也确

---

[1] （唐）韩愈：《盆池五首》，《全唐诗》卷三四三，1980，第3847页。

[2] （唐）浩虚舟：《盆池赋》，《文苑英华》卷三五，1966，第160页。

[3] 另有立于盆沿的左数第一与第四只鸟难以识别，其一在考古报告中被认为是黄莺，拱形花树外右上方飞翔的大鸟疑为雁、鹅或鸭，参见《西安王家坟唐代唐安公主墓》，第20页。

[4] 详见欧佳《鲜见于唐代文献的驯禽——红嘴蓝鹊》，《碑林集刊》，2016，第209—219页。

[5] 赵欣如主编：《中国鸟类图鉴》，商务印书馆，2018，第294、300、636、522页。

[6] 现存最大的唐代金（银）盆是出土于陕西扶风法门寺地宫的鎏金银盆，口径为46厘米。见韩伟、王占奎、金宪镛、曹玮、任周芳、淮建邦、傅升岐《扶风法门寺塔唐代地宫发掘简报》，《文物》1988年第10期。

实相对粗疏，但这种过于夸张的比例依然让人怀疑"金盆花鸟"图是否完全根据现实写生而来，这种相对特殊的图式也有可能是一种偏于意象化的表达。那么当时的画家是以怎样的立场创造出这种图式？"金盆花鸟"图又为何在中晚唐至五代流行一时之后，便极少见于后世绘画中了呢？

传世文献中，直至宋代才有金盆与禽鸟组合画题相关的记载：见于《宣和画谱》的边鸾名下的《金盆孔雀图》是年代最早的作品。[1]《图画见闻志》中记黄居寀能画"金盆鹁鸽"，并将这种题材归为"禁籞"所有："（黄居寀）多写禁籞所有珍禽瑞鸟，奇花怪石，今传世桃花鹰鹘、纯白雉兔、金盆鹁鸽、孔雀、龟鹤之类是也。"[2]《宣和画谱》中列于黄荃名下的"金盆花鸟"画题有《玛瑙盆鹁鸽图》《竹石金盆鹁鸽图》；[3] 黄居寀名下有《湖石金盆鹁鸽图》《牡丹金盆鹀鸰图》；[4] 黄居宝名下有《竹石金盆戏鸽图》。[5] 薛绍彭也曾写《鹁鸠贴》自述家中旧藏有一幅《金盆鹁鸠图》，图绘"花下一金盆，旁一鹁鸠"，而这种金盆旁只有一只鹁鸠的构图与唐代墓葬壁画中的数只鸟类绕盆的样式已经有所不同。

总之，在"金盆花鸟"画题中，盆器与禽鸟的组合方式不仅限于"金盆鹁鸽"，更有孔雀、鹀鸰、鹁鸠等多种鸟类与金盆甚至玛瑙盆的组合，这种题材在宋代尚被视为皇家禁籞画题的代表。

二　佛教瑞鸟

而安阳地区三座节度使治下中下层官吏墓葬中出土的"金盆花鸟"壁画却证明了这一题材其实在当时更加广泛地流通着，壁画中出现了众多鸟类形象。赵逸公墓壁画中出现的鸟类有左扇屏风石下的两只鸽、左上角相对飞翔的尾羽呈深叉状的一对燕、被屏风的红线分隔开来的一对长尾鹊、中间屏风盆前的三只雁、盆右上方飞翔的一只小型鸟和右扇屏风中石下的两只鹦鹉。安阳刘家庄北地 M68 壁画中盆左为两只身白喙黄的鹅，盆右是两只黑顶的雁，立于盆沿之上的仅存下半身的鸟形似鸽，因壁画残损，其余小型鸟的形象均模糊不可识别。M126 郭燧墓壁画中的禽鸟形象更为潦草概括，能辨认出的是金（银）盆上站着的两只鸽，以及盆左的一对雉鸡，其余站

1　《宣和画谱》卷一五，《中国书画全书》第 2 册，上海书画出版社，1993，第 105 页。
2　（宋）郭若虚：《图画见闻志》卷一，《画史丛书》第 1 册，上海人民美术出版社，1982，第 13 页。
3　《宣和画谱》卷一六，《中国书画全书》第 2 册，上海书画出版社，1993，第 109、111 页。
4　《宣和画谱》卷一七，《中国书画全书》第 2 册，上海书画出版社，1993，第 115 页。
5　《宣和画谱》卷一六，《中国书画全书》第 2 册，上海书画出版社，1993，第 111 页。

立于地面的几只大型鸟类似鹅、雁或鸭。

归结起来看，四幅"金盆花鸟"壁画中都统一出现了鸽的形象，且位于相对中心的位置，而鸽实际上是一种与佛教信仰密切相关的鸟类。

敦煌唐代抄卷《百鸟名》中明确指出："花没（殁）鸽，色能姜（美），一生爱踏伽蓝地。"[1]

在唐代诗文中，鸽的意象大都出现在游寺诗中，应该是经常被驯养在寺庙之中的鸟类。如《和友封题开善寺十韵》中有："珠缀飞闲鸽，红泥落碎椒。"[2]《奉和鲁望同游北禅院》："鱼惯斋时分净食，鸽能闲处傍禅床。"[3]《奉和袭美太湖诗二十首·孤园寺》："轻鸽乱驯鸥，鸣钟和朝橹。"[4]《游长安诸寺联句·平康坊菩萨寺·书事联句》："静里已驯鸽，斋中亦好鹰。"[5]《独在开元寺避暑，颇怀鲁望，因飞笔联句》："望塔青髇识，登楼白鸽知。"[6]

《朝野佥载》中也记载了寺庙中曾养鸽数千的情况："沧州东光县宝观寺常有苍鹘集重阁，每有鸽数千，鹘冬中每夕即取一鸽以暖足，至晓放之而不杀。"[7]《封氏闻见记》中记载东晋时江东人戴祚随刘裕西征行至开封佛寺后，才得以见到鸽的模样："开封县东二佛寺，余至此见鸽大小如鸠，戏时两两相对。"[8]

事实上，除鹁鸽之外，唐代四面"金盆花鸟"壁画中多次反复出现的禽鸟形象如雁、天鹅、鹦鹉，以及文献记载中边鸾笔下最早与金盆组合的孔雀，都与佛教信仰有着十分密切的关系，例如《奉和幸大荐福寺应制》中就曾描述过皇家宝寺中"雁沼开香域，鹦林降彩斿"[9] 的意象。

这几种鸟类不仅出现在如菩萨身为鸽王、菩萨身为鹦鹉王、菩萨身为孔雀王、五百飞雁化身五百罗汉、五百雁闻佛法升天等佛教故事中，在敦煌佛教壁画中更是处处可见它们的身影。[10] 自南北朝时期起，鸽、孔雀与鹦鹉的形象就出现在了莫高窟的佛教装饰图案中，如西魏 288 窟西坡望板上有双鸽立于莲花之上，同一时期的 285

1　此处据刘瑞明校本，见刘瑞明《敦煌抄卷〈百鸟名〉研究》，《敦煌学辑刊》1989 年第 2 期。

2　（唐）元稹：《和友封题开善寺十韵》，《全唐诗》卷四〇八，第 4541 页。

3　（唐）皮日休：《奉和鲁望同游北禅院》，《全唐诗》卷六一三，第 7084 页。

4　（唐）陆归蒙：《奉和袭美太湖诗二十首·孤园寺》，《全唐诗》卷六一八，第 7123 页。

5　此句为（唐）张希复作，《游长安诸寺联句·平康坊菩萨寺·书事联句》，《全唐诗》卷七九二，第 8822 页。

6　此句为（唐）皮日休作，《独在开元寺避暑，颇怀鲁望，因飞笔联句》，《全唐诗》卷七九三，第 8928 页。

7　（唐）张鷟：《朝野佥载》卷五，上海古籍出版社，2012，第 57 页。

8　（唐）封演：《封氏闻见记》，学苑出版社，2001，第 157 页。

9　（唐）李峤：《奉和幸大荐福寺应制（寺即中宗旧宅）》，《全唐诗》卷六一，第 724 页。

10　有关雁的形象在佛教艺术中的意涵参见王庆卫《墓葬中的窣堵波——再论武惠妃石椁上的勇士神兽图》，《敦煌学辑刊》2014 年第 1 期。

窟北壁门楣之上的忍冬纹间出现了花上相对的鹦鹉，北周428窟中也有立于莲花之上的双孔雀形象。[1]

莫高窟隋代420窟中有释迦牟尼说《法华经》时众鸟飞来，围立一圈，听佛陀讲经说法的图景，孔雀、鹦鹉、雉鸡、雁、鹅、鹊的形象都出现在其中。[2] 榆林25窟、莫高窟360窟的《观无量寿经变图》中出现了伴着音乐翩然起舞的孔雀、白鹅与鹦鹉的形象（图5）。这让人联想到赵逸公墓壁画中金（银）盆前的三只大雁的动态，它们并非如常见的静立地面或飞翔于空中，而是引颈展翅，也似在翩翩起舞。（图2）

宋代的苏籀曾写诗追忆黄荃在孟蜀宫廷中绘制"金盆鸽"的盛况，在他的眼中，黄荃"金盆鸽"图中的禽鸟也确实是伴随着天宫仙乐翩翩欲飞的。《黄荃画金盆鸽孟蜀屏风者也一首》："跖石窥盆刷羽仪，天乐凤箫骞欲举。"[3]

三　金盆浴佛与源自萨珊——粟特的多曲长杯

"金盆花鸟"图中的金（银）盆也与佛教信仰不无关系，目前存世的唐代大体

图5　敦煌莫高窟360窟《观无量寿经变图》局部（中唐）
（《敦煌艺术全集》卷19，同济大学出版社，2016，第124—125页）

1　见敦煌研究院主编《敦煌石窟艺术全集》卷19，同济大学出版社，2016，第50、52、65页。
2　《敦煌石窟艺术全集》卷19，第76页。
3　（宋）苏籀：《黄荃画金盆鸽孟蜀屏风者也一首》，《双溪集》，中华书局，1985，第4—5页。

量的金（银）盆如陕西扶风法门寺出土的四曲葵花式敞口圈足鎏金银盆和江苏丹徒丁卯桥窖藏中出土的五曲葵花式敞口平底鎏金银盆，[1] 两者的表面装饰都充斥着浓郁的佛教色彩。

法门寺出土的鎏金银盆的主体装饰为鸳鸯与石榴团花，口沿与圈足饰以莲纹。鸳鸯在世俗意义上是姻缘好合的象征，其形象也多出现在佛教莲池及舍利容器之上。[2] 石榴本是西传入华的植物，石榴花纹在唐代被广泛地运用于佛教石窟装饰与墓志盖的边饰中，具有护佑与往生净土的意味。[3] 已有学者推测这件出土于法门寺地宫的金盆是行灌顶或浴佛仪式时使用的礼器。[4] 江苏丁卯桥窖藏出土的金（银）盆上纹饰的佛教意味更浓，盆底为口拱摩尼宝珠的双摩竭纹，摩竭本是源自印度神话的动物，伴随佛教传入中土，[5] 摩竭与摩尼宝珠的组合出现在莲花荷叶与游鱼之间，盆壁还环绕着各类珍禽异兽，这件器物也有可能同为浴佛礼器。

这两件存世的鎏金银盆都是轻微的葵瓣形，口沿侧视仍呈现为比较圆润的弧形，近似唐安公主墓壁画中出现的金（银）盆器型。而安阳赵逸公和刘家庄北地M68墓室壁画中的金（银）盆沿口却可见明显的四曲分瓣，拥有这种多曲分瓣的器形特征的最典型的代表为多曲长杯，多曲长杯本是3—8世纪流行于伊朗萨珊王朝的器物，也有观点认为中原地区的多曲长杯在一定程度上受到了粟特风格的影响。[6] 安阳赵逸公和刘家庄北地M68墓室壁画中的金（银）盆器型近似于被齐东方归为B型I式的有竖向分瓣微微内曲的多曲长杯（图6），只是壁画中金（银）盆的尺寸远比杯大，还有外翻的口沿与盆环。目前并没有发现

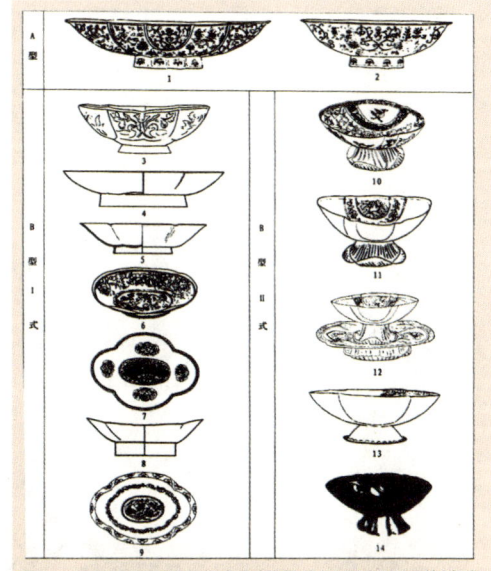

图6 齐东方整理萨珊式金银多曲长杯在中国的演变（采自齐东方：《唐代金银器研究》，中国社会科学出版社，1999，第390页）

1　刘建国、刘兴：《江苏丹徒丁卯桥出土唐代金银器窖藏》，《文物》1982年第11期。

2　冉万里：《中国古代舍利瘗埋制度研究》，文物出版社，2013，第157—158页。

3　常樱、魏卓：《海石榴纹的形成过程及原始意义探讨》，《装饰》2016年第4期。

4　韩伟：《唐代金银器拾零》，《文博》1991年第6期。

5　岑蕊：《摩竭纹考略》，《文物》1983年第10期。

6　齐东方：《唐代金银器研究》，中国社会科学出版社，1999，第383—387页。孙机：《中国圣火——中国古文物与东西文化交流中的若干问题》，辽宁教育出版社，1996，第221页。

能与壁画中的器型完全对应的实物,这种造型的金(银)盆可能只是画工依据现实生活中的多曲分瓣形器而进行的想象性创造。现存的 B 型 I 式多曲长杯年代集中在 8—9 世纪,[1] 时间上也刚好与墓葬壁画的年代吻合。

"金盆花鸟"图在两座辽代早期的墓葬——内蒙古翁牛特旗乌丹镇解放营子墓和克旗热水二八地 1 号墓中出现了另一种变体,即金(银)盆两侧各有一只姿态完全相对的禽鸟,呈"双鸟对盆"的样式。[2] 解放营子辽墓中出土的八角形木椁北壁出现的盆器器形与安阳赵逸公和刘家庄北地 M68 壁画中的金(银)盆大致近似,只是解放营子辽墓中的盆器底部为莲花座(图7)。而克旗热水二八地 1 号辽墓石棺后堵图像中的器物有高圈足(图8),整体造型比较接近 B 型 II 式多曲长杯(图6)。但绘制者对这种器物显然已经不太熟悉,以致对杯壁上分曲的弧线做出了不甚准确的描绘。

这两种造型的多曲长杯都属于在萨珊风格金银器的基础上经过唐人改造后的本土产物,[3] 而这类颇具异域色彩的器皿被反复绘制于"金盆花鸟"图的中心,似乎在暗示着除了佛教信仰的渗透之外,这种图

图7 内蒙古翁牛特旗乌丹镇解放营子辽墓
八角形木椁的北壁图像(辽代早期)
(项春松:《辽代壁画选》,上海人民美术
出版社,1984,编号六六)

图8 内蒙古克旗热水二八地1号辽墓
石棺后堵图像(辽代早期)
(项春松:《辽代壁画选》,上海人民美术
出版社,1984,编号七〇)

---

1 齐东方:《唐代金银器研究》,中国社会科学出版社,1999,第 389—391 页。
2 项春松:《辽宁昭乌达地区发现的辽墓绘画资料》,《文物》1979 年第 6 期。
3 齐东方:《唐代金银器研究》,中国社会科学出版社,1999,第 393—397 页。

像还存在着更多的异域渊源。[1]

四　来自罗马—拜占庭的图式与图式的本土化

事实上，禽鸟与器物的组合在地中海沿岸地区是一种有着悠久历史的题材，最早的作品可以追溯到古希腊时代。于公元2世纪建造的罗马哈得良庄园中曾出土过一件精美的马赛克作品（图9），表现的是金盆的周围立有四只饮水的鸽子。这幅马赛克图像多被认为是仿自公元前2世纪古希腊帕加马王国的艺术家索索思的作品，因古罗马作家普林尼在他的书中提及才留名，被称为"索索思之鸽"[2]。虽然间隔着看似不可跨越的时间与地域，但"索索思之鸽"确实与唐安公主墓中出土的"金盆花鸟"图表现出了惊人的相似性，同样是四只鸟立于盆沿，就连俯身饮水的禽鸟的位置与动态都如出一辙。

图9　公元2世纪的罗马哈得良庄园中出土的"索索思之鸽"（一说为前2世纪，意大利罗马卡皮托利尼博物馆藏）（《世界美术大全集》第4卷，小学馆，1995，第264页）

类似题材的马赛克作品在古罗马时期通常用作地面或壁面装饰，绕盆的鸟类除鸽之外，还出现过鹦鹉、鹅等多种鸟类的形象。[3]

这是一种常见的装饰图像，往往被灵活地运用并改造，以配合更大的主题。[4]

1　同样，河南安阳刘家庄北地 M126 郭燧墓 "金盆花鸟" 壁画中心出现的深腹盆口外侈的金（银）盆也与源自希腊—罗马的高足杯的器型有相似之处，这类器物在南北朝时期已流入中原地区，如 1970 年出土于山西大同南郊，现藏国家博物馆的北魏时期鎏金镶嵌高足青铜杯。但壁画中的器物的圈足较短，且出现了盆环，也应为画工根据现实存在的异域风格的器物而进行的想象性描绘。

2　也有一种观点认为 "索索思之鸽" 是公元前 2 世纪的原作，详见 Antero Tammisto, *Birds in Mosaics: A Study on the Representation of Birds in Hellenistic and Romano-Campanian Tessellated Mosaics to the Early Augustan Age* (Institutum Romanum Finlandiae, 1997), p. 377.

3　这类题材的希腊、罗马马赛克作品收集见 *Birds in Mosaics: A Study on the Representation of Birds in Hellenistic and Romano-Campanian Tessellated Mosaics to the Early Augustan Age*, pp. 376 – 384.

4　Ruth Westgate, "Pavimenta Atque Emblemata Vermiculata: Regional Styles in Hellenistic Mosaic and the First Mosaics at Pompeii", *American Journal of Archaeology* 2 (2000): pp. 266 – 277.

图10　庞贝Ⅱ.3.3 第11房间　廊柱南墙西侧出土的众鸟绕喷泉湿壁画（约公元1世纪）

另一种近似的图式出现在庞贝古城的湿壁画中，画面描绘的是在花木丛生的花园之中，白色的大理石喷泉池盆被各色的鸟类环绕，时有飞鸟立于盆边饮水。（图10）

这种源自罗马的古老图式在拜占庭时期被引入了基督教的视觉文化体系中，并被赋予了更多的宗教意涵。双耳罐或盆与鸽子或孔雀的组合在这一时期成为较为固定的样式（图11、图12），有时会有葡萄藤或其他植物纹饰从容器中或其后生出，图像整体呈轴对称的样式，越发趋向于装饰化。另一种变体是从容器中伸出的藤蔓将各种鸟类环绕其中。类似题材的图像被广泛地运用于室内装饰上，也出现在石棺的浮雕上。在克旗热水二八地1号辽墓中，双天鹅对金（银）盆的图像被绘制于石棺的堵头处，[1] 不论是形式还是出现的位置都与拜占庭基督教徒石棺上的浮雕十分近似（图13），很有可能是受到了后者的影响。

在基督教文化中，鸽子通常是圣灵的象征。孔雀的肉被认为在死后永远不会腐烂，因而象征着灵魂不朽与死后重生，孔雀尾羽上的眼形图案则代表着上帝的"全

---

[1] 项春松：《辽宁昭乌达地区发现的辽墓绘画资料》，《文物》1979年第6期。

图11 意大利加拉·普拉西迪亚陵墓天顶马赛克装饰中立于盆边饮水的鸽子（约386—450）

图12 叙利亚地区的双耳瓶、鸽与孔雀题材的马赛克作品（约450—462，美国威斯康星大学Chazen艺术博物馆藏）

知之眼"。居中容器中的液体象征着"圣餐"，即上帝的血与肉，孔雀从中饮水则意味着上帝赐予灵魂永生。[1] 值得注意的是，拜占庭教堂中的禽鸟与器物组合图式中最常出现的孔雀与鸽子恰恰正是唐代"金盆花鸟"题材中最早出现的两种禽鸟的意象，这很难仅仅解释为单纯的巧合。

现存最早的"金盆花鸟"图，即唐安公主墓西壁壁画中还有另一个罕见的元素——拱形花树。这种图像元素在中原地区的绘画中出现极少，却同样在罗马与佛教两个图像系统中都可以找到相近的线索。在罗马地铁 C 号线出土的公元 2 世纪哈德良王朝军官宅邸的马赛克地面装饰中出现了近似的树形，两侧树枝交叉向下，搭于一处的形式与唐安公主墓壁画中的拱形花树的造型十分相近（图14）。新疆尉犁营盘墓地 M15 中出土的红地对人兽树纹罽袍上的纹饰表现出了明显的罗马风格，其中连续出现的树木枝叶几近相连，也形成了近似于拱形的造型。同时在佛教视觉系统中也不乏近似的图式。敦煌莫高窟北凉时期的 275 窟中就有双树相接而成的壁龛浮雕。大英博物馆藏唐代绢本《佛传图》中则描绘了释迦牟尼诞生之时九龙吐水，金盆浴佛的场景，图中浴佛所用的同样具有异域风格的多瓣型金盆也正位于两株叶片相接的树下（图15）。唐安公主墓壁画中拱形花树的叶片近似中下部渐宽而上部渐狭的披针形，树上生长着用五个圆点为一组代表的花朵或果实，叶片与花朵或果实都是直接用颜料绘制而成，无墨线勾勒的痕迹，这种描绘方式在中原地区的唐代墓葬中很少见，倒是可以在西域石窟壁画中寻找到相似的踪迹，如高昌回鹘时期胜金口石窟第五窟壁面上出现的花树

---

[1] Anna N. Litovchenko, Michail V. Fomin, Aleksey G. Chekal, "On the Origin of the Early Christian Artistic Tradition in Byzantine Chersonesos", *Athens Journal of History*, 1 (2015): p. 226.

图14 罗马地铁C号线出土的哈德良王朝军官宅邸中的地面马赛克装饰（约公元2世纪）

图13 双耳罐，孔雀与鸽子题材的浮雕石棺后挡
（约6—8世纪，意大利拉文纳圣阿波利奈尔教堂藏）

图15 唐代《佛传图》中的佛诞生局部
[绢本设色，采自罗德瑞克·韦陀著，林保尧译：
《西域美术（一）》 大英博物馆藏斯坦因搜集品，
艺术家出版社，2014，第231页]

图16 新疆吐鲁番胜金口石窟第五窟主室右侧壁上层
(《西域美术全集》卷12，天津人民美术出版社，2016，第265页)

形象（图16）。[1]

事实上，罗马—拜占庭的图样确实在唐代已传入长安，许多唐代的画家名手都曾绘制过"拂菻样"的作品。[2]裴孝源《贞观公私画录》中有记载："拂菻图人物器样二卷，鬼神样二卷，外国杂兽二卷。右六卷，西域僧迦佛陀画，并得杨素家。"[3]迦佛陀作为一名来自西域的僧人，又恰好能绘制拂菻图样，这样同时兼备佛教背景与西域外族身份的画家其实在唐代之前就已来到中土，并受到过相当的重视。北齐时期就有来自中亚曹国的曹仲达"善于丹青，妙画梵迹，传模西瑞，京邑所推"[4]。唐代更有来自西域以"擅画外国及佛像"闻名的尉迟乙僧，[5]《唐朝名画录》中称其可绘"凹凸花面中间千手眼大悲"，并且"凡画功德、人物、花鸟，皆是外国

---

1 吴勇、田小红：《新疆吐鲁番胜金口石窟发掘报告》，《考古学报》2016年第3期。
2 葛承雍：《再论唐武惠妃石椁线刻画中的希腊化艺术》，《中国国家博物馆馆刊》2011年第4期。
3 （唐）裴孝源：《贞观公私画录》，《中国书画全书》第1册，上海书画出版社，1993，第173页。
4 （唐）释道世：《法苑珠林》上册，江苏广陵古籍刻印社，1990，第265页。
5 尉迟乙僧一说于阗国人，见（唐）张彦远《历代名画记》卷九，浙江人民美术出版社，2016，第141页；一说吐火罗国人，《唐朝名画录校注》上册，第50页。

之物像，非中华之威仪"[1]。中亚康国人康萨陀也擅长绘制异域特征的动植物，《历代名画记》中记载他笔下有"初花晚叶，变化多端，异兽珍禽，千形万状"[2]。

这些来自中亚地区具有多重文化背景的画家的存在为找寻"金盆花鸟"的图式来源提供了一个线索。一种可能性是来自遥远西方的禽鸟与器物组合的图式最初就是被中亚地区同时擅长佛教绘画又接触过西方图式的外族画家接受，并融合了佛教思想，进行了对图像的初步改造。而宗教因素的存在则成为图像得以被接受的背景，进而在如边鸾一类的画家手中完成了本土化的再创造。[3] 在画史记载中，边鸾也正是以特殊的设色技法闻名的。宋代董逌《广川画跋》中论边鸾花鸟："然花色红深，淡若泹露疏风，光色艳发，披哆而洁，燥不失润泽凝之（一作结），（则）信设色有异也。"[4] 这种色彩鲜艳润泽、栩栩如生的花卉表现方法也应是受到了外来画风的影响。且据《宣和画谱》的记载，边鸾为唐德宗所绘的孔雀姿态也正是伴随音乐翩然起舞："德宗时有新罗国进孔雀善舞，召鸾写之，鸾于贲饰彩翠之外，得婆娑之态度，若应节奏。"[5] 唐安公主正是唐德宗之女，她亡于奉天之难流亡的途中，后被迁葬长安。[6] "金盆花鸟"图在唐安公主墓中出现应与边鸾画风在当时宫廷的流行有着密不可分的关系。

早有学者指出过外来工艺品上的花鸟图像对唐代花鸟画题材的兴起产生过重要的影响。[7] 反观 8 世纪花鸟画的初生时期，最早出现在唐代高等级墓葬中的花鸟画图式，其一以章怀太子墓石椁外壁线刻的花鸟图为代表，一幅画面中出现多株并排直立的植物，其上飞有小型的鸟雀与蜂蝶（图17）；其二以武惠妃石椁外壁线刻的花鸟画图式为代表，描绘一株独立的植物下配一只站立于地面的禽鸟（图18），与之相似的还有新疆阿斯塔纳 217 号唐墓后壁的六扇花鸟屏风与日本正仓院藏唐代鸟木石夹缬屏风；其三即为"金盆花鸟"图。一个值得关注的现象是，这三种在 8 世纪出现的早期花鸟画样式都能在遥远的古罗

---

1 《唐朝名画录校注》上册，第 50 页。

2 （唐）张彦远：《历代名画记》，浙江人民美术出版社，2016，第 142 页。

3 这种本土化创造的表现例如在"金盆花鸟"壁画中蜂蝶等昆虫意象的加入，昆虫的形象少见于域外类似图式中，却可在本土艺术中找到描绘的传统，自南朝宋时即有如顾景秀、刘胤祖一类以擅画"蝉雀"著称的画家，且蜂蝶昆虫也是唐代园林诗词中频繁出现的意象。

4 （宋）董逌：《广川画跋》，《中国书画全书》第 1 册，上海书画出版社，1993，第 833 页。

5 前揭《宣和画谱》卷十五，《中国书画全书》第 2 册，上海书画出版社，1993，第 105 页。

6 郭海文、赵文朵：《〈唐安公主墓志〉考释》，《碑林集刊》，2015，第 79—89 页。

7 Ellen Johnston Laing, "Development of Flower Depiction and the Origin of Bird-and-Flower Genre in Chinese Art", *B. M. F. E. A* (*The Bulletin of the Museum of Far Eastern Antiquities*) 64 (1992), p.190；刘婕《唐代花鸟画研究》，第 66—70 页。

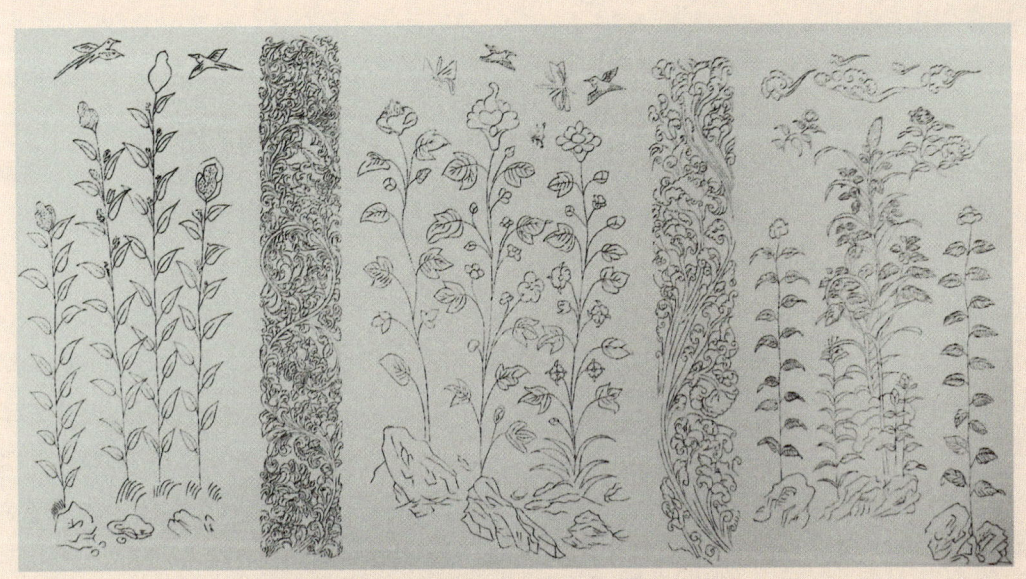

图17 章怀太子墓石椁外壁线刻花鸟画（约706年）
（《线条艺术的遗产：唐乾陵陪葬墓石椁线刻画》，文物出版社，2013，第48页）

图18 惠妃石椁外壁线刻花鸟画（约737年）
（《皇后的天堂：唐敬陵贞顺皇后石椁研究》，文物出版社，2015年，第71页）

图19 庞贝Ⅵ.17.42 Oecus32，东墙出土的壁画（约公元1世纪）

马艺术中找到极为相近的图式。庞贝出土的一面壁画集中地出现了这三种图式，上半部分的拱形壁面上绘制的是金盆与鸟，下半部分为直立的多株花木，上有鸟类飞翔于空中，下有鸟类立于树下（图19）。赵逸公墓中出现的盆器之后生长着大株花卉，并在两旁辅以花下禽鸟的样式也同样可见于古罗马的壁画当中（图20）。尽管目前并没有更多的证据表明这些高度相似的花鸟图式之间全部存在着直接的影响与传播的脉络，但即便这些图式只是各自独立发展出的体系，它们为何会不约而同地出现在不同文明中不同的历史时期，又为何一时流行之后便都消逝于历史的时空中，也依然是值得思考的问题。

从唐安公主墓到安阳三座中下层官吏墓，这半个多世纪中，"金盆花鸟"图式也经历着不断的变化。赵逸公墓壁画与唐安公主墓壁画相比，异域色彩浓重的拱形的花树最先消失了，在金（银）盆的左右两侧增加了（在刘家庄北地M126中是两侧各有两个）直立的花株，将"金盆花鸟"与"花下禽鸟"的图式结合在了一起。这种以一团大花株为中心两侧配以窄长的直立花，花下立有禽鸟，整体基本成中轴对称式的构图又与北京海淀八里庄开成三年（838）王公淑墓北壁的"牡丹芦雁图"类似，只是在"牡丹芦雁图"图中去掉了金（银）盆，中间的牡丹花簇呈现出一种相对杂乱无根的状态。在赵逸公墓壁画中，唐

图20　古罗马壁画(约公元1世纪,日本Miho博物馆收藏)

代园林与墓室壁画中常见的湖石元素被移到了两侧直立花株的正下方。这一图式再进一步发展到五代王处直墓后室后壁的花鸟屏风壁画中，湖石便最终取代了金（银）盆的位置，形成了以大型花株与湖石的组合为中心，两侧分立花下禽鸟的样式。这一系列画面元素不断地替换重组所体现的正是中晚唐五代画家对外来视觉元素不断进行本土化与再创造的过程。

在这一过程中，原本的异域与宗教色彩逐步消弭，"金盆花鸟"图渐渐走向了对世俗生活的开放。在安阳三座中下层官吏墓中，"金盆花鸟"图被描绘在屏风之上，与墓室壁画整体营造出的日常生活氛围更加密切地融合在了一起。如赵逸公墓花鸟屏风一侧绘有侍女立于布障屏风之后，另一侧则画出了窗格。刘家庄北地 M126 郭㸂墓中在花鸟屏风的两侧出现了更为生活化的瓷枕形象与可能入寝更衣使用的布障屏风。刘家庄北地 M68 墓中的"金盆花鸟"屏风还直接遮挡住了其后持盆侍女的形象，屏风作为一种生活用器与周围环境进一步建立起联系，成为墓主人相对真实就寝空间的一部分。

五 结语：多元融合

唐代"金盆花鸟"题材的墓葬壁画是在高度融合了来自各种视觉文化体系中的多样元素后创造出的崭新图式，这种做法在唐代墓葬美术中并非孤例。

武惠妃石椁是目前可见的唐代规格最高的葬具之一，其上的线刻装饰就充分表现出了多元融合的特征，现有的研究已从多种角度讨论过武惠妃石椁线刻画的图像来源，概括起来包括来自希腊—罗马、萨珊波斯、粟特、祆教与佛教等多种视觉文化的影响。[1] 武惠妃石椁中体现出的这种视觉构建的思路其实同"金盆花鸟"图是一致的。这些来自多元文化系统中的图像组合的逻辑并不一定能完全自洽，唐代画家与工匠也不一定对每一种图像元素背后的含义有深层次的认知，他们只是以一种开放兼容的态度将多种与护佑、往生、富贵、美好、极乐有关意象的图像全部融合在了一起。

总之，"金盆花鸟"图式的渊源是复杂而多元的，既有对异域器型的模仿，也处处渗透着佛教视觉文化的影响，更在形式上借鉴或吸取来自罗马—拜占庭的图式。但随着图像的传播，在被更广泛的民众接受的过程中，世俗性的理解冲淡了一切，至宋人眼中，"金盆花鸟"便已简化成了单纯的尊荣与富贵的象征。

附记：感谢贺西林、黄小峰、李军、郑岩老师给予本文的建议！

---

[1] 相关研究见陕西历史博物馆编《皇后的天堂——唐敬陵贞顺皇后石椁研究》，文物出版社，2015。

行僧神化与图像重构[*]
——瓜州榆林窟第21窟新辨识行脚僧研究

■ 袁 頔（浙江大学艺术与考古学院）　沙武田（陕西师范大学历史文化学院）

一　前言

瓜州榆林窟第21窟初建于唐代，由主室、后甬道、前室、前甬道构成，主室为覆斗顶并建有中心佛坛，现存壁画主要是宋曹氏归义军晚期重绘作品，而较为特殊的是，在该窟前甬道南、北壁西端即门口位置有两铺回鹘风格的说法图，下部均漫漶严重，在最外侧门的位置又被后期人为加固的封门墙遮掩了部分壁画，因此画面不全。关于这两铺说法图，较早谢稚柳《敦煌艺术叙录》中记作"洞口""佛二铺南北壁"[1]；张伯元《安西榆林窟》录作北壁"说法图（残毁）"，南壁"药师佛一铺（残毁）"[2]；霍熙亮整理榆林窟内容总录记为"南壁东侧回鹘画药师佛一铺（下漫漶）"，"北壁东侧说法图一铺"[3]，此处"南壁东侧""北壁东侧"有误，实均为甬道南北两壁的"西侧"即窟门位置，该窟坐东面西，窟门向西。此二铺图版未见有全图正式公布发表，目前仅见甬道南壁说法图主尊右上侧的水月观音画面有公布（图1）。

鉴于画面漫漶不全，又部分被后期封门的水泥墙遮掩，加上门口非观察者容易聚焦的位置，现进窟后又被保护壁画的玻璃屏风阻挡，因此诸多因素导致该二铺壁画长期不为学界所关注。唯有王惠民先生在研究水月观音图像时，对南壁佛两侧水

---

[*]　［基金项目］本成果得到2016年度国家社科基金重大项目"敦煌西夏石窟研究"（16ZDA116）、高等学校学科创新引智基地计划支持"长安与丝路文化传播学科创新引智基地"（B18032）资助。文中图片除注明外，均为敦煌研究院提供，版权为敦煌研究院所有。

[1]　谢稚柳：《敦煌艺术叙录》，上海古籍出版社，1996，第464页。

[2]　张伯元：《安西榆林窟》，四川教育出版社，1995，第129页。

[3]　敦煌研究院编：《敦煌石窟内容总录》，文物出版社，1996，第212页；另见敦煌研究院编《中国石窟·安西榆林窟》，文物出版社、（日本）平凡社，1997，第258页。

月观音有专门的文字描述。[1] 有趣的是，之后在丰富的水月观音图像研究成果中，对此窟前甬道南壁说法图中绘制的二身水月观音画面关注非常有限。水月观音出现在佛说法图中，作为主尊佛的眷属或听法众人物，这样的搭配并不多见，至少在敦煌地区为仅见，王惠民大作未强调这一点，之后的研究者多未实地考察，故对其意义认识不足。

此二铺回鹘风格的佛说法图中，除了水月观音作为胁侍眷属或听法众出现在甬道南壁的主尊佛左右两侧外，另在甬道北壁说法图主尊两侧的胁侍诸神行列中出现有行脚僧形象，这既同南壁药师图像类似——于常见的说法图画面里增添了新角色，更是行脚僧壁画中独一无二的特例，之前未有人注意到此图像组合关系，资料收集最全者属王惠民先生对敦煌行脚僧图研究大作，[2] 但文中未提及榆林窟第21窟资料，王文之后行脚僧题材研究亦无人注意到该窟之画，[3] 因此属于新辨识的图像，故有必要介绍出来供学界研究，并对相关问题作些探讨，不当之处，敬希方家指正。

二 新辨识行脚僧形象及其在图像演变过程中的关键地位

敦煌绘画中的行脚僧图除学术界广泛使用的藏经洞绢、纸画之外，洞窟壁画分别绘于莫高窟第45、306、308、363窟，榆林窟第21窟两身行脚僧则属新辨识的图像，所出现的位置也是前所未有的。首先，

图1 榆林窟第21窟前甬道南壁水月观音
[采自敦煌研究院编：《中国石窟·安西榆林窟》，文物出版社、（日本）平凡社，1997]

---

1 王惠民：《敦煌水月观音像》，《敦煌研究》1987年第1期；修订本见氏著《敦煌佛教图像研究》，浙江大学出版社，2016，第157页。

2 王惠民：《敦煌画中的行脚僧图新探》，《九州学刊》1995年第4期；另载氏著《敦煌佛教图像研究》，第93—115页。

3 谢继胜：《伏虎罗汉、行脚僧、宝胜如来与达摩多罗：11至13世纪中国多民族美术关系史个案分析》，《故宫博物院院刊》2009年第1期；李翎《"玄奘画像"解读——特别关注其密教图像元素》，《故宫博物院院刊》2012年第4期；孙晓岗《敦煌"伴虎行脚僧图"的渊源探讨》，《敦煌学辑刊》2012年第4期。

榆林窟第21窟前甬道南壁西侧门口的说法图保存情况尚好，主尊结跏趺坐，旁有榜题框，文字不清，左手托钵，右手持锡杖，特征明显，可以肯定为药师佛说法，主尊两侧眷属听法众左右对称，从上而下分别为：水月观音、弟子、菩萨等（图2）。而北壁西侧门口说法图则呈三会式构图（图3）。中央主尊为一身趺坐佛，身旁对称分布有弟子、菩萨、天王。左右下角各有佛一身，身旁随侍图像漫漶严重，辨识较为困难。依据主尊形象特征以及和甬道南壁相对应药师佛壁画来推断，此铺说法图当为阿弥陀说法图。和传统说法图比较，该图最特殊之处即为在主尊的眷属行列中，左右各出现一身世俗僧人形象（图4、图5），进一步观察细节，可发现右侧僧人着交领僧衣，腿似缠有绑腿，头戴斗笠，作赶路姿态；左侧僧人现仅存部分，面目漫漶严重，眉眼难以辨识，但是僧衣、斗笠等服饰依旧可见，且一手扬起，举一柄小扇，身形也是行路之状。根据这些图示细节，并联系莫高窟行脚僧壁画进行对比，可以判断这两身僧人为行脚僧，这也是敦煌石窟范围中唯一一处行脚僧元素直接以世俗僧人形象进入其他题材壁画的案例。由此，我们也找到了探寻"行脚僧"这一图像符号神化历程的初始切入点。

从该题材现存壁画实例来看，行脚僧图样及其延伸出的作品受到了敦煌民众及洞窟营建者的喜爱，在敦煌石窟存在的时间跨度自宋代初（约10世纪后半叶）至西夏晚期（13世纪初）近200年，可谓经久不衰的创作主题。值得注意的是，行脚僧在敦煌主要流行时间为曹氏归义军时期至回鹘、西夏，其表现形式较为单调，从行脚僧单幅纸、绢画来看，多数画面简略，仅为一身伴虎取经的僧人，个别画作中还绘有云中的宝胜如来（图6），曹氏时期该

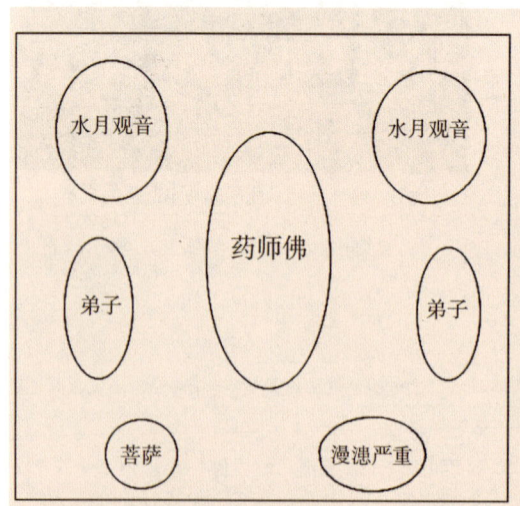

图2 榆林窟第21窟前甬道南药师说法结构简图（笔者绘）

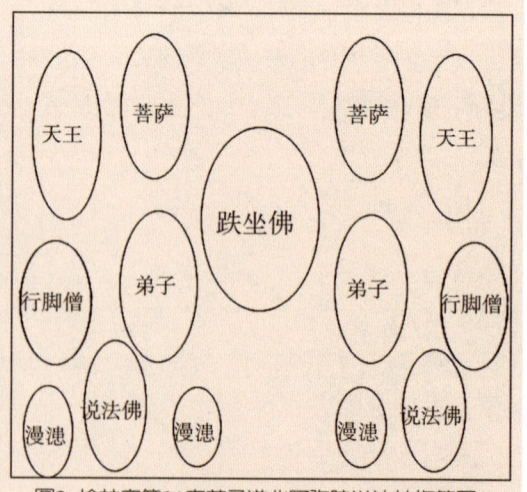

图3 榆林窟第21窟前甬道北阿弥陀说法结构简图（笔者绘）

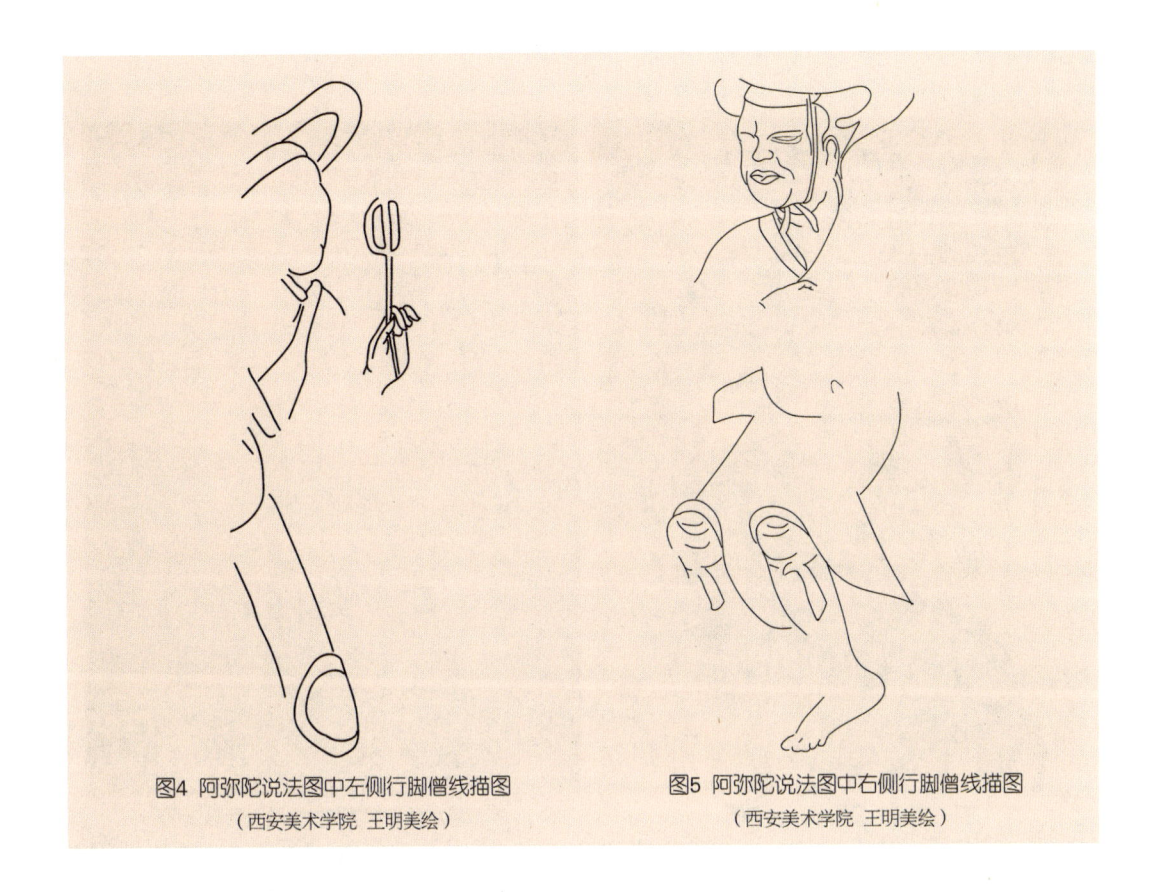

图4 阿弥陀说法图中左侧行脚僧线描图
（西安美术学院 王明美绘）

图5 阿弥陀说法图中右侧行脚僧线描图
（西安美术学院 王明美绘）

题材作为壁画绘于莫高窟第45窟前室门上位置。到了回鹘西夏时期多绘于窟门或甬道，以莫高窟第306、308、363窟为例（图7），起引导信众之作用。[1]

另外，至西夏中晚期，与行脚僧图渊源颇深的玄奘取经形象却被吸纳入不同题材壁画中，千手观音、水月观音、普贤并侍从像等画面中皆可见玄奘身影。段文杰先生认为在榆林窟第3窟五十一面观音壁画中，由于头光和位置的变化，"（玄奘与猴行者）已被画师列入侍从神灵的行列"[2]。12世纪起日本还出现有《玄奘十六善神图》《释迦十六善神图》等，这些作品中玄奘已正式神格化，成为佛教神灵体系中的一员（图8）。

由风尘仆仆的求法僧再到位列诸神的玄奘，行脚僧图及相关题材地位的不断提升是显而易见的。颇为费解的是，其图像变化历经百年之久，但是发展脉络却十分简单，从世俗取经者一跃化作"圣僧"玄奘，直接成为胁侍神灵乃至图像主尊，几

---

[1] 袁頔：《莫高窟行脚僧壁画绘制原因探析》，陕西师范大学历史文化学院、陕西历史博物馆编，沙武田主编《丝绸之路研究集刊》第四辑，商务印书馆，2019，第321页。

[2] 段文杰：《玄奘取经图研究》，敦煌研究院编《1990年敦煌学国际研讨会文集·石窟艺术编》，辽宁美术出版社，1995，第3页。

图6 大英博物馆藏行脚僧图
（采自大英博物馆监修：《西域美术》，日本讲谈社，1982年）

图7 莫高窟第363窟甬道行脚僧图

无过渡衔接，对于佛教美术题材的演变传统来说似乎有些突兀。

作为日本负笈玄奘、藏地达摩多罗等神祇的原始形象，行脚僧尊格的提升应是上述题材开始"神化"的滥觞。虽然有研究者对行脚僧粉本传播、同后世相关作品的承继与联系等方面进行了探讨，[1] 但对于"行脚僧"这一形象如何进入其他题材的图画中，其身份又是如何逐渐发生变化的，之前一直无图像证据，榆林窟第21窟阿弥陀说法图中两身行脚僧图像的辨识，正好弥补了该图像艺术史演变的重要环节。根据此铺说法图及与之对应药师图像的整体艺术风格来看，它们均为沙州回鹘时期（1036—1076）[2] 壁画，创作时代可定为11世纪中叶左右。再考虑到佛教艺术创作的

1　相关研究参考 Dorothy C. Wong, "The Making of A Saint: Images of Xuanzang In East Asia", Early Medieval China 8 (2002): 44；[美]王静芬《以东亚玄奘图像为中心审视圣僧神化历程》，张善庆译，《敦煌研究》2016年第2期；[日]关口正之《玄奘三藏十六善神图》，《国华》第1227号，1998，第35页。

2　沙州回鹘具体时代判定参考李正宇《悄然湮没的王国——沙州回鹘国》，敦煌研究院编《1990年敦煌学国际研讨会文集·石窟史地语文编》，辽宁美术出版社，1995，第155—156页；杨富学《回鹘与敦煌》，甘肃教育出版社，2013，第239—299页。

相对独立性和传承延续性，榆林窟第 21 窟前甬道南、北两铺壁画的绘制最晚时间或许可至 11 世纪晚期，然其为回鹘特色作品应无疑义。结合回鹘典型窟莫高窟第 363 窟[1]甬道出现的两身行脚僧实例，可见在回鹘时代乃至稍后西夏正式统治瓜、沙之初，敦煌地区行脚僧壁画既有单幅尊像的形式，同时亦现身于阿弥陀佛的胁侍行列中，故 11 世纪必定是行脚僧图像发生转变的关键阶段。

行脚僧图由独立的图像进入佛说法图中，作为主尊佛的胁侍眷属和听法众，从现实中的高僧形象迈向佛国世界，身份发生转变，赋予其深厚的神性特征，其神化的原因颇为复杂，实应给予相当的重视。而借助于榆林窟第 21 窟内新辨识出的两身行脚僧，我们也得以对该题材的发展脉络进行更加细致的梳理，并探讨其流变过程中的相关问题。

三 再读行脚僧图
——由敦煌佛教信仰环境出发

巫鸿先生曾提出一种读图方法，即对于图像的"超细读"——此种方法尤为关注绘画中的个别形象，通过仔细考察它们本身各方面细节，进而探究这些形式因素所隐含的意义，并且"超细读"

所针对的形象往往既非绘画中的主体，也不占据核心位置，在画面中显得微小、次要，或者作为主要形象的附属部分。[2] 如此来看，本文所探讨的行脚僧绘制面积不大、所处位置并不显眼，恰恰是完美

图8 日本13世纪释迦十六善神图

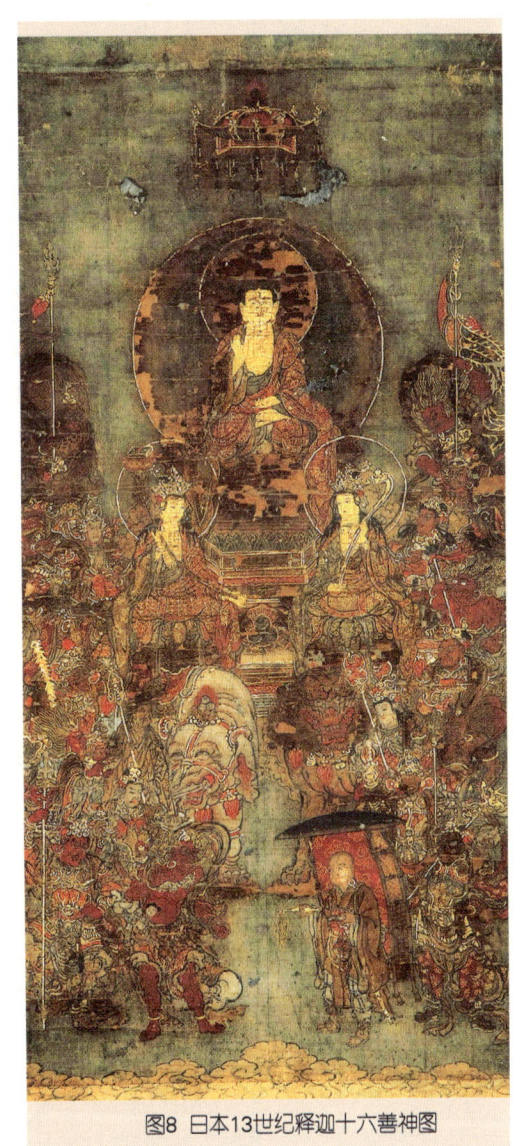

1 刘玉权：《关于沙州回鹘洞窟的划分》，敦煌研究院编《1987 年敦煌石窟研究国际讨论会文集·石窟考古编》，辽宁美术出版社，1990，第 1—29 页。

2 [美] 巫鸿：《超细读：绘画的再发掘》，范景中、严善錞主编《艺术及其历史》，商务印书馆，2018，第 36 页。

契合超细读要求的思考对象。与此同时，巫鸿先生也指出，作为画面中的细节形象，它们亦常常与画之主题产生着微妙的互动，具有衔接各个部分、引入新内容等作用，有时甚至成为重新考量一幅画作的契机。[1] 鉴于本文所论榆林窟第 21 窟行脚僧形象极为独特，堪称该图样发展流变过程中的重要转折，故笔者由图像本体入手，将行脚僧题材置于敦煌佛教信仰环境之中，对这一角色的升格、神化，以及进入胁侍神灵行列的动态过程尝试进行"细读"。

（一）高僧崇拜传统下的精神寄托

敦煌石窟壁画包罗万象，主题浩繁，而诸多图像的绘制与变化，均与当时的佛教信仰、民间思潮、社会生活等方面有着千丝万缕的关系，可以认为是宗教和历史共同影响的结果。如莫高窟第 148 窟正壁宏大的涅槃经变中，营建者舍去传统"八王争分舍利图"，代之以较为温和的"八王求分舍利"情节，即是敦煌僧俗不愿佛骨舍利落入吐蕃之手的委婉表达；[2] 又如曹氏归义军时期，敦煌各类"新样文殊"壁画形制不一，但于阗国王却必定存在于该题材之中，展现出沙州、于阗两地非同寻常的紧密关系。[3] 诸如此类的案例在敦煌石窟中比比皆是。

作为一种写实风格突出的壁画作品，敦煌行脚僧图无疑蕴含有信众对于高僧的崇拜与礼敬，此题材描绘了风尘仆仆、取经布道的僧人形象，实为百姓心中感恩传法者的体现。汉魏以来便有许多僧人加入行脚四方、求经弘法的实践当中。隋唐时期，行脚活动已经非常兴盛，至晚唐以后，行脚游历蔚然成风，并成为古代僧人习学、讲道的重要方式之一。[4] 而历经乱世后，北宋朝廷大力支持内地僧人前往西域、印度等地，掀起了丝路佛教交流的又一高潮。在这一背景下，高僧崇拜也得到进一步的发展，宋初西行求法事业的繁荣也在一定程度上解释了为何行脚僧图像在敦煌出现的时间如此集中。

就敦煌本地信仰状况来看，民众们对于世俗高僧的崇拜有着悠久历史，且留下许多相关图像作为直接证据。例如，莫高窟隋代第 292、427 窟中均绘制有大量传法祖师像，反映出营建者对于历代佛教祖师的尊崇。而从敦煌百姓视角观察，能显露神通、救度民众的高僧更是极受欢迎，其中佼佼者首推刘萨诃。莫高窟群中出现不少与其相关的壁画图像，如第 72 窟内精美细腻的"刘萨诃与凉州瑞像变"（图 9），细节完备、绘制精妙，展现了敦煌人对于"圣者刘萨诃"的礼敬、喜爱之情。除此之外，佛图澄、昙延等很多著名僧人都被纳

1　[美] 巫鸿：《超细读：绘画的再发掘》，范景中、严善錞主编《艺术及其历史》，商务印书馆，2018，第 36 页。
2　公维章：《涅槃、净土的殿堂：敦煌莫高窟第 148 窟研究》，民族出版社，2004，第 221 页。
3　沙武田：《归义军时期敦煌石窟考古研究》，甘肃教育出版社，2017，第 195 页。
4　赵娜、杨富学：《晚唐五代禅僧行脚问题考析》，《中南民族大学学报》2011 年第 3 期。

入敦煌壁画的创作中，这些珍贵图像无疑是信众心中对高僧大德尊崇之情的图像表达。五代宋初以降，得益于高僧信仰的不断发展，种种关于高僧的传说故事更加盛行，以"神僧""异僧"为表现对象的美术作品也层出不穷，典型者如风靡中原、河西等地的"布袋和尚"图样（图10），其原型释契此为浙江地区的一名僧人，"杖荷布囊"[1] 是他的标志性形象，契此行为奇特，能够示人吉凶，临终作偈"弥勒真弥勒，分身千百亿。时时识世人，时人总不识"[2]。因此，宋人将契此视作弥勒化身，大造其像。这一题材的产生流变无疑是信众虔诚礼敬高僧，将世间僧人神圣化对待的标准案例。而敦煌地区在宋初受到西行求法活动的深刻影响，汉、梵取经僧在瓜沙往来不绝，行脚僧作为高僧崇拜的信仰图示，正是在这一时期地位得以大幅提升，迈入佛胁侍诸神之列，榆林窟第21窟内衣着朴素、手举小扇，面朝说法图主尊侍立的两身行脚僧人正印证了此题材的初具神格。

图9 莫高窟第72窟刘萨诃因缘变相局部
[采自敦煌研究院主编：《敦煌石窟全集》第12册《佛教东传故事画卷》，（香港）商务印书馆，1999]

图10 东千佛洞第2窟布袋和尚

---

1 （宋）赞宁：《宋高僧传·下》，中华书局，1987，第552页。
2 （宋）庄绰：《鸡肋编》，萧鲁阳点校，上海书店出版社，1983，第52页。

另外，北宋初至西夏时期是多民族佛教艺术相互借鉴、融合的高峰期，借助丝路佛教交流以及跨区域僧侣往来等活动，不同地区佛教造像呈现出一定的共性。在敦煌行脚僧图像兴起的同时，藏地也开始出现达摩多罗绘画作品——贺兰山相关传说、行脚僧、宝胜如来之间构成图像联系，引入藏地后成为藏传佛教中新的造像题材。[1] 在托林寺红殿中我们能够看到与诸多高僧同绘在一壁，且绘画样式遵循着早期汉地风格的达摩多罗，这可谓是行脚僧/达摩多罗形象在藏地作为高僧崇拜对象的实例（图11）。随着藏区佛教信仰与艺术的深入发展，15世纪的达摩多罗唐卡作品已然非常精美（图12），反映出此题材的升格，同敦煌、日本等地行脚僧图像神化的趋势有着异曲同工之处。

值得注意的是，无论是行脚僧人抑或是达摩多罗，在其形象不断完善的进程中，往往将许多神迹化现、宗教传说等灵异元素加以吸收利用。佛教传播历史上的"感应"或"感通"故事、人物，无非是借助于人间现实的历史、地理附会上一些"奇迹"，使之成为诱导信仰者从人间到"净土"的桥梁。[2] 借此使得信众坚信所求一定可得，所行必然回报，并树立为他们心

图11 托林寺达摩多罗像
（采自谢继胜主编：《藏传佛教艺术发展史》，上海书画出版社，2010）

图12 达摩多罗唐卡
（采自谢继胜主编：《藏传佛教艺术发展史》，上海书画出版社，2010）

1　谢继胜主编：《藏传佛教艺术发展史》，上海书画出版社，2010，第229页。
2　史苇湘：《刘萨诃与敦煌莫高窟》，《文物》1983年第6期。

中的实践榜样与情感寄托。故行脚僧题材也直观折射出人们渴望通过虔诚礼佛，最终步入极乐世界的愿景。对于普通信徒来说，秉持佛法的僧侣乃至神通广大的"圣僧"是他们信仰路上的指路明灯，印证了借助潜心礼佛、取经传法等行动能够修得正果，在净土殿堂拥有立足之处，这也正是刘萨诃、佛图澄、玄奘等僧人形象得以绘入敦煌壁画的重要原因。而在榆林窟第21窟中，我们发现行脚僧已经立于佛身旁，成为事实上的胁侍之一。据相关记载，唐代名僧法照曾观见净土，看到了由一位年长僧人随侍的阿弥陀佛，且阿弥陀佛告诉法照，此人乃净土宗大师承远。[1] 由此可见世间僧侣与佛的结合自唐代便有渊源可循。就五代宋初至西夏的瓜沙地区来说，僧人角色入画也有实例，如文殊图像中即有现实僧人——佛陀波利形象的存在（图13），借助于文殊信仰的流行，佛陀波利成为俗世僧人进入佛菩萨近侍行列的代表人物。笔者认为，佛胁侍行列中的僧人形象可看作现实世界与净土殿堂的衔接点，亦是人间修行者在佛国的代言人，沟通了俗世与净土，指引着万千僧俗笃信佛法、践行教义。作为众多取经、弘法僧侣们的写真图样，行脚僧人在榆林窟被纳入说法图，愈加接近佛尊，这正是民众执着追寻信仰，渴求往生净土并希望修行得到回报的情感抒发。

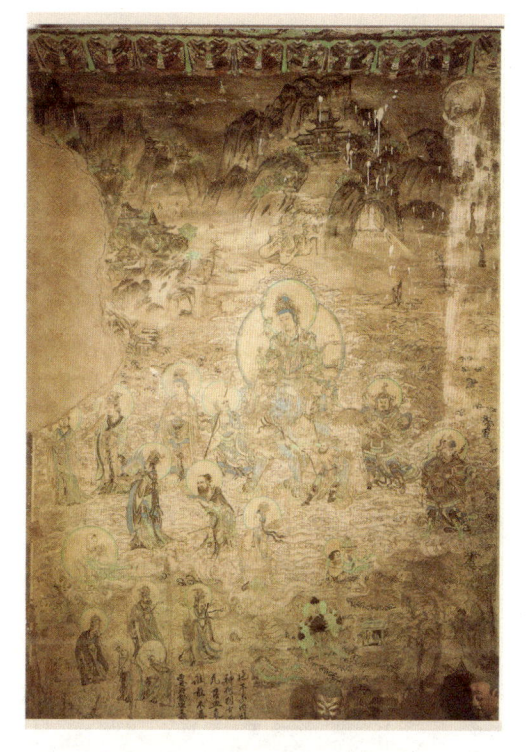

图13　榆林窟第3窟文殊变

（二）末世劫难中的正法象征

在行脚僧形象发展的脉络中，日本镰仓时代诞生的"玄奘负笈图"以及"玄奘十六善神图"等作品不仅画面精美，人物组合也更加复杂。除作品本身观赏性进一步提高之外，这些图像还在日本当时的佛教活动中发挥着重要作用：在平安时代，《大般若经》升级为护国经典，举办"大般若会"成为国家礼仪，而在布置道

1　（唐）柳宗元：《南岳弥陀和尚碑》，《柳河东集》第2册，上海古籍出版社，2008，第17—18页。

场时，则必须悬挂守护此经的诸神之像——《释迦十六善神图》。[1] 到了镰仓时代，保持行脚取经姿态的玄奘出现在这一图样中，有时还代替释迦成为被诸神环绕的主尊（图14）。

日本学者关口正之在对比中日现存图像材料后，提出《十六善神图》中玄奘形象系借用唐宋时期行脚僧图样而产生的日本新式佛画。[2] 在解析图像内涵时，刘淑芬认为在《十六善神图》中背负经笈、作奔走状的行脚僧形玄奘十分特殊，且已被提至天神地位，这是为了彰显他远赴印度取经的壮举，故相关作品以行脚僧身姿纪念他不畏路途遥远和艰辛苦行。[3] 由此可见，日本13—15世纪的玄奘形象同行脚僧图一脉相承，且仍然沿袭了高僧崇拜的思想内核，更为关键的是，此时玄奘已经同十六善神一起成为守护佛法与经典的神祇，具有护法神的显著特征。如若以此条线索上溯，那么榆林窟第21窟阿弥陀说法图中初现神格的行脚僧是否也蕴含有一定的护法性格呢？通过梳理相关背景，笔者认为，末法思潮弥漫与般若信仰盛行赋予了行脚僧元素特殊的宗教含义，为之添加了护持正法的强烈色彩，这亦是敦煌壁画中该题材地位得以提升的重要促成因素之一。

11世纪前后，法难将至的思潮已然袭来，席卷了以佛教为主要信仰的宋、辽、于阗等诸政权。从现存辽代佛教文物来看，末法氛围对其造像有着深刻影响，如朝阳出土经塔，塔身上清晰注明"重熙十二年（1043）四月八日午时葬像法只八年"[4]；高昌遗存《造佛塔记》中开头便写有"□教末代"，展现了民众为消灾避难而起塔供奉。此期的瓜沙地区同周边诸国来往密切，也不可避免地遭受到末

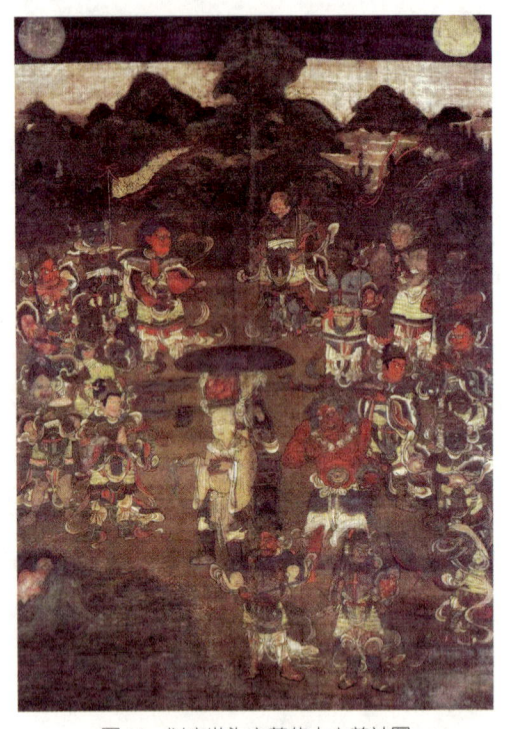

图14 以玄奘为主尊的十六善神图

1　刘淑芬：《高僧形象的传播与回流——由"玄奘负笈图"谈起》，《徐苹芳先生纪念文集》（上），上海古籍出版社，2012，第337页。

2　[日]关口正之：《玄奘三藏十六善神图》，《国华》第1227号，1998，第35页。

3　刘淑芬：《高僧形象的传播与回流——由"玄奘负笈图"谈起》，《徐苹芳先生纪念文集》（上），第355页。

4　孙进己主编：《中国考古集成·东北卷·辽（一、二、三）》，北京出版社，1997，第1725页。

法思想猛烈冲击，宋初时大量出现在莫高窟中的千佛图像等壁画直观反映了信众期盼得到庇护的心愿与目的，可见免受法难侵袭这一诉求已然渗入敦煌石窟营建的过程中。而不容忽视的是，敦煌行脚僧像与其相关画作均是以求法、取经僧人的形象呈现于世的。在佛教经典以及图像资料中，具有神格或身份特殊的比丘往往承担起护持教义、传承正法的重任。如释迦在灭度之时言道：

> 诸比丘，是迦叶比丘，于释迦牟尼佛灭度之后广持正法，而此众中，无有一人于我灭后广能如是持我正法如迦叶者。[1]

从佛经中能够看出，以苦行著称的阿难是释迦所认定最能护持佛法之人。除此之外，如广受各阶层信众尊崇的泗州佛僧伽和尚，其造像在宋夏之交也蕴含有浓厚的末法意味，在陕北延安石泓寺第7窟及清凉山第11窟中（图15），出现有多处僧伽同涅槃、弥勒等题材的交涉，传达出强

图15 延安清凉山第11窟左壁中央僧伽造像组合
（图片由西北工业大学石建刚副教授提供）

---

[1]（北齐）那连提那舍译：《大悲经》，《大正藏》第12册，第953页。

烈的末法、传法思想。[1] 结合佛教经典中的描述以及末法大环境下的图像创作，再参考后期日本佛画中玄奘所体现的守卫经典、救世保国等功能，我们可以得出这样的结论：具有弘法、传道特征的僧人形象往往是佛法存世的象征，同时也肩负着护佑、延续正法的责任。而行脚僧正是宋夏期间远赴印度、复兴佛教的实践者，在法难降世的环境下，敦煌信众对正法的渴望无疑为"行脚僧"这一角色增添了守护经典、秉持佛法的色彩，这也应是日本负笈玄奘具备护法神功能的渊源所在。

还应提及的是，在末世思想弥漫的同时，敦煌地区的般若信仰也达到一个高峰，并与行脚僧题材产生了联系。五代以来，敦煌诸寺中的每卷经目均将《大般若经》列为众经之首，且该经也是敦煌百姓抄经发愿时最喜选择之经。[2] 传统认为《大般若经》为镇国之大宝，人天之妙典，持诵供养可得诸佛之护佑。[3] 因此在劫难将至、佛法不存的情形下，大量僧俗民众投入供奉般若经典的行列，即使是归义军政权中的上层官员也参与到发愿抄写《大般若经》的活动之中，如编号为北图 1429 的敦煌文书《大般若波罗蜜多经》有记：

清信弟子归义军节度监军使检校尚书左仆射兼御史大夫曹延晟，剖割小财，写《大般若经》一轶并锦帙子，施入显德寺者。奉为军国永泰，祖业兴隆；世路清平，人民安乐……惟愿承斯书写功德，奉施因缘，罪灭福生，无诸忧恼。然后先亡远代，识托西方，遨游净土之宫，速证无生之果。于时乾德四年丙寅岁五月一日写记。[4]

此本抄经是由节度监军使曹延晟于宋初写成，从这篇发愿文记载看，施写《大般若经》不仅可以护国护民，且能助人"识托西方，遨游净土"。由此可见，般若经典除本身具有救国护法、维系世间安乐的强大作用，还与西方净土信仰有着紧密交涉，供奉般若经典是敦煌官民在末法氛围之下应对劫难的上佳选择。另外，北图 4466《般若心经》愿文写道：

大罪得减，小罪得除……东门无量寿，北让七宝堂，西门药师琉璃光。上有八菩萨，下有四天王……破十恶五逆、九十五种

1　石建刚、万鹏程：《延安宋金石窟僧伽造像内涵探析——以清凉山第 11 窟和石泓寺第 7 窟僧伽造像为中心》，《艺术设计研究》2018 年第 3 期。

2　郑炳林：《晚唐五代敦煌大般若经的流传与信仰》，兰州大学敦煌学研究所编《归义军史专题研究三编》，甘肃文化出版社，2005，第 148 页。

3　方广锠：《敦煌佛教经录辑校》，江苏古籍出版社，1997，第 298 页。

4　黄征：《敦煌愿文集》，吴伟编校，岳麓书社，1995，第 933 页。

邪道……昼夜常诵，无愿不果。[1]

从字里行间我们能体会到信众对于般若经典强大消灾功能的依靠，希望能凭借常诵此经而"无愿不果"，且该文中还提及"东门无量寿、西门药师琉璃光"的情景，这也直接印证了般若信仰同传统东西方净土之间息息相关的联系。而榆林窟第21窟前甬道处的壁画配置正是西方弥陀与东方药师的工整对应，虽不能将此布置与般若崇拜直接挂钩，但如此组合同民众供奉般若经典的祈愿是完全契合的，所以，作为阿弥陀说法图组成部分的行脚僧在这一氛围中染上般若信仰色彩是顺理成章的。另外，在西夏时期敦煌水月观音壁画中已然出现"玄奘取经"的情节，水月观音题材在创始之初便以"水""月"为表现主题，且具有般若空性理论。[2] 可见在12世纪晚期开始，玄奘已经在般若信仰相关佛教图像中有一席之地。至日本镰仓时代，行脚僧样的玄奘更是承担了般若经典守护神的职能，这也直接指明其形象渊源——行脚僧图中也必然蕴含有般若因素。末世氛围中，带有着正法传承意味的行脚僧题材与发展到鼎盛的敦煌般若信仰产生结合，使得行脚僧被塑造为护教者的角色，具备了进入说法图、胁侍于佛身旁的资格。因此，末法思想盛行与般若信仰勃兴也应是行脚僧身份变化、神性提升过程中不可忽略的强大助力。

四 图像重构大潮下的行脚僧图

通过上文分析，我们能够观察到行脚僧题材的不断神化是由多个推手共同促成的。悠久的高僧崇拜传统是行脚僧为敦煌民众所乐于接受的信仰前提，而末法思潮的影响则如同一针催化剂，为该题材赋予了守护神性质的角色特征。在检索了图像变化的细节因素后，由行脚僧图所处的时代大背景出发，从佛教艺术发展的宏观角度思量行脚僧题材的变化便成为下一步的任务。榆林窟第21窟内新加入行脚僧形象的说法图为回鹘重绘作品，笔者前已提及回鹘时期是行脚僧进入佛教诸神图像体系过程中至关重要的节点。许多前辈学者注意到，自10世纪开始，中国多民族艺术进入了一个重构期，中原、河西、西藏等不同地区的佛教造像题材、风格相互影响，产生了诸多前代未有的变化。[3] 而宋、辽、回

---

[1] 黄征：《敦煌愿文集》，吴伟编校，岳麓书社，1995，第917—918页。

[2] 李翎：《藏传佛教持莲花观音考》，霍巍、李永宪主编《西藏考古与艺术国际学术讨论会论文集》，四川人民出版社，2004，第459—460页。

[3] 谢继胜：《10—14世纪中国多民族艺术史的重构——以西藏石窟与寺院个案为例》，载李凇主编《北京大学"黉门对话"专题系列"宋代的视觉景象与历史情境"会议实录》，广西师范大学出版社，2017，第124—131页。

鹘、西夏等诸政权并立，所经营的佛教事业侧重不同，也使得跨区域的佛教艺术传播欣欣向荣，佛教神系的重构相当普遍且各具特色，如传统题材炽盛光佛在多个文化体系中产生了增衍，而白伞盖佛母则显示出不同源头、功能类似的神灵存在聚合于一个名号之下的现象。[1]

图 16　莫高窟第 169 窟甬道孔雀明王

在这样的大环境之下，敦煌佛教造像也必然受此风潮的深刻影响，借助丝路佛教交流的再次繁盛，10—13 世纪敦煌石窟营建得以输入大量新鲜血液，同时也为此期敦煌造像的重构拉开了帷幕。其中一个尤为引人注目的特点是：一些特定壁画题材往往集中在某一时段出现，且其本身具有的强大功能性在窟室中体现得淋漓尽致。典型者如曹氏归义军时期，孔雀明王在莫高窟第 169 窟等处出现（图 16），大多绘制于甬道顶端，展现出专门利用孔雀明王题材除魔驱邪、护佑佛法等实际功能的明确目的性；沙州回鹘时期，回鹘营建者依旧顺应时代潮流，在一些传统题材中引入了新的元素，如将度亡意味浓重的白衣观音绘制于弥勒图像当中，进而创作出不少新式图样（图 17）。同样，席卷各区域的重构风潮也在行脚僧题材上打下了深深烙印。早在晚唐时期，由于五台山故事与中印佛教互通的影响，崇佛的吐蕃人将从中晚唐以来汉藏文化交流中得到的行道僧类形象赋予了包括佛陀波利在内的所有行道僧人。[2] 而透过榆林窟第 21 窟行脚僧壁画可直观看出：此题材已然成为阿弥陀佛说法图中的一部分，检视现有敦煌图像资料，这种构图方式未见于前代造像，无疑是敦煌佛教美术在图像重构风潮下，将不同题材组合创新而成的优秀之作。敦煌石窟中现存的行脚僧壁画集中绘制于宋、回

---

[1] 廖旸：《11—15 世纪佛教艺术中的神系重构（二）——以白伞盖佛母为中心》，《故宫博物院院刊》2016 年第 5 期。

[2] 谢继胜：《伏虎罗汉、行脚僧、宝胜如来与达摩多罗：11 至 13 世纪中国多民族美术关系史个案分析》，《故宫博物院院刊》2009 年第 1 期。

图17　莫高窟第306窟弥勒经变中白衣观音

鹊时期，且有着度亡接引、传道弘法等鲜明功能，完全契合宋夏敦煌壁画图像重构的热切氛围，榆林窟第21窟中纳入行脚僧形象的说法图也顺理成章地成为艺术革新的产物。在浩浩荡荡的时代浪潮推动下，行脚僧形象得以正式进入复杂图像组合，俗语常云"时势造英雄"，不可逆之的变革大势可谓是行脚僧在佛胁侍诸神中成功占有一席之地的最深层原因。

纵观历史不难发现，作为佛国神乡的敦煌是一面可以折射佛教图像重构的明镜。自归义军晚期开始，敦煌的佛教信仰已与传统意义上的佛教信仰不尽相同，对于派别之分不甚重视。民众信仰对象非常广泛，只要能惠及己身、护佑家人的便虔诚供奉，佛、菩萨、罗汉、天王、海龙王等各类神灵，无论其神级如何，属何宗派，均放置一起敬拜。因此五台山文殊、毗沙门天王、海龙王等世俗色彩较浓重的信仰与阿弥陀、观音等固有信仰一并流行，且渗透到上自节度使、下至普通百姓的全体敦煌民众思想观念的深处。[1] 之前已有学者探讨过归义军至西夏时期敦煌出现的集体建窟以求功德现象。[2] 结合榆林窟第21窟行脚僧的创作背景以及莫高窟

---

[1] 党燕妮：《晚唐五代宋初敦煌民间佛教信仰研究》，博士学位论文，兰州大学，2009，第178页。

[2] 沙武田：《西夏时期莫高窟的营建——以供养人画像缺席为中心》，《西夏学》2017年第2期（总第15辑）。

第148窟、榆林窟第39窟两窟内留存的大批回鹘供养人画像可以看出，许多人尽管地位不高，但依旧热衷于修窟绘画的功德事业。此期敦煌石窟的营建直接体现着民众的现实诉求，对于传统壁画样式的遵循已不是画工创作时的金科玉律，因而对于一些神祇的描绘产生巨大变化。这也正印证了榆林窟第21窟行脚僧壁画案例出现的时代性及合理性。无独有偶，与榆林窟第21窟前甬道阿弥陀佛说法图相对应的药师图像中，出现了水月观音形象，这在前代敦煌石窟中亦尚无发现，无疑也属于"原创性"构图方式。水月观音题材创制于唐代，但在敦煌石窟中的大量出现却晚至宋、回鹘、西夏时期，且与执扇弥勒等图像产生了交涉。同行脚僧进入阿弥陀说法图一样，此铺药师壁画也遵循了图像重构的特点，将水月观音这样具有时代特色与实际功能的新元素，绘进药师佛这一传统题材之中，进而创作出全新的壁画。

从宏观角度来看，佛教在中国的传播史即为一部佛教中国化的重构史。[1] 作为佛教本身不可或缺的组成部分，佛教美术的发展也无疑是继承与变化的过程。敦煌居于河西要道，在10—13世纪丝路佛教交流活动中再一次成为重要节点，新经典、新图样源源不断地进入敦煌，结合佛教日趋世俗化的形势，此期敦煌石窟壁画的推陈出新便是佛教图像适应环境，力图重构的直观反映。因此，榆林窟第21窟内出现行脚僧形象的"新样说法图"正是时代潮流下，敦煌壁画积极重构、寻求创新的直接图像证据。在丝路佛教交流如火如荼的气氛中，营建者别具匠心的将行脚僧人形象绘入说法图，开创了该题材与其他神祇相结合的新局面。榆林窟第21窟甬道处的两身行脚僧侣，恰似两面小镜，完美地折射出宋夏时期敦煌图像重构的独特风貌。

五　榆林窟第21窟行脚僧的图像功能

通过相关分析不难看出，包括行脚僧在内的任一题材，其在敦煌石窟内出现的背后都蕴含有此期信仰风潮的影响以及宗教大背景的熏染。而在漫长的现实生活中，佛教影响着敦煌人日常各个层面，星罗棋布的各型石窟是民众信仰生活的实践场所，因此在壁画的题材选定与搭配组合过程中，营建者也必然会注意到该图像在宗教仪式或活动中所具有的功能。从整窟视角看，借助"建筑和图像程序"的研究，可以解释石窟建筑空间的构成以及所装饰绘画和雕塑的内在逻辑，内部题材丰富的石窟基本上均可视为具有历史意义的艺术作品，每个墙面上的绘塑题材一定都是有所考虑

---

[1] 向怀林主编：《中国传统文化要述》，重庆大学出版社，2016，第68页。

的。[1] 故行脚僧图像在榆林窟第 21 窟内必然承担着具体宗教功能，且同其他壁画题材联结为有机的整体，共同服务于信众的佛教实践活动。

（一）行脚僧题材的基本功能与常见搭配

就敦煌地区遗存来说，五代以来的行脚僧纸、绢画均带有着浓重的度亡意味，这一点从相关题记中能够看到，如现藏于法国吉美博物馆、馆藏号 EO.1141 行脚僧绢画上的榜题明确指出此画"意为亡弟知球三七斋画造，庆赞供养"，直接展现了行脚僧题材有着祭祀亡人的用途。这也为此图像进入窟室后的功能判定提供了有力参照。在敦煌石窟内，行脚僧壁画的绘制方位以及常见组合对象都较为固定。借助莫高窟中的几处实例，可以发现行脚僧图往往都被安置于甬道两壁，面朝窟室内部，呈现出引导礼佛者的姿态。与行脚僧搭配绘制的则基本为行道式药师尊像，据经典描述，药师佛身居"亦如西方极乐世界，功德庄严，等无差别"的东方净土，但药师净土并非《药师经》阐述的首要关键，中古药师信仰强调的是消灾除难等现实利益，以及为亡者祈福、助人往生的寄托，[2] 故行脚僧与药师佛常常共同承担着净土世界引路人的角色。典型例证如莫高窟第 363 窟，从该窟布局看，行脚僧位于进窟甬道，展现出日常可见的僧侣形象，是为迎接俗世凡人前往净土的首位使者，这既有着信仰上的依据，与普罗大众的实际生活状况也更为贴近；而初入洞窟，门南北便有药师佛前来相迎（图18），可认为是行脚僧引度之后，信众进入佛国的第二位接引者，这也正是药师题材本身强烈助人往生色彩的体现。而信众无比期待的"极乐净土"，则是通过南、北壁两铺经变来构成的，因此"行脚僧+药师"的组合共同承担着接引信众进入净土世界的功能。

另外，绘制于莫高窟第 306、307、308 窟内的行脚僧与行道药师亦具有很强的实用性，彰显出设计者的别具匠心。此三窟大致呈"品"字形布局，由方形殿堂窟第 307 窟统摄着 306、308 两座耳室。据李志军博士研究，此三窟在义理和功能上相互呼应，是营建者在华严架构下对于禅修和净土追求的表达：首先，第 307 窟的前室与主室之间构成了阿弥陀佛净土与华严净土之间的递进关系，而左右耳室的设计，则是为了配合由西方净土悟入华严世界的次第禅修过程，修行者在以弥勒相关内容

---

[1] ［美］巫鸿：《礼仪中的美术》，生活·读书·新知三联书店，2016，第 418 页。
[2] 姚崇新：《净土的向往还是现世的希冀？——中古中国药师信仰内涵再考察》，饶宗颐主编《敦煌吐鲁番研究》第 15 卷下，上海古籍出版社，2015，第 342 页。

图18　莫高窟第363窟东壁行道药师

为主的右耳室即第308窟修满三世佛观后，进入绘制阿弥陀以代表十方境界的左耳室第306窟继续华严"十方三世"的禅修，然后再经甬道通向307窟主室莲花藏世界。[1] 在这组设计缜密、功能性极强的窟室中，行脚僧与行道药师这对经典搭档再次承担着引导者的角色：两耳室第306、308窟作为次第禅修第一阶段的场所，均在甬道两壁绘制面朝窟内的行脚僧（图19），带领礼佛信众循序渐进，完成初步修行；而在通往第307窟主室华严净土时，又有布置于主室甬道南北壁、立于云上的行道药师发挥着沟通净土的作用

（图20）。行脚僧人与药师佛是修行不同阶段的引导者与衔接者，正是他们的存在使得次第禅观、诸方净土之间脉络清晰，进退有序，满足了修行者实践过程中的现实需要。

通过以上几处案例的简要分析，我们基本可以对行脚僧图于窟室中的固有位置、基本功能以及常见组合等方面有一个大体认识。引人注目的是，在榆林窟第21窟中行脚僧与药师佛这两种题材依旧同时出现，但在构图位置、组合搭配上又呈现出新的面貌与变化，这一点将在下文详细述及。

（二）榆林窟第21窟整窟视角下的行脚僧图

一个有趣的现象是，即使已经进入佛说法图之中，行脚僧元素在榆林窟第21窟中依旧"坚守"在入窟甬道位置，且与之相对应的壁面仍然配置了药师佛。此处的行脚僧已非"孤军奋战"，而是胁侍在阿弥陀佛两侧。敦煌官民自隋唐时期便致力于阿弥陀佛图像的创作，通过各种方式大力宣传西方极乐净土的庄严纯净和华丽美好。敦煌石窟中现存的大量阿弥陀佛说法图、净土变及接引像等壁画位居诸多造像题材之首，展现了民众对于往生佛国的无限渴望。阿弥陀佛是西方世界的教主，能在信众身灭之时前来接引其往生净土，故又被

---

[1] 相关论述参考自陕西师范大学历史文化学院李志军博士《华严架构下的双层净土与次第禅修——莫高窟第306、307、308窟西夏重修思想探析》一文，原文待刊。

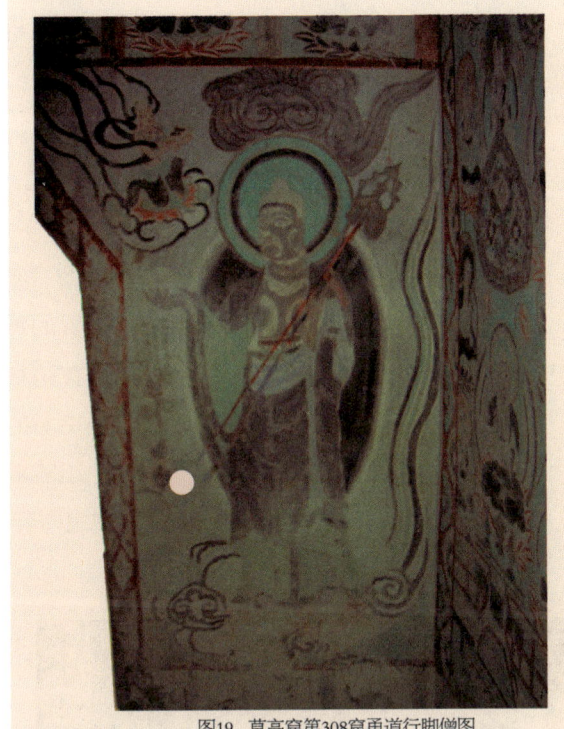

图19 莫高窟第308窟甬道行脚僧图 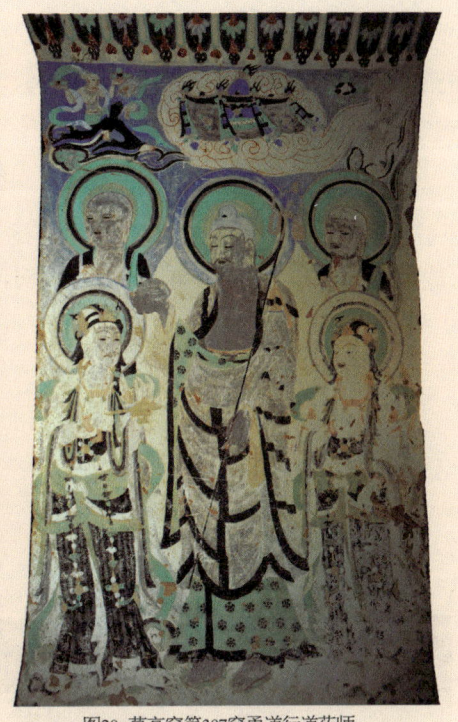　　图20 莫高窟第307窟甬道行道药师

称为"接引佛"。据相关研究，弥陀信仰往往含摄了度亡性格。[1] 在榆林窟第21窟中，行脚僧作为阿弥陀佛说法图的组成部分，必定要符合整铺壁画所传达的主题，故此处的行脚僧形象依旧秉承着引导信众、救度众生的功能，并呼应配合主尊，成为"接引佛"身旁有力的补充。

同行脚僧题材一样，榆林窟第21窟中的药师佛图样也以一种"新样"呈现。该铺药师佛绘于前甬道南壁，虽仍位于窟室入口，但在具体图像配置上却同莫高窟第363窟等处大相径庭。这里的药师佛并未以行道形象出现，而是采取了跏趺坐持钵的姿态，尤其特殊的是，此药师佛画面中，主尊左右上角各绘有一身水月观音，这样的图像组合在敦煌石窟中也较为罕见，似乎与东千佛洞第2窟主室后部绕柱甬道内，大铺水月观音与单尊药师的相邻绘制可以类比。在东千佛洞第2窟内，后甬道正壁南铺的行道药师图像下部绘有数身饿鬼，药师佛躬下身体将钵中钱物施与诸鬼（图21）。在北铺药师壁画中，虽无饿鬼形象的绘制，但药师佛依旧朝向南铺图像中饿鬼的位置，药钵托于胸前，身后伴有两名合掌弟子（图22），两铺行道药师共同展现

---

[1] 米德昉：《敦煌莫高窟第100窟研究》，甘肃教育出版社，2016，第257页。

出"安抚、超度饿鬼"的过程。[1] 而该窟后甬道南北两壁均为水月观音,和正壁两铺行道药师比邻而绘,且创造性的加入冥府鬼卒、判官等地狱元素,彰显了浓重的度亡思想,在位置上与药师相互呼应,更突出了助人往生的整体氛围。榆林窟第21窟的营建处于回鹘治理瓜、沙时期,由于观音信仰的流行,回鹘人常常在壁画创作过程中引进观音题材并加以发挥,形成独一无二的图像,如莫高窟第237窟前室出现了"执扇弥勒+水月观音"的全新组合,另外在莫高窟第306窟西壁弥勒经变中,主尊弥勒左右下方有对称绘制的白衣观音,此样式也属于敦煌石窟中稀见的搭配。因此,榆林窟第21窟前甬道南壁的药师图像在表达药师传统的除难、救度意味的同时,又以水月观音作为辅助,强化了图像整体的接引功能。

经由上述分析可知,虽然在构图、组合等方面有了新变化,但基于其位置的特殊、功能的延续,行脚僧与药师佛在榆林窟第21窟内仍然扮演了佛国世界引路者的角色。而将视角深入此洞窟内部,还能够发现榆林窟第21窟在形制结构、主室内容

图21 东千佛洞第2窟行道药师之一

图22 东千佛洞第2窟行道药师之二

---

[1] 常红红:《东千佛洞第2窟壁画研究》,博士学位论文,首都师范大学,2015,第135页。

等方面颇有洞天，是一座目的性极强，且能够践行佛教仪式的功能型洞窟。该窟前室壁画漫漶较严重，现尚可看到天王等图像。榆林窟第 21 窟主室壁画为归义军时重绘，此窟室规模不小且建有中央佛坛，实施重修工程的功德主应为当时财力雄厚的大家族。自归义军统治敦煌以来，由敦煌豪族所营建的家窟如莫高窟第 61 窟、第 98 窟等均选择设置中心佛坛，以展示其家族礼佛的虔诚与势力的庞大。而榆林窟第 21 窟主室藻井也非常特殊，为十字交杵井心，十字金刚杵又名羯磨杵，在坛城中心起到统摄作用，置于藻井位置可以镇护全窟，对整个洞窟中所要表达的永恒时空概念也有总结作用。[1] 中心佛坛格局隐含有佛教重视结界、设坛作法的理念，藻井交杵井心同中央佛坛的对应，正彰显出此窟室服务于信众礼佛实践、佛事供养等活动的目的性。

基于这一主题，为家族佛教活动提供方便、满足信仰需求一定是重绘该窟壁画时所重点考虑的。窟内各处壁画配置也呈现出缜密的设计构想与实际功能的运用。首先，主室窟顶四披皆绘制大量长幡，其造型同敦煌地区五代、北宋时期引路菩萨所持引魂幡几乎完全一致。佛教中的长幡与丧葬用帛画幡有悠久的渊源关系，是由帛画幡逐渐演变而成的。[2] 因此佛教长幡自诞生之初便带有深厚的荐亡意味。唐宋之际更是成为引路菩萨手中的标志性器物。这些引路菩萨像中的引魂幡形制较为统一，都是三角形幡首、矩形幡身，两侧有飘带、身下有尾带的彩色旗幡。晚唐五代绢画上的引魂幡与引路菩萨、香炉搭配，在超度仪式中抚慰亡者，具有鲜明的接引亡魂往生净土世界的信仰意义。[3] 像这样指向明确的题材遍布榆林窟第 21 窟主室窟顶，无疑揭示出此窟建造时必然带有追悼亡者，助其往生的现实意图。

而与此同时，主室甬道留存有唐画半跏观音，南、北两壁均为大量宋绘立姿菩萨（图 23、图 24），这些菩萨朝向正壁而立，身形高大、皆着白衣，手中几乎全部持有莲花（图 25、图 26），足下亦踏莲花。在汉地佛教信仰传统中，白衣持莲可视作观音的常见特征之一，但此室内持莲菩萨一则数量较多，共计 22 身；二则也并未见绘有化佛冠等其他观音典型标识，故其身份、作用的确定需再作讨论。应注意的是，汉地手持莲花的观音到晚唐时发展成为往生观念中的引路菩萨，甚至在相关图画创作过程中直接借用了观音形象，如现藏于英国的 Stein painting 46 敦煌绢画（图 27），此图中的引路菩萨依旧手持标志性引魂幡，而头顶却出现化佛一身，因此引路菩萨与

---

[1] 赵晓星：《莫高窟第 361 窟主室窟顶藻井坛城辨识——莫高窟第 361 窟研究之八》，《敦煌吐鲁番研究》第 15 卷，2015，第 146 页。

[2] 谢继胜主编：《藏传佛教艺术发展史》，上海书画出版社，2010，第 115 页。

[3] 王铭：《菩萨引路——唐宋时期丧葬仪式中的引魂幡》，《敦煌研究》2014 年第 1 期。

图23 榆林窟第21窟主室北壁

图24 榆林窟第21窟主室南壁

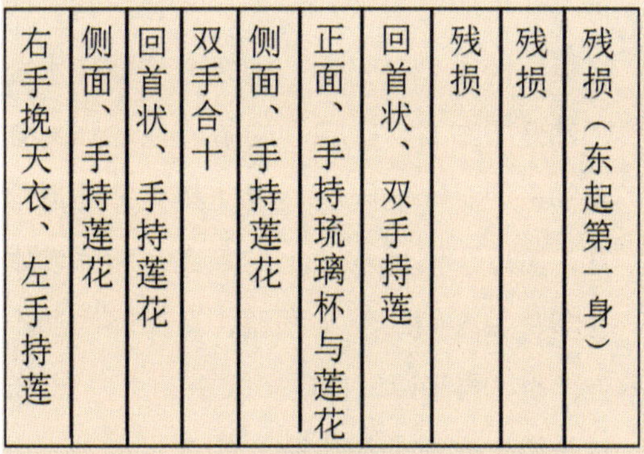

右手挽天衣、左手持莲	侧面、手持莲花	回首状、手持莲花	双手合十	侧面、手持莲花	正面、手持琉璃杯与莲花	回首状、双手持莲	残损	残损	残损（东起第一身）

图25　主室北壁诸菩萨身形、持物示意
（笔者绘）

残损严重（东起第一身）	双手合掌	回首状、手持莲花	正面、手中火焰摩尼珠	侧面、手持莲花	手持莲花	侧面、手持莲花	正面、双手叠起捧花	回首状、手持莲花	侧面、手持莲花

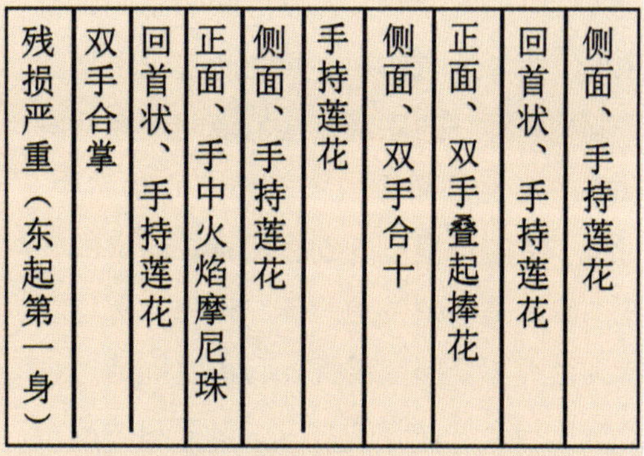

图26　主室南壁诸菩萨身形、持物示意
（笔者绘）

观音信仰的联系是显而易见的。[1] 另外，主室正壁中央仍遗有清晰的三珠火焰图案，三颗摩尼宝珠呈"品"字形排列并包裹于红色烈火之中，此图案为主尊佛背光的中心部分。借助佛坛上尚存的佛座及清修的塑像，可以判断座上原应为一身趺坐佛，利用正壁背光形成绘塑结合的主尊。根据主室甬道唐绘观音，以及前甬道回鹘阿弥陀、药师图像的设置，窟室原主尊的身份基本可以推断为阿弥陀佛，从而含摄整座洞窟，形成往生西方净土的最终归处。在以无量光（阿弥陀）佛为教主的西方世界，负责具体行动和创造往往并非主尊，代替无量光佛行事的是"莲花手菩萨"，所以依照无量光的旨意在人间行救度之事的观音，即可冠以"莲花手"的名号。[2] 是故榆林窟第21窟主室内绘制如此之多的持莲大菩萨，均围绕中心佛坛、身向主尊，成为降临到入窟信众身旁的接引使者，且这些菩萨形象于南北两壁对称分布，足下所踏之莲通过枝蔓相互联结，在位置上也完全替换了各类净土经变画，但同样能凸显出度化众生、开启往生之路的主题。

由此分析，榆林窟第21窟内二十余身白衣持莲菩萨的出现应为观音信仰的衍生与外化，其与窟顶长幡紧密结合，完全具备引路菩萨的度亡功能；而数量颇多的持莲菩萨既昭示了助人往生西方的主题，又在一定程度上代替传统净土经变画，借助观音在西方净土的重要地位营造出佛国世界的意境，此别具一格的壁画布局亦为佛教艺术创作的新发展与变化。

再从整窟视角出发，可以看到新增了行脚僧形象的阿弥陀说法图以及引入水月观音的新式药师图位居全窟的入口，是所有入窟者首先见到的图像，有着引导众生

---

[1] 李翎：《"引路菩萨"与"莲花手"——汉藏持莲花观音像比较》，《美苑》2006年第8期。

[2] ［印］B·巴达恰利亚：《印度佛教图像志》，转引自李翎《"引路菩萨"与"莲花手"——汉藏持莲花观音像比较》，《美苑》2006年第8期。

进入佛国的实际意义，故行脚僧与药师佛依旧发挥着原有作用，并在此基础上增强了同相关神祇的联系，这也说明两题材鲜明的功能性已深深植入敦煌人的脑海中，形成了特定场景下的固有配置。前室的天王图像仍是守护圣地的不二选择，保证着佛国世界不受邪魔侵扰。而主室则通过中心佛坛与交杵井心的对应、窟顶四披遍布长幡的布置，建构出佛事活动的道场，并由二十余身持莲菩萨承担抚魂荐亡、接引信众去往极乐的任务。由此，榆林窟第21窟在各种题材的搭配与互动下，成为一处祈求往生的完美实践场所：入窟之时，西方极乐世界"接引佛"同东方琉璃净土药师佛分居左右，行脚僧的胁侍在增强阿弥陀佛来迎意味的同时，也使其更加贴近信众，拉近了俗世与净土的距离；药师佛本身即紧系人们的现实利益，且能够沟通十方净土，再辅以度亡色彩浓重的水月观音，这一组合亦成为往生路上的强大助力。得到东西方净土主尊以及行脚僧、水月观音等诸神加持后，礼拜者继续前行，通过天王镇守的前室，进入十字金刚杵含摄下的道场，宝地庄严、旗幡飘荡，人们在众持莲菩萨的指引下追悼亡者、礼佛发愿，践行对于净土往生的执着信念。

总的来看，回鹘营建者在重修榆林窟第21窟的过程中，刻意将主室内容完整保留，专门于前甬道绘制两铺创新性极强的原创性图像，既表现出高超的艺术水平，又同洞窟原有风貌相契合。积极利用前代遗存，加以别具匠心的改造、使窟室为我所用，这也正是回鹘人营造洞窟的典型特点。[1] 将时间线继续顺延，能够发现在晚于榆林窟第21窟的西夏洞窟东千佛洞第2窟中，行道药师壁画里有诸饿鬼现身，水月观音图像中更是新加了与行脚僧息息相关的玄奘形象，并纳入地府判官、鬼卒，其画面愈加复杂、题材多元，反映出行脚僧、水月观音、行道药师等题材在西夏艺术家的妙笔下又迎来一波创新热潮，继续焕发出新的生机。

图27　英藏Stein painting 46绢画
（采自大英博物馆监修：《西域美术》，日本讲谈社，1982）

1　袁頔：《莫高窟第363窟壁画组合与丝路元素探析》，《西夏研究》2019年第1期。

六　结语

正如潘诺夫斯基所总结的"三层次"图像学研究方法：应首先关注艺术的形式要素、理解事实的表像；进而对相关图像志展开分析，知道图像所处的文化背景；最终到达"图像学解释"的层面，阐明研究对象深层次的信息，推断其意义，挖掘其功能。[1] 本文以榆林窟第21窟新辨识出的行脚僧形象为中心，由此题材神性升格的现象入手，追溯行脚僧步入佛胁侍行列的过程，并探寻特定信仰与历史背景在图像流变中的推手作用，最终回到具体窟室中，还原行脚僧图像于人们礼佛实践中的实际功能。

经由以上各方面分析，我们可以看出：以行脚僧为主题的绢画等美术作品在唐末五代时期流行，传播至河西敦煌之后，为当地信众所接受，借助丝路求法热潮的兴起，约于宋初将该题材绘进洞窟中，创造出一种新的壁画图样。随着末法思潮的侵袭以及取经弘法活动持续、中印僧侣频繁往来，固留于敦煌人心中的高僧信仰亦再次勃发，令行脚僧成为信众期盼修行有所回报的情感寄托，并化身为末世法难下正法留驻的象征。而更重要的是，此时席卷各地的佛教图像重构大潮使得往昔严格的造像规范日渐消弭，凡为敦煌人所崇奉者均可绘于洞窟内，如此一来，多重助推因素影响下的行脚僧形象开始初具神格，进入佛侍从行列。榆林窟第21窟阿弥陀佛说法图中绘制的两身行脚僧是该题材迈进更高阶层的图像证据，也是行脚僧逐步神化过程中的关键节点。

至西夏中晚期，杂糅了丝路求法背景、玄奘西行故事等元素的"玄奘取经图"开始兴盛于敦煌西夏石窟内，出现了圣僧玄奘胁侍于五十一面观音身旁的案例，并在普贤变、水月观音等壁画中占据一席之地，体现了行脚僧及相关题材的进一步发展以及神格地位的稳固，为日本镰仓时代行脚僧形的《玄奘负笈图》与《玄奘十六善神图》、藏地达摩多罗唐卡等尊神画像的正式诞生打下坚实基础。

再从佛教实践方面来看，行脚僧题材在敦煌石窟中虽历经演化，但其功能却秉持如一，始终扮演着救度信众、接引往生的重要角色，并蕴含有一定的护法意味。基于强大的功能性，行脚僧图样在洞窟中出现的位置、搭配的对象也比较固定，多绘制于甬道两壁或窟门旁，便于引导礼拜者，使信众得到初步的迎接以进入佛国世界。而随着其神性的赋予，行脚僧胁侍于"接引佛"阿弥陀佛身旁，得以淋漓尽致地发挥着沟通俗世与净土的桥梁作用，度化众生去往极乐。另外，与单尊行脚僧对应出现的往往是行道样式的药师佛，借助药

1　［美］欧文·潘诺夫斯基：《视觉艺术的含义》，傅志强译，辽宁人民出版社，1987，第47页。

师能够禳灾避祸、助人往生西方的传统观念，该题材与行脚僧恰是一对完美的组合，两者相得益彰，共同承载着信众渴望救度、顺利往生的美好愿望。在行脚僧图像发生巨变的同时，药师题材也完成了图像的重构——与水月观音的"强强联合"，既浓郁了药师主题的荐亡色彩，亦发展为西夏佛教艺术中的独特搭配。

附记：在本文写作过程中，多次得到榆林窟文物保护研究所宋子贞所长、李立新副所长以及王燕、巩斐等老师的大力支持，特此表示诚挚的谢意！

西藏昌都元代绘画遗存的调查与初步研究
——兼论波罗风格在西藏和内地之间的传播线路[*]

熊文彬（四川大学中国藏学研究所、历史文化学院考古系）
廖　旸（中国社会科学院人类学与民族学研究所）　　**泽巴多吉**（西藏昌都市文物保护研究所）

2019年10月，在西藏自治区文物保护研究所的支持下，四川大学中国藏学研究所及历史文化学院考古系、中国社会科学院人类学与民族学研究所和西藏昌都市文物保护研究所对西藏昌都市类乌齐县、八宿县和察雅县的元代寺院绘画遗存进行了调查。鉴于长期以来学术界对昌都市唐代和清代遗存比较关注，而对于宋、元、明时期的遗存缺乏认识；同时鉴于印度波罗风格对中国藏传艺术在唐、元之间的重要影响，而这一风格在西藏与内地之间的传播路线一直不清，昌都市现存相关绘画对于填补该地区元代遗存的缺失和弥补波罗风格在西藏和内地之间传播的重要缺环，无疑都具有重要的学术意义。

一　昌都市现存元代寺院绘画遗存

此次昌都市元代绘画遗存的调查对象主要包括类乌齐县的类乌齐寺唐卡，八宿县的八宿寺壁画，察雅县诺尔寺壁画和伦拉伦珠曲吉林寺的平綦彩绘。迄今为止，除类乌齐寺的部分唐卡已经公布并有所研究外，其余绘画遗存在学术界均鲜为人知，因此具有重要的学术价值。

（一）类乌齐寺唐卡

类乌齐寺（ri bo che dgon）位于类乌齐县类乌齐镇，由达隆噶举派主持桑结温（sangs rgyas dbon，1251—1296）建于1276年。类乌齐寺自此就成为达隆噶举在康区的主寺，并被称为"下寺"（ma thang），而位于拉萨市林周县、建于1180年的主寺

---

[*]　[基金项目]　本文为2019年度国家社科基金重大项目"西藏阿里后弘期初的佛教遗存与多民族交融研究（19ZDA177）"的阶段性成果之一。

图1 类乌齐寺查杰玛大殿外景

达隆寺则被称为"上寺"(ya thang)。[1] 类乌齐寺主殿查杰玛大殿一直保存至今（图1），历经修复，殿内雕塑和壁画虽均不存，但保存有不少早期珍贵唐卡，部分已公布。[2] 由于西方学术界最早接触到流落海外的公私藏品大多与达隆寺相关，因此同一风格的唐卡被统称为达隆唐卡或达隆绘画。类乌齐寺唐卡多为布面，尺寸不一，大者，高100厘米，宽70厘米；小者，高20厘米，宽15厘米。其题材、风格都与西方藏达隆唐卡高度相似：题材涉及诸佛、菩萨、本尊、护法和上师像，风格具有浓郁的东北印度波罗风格的特点。构图上，类乌齐寺唐卡也采用中心构图模式，将主尊像构图在画幅的中心，胁侍构图两侧，

---

[1] 东嘎·洛桑赤列：《东嘎藏学大辞典》，藏文本，中国藏学出版社，2002，第1008页；王森《西藏佛教发展史略》，中国社会科学出版社，2007，第149页。

[2] 已公布的类乌齐寺唐卡主要参见康·格桑益希主编《噶玛嘎孜画派唐卡》，文物出版社，2015；冯骥才总主编《中国唐卡文化档案·昌都卷》，青岛出版社，2016；西方也有少量类乌齐寺散失的唐卡，如美国纽约大都会艺术博物馆珍藏有一幅唐卡，参见 Steven M. Kossak and Jane Casey Singer, *Sacred Visons*, *Early Paintings from Central Tibet*, The Metropolitan Museum of Art, 1998, New York, pp. 130-133, plate 33.

眷属环绕主尊周围，[1] 主尊造型巨大，胁侍和眷属较小，构图重点突出而又左右、上下对称。佛多坐像，螺发高髻，面部方形，胸部宽大，四肢健壮，身着袒右袈裟，结跏趺坐；菩萨多高髻，头戴三角形三叶宝冠，面部趋于椭圆，上身裸露，下身穿着纹样繁复的裙裤。胁侍均为立像，身体修长，多为优美的三折枝造像，装饰华丽（图2）。与佛像相比，菩萨像装饰极其精美、华丽，宝冠上装饰层叠的珠宝，双耳佩戴硕大的耳珰，胸部装饰有缀满璎珞的项圈和项链（图3）；上师像最具特色，通常构图在长方形条石象征的山岩之中，或采用正面，或侧面四分之三形象，尤其流行两位上师四分之三侧面对坐的构图。上师均身披大氅，内着坎肩，面部、五官不乏个性化表现的笔触（图4）。身后的背光通常由舟形彩虹头光、马蹄形身光和工字型须弥座等元素组成。背光中的挈具装饰相对简洁，通常包括两种组合：一种由大象、狮羊、摩羯鱼或妙音鸟（金雁）组成，头光顶部无挈具装饰；另一种则在头光顶部装饰大鹏鸟与龙子和龙女（图4），其造型和做法与萨迦南寺拉康钦摩13世纪金铜造像和北京居庸关云台1345年的券门浮雕非常相似。须弥座镶嵌各种宝石，正面中央通常悬瀑一块织物，其上绘像，两侧对称地构图狮子、大象、宝马、大鹏鸟或孔雀等乘骑。其上承载的莲座由仰覆莲瓣组成，莲瓣造型宽大，瓣尖卷曲似如意云头（图3至图4）。画面中的珠宝饰物通常都敷金。

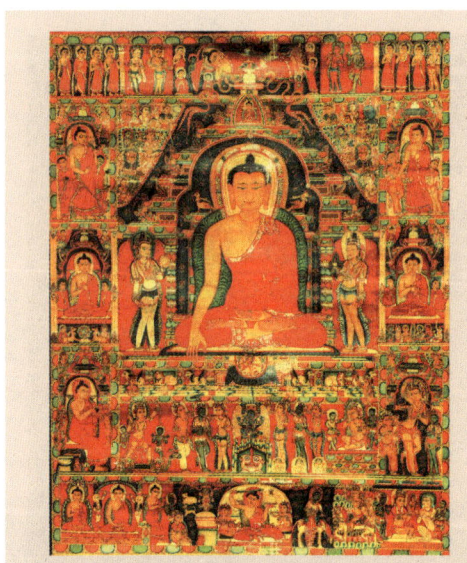

图2 类乌齐寺藏释迦牟尼佛唐卡

图3 类乌齐寺藏菩萨装大日如来佛唐卡

---

1 大卫·杰克逊对眷属的构图进行了梳理和分类，详见 David Jackson, *Mirror of the Buddha, Early Portraits from Tibet*, New York: Rubin Museum of Art, 2011, pp. 107 – 108.

图4 类乌齐寺藏达隆噶举上师唐卡

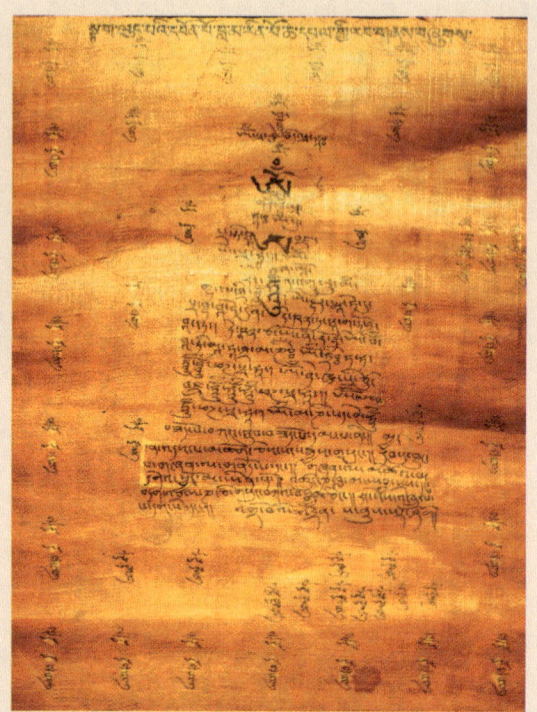

图5 类乌齐寺藏唐卡背部题记

图6 八宿寺觉康外景

图7 觉康南壁西侧六臂大黑天

与达隆唐卡一样，类乌齐唐卡在背面也题写各种经咒和开光题记。[1] 顶部一般题写开光题记，正中主尊身后为各种经咒组成的佛塔，而其余眷属身后通常都题写三字总持咒。主尊身后的塔型经咒至少包括三字总持咒、缘起偈和"忍辱苦行为最胜"经咒，较多的经咒则多达七种，[2] 背面的经咒及由其组成的佛塔以及正面的形象，将佛的身、语、意三者完美地统一于一体。由于开光题记通常题写对唐卡进行开光的高僧的名字，因此具有断代的重要意义。在公布的类乌齐唐卡中，有三幅作品题写了开光题记，其中两幅达隆噶举派上师像唐卡的题记相同，为"吉祥达隆派温波喇嘛仁波且开光"（stag lung pavi dbon po bla ma rin po che dpal gyi rab gnas bzhugs）（图5），另一幅大黑天唐卡开光题记为"吉祥噶译师的本尊像四臂大黑天唐卡，由吉祥达隆派温波开光、加持，其为殊胜，吉祥如意"[3]。此则题记题写于大黑天像背部，位置与前两件上师像唐卡虽不同，且内容也略有差异，但开光者应为同一人。据长期从事达隆唐卡研究的Jane Casey Singer 统计，与类乌齐寺第一种题记相同的唐卡有36件，[4] 题记中提到的上师就是达隆噶举派上师扎巴贝（grags pa dpal，1251—1296），他于1272—1273年和1276—1296年活动于拉萨的达隆寺和昌都的类乌齐寺。[5] 类乌齐寺唐卡中开光题记的出现，为这批唐卡的断代提供了重要的依据。由此可知，类乌齐寺与这三幅开光题记风格相同的唐卡应创作于13世纪末前后的元代。类乌齐寺唐卡在题材和风格上基本与达隆唐卡一脉相承，与达隆唐卡类似，这批唐卡在题材和风格上不仅与西藏热振寺、[6] 大昭寺、[7] 扎塘

---

1 关于唐卡背面的这些经咒，参见冯骥才总主编《中国唐卡文化档案·昌都卷》，青岛出版社，2016，第103、105、107、109、111、219、223、229、231、233页。

2 例如，美国大都会艺术博曾展出的释迦牟尼佛唐卡，参见 Steven M. Kossak and Jane Casey Singer, *Sacred Visons, Early Paintings from Central Tibet*, The Metropolitan Museum of Art, 1998, New York, p. 88, plate 16 and fig. 10；关于经咒的详细研究，参见廖旸《一幅菩提场陀罗尼经早期唐卡的图像研究》，《中国藏学》2019年第4期。

3 前两件唐卡的开光题记，参见冯骥才总主编《中国唐卡文化档案·昌都卷》，青岛出版社，2016，第109、111页。此幅唐卡题记尚未发表，为笔者调查所得，共三行，为墨书，藏文行体，其原文拉丁转写为："dpal sga lovi thugs dam gyis brten/ mgon po phyag bzhi pavi sku thang/ stag lung pavi dbon po dbal gyis rab gnas ma byin brlabs shin tu che ba khyad vphags bzhugs// sarb mangga lam//".

4 廖旸：《一幅菩提场陀罗尼经早期唐卡的图像研究》，《中国藏学》2019年第4期。

5 Jane Casey Singer, *Taklung Painting*, in Idem and Philip Denwood（eds.）, *Tibetan Art: Towards a Definition of Style*, London: Laurance King in association with Alan Marscuson, 1997, endnote 9 on p. 294.

6 Steven M. Kossak and Jane Casey Singer, *Sacred Visons, Early Paintings from Central Tibet*, The Metropolitan Museum of Art, 1998, New York, pp. 54 – 59 and plate 3.

7 Heather Stoddard, "Restoration in the Lhasa Tsuglagkhang and the Fate of Its Early Wall Paintings", in *Orientations*, Vol. XX, 1993, pp. 69 – 73.

寺、[1] 艾旺寺[2] 和夏鲁寺[3] 等宋元时期的波罗风格绘画相关，而且与甘肃敦煌莫高窟、[4] 安西榆林窟壁画和内蒙古额济纳旗黑水城出土的西夏藏传绘画关系也十分密切。[5]

（二）八宿寺壁画

八宿寺位于八宿县八宿寺（dbav shod dgon）同卡镇，又被称为同卡寺（thang ka dgon）或"桑珠德钦林"（bsam grub bde chen gling，如意大乐寺之意），一般认为由宗喀巴的弟子洛巴·坚赞僧格建于1473年，为格鲁派寺院。[6] 但按清初第司·桑结嘉措（1653—1705）的《黄琉璃》记载，该寺全称为"甘丹桑珠林寺"（dgav ldan bsam grub gling，意为兜率天如意寺），由格鲁派僧人坚赞僧格的侄子班觉桑布（dpal vbyor bzang po）迁建：

"喇嘛坚赞僧格（rgyal mtshan seng ge）在宣努八宿（gzhong nu dpav shod）修建了一个名叫楚（vkhrug）的寺院，其侄班觉桑布将其改迁为新寺，取名甘丹桑珠林寺"[7]。八宿寺建筑规模巨大，古代壁画主要保存在觉康（jo khang）一层大殿（图6）。觉康楼高三层，坐北朝南，一层建筑平面呈方形，南北略长，长13.4米，东西略窄，长10.1米，净空高达5.3米，空间十分开阔。

四壁（除殿门南壁）前供奉有高大的诸佛菩萨塑像，其后壁面则绘有14铺大型壁画，部分壁画残损。其中正壁（北壁）绘有3铺，东西两壁对称地各有四铺，殿门（南壁）东侧两铺，西侧一铺。这些壁画均采用中心构图法，中心均为巨幅主尊像，四周为诸佛、菩萨、上师和护法神等眷属小像环围，部分小像下方题写有尊像

---

1 宿白：《藏传佛教寺院考古》，文物出版社，1996，第67—70页；索朗旺堆、何周德主编《扎囊县文物志》，西藏自治区文物管理委员会，1989，第68—89页；谢继胜《西夏藏传绘画：黑水城出土西夏唐卡研究》，河北教育出版社，2002，第232—254页；张亚莎《11世纪西藏的佛教艺术——从扎塘寺壁画研究出发》，中国藏学出版社，2008。

2 图齐著，魏正中、萨尔吉主编：《梵天佛地》第四卷第一册，上海古籍出版社，2009，第92—97页；第四卷第三册，图版39—61。

3 Giuseppe Tucci, *Tibetan Painted Scrolls*, Vol. 2, La Libreria Dello Stato, Rome, 1949, pp. 177 - 179；宿白《藏传佛教寺院考古》，文物出版社，1996，第87—95页；Roberto Vitali, *Early Temples of Central Tibet*, Serindian Publications, England, 1990, pp. 100 - 111；熊文彬《元代藏汉艺术交流》，河北教育出版社，2003，第210—262页。

4 宿白：《藏传佛教寺院考古》，文物出版社，1996，第234—250页；谢继胜《西夏藏传绘画：黑水城出土西夏唐卡研究》，河北教育出版社，2002，第384—414页。

5 谢继胜：《西夏藏传绘画：黑水城出土西夏唐卡研究》，河北教育出版社，2002。

6 西藏自治区地方志编纂委员会编：《西藏自治区志·文物志》，中国藏学出版社，2012，第574—576页。

7 第司桑结嘉措（sde srid sangs rgyas rgya mtsho）：《黄琉璃》（dgav ldan chos vbyung beedvurya ser bo），藏文本，中国藏学出版社，1989，第318页。

题记。以中心主尊为主，按顺时针方向，从南侧西壁（西南壁）开始，依次描绘有六臂大黑天（图7）、十一面观音菩萨、阿閦佛（图9）、无量光佛、释迦牟尼佛、宗喀巴大师（图10）、释迦牟尼佛、金刚持菩萨、格鲁派上师、宗喀巴大师、药师佛、文殊与弥勒菩萨对坐像（图14）、四臂大黑天和多闻天王等像。除东壁的文殊与弥勒菩萨对坐像以外，其余主尊像都是藏区寺院中常见题材，而文殊和弥勒菩萨对坐像则较为罕见，早期壁画中具有较为确切的年代目前只有两例：其一为山南扎囊县1081年修建的扎塘寺；其二为日喀则市1306年左右扩建的夏鲁寺。根据文献的记载和研究，这一题材的出现与阿底峡大师和汉传佛教华严宗有关。[1]

现存壁画题材以格鲁派为主，融合噶举派和噶当派诸佛菩萨和上师像。其中宗喀巴大师像、格鲁派上师像及其胁侍无疑为格鲁派题材，其余题材虽为藏传佛教各派共尊神灵，但金刚持、六臂和四臂大黑天及其胁侍在噶举派中更为流行，显然是

图8 觉康南壁西侧米拉日巴局部

---

[1] 这是浙江大学谢继胜教授的观点，其成果即将在《中国藏学》近期发表。

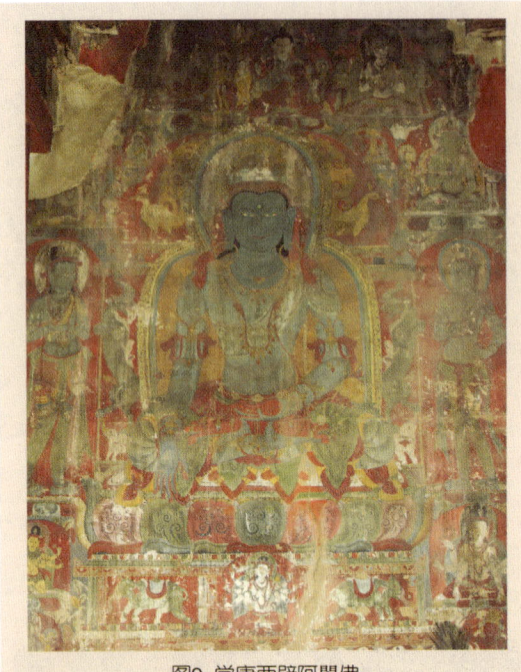

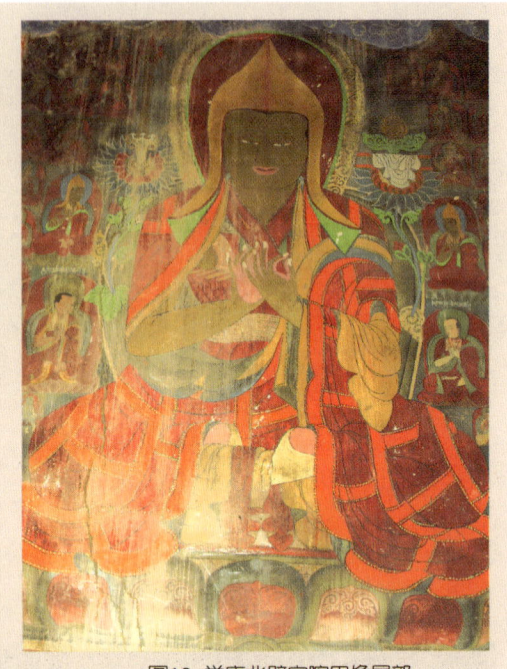

图9 觉康西壁阿閦佛　　　　　　　　　图10 觉康北壁宗喀巴像局部

该派的题材。与此同时,按西南壁主尊六臂大黑天的上方胁侍题记,此处绘有以底洛巴、玛尔巴、米拉日巴等为首的噶举派传承上师像(图8);东壁主尊宗喀巴大师上方表现有以阿底峡、大译师仁钦桑布和库顿大师为首的噶当派传承上师像。格鲁派、噶当派和噶举派的诸佛菩萨和上师虽然在此齐聚一堂,但配置与常规不符:从西壁现存无量光佛和阿閦佛像来看,二者应为后弘期早期流行的五方佛配置,但现存壁画并不完整。按无量光佛为西方佛、阿閦佛为东方佛,壁画缺少中央的大日如来、南方的宝生佛和北方的不空成就佛。与此同时,整个四壁配置有两身释迦牟尼佛、一身宗喀巴像和一身格鲁派上师大像,似乎也异于常规。

经仔细观察,主尊像身下须弥座上的乘骑为解释这些非常规的图像配置或许提供了有益的线索。从西壁表现的阿閦佛和无量光佛主尊像,结合其他主尊像的须弥座来看,一层大殿原初应绘制有完整的五佛像,因为西壁保存有比较完整的无量光佛和阿閦佛主尊像,二者虽然经过不同程度的重绘,但其身色、印契和乘骑都与经典记载吻合。其中,阿閦佛为蓝色身体,双脚结跏趺坐,右手前伸结触地印,左手结禅定印,须弥座前方两侧绘有一对相背的大象(图9)。这一造像与经典中记载的身蓝色、右手结触地印、左手结禅定印、大象为其乘骑的规定完全一致;无量光佛主尊像身体红色,双脚结跏趺坐,双手结禅定印并持钵端坐于须弥座上,须弥座正前方两侧绘有一对相背站立、同时回首的孔雀。其身色、印契和乘骑也与经典的规

图11 觉康东壁药师佛左侧胁侍菩萨局部

图12 觉康东壁药师佛右胁侍菩萨局部

图13 觉康东壁摧碎金刚局部

图14 觉康东壁文殊和弥勒对坐像

定完全吻合。由此可知，大殿四壁原初可能绘有一套完整的五方佛像，虽然其他三方佛像现已踪迹全无，但东壁的宗喀巴大师像宝座上的乘骑似乎提供了一条线索。此处的宝座上绘有宝马、大象、狮子和金翅鸟等四个乘骑，与西壁北侧同一题材宝座上绘制的乘骑双狮不同。更为重要的是，通过比较，其中的宝马、大象和孔雀的造型、色彩和神态与西壁两方佛宝座上的乘骑有差异，唯有金翅鸟较为接近。与此同时，主尊像风格之间的比较显示，东壁宗喀巴像明显晚于西壁的阿閦佛像。虽然迄今缺乏文献记载，但风格类比表明，东壁的宗喀巴大师像及其宝座很大程度上应在后世经过重绘和改绘，该像原来应为四壁中缺失的三方佛之一的北方不空成就佛。倘若如此，这一变化就能解释主尊像中为何出现两身释迦牟尼佛像、一身宗喀巴像、一身格鲁派上师像和五方佛中三方佛为何缺失。

另外，觉康现存壁画的风格体现出比较浓郁的波罗特征，同时融合了部分尼泊尔元素，展示出不同历史时期风格演变的烙印。通过细致观察和比较，觉康壁画至少经历了三个不同历史时期的重绘和改绘，部分痕迹仍清晰地保存至今。第一阶段应为建殿时期的壁画，风格以波罗艺术为主，同时融合尼泊尔风格元素。觉康大殿壁画整体上都应属于这一时期，其中殿门两侧的四臂和六臂大黑天，西壁的十一面观音、阿閦佛，东壁的药师佛、文殊与弥勒菩萨对坐像基本保持了当时原貌。菩萨圆锥状的高发髻，三角形层叠的三叶冠，头部、胸部和四肢造型简洁而又硕大、华丽的装饰（图13至图14），胁侍修长苗条的身体，婀娜的三折枝造型（图11至图12），以妙音鸟、狮羊、大象等三挈具或四挈具瑞兽组成的背光（图7），嵌满红宝石、蓝宝石和绿松石莲瓣的须弥座及其上卷曲似如意云头的莲瓣等（图7、图14），与类乌齐寺唐卡非常接近，均属于波罗风格元素；与此同时，单色头光或身光中铺满繁复的缠枝纹样，菩萨头上的水滴形五叶冠头饰则体现出尼泊尔艺术的元素。第二阶段主要是对部分主尊及其眷属进行了重绘和改绘。例如，西壁的无量光佛、释迦牟尼佛，正壁的宗喀巴、释迦牟尼佛、金刚持，东壁的格鲁派上师和宗喀巴像（图10）等，都应在后世改绘和重绘。这些壁画，尤其是周围的眷属小像虽然或多或少地保留了早期风格的一些元素，但通过局部比较发现，尤其是主尊像的变化很大。以西壁的无量光佛为例，主尊像的风格与相邻的阿閦佛迥然有别，应经过多次重绘，但其左侧的胁侍观音菩萨立像仍比较好地保留了早期的风格，与此相对的蓝色金刚手菩萨立像则与观音菩萨像不完全相同，头部虽然保持了高髻，但头戴水滴形五叶冠，观音菩萨趋于长方形的脸型在此变成了椭圆形。与此同时，身体笔直，缺乏观音菩萨头部微侧、臀部微摆的三折枝造型，整个线条、色彩趋于粗拙，无疑经过后世的改绘。第三阶段的重绘和改绘最为明显，应在20世纪80年代以后进行。与第二阶段相比，这些重绘主要体现在局部。例如，西壁无量光佛的四肢，宗喀巴像的帽子、头光、袈裟、面部和四肢等都体现出重绘的清晰痕迹（图10）。

根据觉康壁画的题材、风格，结合文献记载，该殿原初应为噶举派寺院，15世纪随着格鲁派的兴起被改宗为格鲁派寺院。宋、元时期的昌都，是噶举派、萨迦派尤其是达隆噶举和噶玛噶举活动的主要地区之一。达隆噶举自桑结温之后将类乌齐寺作为该派的另一主寺，大力在康区传法、建寺，并形成数个活佛转世系统；噶玛噶举派则自其创始人都松钦巴（1110—1193）以来，包括昌都在内的康区一直就是该派传法的重点地区，该派的主寺噶玛寺就由都松钦巴建于1147年。二世噶玛巴噶玛拔希（1204—1283）也频繁在康区及汉藏交界地带传法建寺。三世噶玛巴让琼多吉（1284—1339）亦是如此，他在昌都修建的噶玛拉登寺也保存至今。四世噶玛巴乳必多吉（1340—1383）也曾在这一带传法，修建寺院。[1] 15世纪初，随着格鲁派的兴起，格鲁派的教法也随之传入昌都各地，昌都地区一些噶举派寺院被改宗成格鲁派寺院，第司·桑结嘉措的《黄琉璃》为此留下不少珍贵的记载。例如，岗堆寺（gyang stod dgon）和热擦寺（ra tshag dgon）以前就是噶举派寺院，后来被改宗为格鲁派寺院。[2] 八宿寺也应如此，按前引《黄琉璃》，"喇嘛坚赞僧格在宣努八宿修建了一个名叫楚的寺院，其侄班觉桑布将其改迁为新寺，取名甘丹桑珠林寺"[3]，亦即按照第司·桑结嘉措的说法，八宿寺（即甘丹桑珠林寺）是班觉桑布将楚寺改迁到八宿的，同时综合觉康壁画的题材和风格以及噶举派15世纪前在昌都地区的活动，该地在格鲁派僧人班觉桑布改迁时极有可能就有一座寺院，而且是噶举派寺院。换而言之，八宿寺现存觉康极有可能是一座元代修建的噶举派寺院，而非明代始建，15世纪改宗为格鲁派时，对殿内壁画进行了重绘和改绘。当然，也不能完全排除该寺建于1473年的可能性。因此，觉康现存早期壁画极有可能创作于14世纪左右，15世纪末后又经过历次重绘和改绘。

（三）诺尔寺壁画

诺尔寺（nor dgon）位于察雅县吉塘镇西西村半山缓坡上（图15）。有关寺院历史，文献缺载。据僧人介绍，该寺全称叫贝丹诺尔布寺（dpan ldan rnor po dgon），原属噶举派，现为格鲁派寺院。寺院坐北朝南，建筑两进，楼高二层，古代壁画保存在第二进建筑的一层大殿中。大殿平面近方形，东西长11.32米，南北宽10.72米，净空高7.46米。壁画主要保存在殿门所在的南壁两侧和西壁南侧，其余壁面的壁画已荡然无存。壁画保存状况极差，大多被擦刮，漫漶不清，同时除殿门上方的无量寿佛与白度母和绿度母等组像外，其余壁画色彩严重变色。

---

[1] 关于噶玛噶举派早期活佛在昌都的活动，参见巴卧·祖拉陈哇《贤者喜宴》，藏文本，民族出版社，1986，第859—972页。

[2] 第司·桑结嘉措：《黄琉璃》，藏文本，中国藏学出版社，1989，第317、324页。

[3] 第司·桑结嘉措：《黄琉璃》，藏文本，中国藏学出版社，1989，第318页。

图15 察雅县诺尔寺

南壁即殿门两侧壁画保存相对完整，壁画以殿门为中心，左右基本对称。两侧现存壁画高约5米，宽约3米，共绘有9组大像及其胁侍。构图以主尊像为中心展开，主尊像居中，为大像，眷属围拱四周，部分采用棋格式构图。其中殿门右壁（东壁）绘有二菩萨并坐像（因其持物漫漶不清，身份难以辨识，图16）、多闻天王和两大天王像；殿门左壁（西壁）绘有三面八臂顶髻尊胜佛母、三面八臂度母、四臂大黑天、六臂大黑天和两大天王像（其中底部天王所持法器为宝幢和鼠鼬，为多闻天王，其余三大天王法器不清，无法辨识，图19）。与此同时，殿门上方绘有无量寿佛及其胁侍白度母和绿度母像。西壁残存有三分之一壁画，其中西南侧表现的是无量光佛西方净土变壁画：无量光佛居于画面中心，身红色，双手结禅定印，双脚结跏趺坐于须弥座上，身下为构图紧密、繁复的西方净土变，其中表现有大量的说法、听法和宝池、化身等画面（图22）；紧邻的西北侧表现的是千佛壁画，千佛均为小像，采用传统构图，分行一字排开。由于现存壁画仅保存了原壁画四分之一的内容，因此对于整个佛殿壁画的题材和图像配置难以做出准确判断，不过从主尊像四臂和六臂大黑天的表现可知，该殿壁画表现的应是噶举派题材，与僧人口传该寺原系噶举派寺院的说法吻合。此外，该寺还保存有一幅五方佛木板彩画（图23）。

与八宿寺觉康壁画一样，诺尔寺一层大殿壁画也展示出波罗风格与尼泊尔风格融合的特点，体现出鲜明的时代特征。一方面，并座的二菩萨的五官造型和服饰，尤其是颈部和胸部佩饰的造型大气、华丽，缀满璎珞的项圈和项链体现出浓郁的波罗风格元素，与相邻的类乌齐寺唐卡相近（对照图16与图3）。无量寿佛净土变主尊无量寿佛的造型，袈裟的穿着方式、

图16 诺尔寺大经堂南壁东侧二菩萨并坐像壁画

图17 诺尔寺大经堂南壁西侧壁画

图18 诺尔寺大经堂南壁西侧三面八臂度母壁画

图19 尔寺大经堂南壁西侧多闻天王壁画

图20 诺尔寺大经堂南壁西侧大鹏鸟与龙子龙女背光壁画局部

图21 诺尔寺大经堂南壁殿门上方无量寿佛与绿度母和白度母壁画

图22 诺尔寺大经堂西壁西方净土变壁画局部

宝座的造型，尤其是其上宽大、瓣尖弯曲似如意云头的莲瓣，也与类乌齐十分接近（对照图18、图21与图3、图4）；另一方面，佛和菩萨像单色背光中繁密的卷草纹样，尤其是三面八臂顶髻尊胜佛母和度母头部装饰的水滴状五叶冠等元素，又体现出尼泊尔风格元素（图18）。尤其是殿门上方基本保持原状的无量寿佛与绿度母和白度母像组合（图21），从色彩、造型到装饰都与夏鲁寺一层甘珠尔佛殿和三门殿的五方佛高度相似。与此同时，三面八臂度母等像背光顶部大鹏鸟及其两侧龙子和龙女与其下左右的妙音鸟组合成的四拏具造型，不仅与类乌齐寺同一组合的唐卡相同（对照图20与图3），而且与元代萨迦南寺大殿的金铜造像、夏鲁寺壁画，甚至北京居庸关云台浮雕都相似。此外，寺内保存的五方佛木板彩绘，在造型、色彩和风格也与夏鲁寺元代壁画相似（图23）。寺内还保存有大量被毁的塑像中遗存的桦树皮经咒和一块琉璃瓦建筑构件。诺尔寺虽然缺乏确切的文献记载，但所有这些证据都显示，它应是一座14世纪中叶左右建造的较为重要的噶举派寺院。

（四）伦拉伦珠曲吉寺平棊彩绘

伦拉伦珠曲吉林寺（lhun lha lhun grub chos kyi gling）位于察雅县扩大乡岗巴村半山平台上。有关寺院历史，文献缺载。按僧人介绍，该寺传说由印度著名大成就者密理瓦巴和希解派创始人帕当巴桑结所建，现为格鲁派寺院。寺院由两层高的主殿、配殿和其他建筑单元组成，其中只有配殿仲江拉康（drung vjam lha khang）中保存有壁画和平棊彩绘。仲江拉康坐北朝南，是一座6柱面积的长方形小殿（图24），东西长约9.3米，南北宽约7.5米，净空高3.53米。四壁部分壁画被寺院近期安装的供柜和塑像遮挡，题材除诸佛菩萨外，包括以仲敦巴和班禅为首的噶当派和格鲁派上师等像。据风格和部分尊像题记判断，壁画应绘于清末以后，其中殿门两侧部分壁画应为当代重绘或改绘。屋顶的平棊彩绘时代最早，为该寺早期绘画遗存。平棊彩绘主要保存在屋顶铺满的天花板上，其下由23根椽子承载。彩绘保存状况极差，绝大多数因长期被熏和雨水的侵蚀，或漆黑一片，或斑驳陆离，图像已不可辨；另一部分则因历史上的反复修葺，被毁彩绘木板或被素面新板替换，或翻修时造成部分彩绘错位，图像紊乱（图25）。

图23　诺尔寺藏五方佛木板彩绘和桦树皮经咒

图24 察雅县伦拉伦珠曲吉林寺仲江拉康殿外景

图25 仲江拉康殿平棊彩绘

图26 仲江拉康殿坛城平棊彩绘局部　　图27 仲江拉康殿金刚萨埵菩萨坛城平棊彩绘局部

庆幸的是，大约三分之一的彩绘仍可辨识，题材以坛城为主（图26、图27），同时兼有为数不多的一佛二弟子、一佛二菩萨组像（图29、图30）、千佛、上师像（图28）以及缠枝纹样。其中，个别上师像

图28 仲江拉康殿上师像平棊彩绘局部

下方题写有墨书行书藏文题记，但均已无法辨识。由于缺乏文献记载和题记，这批彩绘的经典来源不确，鉴于大量坛城题材的出现，疑与《金刚鬘》等流行的坛城经典有关，有待进一步研究。

平棊彩绘也体现出波罗和尼泊尔艺术元素融合的特点。坛城均以圆形为主的几何形构图为主，采用中心构图法，中心为主尊，四周环绕的数重莲瓣上分别构图眷属，从中心向四周辐射（图26、图27）。诸佛菩萨和护法的造型、色彩和纹样都与夏鲁寺三层无量宫殿14世纪的坛城相近；一佛二弟子或一佛二菩萨组合采用的也是中心构图，主尊位于中心，两侧构图胁侍，其外两侧采用棋格式构图，将眷属对称地构图在方格内。其中以无量寿佛为代表的彩绘体现出比较浓郁的波罗风格元素，无量寿佛双耳、双臂的装饰，尤其是颈部和胸部佩戴的缀满璎珞的项圈和项链，两位胁侍层叠的宝冠及其上三角形的冠叶都展示出类乌齐唐卡浓郁的波罗风格特征（对照图20与图3）；释迦牟尼佛与二弟子彩绘中释迦牟尼佛的造型、高耸的发髻、舟形的头光、马蹄形的身光及其双肩上方装饰的妙音鸟、袈裟的着装方式以及身下的须弥座等装饰，也与类乌齐寺唐卡高度相似（对照图29与图2、图3）。上师像多采用单尊或双尊四分之三侧面对坐构图，均外披大氅，内著坎肩。这种造型和着装在西夏至元代时期的黑水城、类乌齐寺唐卡和达隆寺著名的达隆唐卡中都非常流行（对照图28与图4）。仲江拉康殿的历史虽然在文献中缺载，但风格类比显示，这也应是一座14世纪修建的寺院。平棊彩绘虽然保存极差，同时其内容有待进一步研究，但鉴于西藏古代尤其是元代平棊彩绘保存至今的遗存极少，因此十分珍贵。

波罗风格是在西藏藏传佛教艺术发展过程中产生重要影响的域外佛教艺术之一，以8—12世纪的古印度波罗王朝而命名，随着佛教的传播而传入中国和东南亚国家。在中国，其流行的地域和时间都非常广，在8—14世纪主要流行于藏传佛教流行的广大地区。按现存遗迹，最西到西藏阿里札达县，[1] 最东影响到内蒙古的额

图29 仲江拉康殿释迦牟尼佛与二弟子像平棊彩绘局部

---

[1] 四川大学中国藏学研究所、四川大学历史文化学院考古系、西藏自治区文物局、西藏阿里地区文化广播电视局：《西藏阿里札达县帕尔嘎尔布石窟遗址》，《文物》2003年第9期；张长虹《西藏阿里帕尔嘎尔布石窟的两幅曼荼罗图像及相关问题研究》，《西藏大学学报》2013年第4期；张长虹：《西藏阿里帕尔嘎尔布石窟（K1）壁画题记释读与相关问题》，《文物》2016年第7期。

济纳旗一带，[1] 东南则辐射到杭州，[2] 西南则波及昆明一带，其中心主要在西藏、青海藏区以及甘肃河西走廊[3]、宁夏贺兰山等西夏故地。[4] 13世纪中后期，随着元朝对藏传佛教的推崇，尤其是尼泊尔艺术元素在宫廷专门创作藏传佛教艺术的机构将作院中大量融合汉式艺术，形成"西天梵相"艺术流派并大规模传入藏区各地以后，尼泊尔风格元素于是风靡整个藏区和内地的藏传佛教艺术流行区，[5] 从而成为15世

图30 仲江拉康殿无量寿佛与二菩萨像平棊彩绘局部

1　参见谢继胜《西夏藏传绘画——黑水城出土的西夏唐卡研究》，河北教育出版社，2002。
2　参见宿白《藏传佛教寺院考古》，文物出版社，1996，第365—387页。
3　参见宿白《藏传佛教寺院考古》，文物出版社，1996，第234—274、305—321页。
4　参见宁夏回族自治区文物管理委员会办公室、贺兰县文化局《宁夏贺兰山宏佛塔清理简报》，《文物》1991年第8期；宁夏回族自治区文物考古研究所、贺兰县文化局《宁夏贺兰县拜寺口北寺塔群遗址的清理》，《考古》2002年第8期；宁夏文物考古研究所编著《山嘴沟西夏石窟》，文物出版社，2007。
5　熊文彬：《元代藏汉艺术交流》，河北教育出版社，2003。

纪后藏传佛教艺术中主要的域外元素，而波罗风格元素则逐渐消失在历史的长河之中。这两种风格在昌都八宿寺、诺尔寺和伦拉伦珠寺绘画中同时出现，并且以波罗风格元素为主，从而表明这些绘画应创作于波罗风格在此盛行和尼泊尔风格传入的特殊阶段，亦即14世纪末的元代。

二 波罗风格的传播线路

昌都市类乌齐和察雅县的唐卡、壁画和平綦彩绘遗存表明，波罗风格元素在元代的昌都曾经十分流行。近年在昌都相邻的青海玉树也陆续发现了宋、元时期带有波罗风格元素的绘画遗存，它们包括囊谦县的达宁日青寺遗址壁画、称多县的弥底普石窟壁画和杂多县巴艾雄的佛塔壁画等遗存。[1] 两地的绘画遗存为波罗风格在内地与西藏之间的传播提供了重要的实物证据，从而构成了宋、元时期这一风格传播的完整链条。

西藏和内地都有大量的波罗风格绘画遗存，因此这一风格在西藏和内地之间的传播就成为学术界一直关注的重要问题。虽然学界也进行了有益的探讨，但长期以来由于文献缺乏直接的记载和二者之间缺乏关键的中间环节，这一问题未能得到圆满的解决。

西藏和内地之间波罗风格的绘画遗存大致可以分为唐和宋—元两个阶段，亦即藏传佛教的前弘期和后弘期初两个时期。关于唐代波罗风格向以敦煌为中心的河西走廊的传播路线，学术界一般认为是经新疆于阗的丝绸之路传入。一方面，不仅吐蕃曾控制丝绸之路和河西走廊，从中唐后大量在莫高窟建窟；另一方面，文献中留下了晚唐时期于阗僧人和工匠逃至吐蕃传法、建寺的记载，但迄今未发现于阗至敦煌之间传播的明确遗存。对于宋代以来的传播路线，张亚莎在探讨山南扎塘寺、日喀则艾旺寺、夏鲁寺等绘画遗存的基础上，结合河西走廊、青海和宁夏等唐以来的遗存进行了有益的探索。鉴于扎塘寺、艾旺寺等波罗风格壁画中融合的汉式元素，认为"9—11世纪的丝绸之路不仅是印度'波罗'密教艺术向中国传播的唯一通道，丝路更是西北诸族文化融合交流的重要通道"。只不过与唐代相比，此时丝绸之路的东段的路线与唐代有所不同，不再经由传统的河西走廊，而是经青海道（或青唐道），即"西出青唐（今西宁）过青海湖，沿祁连山南麓穿越柴达木盆地……抵达今新疆地区的诺羌"，加入新疆传统的丝绸之路。[2] 换言之，宋—元时期的传播路线仍然沿丝绸之路传播，只不过东段路线发生了改变。但是，随着近年考古调查和相关研究的深入、历史文献的发现，日益清晰地展示出西藏与内地之间另

---

[1] 2019年笔者与青海玉树文化研究院院长拉日·甲央尼玛等人对这三处遗存进行了调查。初步成果，参见拉日·甲央尼玛主编《藏族美术集成·青海卷》中的导论《青海玉树石窟寺院壁画》，四川民族出版社，即将出版。

[2] 张亚莎：《11世纪西藏的佛教艺术——以扎塘寺壁画研究出发》，中国藏学出版社，2008，第236、300页。

外一条重要的传播线路，这条线路应是唐代的唐蕃古道、宋代的茶马古道和元代的驿站。

唐代波罗风格在西藏与内地的传播除丝绸之路外，从长安至拉萨的唐蕃古道发挥了非常重要的作用。自20世纪80年代以来，学术界陆续在西藏昌都的芒康、察雅、江达县，[1] 四川甘孜州石渠县、[2] 青海的玉树、海西的都兰县和甘肃民乐县发现了系列吐蕃时期的摩崖造像及其题记，[3] 以及吐蕃高僧益西央的活动轨迹。[4] 根据题记，这批摩崖造像大多雕刻于8—9世纪，不少造像带有波罗风格特征，其中西藏昌都的仁达摩崖造像、朗巴郎增寺院的圆雕、玉树的文成公主庙摩崖造像和民乐扁都口摩崖造像4处造像由活跃在敦煌的吐蕃高僧益西央主持雕刻。西藏著名学者巴桑旺堆据此并结合文献，勾勒出一条从拉萨经昌都及"察雅、芒康、石渠、玉树通向长安、敦煌"的重要交通线，并且认为"既可以把这一重要通道视作一条唐蕃古道的重要支线，也可当做唐蕃古道的主道之一"[5]。毋庸讳言，这条通道也是吐蕃时期除于阗至敦煌的丝绸之路外波罗风格随着吐蕃时期的佛教传入内地的又一重要通道。

公元9世纪随着吐蕃王朝的灭亡，10世纪藏传佛教从青海和阿里两个方向再次传入西藏腹地时，这条通道又发挥了重要作用。10世纪末，在今青海化隆县丹底寺学法的鲁梅等十人学成返藏，开创了藏传佛教后弘期的"下路弘法"，以西藏扎塘寺和夏鲁寺为首的融合汉式风格的波罗风格艺术即是"卫藏传法十人"的传人所建。与此同时，以印度大师阿底峡为首的大批印度和西藏高僧从11世纪中叶将阿里的"上路弘法"传入西藏腹地后，以噶举派、萨迦派和宁玛派为首的各派高僧再将各自

---

[1] 关于这一地区吐蕃摩崖造像及其题记的调查，参见恰白·次旦平措《简析新发现的吐蕃摩崖石文》，《中国藏学》1988年第1期；张建林、夏格旺堆等《西藏东部吐蕃佛教造像——芒康、察雅考古调查与研究报告》，社会科学文献出版社，2018；四川大学中国藏学研究所等《西藏芒康嘎托镇新发现吐蕃摩崖石刻调查简报》，《藏学学刊》第16辑。

[2] 故宫博物院、四川省文物考古研究院：《四川石渠县洛须"照阿拉姆"摩崖石刻》，《四川文物》2006年第3期；四川省文物考古研究院、石渠县文化局《四川石渠县新发现吐蕃石刻群调查简报》，《四川文物》2013年第6期。

[3] 汤惠生：《青海玉树地区唐代佛教摩崖考述》，《中国藏学》1998年第1期；青海省文物考古研究所、四川大学中国藏学研究所《青海玉树勒巴沟古秀泽玛佛教摩崖造像调查简报》，《藏学学刊》第16辑；青海省文物考古研究所、四川大学中国藏学研究所、四川大学考古系《青海玉树勒巴沟吾娜桑嘎佛教摩崖石刻调查简报》，《藏学学刊》第16辑。

[4] 霍巍：《论藏东吐蕃造像与吐蕃高僧益西央》，《西藏大学学报》2015年第2期；华青道尔杰《吐蕃高僧益西央考辨》，《青海民族研究》2017年第1期。

[5] 巴桑旺堆：《关于仁达吐蕃摩崖石刻的几个问题——仁达吐蕃摩崖石刻实地考察心得》，《中国藏学》2017年第2期。

教法从西藏传入西夏。[1] 此时期从印度重新传入的波罗风格也随之经西藏传入。[2] 西藏昌都和青海玉树在地理位置上正好是西藏与内地联系的中间环节，是宋代的茶马古道和元代入藏驿站的必经之地，昌都察雅、类乌齐县和青海囊谦、杂多县等地宋元波罗风格壁画在这一古道沿线的发现，不仅证实了这条古道在宋、元两代继续发挥着重要的作用，同时将西藏和内地宋—元时期的波罗绘画风格遗存紧密地联系在一起，构成了二者之间这一风格传播的完整遗存链条，弥补了文献记载的缺憾。不仅如此，与宋代经青海绕道进入新疆的传统丝路的传播路线相比，仅从发现的遗存来看，这条线路更为重要。总之，西藏昌都和青海玉树波罗风格壁画遗存的发现，在学术上不仅为解决波罗风格在西藏与内地之间的传播提供了重要的实证，同时为进一步证实宋—元时期西藏与内地之间的交通也提供了新的证据，因此具有重要的学术价值。

---

[1] 最近关于藏传佛教在西夏传播的研究持续深入，新材料和新成果不断涌现。新材料如发现并出版了噶举派高僧、西夏帝师热巴（1165—1238）的传记［参见木雅热巴噶波（mi nyag ras pa dkar po）《热巴帝师传》（bla ma rin bo che vgro bavi mgon po ti shri ras pavi rnam par thar pa bzhugs pavi dbu phyongs lags so），藏文本，香港中国博学出版社，2018。感谢德国的侯浩然博士提供相关资料］新成果如考证出西藏到西夏传法的高僧法狮子的身份及其传法活动（参见曾汉辰《西夏觉照国师法狮子之教法来源与身份考》，《中国藏学》2020 年第 1 期），从文献上进一步证实了西藏与西夏之间藏传佛教的关系。

[2] 关于宋代波罗风格传入西藏，参见 Steven M. Kossak and Jane Casey Singer, *Sacred Visons*, *Early Paintings from Central Tibet*, The Metropolitan Museum of Art, 1998, New York, plate 33, pp. 6 – 21.

（四）地理图像

图像·空间·认同：明清徽州家谱中的村图

祝 虹 叶 佩（安徽师范大学历史学院）

明清徽州是一个典型的宗族社会，姓氏各异、支派不同的宗族在两朝近六百年的时间里纂修了大量的谱牒，流传至今仍有两千余种。这些家谱大多体例完备，内容翔实，且载有多篇不同种类的图像。大体而言，谱中图像包罗人物、坟茔、建筑与村落四类内容，它们与文字一同构成了宗族书写的自身历史。其中描绘村落者，即本文所论之村图，在家谱中被冠以基图、基址图、阳宅图等名称。这些村图主要是从宗族视角出发，记载村落的人文居住信息，其篇幅一般较大，并非存在于所有家谱当中。它们多采用传统地图的绘制之法，且在一定程度上受到徽派版画的影响。同时，在直观上，谱中村图与方志、鱼鳞图册等文本中的图像亦有着类似之处。在此情形下，村图与现代意义上的村落地理图有着较大的区别，并不能科学、精准地反映村落的地理信息，也正因此，使得家谱所载的这些村图具有了图像之外的意义，而对于这些村图本身样态与存在目的的分析，则可成为认识徽州宗族自身历史书写的一种辅助。就研究现状而言，张国标、张秀玉与鲍国强等虽然对家谱所载村图有所论述，[1] 但观察的样本数量与研究角度均较为有限。有鉴于此，本文在广泛搜集家谱所载村图的基础上，直观展现村图所绘内容，并尝试对其存在意义进行分析，祈请方家指正。

一 村图的概况

（一）村图的分布

徽州家谱对于村图的收录，肇始于何时，已无从考证，但从现存宋元时期家谱来看，确定无此类图像的存在。入明之后，村图已经开始出现于徽州家谱当中，并逐渐成为家谱中的专篇。至清朝时，村图的存在更为广泛，远胜于明代。笔者在检索

---

1 参见张国标《徽派版画》，安徽人民出版社，2005，第153页；张秀玉《明清至民国徽州家谱中的版画——兼论与徽派版画的关系》，《民间文化论坛》2010年第3期；鲍国强《明代族姓地图述略——以国家图书馆藏徽州善本家谱所含地图为例》，《文津学志》2018，第308—339页。

近七百种家谱之后,发现其中共有 60 种家谱载有村图,总计逾 200 幅,特将具体分布情况摘列见表 1。

表 1　明清徽州家谱刊载村图数量略表

朝代	地区	作者	谱名	编修时间	数量
明	徽州	程孟	新安程氏诸谱会通	景泰二年(1451)	1
	歙县	吴道还	吴氏纪原录	嘉靖十二年(1533)	9
		黄玄豹	潭渡黄氏族谱	隆庆间重编清雍正九年(1731)校补刻	1
		程弘宾	歙西岩镇百忍程氏本宗信谱	万历十八年(1590)	5
		程国维	新安程氏宗谱	明	3
	休宁	汪让	城北汪氏族谱	成化二十三年(1487)	1
		程亨	陪郭程氏敦本录	弘治五年(1492)	2
		吴斌	乾滩吴氏会通谱	嘉靖十一年(1532)	1
		金瑶	珰溪金氏族谱	隆庆二年(1568)	2
		范涞	休宁范氏族谱	万历三十三年(1605)	8
		戴尧天	休宁戴氏族谱	崇祯五年(1632)	1
	祁门	胡自立	贵溪胡氏族谱	成化四年(1468)	1
		黄世徇	左田黄氏孟宗谱	嘉靖三十七年(1558)	3
		郑周世等	营前郑氏家谱	万历九年(1581)	1
		胡一俊等	翠园胡氏宗谱	万历二十九年(1601)	3
	婺源	胡用宾	清华胡氏统会族谱	嘉靖三十年(1551)	1
清	徽州	不详	新安程氏世谱正宗	康熙十年(1671)	1
		程士培	新安程氏统宗补正图纂	康熙二十四年(1685)	1
		黄茂待等	新安黄氏横槎重修大宗谱	乾隆十七年(1752)	7
		王应瑞等	新安琅琊王氏四房思茂公统宗谱	嘉庆九年(1804)	1
		不详	黄氏宗谱	道光十年(1821)	1
	歙县	洪元鲁等	歙南洪川洪氏续修家谱	顺治十七年(1660)	1
		汪士鈜	潜川汪氏惇本祠溯源家谱	康熙三十三年(1694)	2
		徐景京等	歙西傅溪徐氏族谱	乾隆二年(1737)	1
		吴光国	吴氏家谱	乾隆间	1
		程豫	新安大程村程氏支谱	乾隆四年(1739)	2
		吴烈	沙园吴氏宗谱	嘉庆十一年(1806)	2
		黄开簇	虹川黄氏重修宗谱	道光十年(1830)	2
		宋韩伯	韩氏源流	清	1
		程德鉴等	韩溪程氏梅山支谱	宣统元年(1909)	5

续表

朝代	地区	作者	谱名	编修时间	数量
清	休宁	程以进等	闵川十万程氏宗谱	顺治十六年（1659）	1
		汪国徘	汪氏世家谱	乾隆三十七年（1772）	1
		金锦荣等	瓯山金氏眉公支谱	道光十二年（1832）	9
	祁门	郑道选	祁门锦营郑氏宗谱	道光元年（1821）	8
		不详	南源汪氏支谱	道光二十九年（1849）	1
		陈正森等	祁西桃源陈氏通公家谱	同治元年（1862）	2
		方炽昌	方氏宗谱	同治十三年（1874）	3
		汪昌礼	环溪汪氏宗谱	光绪十三年（1887）	3
		洪钊	桃源洪氏宗谱	光绪二十六年（1900）	14
		戴起铨	永春戴氏宗谱	光绪二十七年（1901）	2
		程际隆	善和程氏仁山门支修宗谱	光绪三十三年（1907）	12
		方盛昱	方氏宗谱	光绪三十四年（1908）	5
		汪准等	韩楚二溪汪氏家乘	宣统二年（1910）	6
	绩溪	高富浩	梁安高氏宗谱	光绪三年（1878）	24
		许文源等	南关许氏惇叙堂宗谱	光绪十五年（1889）	2
		汪宗瀚	梧川汪氏宗谱	光绪二十一年（1895）	2
		周鼎	仙石周氏宗谱	宣统三年（1911）	1
	黟县	叶有广	南屏叶氏族谱	嘉庆十七年（1812）	1
		胡叔咸等	明经胡氏壬派宗谱	道光六年（1826）	10
	婺源	王魁璋	婺南云川王氏世谱	乾隆二十一年（1756）	1
		胡启棠	续修胡氏文敏公宗谱	乾隆二十七年（1762）	4
		朱彦祥等	桐川朱氏宗谱	乾隆二十九年（1764）	9
		朱世熊	朱氏正宗谱	乾隆三十七年（1772）	5
		洪士衔等	官源洪氏总谱	乾隆五十三年（1788）	12
		胡元熠	清华文敏公宗谱	嘉庆二十三年（1818）	5
		李华树	严田李氏续修宗谱	道光七年（1827）	3
		汪炳章	磻溪汪氏家谱	同治三年（1864）	1
		方德成	方氏宗谱	同治十三年（1874）	11
		齐礼等	新安武口派梅田王氏支谱	光绪十年（1884）	2
		查荫元	婺源查氏族谱	光绪十八年（1892）	12
		王承波	檀岭王氏宗谱	光绪二十年（1894）	10

由表1可知，在村图入谱时间上，较早者为明景泰二年（1451）程孟所纂《新安程氏诸谱会通》，载村图一幅，村图名为《新安六邑程氏所居之图》；[1] 最晚者当是宣统三年绩溪县周鼎编纂的《仙石周氏宗谱》，载村图一幅，名为《仙石图》。[2] 就数量而言，各谱中所载村图篇幅不一，至多可达二十余幅，其中原因在于家谱类型的不同。在编纂支谱时，纂修者多选刊本支始迁村落图及本支现居各村之图；若编纂会通谱、统宗谱等统谱时，则不仅刊载本姓始迁发祥之村落图，还会尽量将同宗各支所居之村落图刊载于谱中。就地域分布情况而言，徽州一府六县均有涉及，其中徽州府计6部家谱12幅村图，歙县计13部家谱35幅村图，休宁计9部家谱26幅村图，祁门计14部家谱64幅村图，绩溪计4部家谱29幅村图，黟县计2部家谱11幅村图，婺源计12部家谱66幅村图，总计共有60部家谱243幅村图。

（二）村图入谱的体例

至于村图入谱之体例，由于村图并非私家修谱兴起之时的必然之篇，故而没有固定的体例。而且在现存载有村图的家谱凡例当中，多是总论谱中图像之设置，少有直言村图体例者。在这种情况下，仅能从这些村图的存在状态中总结相关体例。尽管未有定制，但这些体例仍有着一定的规律。首先是村图的位置，在上述50余部家谱中，村图放置位置并不固定，大部分家谱均将之放置于谱前，如明程国维修《新安程氏宗谱》共四卷，村图位于卷二之首，又如清代光绪年间《南关许氏惇叙堂宗谱》共有十卷，村图便被列入卷一。对于这种编次安排，《婺南云川王氏世谱》中有所论及：

> 错杂无章，非著作体。今汇编八卷，首以明良图，宜达代兴，志我王之盛也。盛之系来已久，故次以统宗图，此其远耳。近自云祖始迁，承先启后者，彬彬崛起，迄今云蒸霞蔚，兴也勃焉，故于本宗图加详。然人杰为地灵之券，故阳址图次之。阳址之胜也，祠实汇其菁，故宗祠图次之。祠萃祖灵，墓妥先魄，故墓图次之。于是乎者毫出翰墨鲜矣，故以本宗闻人及翰纪终焉。[3]

但也有少量家谱将村图置于谱中其他位置，如清嘉庆年间《清华胡氏文敏公宗谱》十卷，村图位于卷三，同治年间《安徽方氏宗谱》的卷末囊括了各派基迹图。

其次是多幅村图间的位置关系，从表1可知，有相当一部分家谱中包含数幅村图，

1　（明）程孟：《新安程氏诸谱会通·新安六邑程氏所居之图》，景泰二年（1451）刻本。
2　（清）周鼎：《绩溪仙石周氏宗谱》卷二《村图》，宣统三年（1911）刻本。
3　（清）王魁璋：《婺南云川王氏世谱》子集《凡例》，乾隆二十一年（1756）刻本。

对于这些村图，家谱作者也有所考量，其中核心精神便是按照迁徙顺序进行安排，以明代万历年间《休宁范氏族谱》为例，谱中共刊有村图八幅，首先以休宁县域为范围总绘所有的居住村落，形成《同邑各村总图》，再将各村基址于《同邑各村总图》之后"分图以纪之"。并且范涞对各村之图的排序作了明确规定："图先祖居博村，次汊口、次林塘、次油潭、次合干、次闵口、次瑶关，皆以迁之先后为序，仍以祖居为宗，定道途之远迩云。"[1] 清代宣统年间《韩溪程氏梅山支谱》亦以此顺序刊刻村图，"吾族自南宋始迁韩溪，后析为盘谷，又析而为芳春、为晓湖，岂非以聚族之故，而日以蕃衍。然阡陌相通，炊烟相接，鸡犬之声相闻，分而四之，亦可合而一之"[2]。于是先列《四村总基之图》于村图之首，再分列韩溪、盘谷、芳春、晓湖四村之图于后。此外，徽州黄氏多从黄墩（篁墩）迁出，故《新安黄氏横槎重修大宗谱》便依次刊载《黄墩基墓图》《左田基墓图》《横槎溪西基址》《溪东基址》《福亭重槎基址》等图。

最后则是村图本身的规模，上述家谱所载村图篇幅大小不一，多为两幅半页，清代乾隆年间《新安黄氏横槎重修大宗谱》刊载的《横槎西溪基图》《溪东基图》等，清代光绪年间绩溪《梧川汪氏宗谱》所载《考溪阳宅图》《梧川阳宅图》均为两幅半页。此外，最小者为清代《重修汪氏统谱纂要》刊刻汪氏先祖迁居里居图中《十四府君讳中元公迁大畈鲔溪里居图》与《承信郎讳得钧公世住西市包山里居图》等皆为四分之一版面的小图。最大者当属明崇祯年间《休宁戴氏族谱》所载《隆阜村居之图》。此村图共由十幅半页组成，连缀成一幅完整展现隆阜村居情形的长卷。同时，这些村图当中少有孤立的存在，多数会配有相关景物图像，并辅以景诗与图说，以形成相应的体系，"宅图则著八景，而诗附焉"[3]。这些景物图像大都被放置于村图之后，如清代光绪年间《善和程氏仁山门支修宗谱》于村图后载有"村居图记"一文，附刊"宝峰五桂""日山晓晴""月山晚霁""和溪桃浪""梧冈书院"等十幅景观图，各配景诗一首，后又有"和溪十景记"一文。景图后又列"志山""志水""志居""志宅"各一篇，十景诗歌逾几十首。清代金锦荣纂修《瓯山金氏眉公支谱》也于村图后附刊"鹤山初晓""象鼻松涛""料原烟雨"等瓯山八景图。至于这些图说、景诗，则多是为解释村图而生，"各村居址虽列图，而剪棘拓基，缵绪肯构，舆夫今昔风俗，名贤叙述，有非图之所能括者，以是说而存之"[4]。

---

[1] （明）范涞：《休宁范氏族谱·谱居·七族村居图说》，万历三十三年（1605）刻本。

[2] （清）程德鉴等：《韩溪程氏梅山支谱》卷二《宅基图》，宣统元年（1909）刻本。

[3] （清）汪菊如等：《古歙义成朱氏宗谱》卷首《重编宗谱条例》，宣统二年（1910）刻本。

[4] 《休宁范氏族谱·谱居·七族村居图说》。

二　村图所涵盖的图像内容

作为直接展示宗族所在村落状况的图像，明清徽州家谱村图中包含了大量内容，直接反映了所在村落的自然与人文地理状况。其中，人文地理内容占据了大半，是村图所要反映的主要内容。由于上述村图性质不同，篇幅各异，其中图像所含内容自然也就有所差异。但徽州区域内部自然地理条件较为单一，且明清时期徽人生活并不复杂，在此情况下，二百余幅村图中，亦有着相当程度的雷同内容。此外，明清徽人在续修本族家谱时，有些编者会直接继承旧谱村图，另有些作者是会有所更张，故而出现所绘对象相同，但村图内容不一的情况。

（一）村图中的自然地理内容

明清时期徽州村落选址大多依河流而展开，且为山地所环抱，其中既有现实的生产、生活与安全的原因，还有风水之说的影响。[1] 在此背景下，村图展现的自然地理情境便主要是山丘与河流。就上文所列村图而言，其中山的设置较为统一，多是以环状呈现，但河流的形状则较为复杂，有环状、曲线与直线三种。同时，在部分村图中，山丘会被虚化处置，但河流却不会，《永春戴氏宗谱》所载《姚村阳宅地图》即为其中一例。[2] 而在另一些村图中，则还会标出距离村落较远的山峦，例如《休宁范氏族谱》所载《博村祖居图》中就有休宁县名山松萝山与齐云山。[3] 于山水之外，多数村图中还会有树木，这些树木多位于四周山丘之上，展现出郁郁葱葱之态。在村落当中，例如河流水口与祠堂后方等位置也会有一些块状的树林，其中缘由在于明清时徽人多会于这些位置培植树木，以为风水林。此外，有些村图当中还会包含少量山中瀑布、河道沙洲等自然景观。同时，还应看到，由于宗族的需要，使得村图绘制者并不会采用固定的比例尺，以真实描述村落自然环境，而是对相关内容的面积占比进行安排，导致相关内容的大小、长度和位置对比均与实际情况有着一定的差别。

（二）村图中的人文地理内容

在明清徽州家谱所载村图当中，人文地理内容是图像绘制的重心，占据了图像的主要版面。这些内容包罗万象，主要有村落建筑、附属设施，以及相应的人群活动。此外还有村落的具体位置信息，即画图方位、村落四至、界碑及附近他姓村名等。村图绘制者会依据宗族需要和村落特

1　陆林、凌善金、焦华富：《徽州村落》，安徽人民出版社，2005，第51—60页。

2　（清）戴起铨：《永春戴氏宗谱》卷首《姚村阳宅第图》，光绪二十七年（1901）刻本。

3　《休宁范氏族谱·谱居·博村祖居图》。

表2		村图人文地理内容简要摘录表
村落建筑	居住	村居、屋基地、僮仆居、佃户住、他姓屋
	信仰	厝屋、庙、祠、庵、社、坛、殿、观、神宫、墓、祖茔、义冢、冢林
	生活	亭、楼、阁、园、渠、堂、坊、馆、塔、第、厅、轩、书屋、社学、书院、书斋、书房、戏台、店、南市、榨、药铺、厨屋
附属设施	生产	塘、湖、堤、水圳、水埠、堨、田、地、菜园、店、官仓、南市、榨、水碓、碓房、晒谷坦、石酒缸
	生活	桥、渠、井、池、水口、水口坝、街、巷、船、官道、路
人群活动	生产	纤夫泊船、轿夫抬轿、船夫撑船、农夫赶牛、犁田锄地、荷锄而归
	生活	村民闲叙、主人骑马、仆人赶马、挑担子、泛舟垂钓、抱物行走

点而在内容上有所增减，使得每幅村图记载的人文信息各有侧重，从而鲜明地展现出不同村落的特点。总体分析上述村图，可将相关人文地理内容制成表2。

在表2所列各种内容当中，有些为各村图共有之物，如祠、田、道路等，有些则是各村图中的独有之物，如榨便仅存在于《永春戴氏宗谱》所载《姚村阳宅地图》中，水碓也只是为《仙石周氏宗谱》卷二《仙石周氏村图》所录。同时，同一类型的建筑在不同村图中有着多样的表现，就信仰建筑而言，除祠堂外，村图中还有着各种代表不同信仰的庙观，具体情况见表3。

表3		明清徽州家谱村图中庙观类建筑简要摘录	
谱名	图名	庙观名称	数量
休宁范氏族谱[1]	汉口村居图	真君殿、三宝殿、奶奶庙、汪王殿	4
傅溪徐氏族谱[2]	傅溪图	舍利庵、文昌阁、庙、名官祠、龙潭社、忠烈庙	6
新安大程村程氏支谱[3]	大程村全图	关王庙、宝池庵、仙姑祠、土地庙、灵官殿、大圣殿	6
新安黄氏横槎重修大宗谱[4]	左田基墓图	周王庙	1
	横槎溪西基图	关帝庙、庙	2
	溪东基图	广济庵、社坛墩、潜龙庵	3
	东庄上左田霞坞阳基图	社坛基、关帝庙	2

---

[1] 《休宁范氏族谱·谱居·汉口村居图》。

[2] （清）徐景京等：《歙西傅溪徐氏族谱》卷四《傅溪图》，乾隆二年（1737）刻本。

[3] （清）程豫等：《新安大程村程氏支谱》下卷《图》，乾隆四年（1739）刻本。

[4] （清）黄茂待等：《新安黄氏横槎重修大宗谱》卷首《基墓图》，乾隆十七年（1752）刻本。

续表

谱名	图名	庙观名称	数量
婺南云川王氏世谱 [1]	云川王氏阳址图	永秀庵、关帝庙、焕文庵、文昌阁	4
官源洪氏总谱 [2]	桃源基图	史卜庙、关帝阁社坛、文昌阁、汪王庙	4
	西武岑基图	社坛、三官庙、三郎庙	3
新安武口派梅田王氏支谱 [3]	东川汤源下宅基图	水口庙、裕福庵	2
严田李氏宗谱 [4]	金山西村里居图	钵龙庵、龙兴庙、关帝庙、西莲庵、庙	5
新安武口派梅田王氏支谱 [5]	里梅田村基图	相公庙、古寺庙、汪帝庙	3
环溪汪氏宗谱 [6]	环溪汪氏阳宅图	寺、庙	2
查氏族谱 [7]	查村住宅图	元坛庙、光山庙、张王庙	3
檀岭王氏宗谱 [8]	伦祥公迁居南邑阳基图	山龙庙、土地庙、东平殿、观音庵、五显殿	5
梧川汪氏宗谱 [9]	梧川村图	两座庙、社庙、文昌阁、汪公庙、太尉殿、小鳌庵	6
	考溪阳宅图	仰止庙、汪公庙、社庙	3
桃源洪氏宗谱 [10]	梓墅村图	社庙、史卜庙、观音亭、汪王庙	4
祁门善和程氏仁山门支修宗谱 [11]	善和村图	关帝庙、周王庙、张王殿	3
方氏宗谱 [12]	营前基图	普护庵、关帝庙、紫云庵	3
韩溪程氏梅山支谱 [13]	盘谷宅基置图	社坛、百子庵、土地庙、关帝阁、土地庙	5
	晓湖宅基之图	晏公庙、社坛	2

---

1 《婺南云川王氏世谱》子集卷一《阳址图》。

2 （清）洪士衔等：《官源洪氏总谱》卷末《桃源基图、西武岑基图》，乾隆五十三年（1788）刻本。

3 （清）胡元熠等：《清华文敏公宗谱》卷三《东川汤源下宅基图》，嘉庆二十三年（1818）刻本。

4 （清）李华树：《严田李氏宗谱》卷四《金山西村里居图》，道光七年（1827）刻本。

5 （清）齐礼等：《新安武口派梅田王氏支谱》卷六《里梅田村基图》，光绪十年年（1884）刻本。

6 （清）汪昌礼：《环溪汪氏宗谱》卷一《阳宅图》，光绪十三年（1887）刻本。

7 （清）查荫元：《查氏族谱》卷首《查村住宅图》，光绪十八年（1892）刻本。

8 （清）王承波：《檀岭王氏宗谱》卷六《肇图》，光绪二十年（1894）刻本。

9 （清）汪宗瀚等：《梧川汪氏宗谱》卷一《梧川村图、考溪阳宅图》，光绪二十一年（1895）刻本。

10 （清）洪钊：《桃源洪氏宗谱》卷一《梓墅村图》，光绪二十六年（1900）刻本。

11 （清）程际隆：《祁门善和程氏仁山门支修宗谱》卷一《村居景致》，光绪三十三年（1907）刻本。

12 （清）方盛昱：《方氏宗谱》卷二《基图》，光绪三十四年（1908）刻本。

13 《韩溪程氏梅山支谱》卷二《宅基图》。

从表3所录庙宇可知，在村图中，有些庙观多有出现，如社庙、关帝庙、文昌阁等。另有如汪王殿、汪王庙、汪公庙等庙宇，虽然名称不同，但实际上都是崇拜汪华之所。这些较为普遍的庙宇实际上是明清徽州地域范围内主要信仰世界的直观展示，万历《歙志·风土》一节所载可为印证："乡之有社祭先啬祝丰年，此农事耳，大都以社稷为主，其次则程忠壮、汪忠烈，是皆生为本乡英杰，殁为本乡明神。又次则关公，海内皆祀之，邑中亦多为之祠。至张许二帝，与周翊应侯，诸凡敕赐庙额，列之祀典宜也。"[1] 当然也存在偶然出现的庙名，例如晏公庙，供奉的是平定风浪的水神，明代江西地面多有供奉。[2] 又如史卞庙，祭祀的则是"史侯孙德，卞侯项胜……宋嘉定二年封助灵，史将军助顺，卞将军洎祐"[3]。这些从属于某几个村落的庙宇则是地域范围内村落独享信仰的展现。

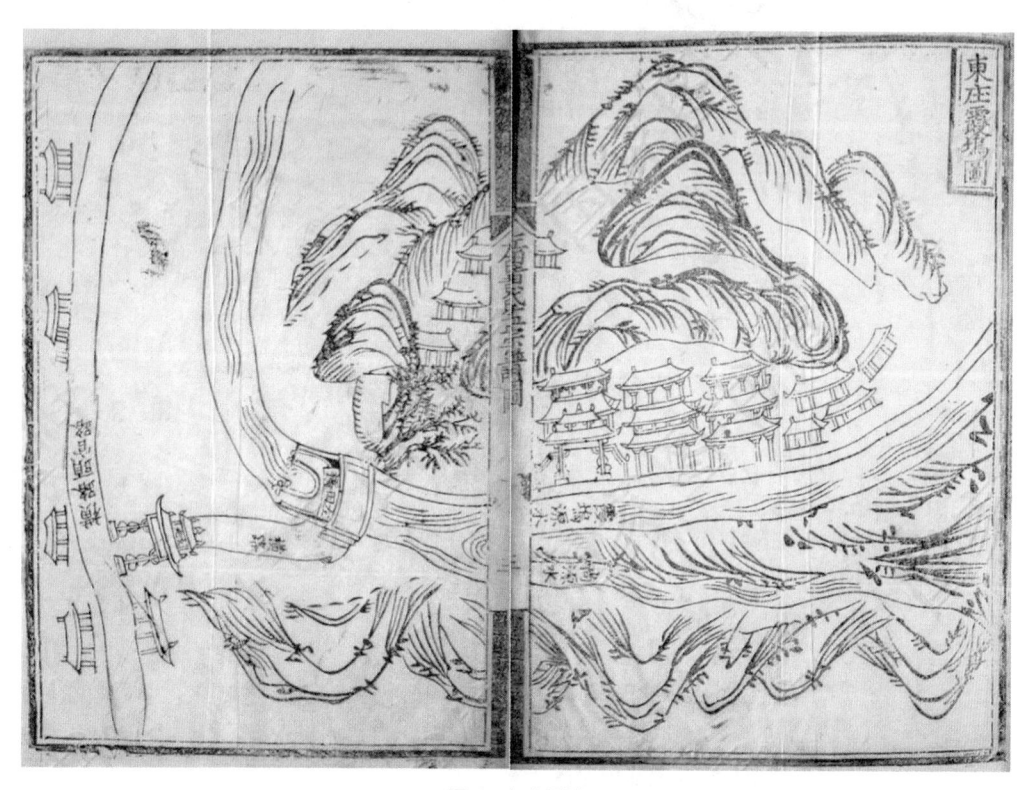

图 1 东庄霞坞

[采自（明）黄世徇编纂：《左田黄氏孟宗谱·东庄霞坞图》，嘉靖三十七年（1558）刻本]

---

1 （明）谢陛撰：《歙志》考卷五《风土》，张艳红点校，黄山书社，2014，第99页。

2 （明）王士性撰：《广志绎》卷四《江南诸省·江西》，吕景琳点校，中华书局，1981，第86页。

3 《桃源洪氏宗谱》卷五《庙宇》。

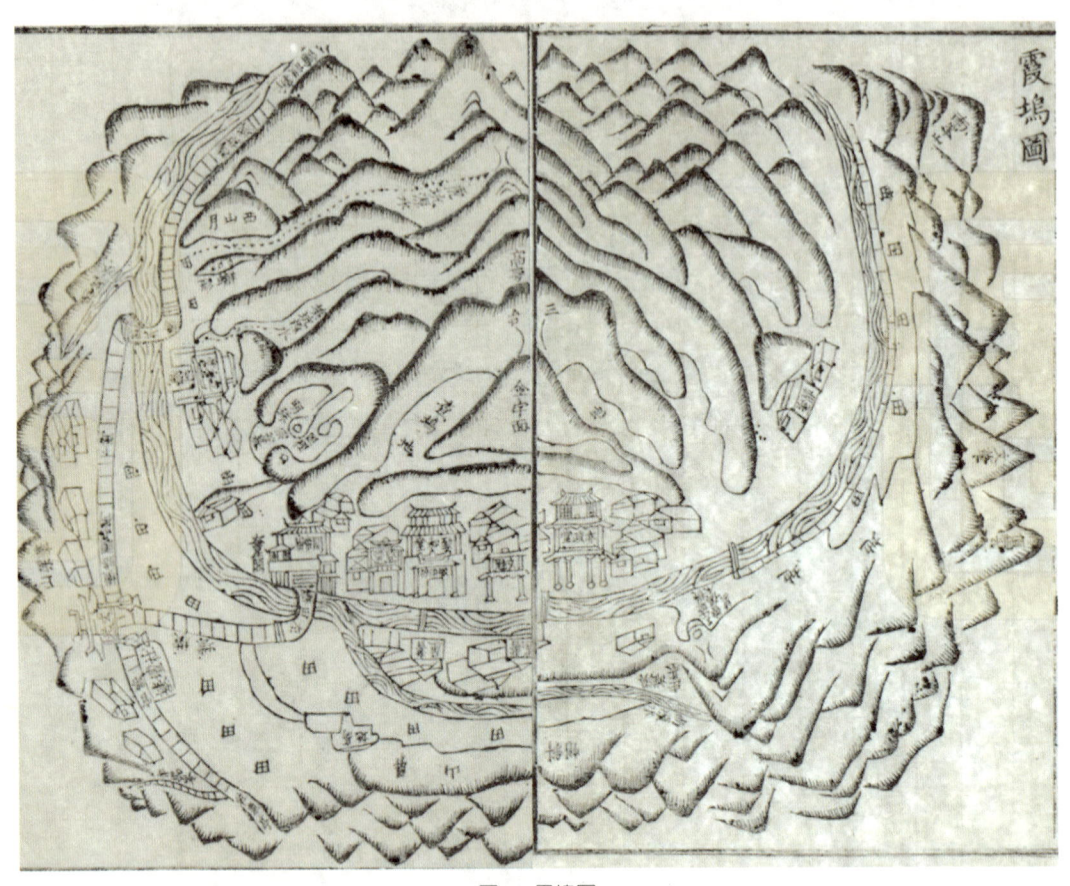

图 2　霞坞图
［采自（清）黄茂待等修：《新安黄氏横槎重修大宗谱》卷首《霞坞图》，乾隆十七年（1752）刻本］

（三）村图中的内容变动

明清徽州宗族有着续修家谱的传统，部分续修而成的新谱，会直接保留原有之村图，也有可能对同样村落绘制新图，其中创新之处的核心表现便是图像内容的变动。这种变化既是村落环境变迁的直接反映，亦是宗族发展的缩影。在上述村图中选取两个实例，以资佐证。

1. 新安左田黄氏左田村图

明嘉靖三十七年（1558）祁门黄世徇编纂《左田黄氏孟宗谱》，谱载《左田图》《伊坑尚源图》《东庄霞坞图》等村图，之后黄茂待等又于清乾隆十七年（1752）修成《新安黄氏横槎重修大宗谱》，内有《左田基墓图》《东庄上左田霞坞阳基图》等村图。相去近两百年，左田、霞坞两村落实际上发生了一些变化，并在村图当中有所展现，试以霞坞一地予以说明。

霞坞"去左田一里许，旧名下坞，黄氏旧庄在焉，自县尉公九传至文载公，雅好幽静，爱此山明水秀，卜居其地"，霞坞因景色绝美而得名，"川原幽邃，峰峦森罗，前有两溪会合，水色日光，上下荡漾，绚烂如霞，故名霞坞云"[1]。对比上述两图，在地形与村落位置上两者并无太大差异，但在图像内容上，后者较前者有着明显的增加，其中清晰可见者如静堂、亦政堂、致和堂、溪滩庄基、文魁楼、关帝庙、台阁、新护馆、宗公墓等。同时，较之于图3，图4对于村落风水的展现更为突出。

2. 祁门桃源洪氏桃源村图

在清代乾隆五十三年洪士衔等所编修的《官源洪氏总谱》中刊有《桃源基图》一幅，[2] 之后光绪二十六年洪钊等重修《祁门桃源洪氏宗谱》中则载有桃源《梓墅村图》一幅[3]，两幅村图虽图名不同，但实际所画为同一村落。实际上，乾隆谱中所载村图的内容就已然较为丰富，其中仅冠以堂名的建筑就有惇睦堂、慈养堂、仁孝堂、丕承堂、慎徽堂，另有社郎第、中宪第、秋官第、褒封第、鸿胪第与右史第这六处官宦居所，还标出南山书舍、青友书舍、赤山书舍、石塘书舍、松涛书舍等书院建筑。在此基础上，《梓墅村图》中又添加了衍庆堂、碧筠堂、四世博士、仕郎第、下南桥、梓墅里、紫台、奎楼、大紫台旧址、社庙、放生河等内容。并且对其中一些内容的相对位置做出了改变，如代表村落龙脉的"龙山"，以及宗族祠堂惇睦堂等，但较为遗憾的是，谱中未对这种改变做出相关说明。

三 村图中的空间结构

在自然环境与宗法、科举等文化的共同影响下，明清时期的徽州村落空间本身具有一定独特样态。[4] 如此样态在村图中亦有所反映，使得观看者能够大致得知村落的空间布局。但村图毕竟不是村落的空间效果图，在空间结构方面，村图中的样貌与实际情况并非完全一致。这种情况并非是明清徽州编谱者的创造，而是中国古代地图的一种通例。[5] 实际上，为服务于宗族对村落历史与现实的记载，村图中的空间结构明显偏向于与宗族相关的内容，并在空间等级与空间边界上有着突出的表现。

（一）村图中的空间等级

通观上述村图可以明确看到图中存在着空间等级区别，其目的就是强化宗族主

---

1 （清）黄茂待等修：《新安黄氏横槎重修大宗谱》卷首《霞坞图》，乾隆十七年（1752）刻本。

2 《官源洪氏总谱》卷末《桃源基图》。

3 《桃源洪氏宗谱》卷一《梓墅村图》。

4 朱瑾：《徽州村落环境空间形态与构成秩序》，《东华大学学报》（社会科学版）2005年第2期。

5 [美] 余定国：《中国地图学史》，姜道章译，北京大学出版社，2006，第141—198页。

体效果，彰显宗族对于村落的控制。这种等级区别主要是以规模与位置两个手段展现出来的，就规模而言，通过对自然与人文地理因子间相对规模的处理，可以在村图中直观看到那些内容的重要性。在自然地理因子上，为了彰显宗族所在村落的风水与人文，在村图中，相关因子的空间规模便会相应变大，"斯图也，聚族而居，保世滋大。襟山带水，萃浙流灵秀之钟成；艮归坤耀，婺宿光辉之兆奕。禩诒谋迭，衍数村衡宇相依，既选胜以搜奇，八景之观备矣，复星罗而基布，众美之列具焉"[1]。以《韩楚二溪汪氏宗谱》所载《柯里居址基局图》为例进行说明，谱中《图考》有言：

> 柯里山龙自上楚溪佛岭过峡起祖开帐，东行至张坑青龙坞之左，黄沙坑薛家岭之右，中落脉前行至梅树坞头，又东上至下坑坞头，起木星高峰踊跃，南行里许，起天蔜主星，卓荦五萼，左敛右舒，下为村基。[2]

在这种观念下，其村图之样貌便见如图3。

图3　柯里居址基局
[采自（清）汪准：《韩楚二溪汪氏家乘》卷六上《图考》，宣统二年（1910）刻本]

1　（清）查荫元：《查氏族谱》卷首下《凤山查氏住宅》，光绪十八年（1892）刻。
2　（清）汪准：《韩楚二溪汪氏家乘》卷六上《图考》，宣统二年（1910）刻本。

而在人文地理因子上，相应的规模对比同样存在，以祠堂为例，在村图当中，祠堂为必收的建筑，部分村图当中还会绘制村中所有的祠堂，如清婺源《查氏族谱》所载《查村住宅图》中则有孝思堂、光裕堂、清立堂等七座祠堂，[1] 清祁门《善和仁山门程氏支谱》所载《善和村图》中就刊有敬义堂、大宪伯、光裕堂、笃本堂、静乐公祠、长史祠、逸儒祠、善公祠、至公祠、修吉堂等十余处祠堂。[2] 尽管徽州宗族祠堂本身规模较为宏大，但在村图当中，它们的规制被进一步的突出，特别是在高度上，完全盖过了其他建筑，成为全图的视觉重心。以《赤桥村基八景全图》（图4）为例进行说明。

在图中，一眼望去便可得知其祠堂之宏伟，且在目视之下，为村内最高，但实际并非如此。村中的制高点当属图右下角的"东皋塔"，据《祁门县志》载"东皋

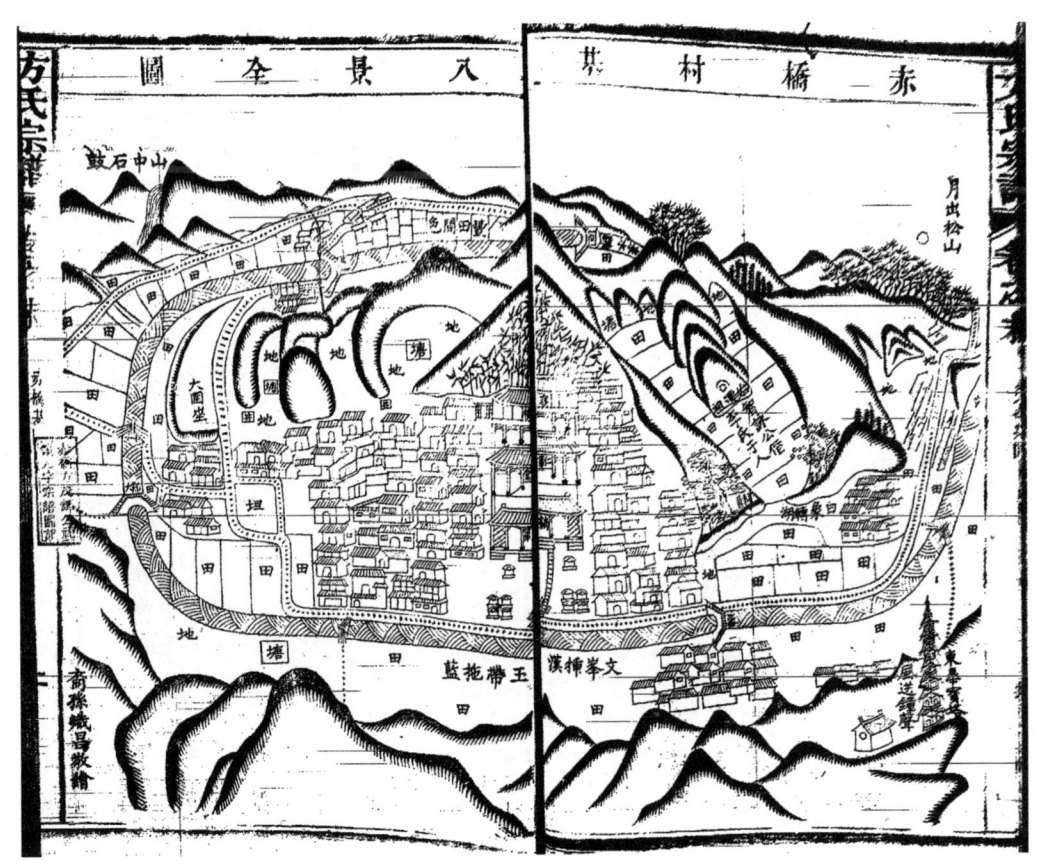

图4　赤桥村基八景全图

［采自（清）方炽昌：《方氏宗谱》卷末《赤桥村基八景全图》，同治十三年（1874）刻本］

1　《查氏族谱》卷首下《查村住宅图》。

2　（清）程际隆：《善和仁山门程氏支谱》卷一《善和村图》，光绪三十三年（1907）刻本。

塔在赤溪口，方楷等倡建，巍峨宏丽，为一方胜观"[1]。此塔身原为5层，后于万历间增建为7层，至今犹在。在祠堂之外，墓地同样是村图意图凸显的存在，在图4中，可见方氏赤桥始迁祖智咏公之墓，且其与山丘间的规模对比差异明显。

在规模对比差异之外，村图还会通过位置设定的方式展现村落等级，主要的设定模式是一种同心圆式的。多数居图会在图像正中安置宗祠，且相较于其他建筑绘制的格外精细，"里居首重宗祠"[2]，自然成为村图空间的中心，比较典型的如明代《休宁范氏族谱》所载《闵口村居图》[3] 和清代《西递明经胡氏壬派宗谱》所载《西递村图》[4] 等。但并非所有宗族祠堂都坐落于村落中轴线上，在此情况下，有些村图尽管会服从于宗祠的具体位置，但仍然会在图上将祠堂的方位向中心靠拢，比如图5。

图5 仙石周氏村图
（采自《仙石周氏宗谱》卷二《村图》）

---

1 （清）周溶、汪韵珊：《祁门县志》卷十一《舆地志·古迹》，中国方志丛书本，成文出版社，1982，第405页。

2 撰者不详：《重修汪氏统谱纂要》卷首《重建宗祠叙》，清刻本。

3 《休宁范氏族谱·谱居·闵口村居图》。

4 （清）胡叔咸等：《西递明经胡氏壬派宗谱》卷一《村图》，道光六年（1826）刻本。

一旦确立了宗祠的中心位置之后，村图绘制者便会依赖宗祠安排其他的村落信息，一般而言，宗祠四周以民居环绕，外层再绘以墓地、田产，最外层则是村落的自然景物，最终形成了如图6所示同心圆式的空间位置等级结构。

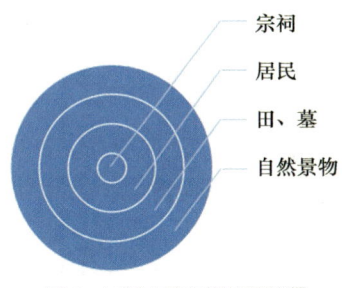

图6　村图中的空间位置等级

当然，由于徽州区域内地形特性，其村落布局往往呈现出"山田交半，顾平岗土阜，胥可筑屋中夹，平原颇开朗"的样态。[1] 这对于村图的空间位置自然会造成影响，故而上述同心圆式等级样貌并不完全是村图绘制者的创造，也是村落现实状况的一种反映。但将其与规模等级相结合，自然能够明显看出，村图绘制者对于村落中宗族因子的强化。

（二）村图中的空间边界

在上述村图当中，还可窥得村落的空间边界，与空间等级结构相同，这种边界同样带有明确的宗族色彩。尽管在徽州文人笔下，徽州宗族均是聚族而居，每个村落内仅有一个宗族，"新安各姓，聚族而居，绝无一杂姓搀入者，其风最为近古"[2]。但就实际情况而言，明清时期徽州村落内宗族杂处的情况并不鲜见，如此一来，此时的徽州村落便可自然分为单族村落与多族村落。这两种类型的村落在村图中的样貌有所不同，尤其是在空间边界上，表现较为明显。对于单族村落而言，主要的边界在于标示自身村落的区域范围，由于明清时期，并不存在村一级行政单位，故而在村图中，只能通过两种手段来确定村落的边界。一是标示村落内外主要景观，以内部景观标示村落存在，外部景观位置则作为村落边界，例如《磻溪汪氏家谱》卷1《城源基图》以汪王祠即敦伦堂、慎徽祠、统公祠、香泉井、荫宅塘、蓄福塘、培元碣、石牛潭、养生潭、龙山石笋、桃木岭石洞、来龙山岚山路、鹏完书屋、水口石狮等地标绘制出了自身的村落边界，见图7。

二是借用税业边界标示村落的边界，这一方式在《韩楚二溪汪氏家乘》中有着明确的表现，尤其是《侯潭村居图考》附有《弘治中村基地图合文》一幅，相当清晰，见图8。

图8内文字直录税业之由来与大小，图后还附有每块地的税业文书，特将部分

---

[1] （清）江登云始辑，江绍莲续辑：《橙阳散志》卷一《村地志》，康健点校，安徽师范大学出版社，2018，第19页。

[2] （清）赵吉士：《寄园寄所寄》卷十一《故老杂记》，周晓光、刘道胜点校，黄山书社，2008，第872页。

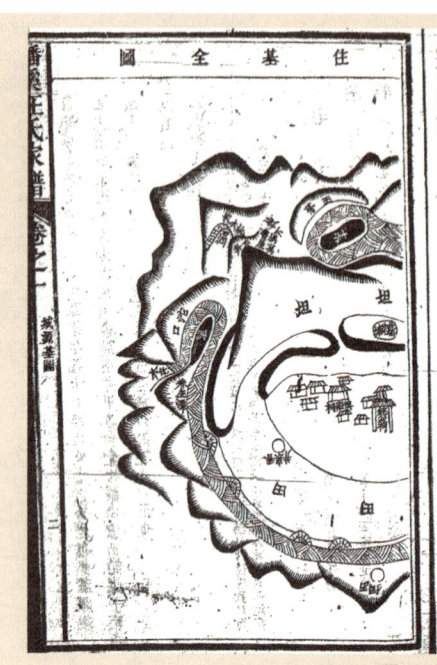

图7 城源基图

[采自（清）汪炳章等：《磻溪汪氏家谱》卷一《城源基图》，同治三年（1864）刻本]

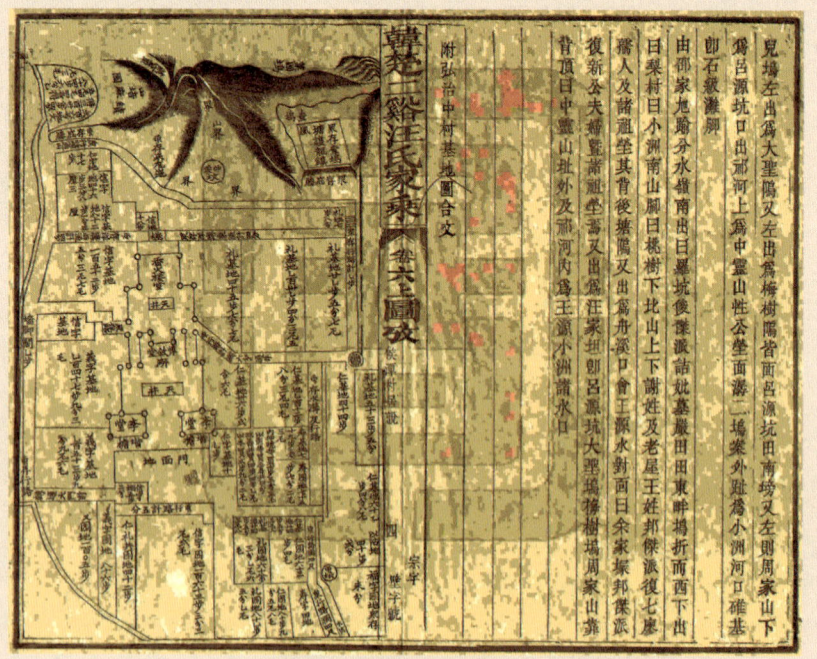

图8 弘治中村基地图合文

(采自《韩楚二溪汪氏家乘》卷六上《图考》)

内容移录如下："三都湘潭汪善、汪以彰、汪以江、汪以本等共标承祖并众存脉受计五号坐落三都三保，土名侯潭，流水经历系藏字一百九十四号，汪得辛名目，计地七亩七分七厘。一百九十五号，汪凯叔名目，内一半计田地二亩八分六厘三毛。"[1]

而对于宗族杂居的多族村落，谱中村图所标示的空间边界便由村落边界转变为了宗族居住边界。先以明代休宁范氏所居油潭、汉口两村为例进行说明，这两个村落皆为范氏与他姓联姻后因特殊原因衍生的村落。油潭村为"观察长支十八世孙茂公赘油潭徐氏，乃自祖舍迁居"，"村之同居有黄、程、许、吴、陈、师诸姓。范之居又东邻于黄，南抵古路渠，亦与黄为界"[2]，这些姓氏宗族所居建筑部分在村图（图9）中有所展现。汉口村始迁祖范震出博村派，其父范琏"配端明学士程珌之姐"，后英年早逝，程氏携子震遂依外家居汉口，其后子姓繁衍，遂形成汉口范氏宗族。[3] 汉口村图（图10）以范氏"寿传堂"为构图中心，分布着程、黄、孙、汪、赵、谢等他姓住房。[4]

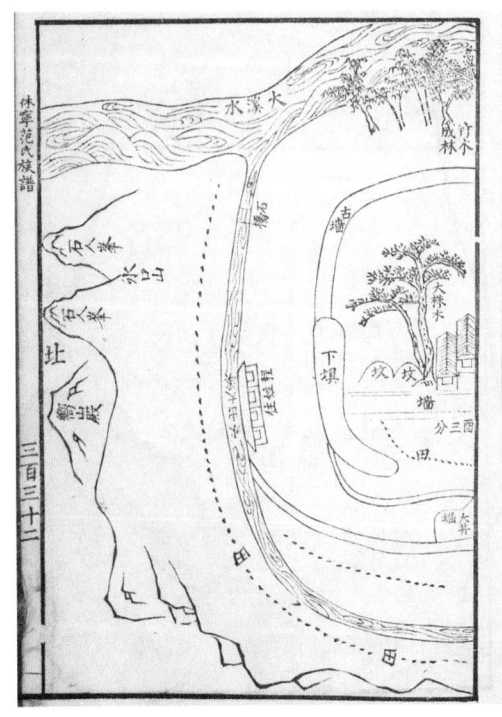

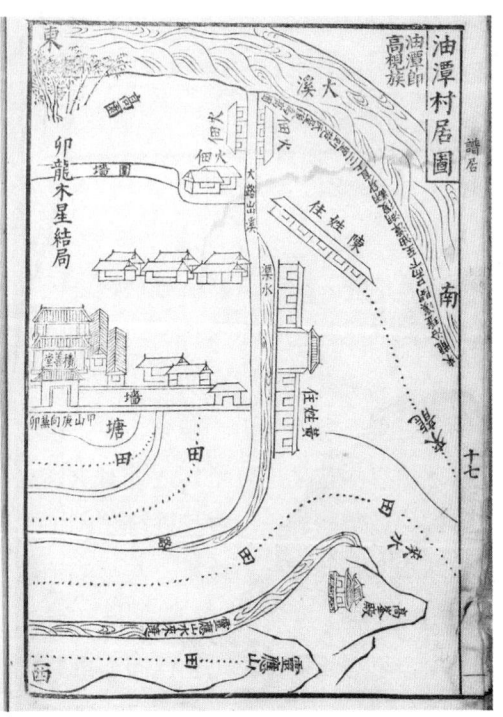

图9 油潭村居图

---

[1] 《韩楚二溪汪氏家乘》卷六上《图考》。

[2] 《休宁范氏族谱·谱居·油潭图说》。

[3] 《休宁范氏族谱·谱传·中支汉口族》。

[4] 《休宁范氏族谱·谱居·汉口村居图》。

图10 汉口村居图

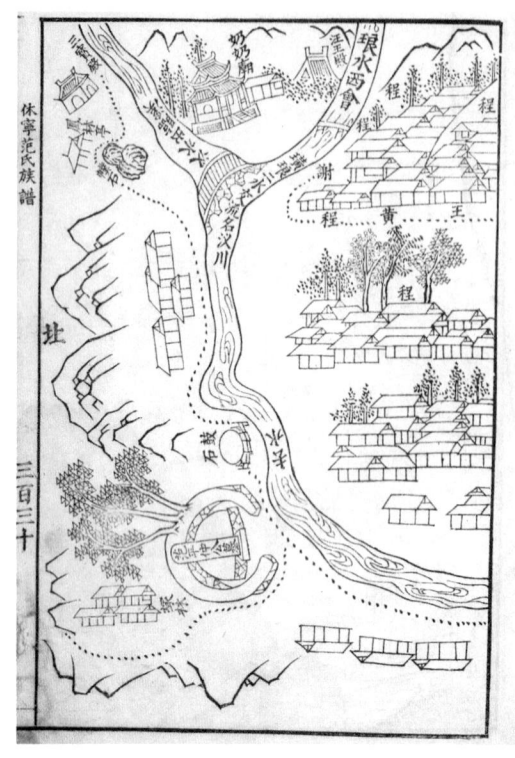

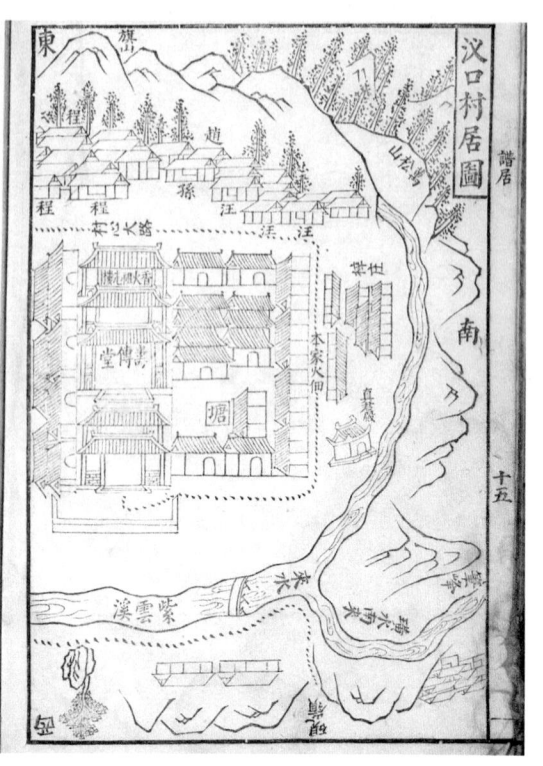

再以《檀岭王氏宗谱》所载檀岭王氏的肇基之地《王村上阳基全图》（图11）为例。

图中以王氏宗族为中心视角，在记录王氏村落信息的基础上，尤其注意对王姓和李姓的地理范围、产业信息进行明确记载。王、李两姓的祠堂、坟墓，甚至荒地"土埂为界"都有确切记录。王、李两姓渊源颇深，早在元初，王氏先祖回公由婺源迁居此地时，此地名为"李村"，"历四世名望渐隆，人遂称为王和李村"[1]，后因回公葬于宅后，遂于明初改名为"王村上"。从上述变化可知在此村落中，王氏宗族的势力一直处于上升状态，但其并非是初始定居者，故而在村图中王氏会明确展示他族信息，以区分其与本族的边界。

在上述这两种空间边界之外，部分村图还会绘制一些特殊的内容，以成为带有独特目的的边界。如上述范氏家谱所载村图中会标示佃仆居住的地点，其目的便是区分"小姓"与"名族"空间。[2] 再如同治《方氏宗谱》所载《营前基图》中有着

---

[1]《檀岭王氏家谱》卷六《肇基图》。
[2] 祝虻：《历史记忆、宗族边界与族群分层——明清徽州宗族认同研究》，《云南民族大学学报》（哲学社会科学版）2016年第6期。

"方圤郑碑"之所，它是方、郑两姓纠纷的产物。在康熙年间方、郑两姓为争夺这座坟茔的属权而讼于官府，历十余年而未结。谱中载有雍正年间结讼详文，文称方氏族人方玙九控告郑氏郑敬保于祁门县府衙，对于这座坟地，方氏"指称系虚堆"，郑氏"指称系祖冢"。官府为辨明事实而前往实地勘验，却遭遇"郑姓齐集多人，持刀执斧不容前往"，未能分辨虚实。最终，于雍正元年由陈氏族人陈大任、陈李英等分别为"中见人"和"立还文约人"立卖地契和签署文约，议定方氏将"空圤一所，上下左右方圆共计地八尺，埋石为界，凭中立契，出卖与郑"，并强调"其余山地郑姓不得管业，如违，听自方姓同身等赍文鸣官理论"[1]。方氏将这一信息绘入村图，显然是为了标示出自身对此产业的占有，以展现其族与郑氏宗族间的产权边界。

四　图像记忆与宗族认同

由上述内容可知，明清徽州家谱所载村图并非是对村落的准确刻画，而是为了服务于宗族某些需要而对村落样貌的选择性描绘。故而观者无法通过村图准确知晓村落的所有信息，但却可以得到与此地宗族有关的图像知识。由于明清时期徽州家谱的保管手段，使得能够阅读家谱的主要是本族后裔。同时，家谱并非定期更新，尽管明嘉万之后，徽人常有续修之举，但其中间隔多在数十年。在两者的共同作用下，谱中村图便会成为宗族族人关于村落历史的唯一图像记忆，对于这一点，清乾隆年间《新安黄氏横槎重修大宗谱》有言："时际会修统宗谱牒，敬将基图详绘，俾后知其形胜，识其故迹。"[2] 之后光绪年间修成的《绩溪县南关许氏惇叙堂宗谱》中也有着类似的言语，"使散居四方之子孙，展阅斯图，如游其地，而登斯堂焉。今得志仁侄绘之为最明，而家顺侄附绘横塘村图，岂非以横塘为父母桑梓之地，见横塘之一树一石皆有情乎，绘之亦固其宜家"[3]。至于宗族需要，其实在谱中也已有所论及，同样是乾隆年间成谱的《歙西傅溪徐氏族谱》载："俾览者如身在其间，而恭敬之思亦油然以生，未必非教孝之一助也。"[4] 光绪年间汪昌礼主修《环溪汪氏宗谱》中说得更为详细：

> 朝崇祀灵，爽赫如日星，所以绵庶裔而昌，厥宗者端有在也。后之人分派虽繁，迁支虽远，亦孰无桑梓本原之念哉。意睹河洛者思禹功，然则睹启治之图者，

---

[1] （清）方炽昌：《方氏宗谱》卷二《住后山地详文》，同治十二年（1873）刻本。

[2] 《新安黄氏横槎重修大宗谱》卷首《溪东基图说》。

[3] （清）许道宣等：《绩溪县南关许氏惇叙堂宗谱》卷一《阳基图》，光绪八年（1882）刻本。

[4] 《歙西傅溪徐氏族谱》卷四《傅溪图引》。

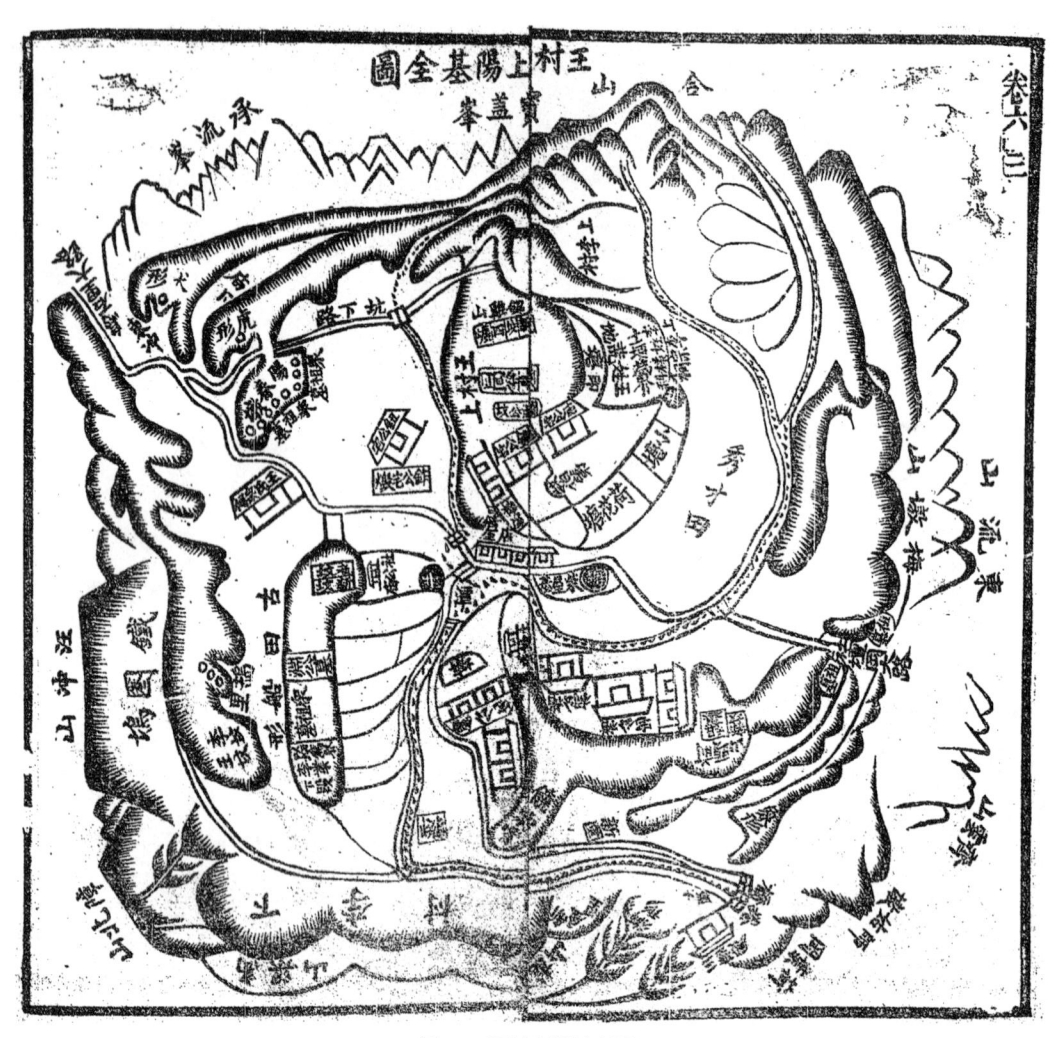

图 11　王村上阳基全图
（采自《檀岭王氏宗谱》卷六《肇基图》）

盖思我祖宗之所由缔造于前者何如，又盖思我后人所以奠居所以而继承与后者当何如也。[1]

这些言论无不表现出对于宗族而言，村图就是巩固宗族认同的重要手段。实际上，从上述情况来看，村图中不仅有着有关宗族的历史记忆，也包含了较为直观的宗族边界。[2] 正是这两点，使得村图能够有效承

---

[1] 《环溪汪氏宗谱》卷一《越国公六邑之图》。
[2] 祝虻：《历史记忆与宗族边界：明清徽州的宗族认同》，《福建论坛》（人文社会科学版）2019 年第 3 期。

担上述宗族主体赋予的任务，成为宗族认同的重要支撑。

（一）图像中的历史记忆

在上述村图当中，存在着对于宗族祖先创建或定居村落的描述，族人通过它们将会获得宗族早期的历史记忆，这是巩固宗族认同的核心记忆。特别是在图像之后解释图中内容的图说等文字，更是可以令观者强化这种记忆。其中的村落由来一节，作用较为明显，如《新安黄氏横槎重修大宗谱·上降金竹埠阳宅图记》中有言：

> 我族自横槎溪西二十五世祖希尧公绍居溪东，发祥昌大，甲第蝉联，绵绵绳绳，人文蔚起。勅赐南津北宅，名地闻望，历古及今。传至四十世祖温奴公徙居潘坑大塘源，宣德七年间转卜择居于上降金竹埠，见此处龙山秀丽，峭石笋朝，形如灵龟负卦，世居此焉。坐壬向丙兼亥巳三分左右，癸艮二水发源，右有庚辛二水直拱青龙，金星横列，白虎先峰绕回河水，如绅丁出，可为万世安宅矣。历今十有余代，世界择相承，丁粮颇茂，虽曰宗祖在天之默佑，亦地脉钟灵之兆

美也。[1]

又如清《新安武口派梅田王氏支谱》刊有《梅田基址之图》和《里梅田村基图》各一幅，其于图前配有"村基图引"一篇，详细解释了两村基址的由来：

> 七世祖士崇公由武口迁梅田外村，剪棘锄茆，运石构木，筑垣墉营，栋宇而家居焉。不数传而子孙蕃衍，厥族斯兴。迄明季，二十六世祖廷祥公再迁梅田源内，有书可读，有田可耕，对宇望衡，共敦亲睦，雍然有太古风，是二村也。岂敢上拟，双溪祖居，四世同堂，五贤继起，为发祥望族。然披图考据，觉水绕山环，峰回气聚，毓秀钟奇于斯，可卜将见，人文蔚起，科甲蝉联，继双溪而大振家声，能无望于后人乎。[2]

由于徽州地区内部地狭人稠，村落更迭并不少见，以1551年成书的《新安名族志》为基点，歙县至1699年的村庄存有率为62.25%，到1827年为58.94%，休宁县1551年存有的村庄到1699年只剩下59.6%，其后则没有大的变化，绩溪县到1699年则还有82.14%的村落存在，到

---

[1] 《新安黄氏横槎重修大宗谱》卷首《上降金竹埠阳宅图记》。
[2] 《新安武口派梅田王氏支谱》卷一《村基图引》。

1827年为78.57%。[1] 在此情况下，宗族离开祖居地定居的情况常有发生，在前述一些家谱中，为保证族人对于祖源地的记忆，还会特地制作那些村落的村图。清代《潜川汪氏惇祠溯源家谱》中便载有《歙西汪村遗基图》一幅，图中以汪村遗基房屋为构图中心，屋旁有社。村后为西村、仇家塘、十里桥等地，屋前邻汪边村、大庙堨两地。此图非常鲜明地界定了汪村遗基的地理位置和范围，并于图后解释了汪村的历史渊源："汪村遗基，在今歙西二十一都滚绣乡状元里，南近大庙堨，北连汪边村。基地之名昔呼寺堨，唐尚书礼部郎中琦公，建中初由歙州登源始来居此，岁久族蕃，遂姓其地曰汪村。今有汪村边者，即邻乡也。"并于其中直言绘图目的："爰志图录以昭前烈，启发后昆当顾唐业志重，而思继承之难，尚其慎之。"[2]《檀岭王氏宗谱》中所刊《伦祥公迁居南邑阳基图》，同样也是描绘祖源村落。王氏于基图中标出已经无存的伦祥公老宅基所在地，并以其为构图中心，绘制王氏、束姓、胡姓、徐姓、杨姓等各族产业分布，可见此处王氏还有大量族田。图后载文曰"右为伦祥公迁居之地，属南邑上东乡，束家田湖左。近道光中叶，已有数十丁，人财并盛，产业日增，田地、山塌、钱漕完纳银至数拾两。"可惜后来此处王氏"迨迭遭兵燹，屋毁丁逃，今仅存善宝父子二人，其产业界址均未详细开报，姑载其阴阳二基图说，以志大略云尔"[3]。

在村落由来之外，这种祖先历史记忆还会包括村图所包含的一些宗族设施，其中典型者便是祠堂与墓地。这方面的记忆会支撑起宗族族人有关宗族延续的认识，进而服务于宗族认同。就祠堂而言，由于在村图中存在着明确以祠堂为中心的空间等级，配合谱中相关记载，族人能够较为轻易地获得关于祠堂的历史记忆。墓地的情况稍有不同，由于其处于图像的边缘，使得相关历史记忆的获取依赖图后的解说。对此，以《新安大程村程氏支谱》中的《大程村图》为例，此图明确标出了村落四周的祖墓，并随之进行了相应的介绍：

> 其村西塘塝坞有名浪沙行者，盖宁二公墓，乃迁岑山诚公，绍槐塘上府后派祐公之本生父也。其村西北西山湾有名虎形者，则豫六世祖考祖妣暨高祖考静宇公之墓，墓田及柿坞岭山业向为族人弋售，豫用资赎，复付本支本祠保护。有名栗木山者，豫五世祖汝新公之墓。又村东北裏田坑有名新虎形者，豫曾祖考仕美公暨继配曾祖妣两叶夫人之墓。虽属豫祖，诸墓适因绘图，故并为

1　唐力行：《徽州宗族社会》，安徽人民出版社，2005，第24页。
2　（清）汪士鋐：《潜川汪氏惇祠溯源家谱》卷五《基图》，康熙三十三年（1694）刻本。
3　《檀岭王氏宗谱》卷六《伦祥公迁居南邑阳基图》。

附记，俾我子孙敬守。[1]

此图中还收录了宗族祖先在村落中营建的一些设施，同样会成为宗族族人相关记忆的由来：

> 伏念本村山川胜概为乡邑所称，而先府君手泽心力多萃于此，如培植村脉树木，累叠水口雨坝，于亭子桥达路伐石甃治，俾作康庄。每遇夏日，则设茗蒣道旁，以酌行者。仙姑洞口曩栽桃花，百本俨有武陵蹊径，村内各精蓝并多舍施金钱助其香火。今缘绘图谱首，重为披览，不胜感悼。[2]

（二）图像中的宗族边界

纵观上述村图，从中可以看出有两类边界共同构成了图像中的宗族边界。首先是宗族派别边界，在上述那些具有多张且按照迁徙顺序安排的家谱当中，这些村图一起构成了宗族的迁徙历史，也形成了宗族在徽州区域内的派别边界。在此之外，其族人虽然迁居他地，但在派别上仍然从属于这些村落。典型者如前述休宁范氏，其宗族的迁徙边界便是博村、汉口、林塘、油潭、合干、闵口和瑶关，而韩溪梅山程氏则韩溪、盘古、芳春和晓湖。而在有些村落内部则又通过标示祠堂或家庙的方式来展现村内的派别边界，在《查氏族谱》卷首《查村住宅图》中绘出了康熙三年始建，祭祀查氏始祖南唐观察使文征公的"孝义祠"、祭祀查氏宋龙图阁待制道公的"孝子祠"、康熙七年建祭祀廷椿公的"文德堂"等二十座家庙。[3] 从这些家庙的设置中，可以直接看出宗族内部的派别边界。这种派别边界的确定实际上是为了服务于宗族的整体认同，对此明代徽人程孟说得较为明白：

> 孟因搜辑世忠事实，会通谱书，尝至绩溪之仁里，休宁之率滨，又道经黟南，至祁之善和，婺源之环溪，浮梁之景德等处。山川道里，目睹而心存，颇识其一二，因以布置为图，犹恨未得尽美，一日好事者以郡志见示，于是互相参考，立定成格，于善绘之士写之，填以族氏所居之名，于以见吾程姓之蕃盛也。虽然六邑程姓同出一源，分派年深，住居地远，至有闻名而莫识其处者兹焉。开卷一览，即能知之曰某处属某县也，某人出某处也，他日相逢，问而及之，岂有不相亲爱，而敦族谊者乎。此图于谱不

---

[1] 《新安大程村程氏支谱》下卷《图》。

[2] 《新安大程村程氏支谱》下卷《图》。

[3] 《查氏族谱》卷首下《查村住宅图》。

无补也。[1]

其次是村落的空间边界，明清时期的徽州宗族强调自身聚族而居，村庄名字与"望族"姓氏紧密相连，成为类似"郡望"的宗族"望族性"符号，如棠樾鲍氏、大阜吕氏、雄村曹氏、五城黄氏、环山余氏、善和程氏、月潭朱氏等，"吾乡巨姓必标其所居之地以自名"[2]。这种状态已被明清时期徽人所认同，村落名称成为当时徽人辨别自身宗族的标志，"相逢哪用通姓名，但问高居何处村"[3]。但村落名称常有变化，它并不能成为宗族认同的有效工具，而村图中所标示的空间边界则能够有效规避这一点，进而服务于族人的宗族认同。而将其中标出的边界与村落的地理位置相匹配，更能准确地标示出宗族对于村落的控制，以《西递明经胡氏壬派宗谱》为例，谱中先是绘有西递村图，后又有对其村落位置及宗族存在的记载：

> 西递离城十五里，居邑之东乡，自石山至幕虞数十里之中为以大邨落。其东为杨梅岭，其南为陆公山，其西为奢公山，其北为松树山，山皆环拱，高不抗云。水二派，迁仓之水发源于邦坞，后库之水发源于酥祥坞，涧澜双引皆向西。来人夸山水之钟灵，堪称桃源之胜壤也。自北宋皇祐间五世祖士良公由婺来黟，遗荣访道，占形望势，爰筑室于仁山，燕子贻孙遂移家福地，是□□□蕃衍，瓜瓞联延，建祠宇于邨中，曰敬爱堂，奉支祖仕亨公神像，祠乙辛向，对汉耳之峰，收西来之水。[4]

而当韩楚二溪汪氏等宗族使用税业来标示村落空间边界时，宗族控制村落的法理依据就得以凸显，这正是此种方法带来的优势，"弓口纪：治鄙经野，辨其广东西输南北，一览周知，明晰浍分侵者，以正匿者，以明此疆彼界，有脊有伦，按图而索，考覆维精，祗承先业，万古如新，作弓口纪"[5]。在如此体系之下，宗族依托村落可以明确展现出自身的空间边界，进而令族人获得清晰的认同边界。

1　《新安程氏诸谱会通》卷首《图跋》。

2　程敏政：《篁墩文集》卷三十二《古林黄氏续谱序》，文渊阁四库全书本，台北：台湾商务印书馆，1986，第1252册，第556页上栏。

3　（清）许承尧：《歙事闲谭》卷七《方士庶·新安竹枝词》，李明回、彭超、张爱琴校点，黄山书社，2001，第208页。

4　《西递明经胡氏壬派宗谱》卷一《村图跋》。

5　（清）汪士蚍：《潜川汪氏惇祠溯源家谱》卷八《弓口记》，清刻本。

余 论

尽管在数量庞大的明清徽州家谱中，设有村图者并不算多，但它们却对宗族强化自身认同有所帮助，进而使得有限的图像具备重要意义。在宗族主导下，村图并非是族人所居村落状况的准确反映，而是描述宗族存在的直观图像。通过绘制内容与空间结构，观看的族人能够获得关于宗族所在村落的图像记忆。这种图像记忆，包含了历史记忆与宗族边界，与从口耳相传、文字表述而得的记忆一起，成为族人宗族认同的有效支撑点。这种支撑效用本身正是村图绘制者们的目的所在，只是他们并未以此种方式言说罢了。实际上，在明清徽州家谱中，其他图像与村图有着类似的功能。但对比村图，描绘人物的祖容像、展现坟茔与祠堂的祠图和墓图更多的是强化宗族的历史记忆，于宗族边界而言，则未有太多的体现。如此一来，既有村图是有了属于他们的特殊之处。尽管如此，零散分布与数量有限的状态仍然会对村图在整体上发挥强化宗族认同的作用。造成这种状态的原因是多样的，其中既有村落乃是宗族族人居住之所的原因，亦和宗族实力、宗族与村落关系、村图篇幅等因素相关。此外，不应忽略，村图本身并不会完全超脱于村落之外，对于村图内容本身及其相应的变化，同样也能部分展现徽州村落本身的状态与变动。考察这些状况，同样有助于解说长时段内明清徽州村落的自然环境与社会状态，以及宗族在其中的作用与地位。

试述清代西湖全景图的谱系

■ 任昳霏（国家图书馆古籍馆）

清代的杭州城，经济富庶，文化繁荣。随着康熙、乾隆皇帝数次南巡，西湖增加了许多表现帝王意志的人文景观。帝王南巡赋予了西湖胜景浓重的政治含义。随之，应制而作的西湖全景图成为官方绘图的主流。宫廷画师、官宦名臣聚焦西湖，修湖志、写诗词、作书画。这些作品不但记录了西湖山水，还歌颂了治世繁华。然而，具有官宦背景的人，想要自由创作，却受到无形的制约。描绘西湖景观的地图也受到了这种情绪的影响，构图趋同，功能亦同。相比明代，清代记录西湖的志书，官修背景进一步增强。这些志书中的西湖全图，又直接影响到清代中晚期的西湖全图创作。

明代创作的西湖全景图，大致可以分为示意图和胜景图两类。其中，示意图是双叶分幅的形式，胜景图则是多叶分幅。在强烈的官方意志影响下，清代的西湖全图创作逐渐趋同。多叶分幅的胜景图不见了。胜景图中精细的刻绘方式，开始融入双叶分幅的示意图中。明代分途的示意图和胜景图在清代前期开始走向融合，并形成相对固定的地图风格。在这样的背景之下，清代西湖全景图以康熙年间《浙江通志·西湖图》、雍正年间《西湖志·西湖全图》和乾隆年间《西湖志纂·西湖全图》为代表，按照图向差别，将地图分为三类。

一 上西下东的西湖全景图

（一）《（康熙）浙江通志·西湖图》

康熙二十三年（1684），由王国安、赵士麟总裁，张衡编纂的《浙江通志》，保留了一幅清初刻绘的《西湖图》（图1）。此图遵循上西下东、左南右北的图向，以涌金门与中天竺连线，将西湖全景分绘在两叶幅面上。好似画者站在东堤旧城城墙远眺湖山全景。画面布局由近及远，地势由低到高。这幅全图，特别是山景的范围明显缩小。湖景

---

* 本文是2019年度国家社科基金重大项目"中国国家图书馆藏山川名胜舆图整体与研究"（19ZDA192）成果。

是画面的绝对主体，岛、堤、桥、树、亭等景观刻绘细致。山景衬托湖景，主要画出西侧群山，其中突出表现耸入云端的南、北高峰。南北两侧，山景成为山脚各处景观的点缀。城景压缩，仅见树石掩映的城墙上缘作为画面东界。地图选取最具代表性的景观刻绘，并辅以文字标注。背山面水的布局，避免遮挡，各处景观展示更加清晰。《（康熙）浙江通志·西湖图》显示出景观位置的指示性和细节刻绘的艺术性之间的融合。湖山相映的地形地貌，景观位置准确标注，继承了方志舆图便览山川形势的特征。同时，全图有意识地选择景观，精细复刻，试图还原景观的真实面貌。

《（康熙）浙江通志》有《图考总序》开篇明义，说明绘图的目的。"自图书呈瑞，圣人则之精言奥义，载诸书器象形势列诸图。……浙襟江带海，为东南巨镇。志所考据详矣。其设险恶凭胜壤凑利赖者，绘图凡二十有二，以备乙夜之览。若山水明秀未易更，仆概勿及云。"[1] 这段话首先说明绘图目的是展现"器象形势"，了解"九州"境域，将文字不易表达的思想，用图画展现出来，便于理解。之后叙述清初浙江形势和绘图原因。此时，国土初定，浙江在全国的地位极为重要。刻绘地图表达辖境地势，山水风光，可供随时观览。《西湖图》作为方志插图中的名胜图，具有

表达山川形便的作用，也具有表现山水明秀的意境。相比之下，明代西湖全图中，三面环山，群山层叠的山景，被清代西湖图中山分南北，突出主峰的画法取代。同时，明代西湖全图突出分界的湖景，被清代西湖图突出岛、堤等人文景观的画法取代。清初西湖全景图的特征变化，反映了方志绘图目的的变化。

《西湖图》左上角附图说："西湖泉源自下喷涌，两山溪涧交注之。半入城中，仁海二邑承其流，仰以灌田。半由石岘，经达运河。自郭内四河，土日高，水日浅。而南新榷使，急于转运。竹木稍增，石岘之防，湖流益缓砂土，停蓄葑草四合。故开河之后，浚湖为急，苟失勿治，井汲卤恶，阡陌横流，病民实甚矣。"[2] 这段图说既没有介绍山川地势、代表景观，也没叙述游览道路、历代轶事，而是记录了与西湖水系有关的内容。图说写到水系的来源、分流、水量变化、用途、水患情形及民情，这与湖山风光宛如云端仙境的地图画面极不相符。水系是西湖景色的根本，如果没有历代河道湖塘的疏浚修整，西湖风光早已不复存在。《（康熙）浙江通志》将西湖胜景表现在图上，却用图说表达了对河道水量变换的忧虑，体现了官修方志的特点。与此同时，这种强烈反差的图文互说方式，也说明清初官修方志是经过实地调查完成

---

[1] （清）王国安、张衡纂修：《（康熙）浙江通志》卷之首《图考总序》，康熙年间刻本，国家图书馆藏，索书号：A00166。

[2] （清）王国安、张衡纂修：《（康熙）浙江通志》卷之首《西湖图·图说》，康熙年间刻本，国家图书馆藏，索书号：A00166。

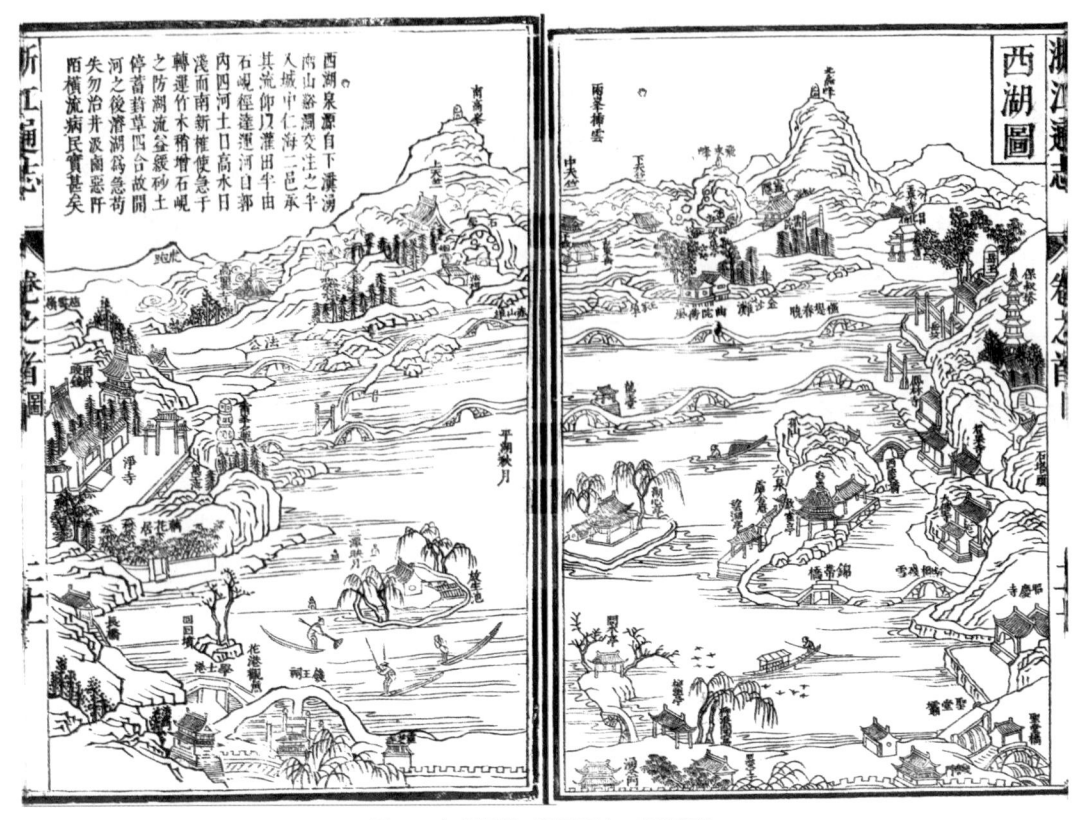

图1 《（康熙）浙江通志·西湖图》

[采自（清）王国安、张衡纂修：《（康熙）浙江通志》卷之首《西湖图》，康熙年间刻本，国家图书馆藏，索书号：A00166]

的，反映了当时西湖周边的真实情况。图文互说，侧重各有不同。不易变化的山水景观用地图来呈现，供人欣赏。变动较快的水网河道和实时民情，用图说记录，提醒主政者关注治理。《西湖图》浓重的官修特点，以及示意与意境并存的刻绘方式被后来的西湖全图继承。

乾隆十五年（1750），湖上扶摇子辑彩色套印本《西湖佳景》（图2），是《（康熙）浙江通志·西湖图》的复刻版。《西湖佳景》以全图和分图的方式展现西湖十景。序中点明绘图目的"今而后有慕西子湖，而不得亲脑者，庶几披图一览，即可当卧游云尔"[1]。显然，此图是民间刻绘的西湖景观图。绘图是为了使不能亲历西湖的观图者，有身临其境的感受。《西湖佳景·全图》无论是构图布局、景观选择还是细节画法，都与《（康熙）浙江通志·西湖图》十分相似。相比而言，《西湖佳景·全图》对西湖南北两侧缩减更为明显，景观细节和山水表现也稍逊一筹。与《（康熙）浙江通志·西湖图》不

---

1 （清）湖上扶摇子辑：《西湖佳景·序六》，乾隆十五年（1750）杭州文昌阁刻本，哈佛燕京图书馆藏。

图 2　西湖佳景·全图

［采自（清）湖上扶摇子辑：《西湖佳景·序六》，乾隆十五年（1750）杭州文昌阁刻本，哈佛燕京图书馆藏］

同，此图的彩色套印开始模仿山水画的意境，给人以带入感。此外，《西湖佳景·全图》减少对景观的文字标注，保持画面的整体性。图上仅有的七处标注分布在湖景四周，既不影响景观整体，又可以达到定位的目的。

（二）《西湖全图》

《西湖佳景·全图》是对《（康熙）浙江通志·西湖图》的全盘复制，这样的例子并不多见。但上西下东的图向和构图布局，更深刻地影响了清代中晚期的西湖全图创作。

《西湖全图》彩绘本，沈明绘（图3）。上述地图不同，这是一幅单幅大幅面的手绘西湖全景图。幅面长165厘米，宽101厘米。此图遵循上西下东，左南右北的图向，好似画者站在西湖东堤旧城东墙附近，远眺西湖全景。流传几百年的上西下东图向和由低到高的布景，开始出现在单幅彩绘的西湖全图上。画面之上，湖景为主，山景为辅，湖面开阔，群山环绕。湖景被苏堤和白堤一分为三。孤山是湖景的绝对主体，岛屿、船舫点缀其中。山景掩映在云雾之中，西侧群山是山景的主体，南北两侧仅画山脚边缘地带。群山远景用青绿色绘就，灰瓦红墙点缀山色。山分南北的特征在这幅图上并不明显，相反，远近高低的山体层次却十分清晰。湖山之间，所绘宫殿、寺庙、桥梁等建筑都十分

图3 《西湖全图》
[采自（清）沈明：《西湖全图》，清绘本，国家图书馆藏，索书号：074.2/223.01/1799]

精细。各处景点松柳环绕，营造意境。湖景东侧，另绘旧城城门城墙。湖景、山景和城景之间，由通向各处的道路和河道相连。写实的景观建筑、准确的标注和道路，反映了此图导览指示与胜景写意的融合。

康熙、乾隆皇帝南巡之后，西湖风光成了清宫反复描绘的主题。《西湖全图》符合大多数清代西湖山水图画的布局和风格。画面左下角有题款"壬寅初秋武林沈明写"。据此题款推测，此图绘制年代应是乾隆四十七年（1782）或者道光二十二年（1842）。画面右上方，另有图名和题记。原图无名，因清末民初社会名流宋小濂题名"西湖全图"，遂得此名。题记"己未正月，得于都门，裒成题赟"。钤印"小濂""铁梅题记"。图画左下角还有收藏印"吉林宋季子古观室收藏金石图书之印"。

1919年，时任北洋政府中东铁路督办的宋小濂在北京得到此图。宋小濂在从政救国的同时，工诗善书，爱好书画收藏鉴赏。他的吉林宋季子古观室收藏历代书画精品。这幅清绘本《西湖全图》曾是宋季子古观室的藏品，后辗转入藏国家图书馆。

（三）《西子湖图》

《西子湖图》，咸丰年间彩绘本（图4）。这幅西湖全图由四个画轴悬挂拼成，幅面长196厘米，宽172厘米。《西子湖图》以西湖东堤旧城墙为画者视角，遵循上西下东、左南右北的图向，并保持传统山水画的构图，来表现西湖风景。因挂轴幅面影响，此图东西向拉长，南北向缩短，西湖湖面呈近圆形。画面之上，一半山景，

图4　《西子湖图》（局部）

[采自（清）刘神山绘：《西子湖图》，咸丰年间彩绘本，国家图书馆藏，索书号：074.2/223.01/1908]

一半湖景。湖心岛小瀛洲居中，苏堤、白堤分列两侧。山景以西侧群山为主，展现三面环湖的地形。西侧群山凸显玉皇山、南高峰、北高峰三座，其他山体远近高低，层次分明。亭台楼阁等人文景观均精细写实，并标注地名。此图采用画轴拼成，供人悬壁观览。写实的湖山风光，犹如置身画中，是这幅全图营造的意境。此外，景观文字标注和入山环湖道路走向，使全图又具有了示意和导览功能。

《西子湖图》右上角有一段题记。这段题记基本摘抄于雍正十三年（1735）《西湖志》的《西湖全图》图说，[1] 行文存在漏字和改写的情况。雍正《西湖志》是官修专志，此图摘抄其中图说，凸显了官方记录对西湖全图创作的深刻影响。这段图说首先叙述西湖的地理位置，湖山形势。然后主体介绍游览西湖的五条道路。各条道路，以途经代表性的景观为参照，具有极强的指示导览作用。对比图像，此图确实标绘了入山道路，但因营造湖山意境，道路被云雾、树木、建筑等景观遮挡，若隐若现。只看图像，很难找到清晰的道路走向。但对比图说，每条路上的景观都清楚标绘。如此，隐蔽的道路就逐渐清晰起来。图说补充了地图指示导览不明显的弱点。图文互说，地图的

---

[1]（清）李卫等修，傅王露等纂：《西湖志》卷三《西湖全图·图说》，影印雍正十三年（1735）刻本，成文出版社，1983，第206—207页。

实用性和艺术性更加平衡。画面左下角有钤印"佑甫"。佑甫是咸丰年间绿营将领刘神山的字。佑甫少年得志，可惜在镇压太平天国的三河之战中殉国，时年二十一岁。画者的出身在一定程度上反映出《西子湖图》浓重的官方背景。

（四）《西湖胜景图》

《西湖胜景图》光绪年间彩绘本，吴小楼绘，图幅长 76.3 厘米，宽 25.4 厘米。[1] 全图以黑色为底，遵循上西下东、左南右北的图向，仿佛画者站在西湖东堤眺望湖光山色。湖景是画面的绝对主体，湖面被堤坝三分，湖心岛和船舫点缀其中。山景简略，仅象征性画出南北低山，占据画面两个远角。湖上孤山成为山景的中心，代替以往全图中的西侧背山。西湖东堤近角，可见旧城门城墙。此图以自然风光为主，在湖山之间画出少量景观建筑。由于图上既不标注地名景观，也不在意道路水系，而着重画出一时春色，所以，这幅胜景图更像是一幅写实的山水画。显然，画者表现西湖春景的想法更重要。

《西湖胜景图》是西泠印社早期成员吴小楼一时感怀而作。画面上方有题记一段。这段题记是同治十二年（1873）嘉定钱元涪所作，被民间流传的西湖全图印在图上。[2]《西湖胜景图》将流传甚广的题记抄录下来，显然受到民间创作的影响。这段题记较原文略有改动，说明绘图目的。由于西湖景观增建、改建次数较多，所以画者创作时所见景观，与之前地图的景观有所区别。当时人，画当时景，表达当时的心情。这样的西湖图，描绘胜景，借画抒情。无处不在的自由和随性，体现了此图的民间特征和个人感悟。

南宋到明清，从方志舆图，到专志总图；从景观图册，到单幅全图。上西下东的图向固执地流传，成为大多数西湖全景图的选择。清代，此类图向的西湖全景图大都是示意图和胜景图的融合。又因由近及远，地势由低到高的画面布局，更容易展示湖山景观，所以，此类地图主要以呈现湖山胜景为目的。

二 上南下北的西湖全景图

雍正十三年（1735）成书的《浙江通志》和《西湖志》，都是由时任浙江总督的李卫奉诏负责总纂修的官修志书。两部志书都保存了描绘西湖的全景地图。值得关注的是，分属方志与专志的两幅全图高度相似，两幅地图应该来自同一个母本，属于同一个编绘机构的创作成果。两幅西湖全景图都采用了上南下北、左东右西的图向，好似画者在湖景北侧山峰，俯瞰西湖全景。历代西湖全景图

---

[1] （清）吴小楼绘：《西湖胜景图》，光绪年间彩绘本，国家图书馆藏，索书号：074.2/223.01/1900。

[2] （清）陈允叔：《西子湖图》，光绪二年（1876）石印本，国家图书馆藏，索书号：074.2/223.01/1876。

尚未出现这样的图向和布局。雍正年间，官修志书开创了西湖全景图新的图向和布局方式。

（一）《（雍正）浙江通志·西湖图》

《（雍正）浙江通志》中的舆图，首列政区形势，之后是山水名胜，然后是海防形势，最后是寺庙书院。《西湖图》是描绘名胜之区的胜景图（图5），采用一图配一说的方式呈现。[1] 湖景为主，湖面占据了大部分空间。湖面主要表现湖心三岛和苏、白二堤，突出与西湖十景有关的景观刻绘。山景为辅，三面环绕湖景。其中，群山以南北高峰为主，衬托湖景风光。城景在画面左侧，以旧城城墙为东界。以山景和城墙为界，湖景被环绕在一个相对封闭的区域。此图形象直观地展现了湖山形势，同时注重对特定景观的细节刻绘。在景观选择方面，《西湖图》以康熙皇帝御题的西湖十景为重点，另选具有指示作用和最具代表性的景观，呈现在图上，并用文字标注。每处景观兼具定位和展示功能。画面四个

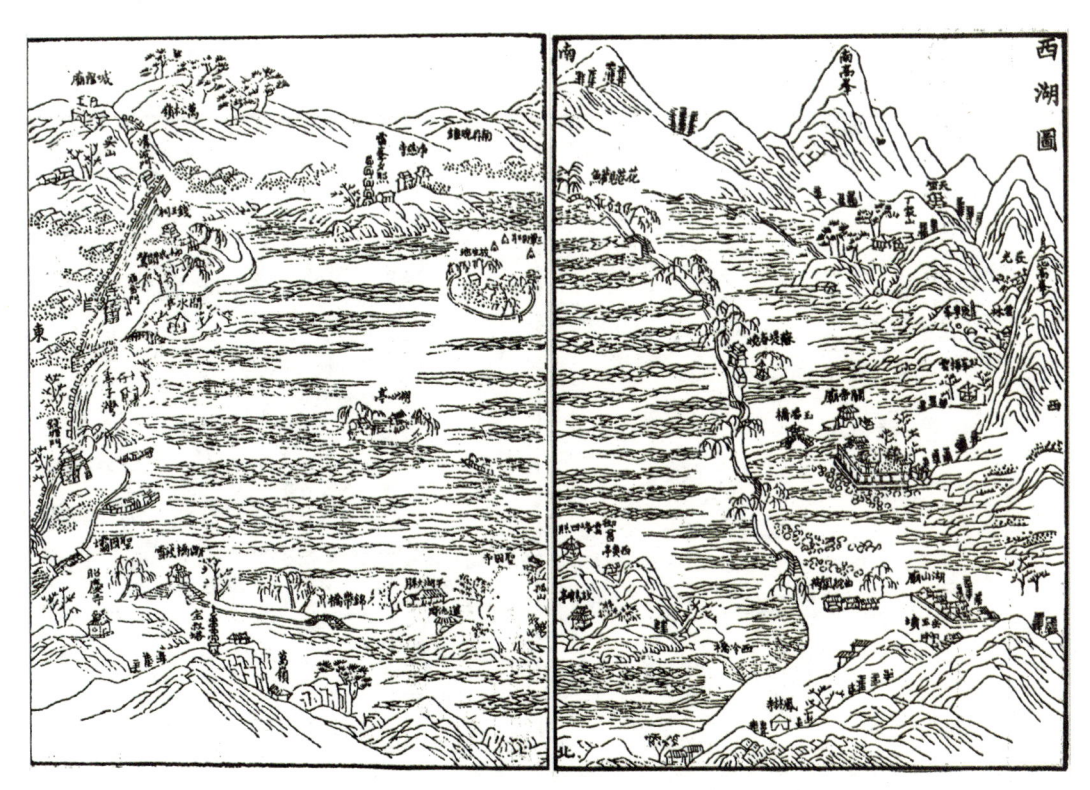

图5 《（雍正）浙江通志·西湖图》

---

[1] （清）嵇曾筠、李卫等修，沈翼机等纂：《中国地方志集成·（雍正）浙江通志》卷一《图说》，雍正十三年（1735）修，乾隆元年（1736）刻，据1936年上海商务印书馆影印光绪刻本重印，凤凰出版社、上海书店、巴蜀书社，2010，第178—181页。

方向，均用文字标注方位，凸显地图特征。

图说与地图互说互证。图说开篇介绍西湖名称面积、地形地貌等信息，之后详细记录西湖水系来源、去向，以及兴修水利的重要性，再次叙述西湖旧有、新建堤坝，湖景分区及景观风貌，最后重点叙述康熙、雍正年间疏浚西湖的政绩。地图展示地形地势，景观分区和湖山意境等方面的内容，却无法涵盖河道水网的变迁及整治后的河工情况。《（雍正）浙江通志》的西湖图说，与《（康熙）浙江通志》西湖图说具有相似的作用，将河道水网、水利河工作为重点内容，提示主政者重视河道变化。与此同时，此处图说增加了西湖风光和帝王功绩的叙述，并记录了李卫主政浙江，主持疏浚河道后的西湖风光，颂扬政绩。显然，图说表现盛世胜景的政治性越发强烈。

（二）《（雍正）西湖志·西湖全图》

《（雍正）西湖志》作为记录西湖的专志，分门别类叙述水利、名胜、山水、堤塘、桥梁、园亭等方面的情况。名胜卷有名胜图多幅，《西湖全图》是名胜总图（图6），列于名胜卷卷首。各处名胜分图分列其后。此图虽与《（雍正）浙江通

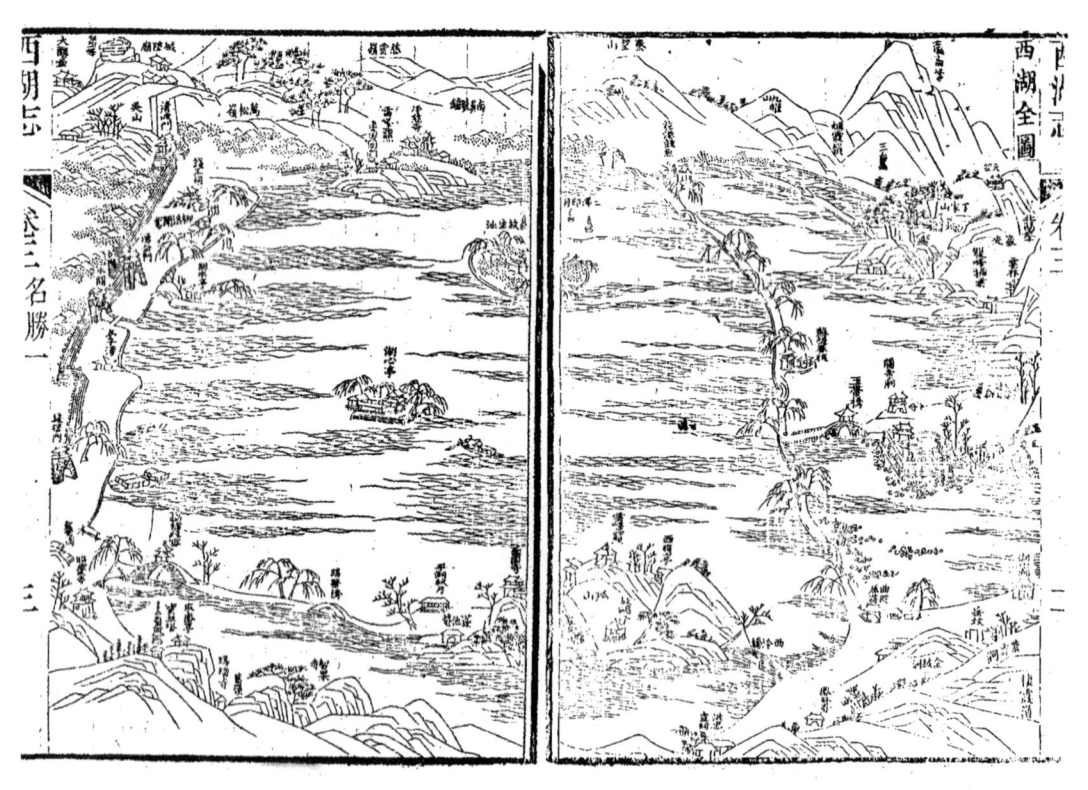

图6 《（雍正）西湖志·西湖全图》

［采自（清）李卫等修，傅王露等纂：《西湖志》卷三《西湖全图》，影印雍正十三年（1735）刻本，成文出版社，1983，第204—205页］

志·西湖图》同源,但也显示出专志与图的特点。《(雍正)西湖志·西湖全图》以"全图"命名,这与总图、分图分列的体例直接相关。全图强调全景,一方面是为了便览西湖全景;另一方面还是分图景观的指示索引。此外,此图增加了部分山名标注,有助于景观定位,同时去掉方位标注。显然,《西湖全图》更重视确定各处名胜的相对位置,并不强调地图的绝对方位。

《(雍正)西湖志》名胜卷同样采取一图配一说的方式。此图图说与《(雍正)浙江通志》西湖图说的内容关注点不同,开篇叙述湖山形势,然后介绍游览道路,最后夸赞西湖胜景,说明绘图目的。连接各处景观的游览道路是图说的重点。《(雍正)浙江通志》重点叙述西湖水系,颂扬政绩,而《(雍正)西湖志》西湖全图图说重点介绍道路,并强调总图的导览指示作用。诚然,方志与专志,因纂修目的不同,关注内容不同,所绘舆图也应该有明显的区别。然而,两幅西湖全图区别较小,方志与专志的关注内容差异在图说叙述中显现。《(雍正)西湖志·西湖全图》"括其梗概,荟萃尺幅",凸显地图的导览和索引功能。

(三)《西子湖图》

作为传统山水画的母题,西湖不仅是官方绘图的主题,还是众多民间人士无法割舍的内容。相对封闭的湖光山色并没有被皇家圈禁独享,开放的通道使得百姓可以畅游观景。西湖成为人们心驰神往的人间仙境。这样的背景,给民间创作西湖全景图提供了自由的空间。民间绘制的西湖胜景图广为流传。光绪二年(1876)石印本《西子湖图》就是一幅民间广泛流传的西湖全景图(图7)。

《西子湖图》,陈允升绘,幅面长135厘米,宽69厘米。此图遵循上南下北,左东右西的图向,好像画者站在西湖北侧山上,俯视全景。湖景占据画面中心,被山景和城墙环绕。与上述两幅上南下北的西湖全图相比,《西子湖图》扩大了西湖全景范围,不但将山景整体表现出来,还增绘了旧城的城内景观。不仅如此,此图还将西湖景区各处景观尽量多而细地表现出来,同时画出多条入山道路。无论是湖景、山景还是城景,都细致描绘,不分主次。画面远端甚至隐约可见钱塘江边桅杆林立的江景。作为一幅山水导览图,《西子湖图》对西湖全景的描绘可谓精细,还标注便于游览的导览指示说明,如"湖面方广三十里""古广化寺内有六一泉"等。此图兼具山水画的意境和地图的导览指示功能,尽可能详细的景观刻绘,迎合了民间大众希望多了解西湖胜景的感受。

画者陈允升是清末海上画派的中坚人物。《西子湖图》应该是陈允升在陈氏得古欢室摹绘的作品。图上附有同治十二年(1873)嘉定钱元涪题记:"昔梁文庄公纂《西湖志》,以名胜各景弁诸简端。固已无美不具已。平江翁君静涵,偶仿其意。凡四阅寒暑,乃成是图。其大致则取之于宝所塔。而一丘一壑,靡不棋布星罗。盖较

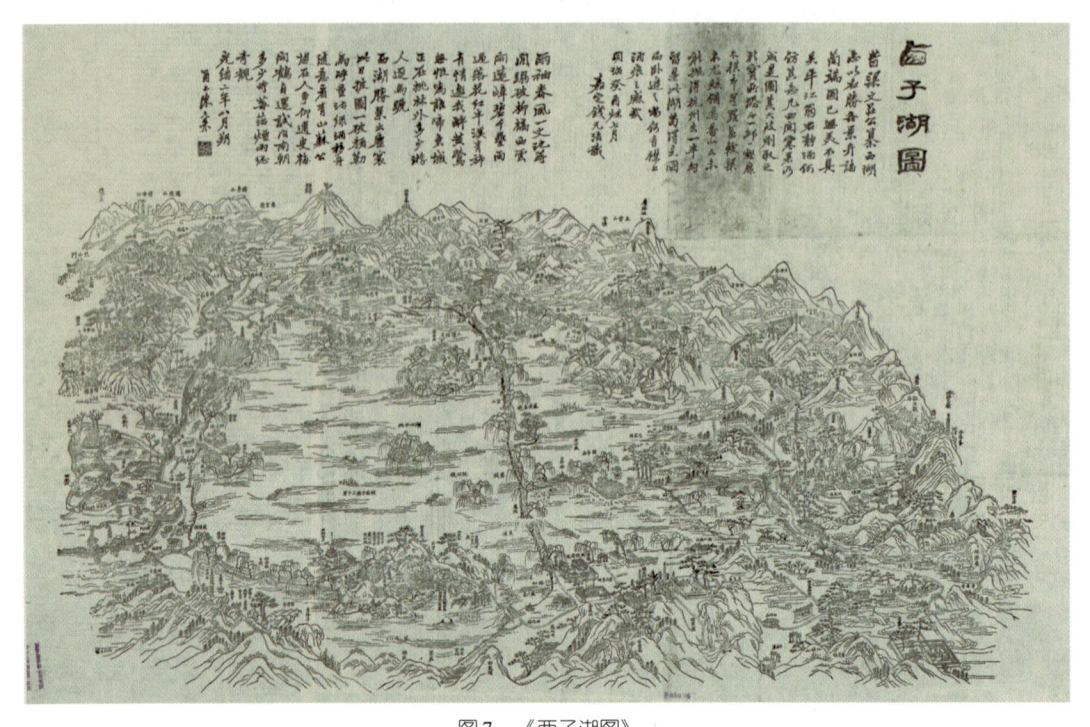

图7 《西子湖图》
[采自（清）陈允升《西子湖图》，光绪二年（1876）石印本，国家图书馆藏，索书号：074.2/223.01/1876]

梁本，尤赅备焉。香山云，未能抛得杭州去，一半勾留是此湖。留得是图而卧游之，尚何有襟上酒痕之感哉。"[1] 另有陈允升题诗一首，钤印"纫斋"。此图题记内容和画者经历，反映了民间刻印西湖全图的流传线索。根据题记记载，这幅民间创作西湖全图，受到乾隆年间梁诗正纂《西湖志纂·西湖全图》的影响，后由平江翁君静涵，模仿写意创作。为迎合民间对西湖全图的需求，寓居上海的画家陈允升，摹绘此前流传下来的西湖图，石印出售，并将原图题记与自题诗附于画上，说明此图传承过程，增添画作风雅志趣。需要说明的是梁诗正纂《西湖志纂》中的《西湖全图》，无论是图向布局还是景观刻绘，均差异较大。由此推测，平江翁君静涵的摹绘本创作改动幅度较大。

上南下北是古代舆图最常见的图向，但在历代西湖全景图中却不是主流。这类图向的西湖全景图由雍正年间官修志书开创，推测与康熙皇帝南巡有关。帝王行宫坐落在西湖南岸附近的孤山，因此，上南下北的图向，最符合皇帝观览的视角。孤山处于两幅全图的画面近处中心位置，就是为了突出皇帝视角。清代晚期，随着志书广泛流传，上南下北的西湖图开始影响到民间西湖全景图的创作。

---

[1] （清）陈允升：《西子湖图·题记》，光绪二年（1876）石印本，国家图书馆藏，索书号：074.2/223.01/1876。

三　上北下南的西湖全景图

上北下南的西湖全图，最早见于《(万历)杭州府志·西湖图》。有清一代，此类图向的西湖图并不多见，但却非常重要。

(一)《西湖志纂》

乾隆十六年（1751），为恭迎乾隆皇帝首次南巡，大学士梁诗正、礼部尚书衔沈德潜重新修纂西湖专志《西湖志纂》，取雍正《西湖志》的内容精编，并增加近二十年间西湖景观变化等内容编纂成卷，并于乾隆十八年（1753）进呈内府。由于此部专志与特定的历史事件息息相关，修纂目的十分明确。目的就是供皇帝御览，解读西湖胜景，留存历代颂赞西湖胜景的诗文。《西湖志纂》按照胜景分类叙述，首列名胜图，其次介绍西湖水利，再次叙述孤山、南山、北山、吴山、西溪五个分区的胜迹胜景，最后记录历代诗文。《西湖志纂·西湖全图》是名胜总图，列于卷首，各处名胜分图分列其后。[1] 这样的编写方式与雍正《西湖志》体例相同。

《西湖全图》（图8）遵循上北下南、左西右东的图向，好似画者站在南屏山上

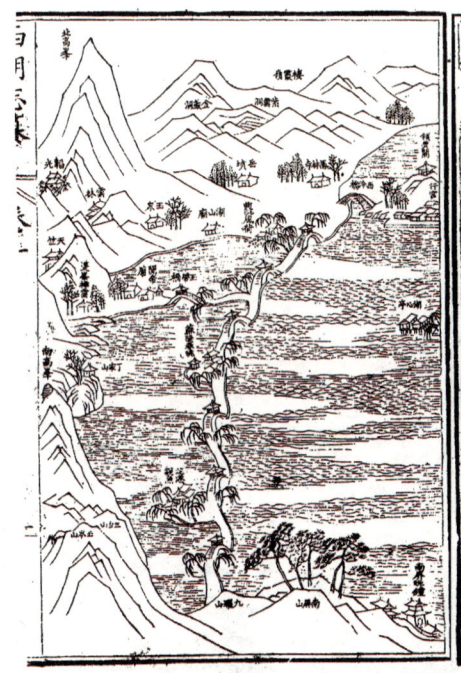

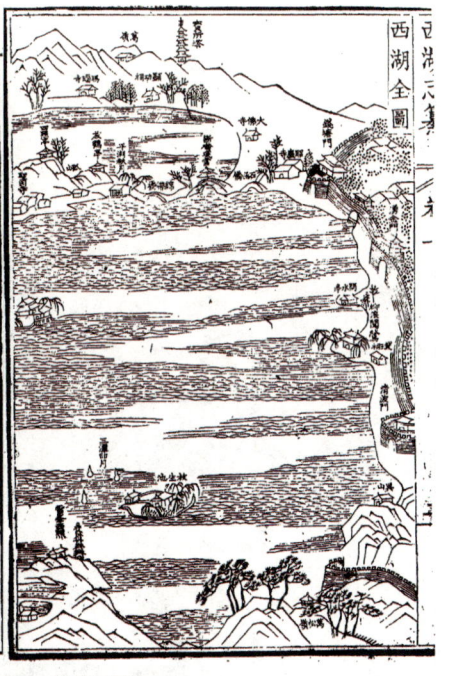

图8　《西湖志纂·西湖全图》
[采自（清）沈德潜辑《西湖志纂》卷一《名胜图》，《中国名山胜迹志》第二辑，文海出版社，1971，第26—27页]

1　（清）沈德潜辑：《西湖志纂》卷一《名胜图》，《中国名山胜迹志》第二辑，文海出版社，1971，第23—140页。

北望西湖全景。此图与雍正《西湖志·西湖全图》的视角形成隔湖对望之势，画面风格和景观选择也类似。画面之上，湖景占据绝对主体，湖心岛和湖堤所在位置清晰明确。孤山处于湖面北侧中心位置，圣因寺行宫又处于孤山南麓中心，彰显行宫的特殊地位。山景和城景压缩，仅北侧山景相对完整。景观选择以西湖十景为中心，另绘代表性景观。为乾隆南巡增修的十八景，多与图上标注的景观有关。如果说雍正《西湖志·西湖全图》是以皇帝的视角看全景，那么乾隆年间刻印的《西湖志纂·西湖全图》就是以臣子的视角面北而立，环视全景。《西湖志纂·西湖全图》图说，前半部分摘抄自雍正《西湖志》，后半部分叙述历代名人对西湖胜景的称颂，并记录康熙、乾隆皇帝描写西湖全景的御制诗作。图说中描绘西湖景色，颂扬盛世胜景的篇幅明显增加。

（二）《西湖全景图》

《西湖全景图》清中期彩绘本（图9），幅面长266厘米，宽132厘米。此图以西湖东南角城、山交界处为画者视角，大致遵循上为西北，下为东南的图向。图上湖景和山景被限制在东西长、南北短的幅面上，山景放大，湖景缩小。山景之中，山峦起伏，山势层叠。湖景之中，岛堤夸大，突出苏堤和孤山的中心位置。这样的湖山布局，可以利用更多空间来描绘人文景观，

图9 《西湖全景图》（局部）
[采自（清）《西湖全景图》，清中期彩绘本，国家图书馆藏，索书号：074.2/223.01/1820]

增加地图的导览功能。

《西湖全景图》的绘画风格和载体贴签，显示了此图不同寻常的来历。由此推测，此图为清宫内府旧藏。首先，此图是胜景地图中极为罕见的，以兽皮为载体的作品。如此幅面巨大的兽皮胜景巨作，只有内府可能做到。其次，此图以金粉打底，如果不仔细辨识，很难看出画作绘于兽皮之上。图上景观均贴有黄签标注。金粉打底和明黄色贴签都是皇家专属。最后，画中的青绿山水保留明末清初山水图的遗韵。湖山之间景观建筑的画法，与《南巡图》《西湖三十二景图》等宫廷画作非常相似。与其他西湖图相比，这幅《西湖全景图》更像是一幅青绿山水图画，但贴签标注又体现了此图具有特定的指示功能。浓墨重彩的青绿山水体现了这幅地图，表现胜景如"圣境"的山水风光远比精确指示更重要。《西湖全景图》的图说同样摘抄于雍正年间《西湖志·西湖全图》。图说来源再次印证画作强烈的官绘背景和浓重的政治色彩。

(三)《御览西湖胜景新增美景全图》

容光堂摹刻本《御览西湖胜景新增美景全图》是清末民间刻绘的西湖全景图（图10）。此图遵循上为西北、下为东南的

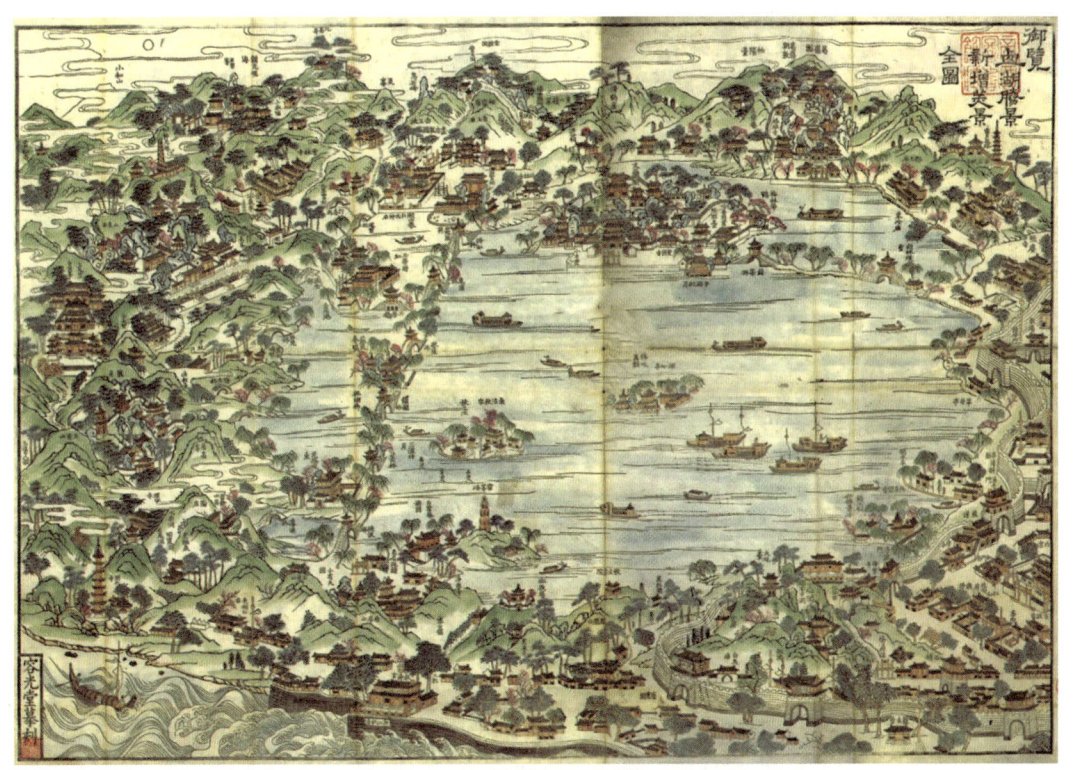

图10 《御览西湖胜景新增美景全图》
[采自（清）《御览西湖胜景新增美景全图》，容光堂摹刻本]

图向，用形象画法尽量详尽地展现西湖所有景观，并辅以文字标注。由唐宋至清末形成的各种人文景观，几乎都可以在图上找到。与清代帝王南巡有关的西湖十景、钱塘八景和增修十八景是此图刻绘的重点。湖景、山景、城景之间，以游览道路串联起来。图上景观位置准确，游览路线清晰，具有明显的导览功能。这幅在清末民间流传的西湖全图，将写实的景观和精确的定位融合在一起，是一幅典型的名胜导览图。这样的画面布局和刻绘风格，与山水画意境格格不入。而热闹非凡的紧凑景观，却非常符合民间审美，与年画风格类似。同时，"御览"的题名和标注帝王巡幸的景点，契合民间希望看到皇帝曾经游览的西湖胜景的心理。

上北下南是现代地图最普遍的图向，但在形象画法的西湖全景图中却比较少见。此类地图发源于明代官修方志，后出现在乾隆官修专志中。清中期以后，上北下南图向出现变体，上为西北、下为东南的图向应用于西湖全图。从《西湖全景图》和《御览西湖胜景新增美景全图》中苏堤的走向判断，这两幅图大致可以归入上北下南的西湖全图分类中。上北下南的西湖全图，初衷是直观呈现西湖山湖形势，突出地图的示意指示作用。当图向变成上为西北，下为东南之后，西湖全图的景观细节描绘明显增多，表现胜景意境的作用增强。

四 清代西湖全景图的特征

清代，随着帝王南巡频繁驻跸，西湖成为歌颂盛世圣景的绝佳主题。清帝南巡，同时加快了西湖周边的景观建设和河工治理，西湖景观发生日新月异的变化。增修的景观和畅通的河道彰显了主政者的政绩，代表了四海清平的盛世。频繁变换的湖光山色，需要更多的西湖全图去记录。于是，应制而作的西湖全景图进入了最为兴盛的阶段。

（一）胜景意境与导览指示

具有特定示意指示功能的地图，在描绘西湖风光的真实性方面，远远优于写意的山水画。另外，山水画对意境的描绘，又是颂扬盛世胜景的绝佳视角。所以，无论是志书插图，还是单幅全图，官绘西湖全图一直试图追求写实与写意之间的平衡。

以地图图向为标准，本文将西湖全景图划分为三类。上西下东是西湖全景图最常见的图向，也是表现西湖全景的最佳图向。由近及远，地势由低到高。城景、湖景、山景层次分明，不易遮挡。此类地图南北两侧景观布局均衡，画面基本遵循南北对称的特征。《（康熙）浙江通志》和《西湖佳景》的西湖全图，以中天竺至涌金门连线为轴，画面两侧景观大致呈对称分布。山景之中，南北分山，南高峰与北高峰相对；湖山之间，雷峰塔与保俶塔隔湖南北相对。这样的轴对称构图，特别符合传统的审美标准，也更适合双叶分幅的线装书装帧形式。单幅全图继承了上西下东的图向，以画面中心连线为轴。佑甫绘《西子湖图》以南高峰至涌金门连线为中心，两侧景观，特别是山景，对称布景明显。吴小楼绘《西湖胜景图》虽将山景压缩简绘，但远端南北山景还是基本呈对称分布。同时，以孤山为中心，白堤和苏堤也呈对称之势。沈明绘《西湖全图》是唯一的特例，此图湖景两堤、湖边两塔相对，但山景偏重南侧，并未形成均势。此类地图在画面布局方面具有天然优势，各处景观细节可以细致表现。在此基础上，单幅全图还刻意营造湖山意境，造成胜景宛如圣境的观感。因此，上西下东的全图，展现盛世胜景的意义超越了指示导览功能。描绘盛世胜景成为此类地图最鲜明的特征。

上南下北的西湖全景图，在雍正年间官修志书中出现，与清帝南巡直接相关。康熙四十四年（1705），为了康熙皇帝南巡驻跸，在孤山南麓中心营建皇家行宫。行宫坐北朝南，背山面湖。皇帝于行宫览景，面南而坐，观览全景，具有君临天下的寓意。《（雍正）浙江通志》和《（雍正）西湖志》都是奉诏纂修，修纂完成后进呈御览。以帝王视角描绘全图，供皇帝御览，符合官修方志的目的，也体现了此类地图强烈的政治性。图中主要标绘康熙御题西湖十景，具有明确的导览指示功能。景点选择的政治性与指示性相结合，是此类地图最明显的特征。清代晚期，民间开始出现摹刻官绘本的西湖全图。上南下北的画法，走向民间书坊，并随着石印技术的普及，迅速流传。陈允升摹绘《西子湖图》不仅保持了上南下北的图向，还保留了西湖十景的标注，复刻特征明显。

此外，民间地图迎合大众口味，既以帝王视角展示胜景，又在有限的幅面上尽可能增绘其他景观，胜景展示与导览功能齐备。

上北下南的西湖全景图，在明代方志中就已经出现，却直到清代乾隆《西湖志纂》再次出现。乾隆《西湖志纂》是雍正《西湖志》的增修精编本，却选择与原图对视相望的图向。北望西湖，孤山行宫处于画面的中心，好似官员百姓面北而立，有朝觐天子的感觉。此图特征与雍正《西湖志·西湖全图》相似，体现了政治性与指示性的高度融合。清代中晚期，上北下南的图向被上为西北、下为东南的图向取代。此后，地图表现景观细节的特征增强。

无论是上北下南，还是上南下北的图向，这些西湖全图都以帝王驻跸的孤山行宫作为画面的中心，具有相似的地图特征。因此，三类不同图向的地图，可归为东西向的全景图和南北向的全景图两大类。东西向的全景图流传时间更长，以湖山风光为主体，表现西湖胜景的意境。南北向的全景图出现时间较晚，以孤山行宫为中心，显示出强烈的政治性和导览指示性。

（二）官方编纂与民间刻印

由宋至清，形象画法的西湖全景图经历了从方志、专志插图，到单幅胜景图、游览导游图的演变。在这个演变过程中，西湖全图也完成了从官方走向民间的过程。

《咸淳临安志》保留了流传至今最早的西湖全景图，临安城的行都地位和纂修者潜说友的仕途背景，赋予此书浓重的官方色彩。明代，西湖全图在方志和专志中流传。因为这些志书或为官修，或纂修者为官宦出身，所以，此时西湖全图的官绘背景，以及地图的政治性特征在逐渐增强。

清代立国，以官修《（康熙）浙江通志》为西湖全景图的创作奠定基调。西湖全图在兼顾景观细节和定位的同时，另附图说，记录图上无法展示的诸多信息。图说与地图互为说明，共同流传。清帝南巡，西湖全图的创作进入最盛期。雍正《浙江通志》和《西湖志》与康熙皇帝数次南巡有关，乾隆《西湖志纂》与乾隆皇帝首次南巡直接相关。在方志中，西湖图一般是作为描绘此地山水的名胜分图而存在；在专志中，西湖全图作为描绘各处景观的总图而存在。因此，布局相似、风格相近的西湖全图在方志和专志中的功能并不相同。专志中的西湖全图和图说，是后世单幅西湖全图的母本。

雍正《西湖志》是清代第一部官修西湖专志，其中的《西湖全图》图说被传抄、改写，呈现在乾隆《西湖志纂》、绘本《西湖全景图》、佑甫绘《西子湖图》上。图说对西湖地形地貌、道路胜景的叙述具有强烈的官方色彩，几乎成为后世西湖全景图的官方统一表述。而这些全图又都具有官绘色彩，足见雍正《西湖志·西湖图》对后世官绘西湖全图的影响。

乾隆年间，西湖全景图开始逐渐走向民间。《西湖佳景·全图》是较早刻绘的流传于民间的西湖全图。清代中晚期，官绘西湖全图开始减少，民间刻绘的西湖全图开始增多，逐渐成为主流。同时，民间还出现了以西湖为主题的年画，流传更为广泛。民间流传的西湖全图，以刻印为主，数量较多；少数文人作画自赏，存世较少。这些流传在坊间的西湖全图，在一定程度上受到官绘地图的影响。其中，摹绘官修志书的全图，并迎合民间审美和导览需求，进行再创作，是这些地图的主流。乾隆年间《西湖佳景·全图》以《（康熙）浙江通志·西湖图》为底本，进行改绘调整；陈允升摹绘《西子湖图》保留雍正《西湖志》的影子；容光堂刻《御览西湖胜景新增美景全图》又是乾隆《西湖志纂》的摹改本。官修志书西湖图，与藏于内府的地图不同，是民间最有可能见到的官绘本。普通百姓对皇家生活的迷恋和对西湖胜景的无限向往，给民间西湖全图创作指明方向。仿照志书中的官绘全图，并在有限的幅面上增绘景观，形成既展示全景，又可实用导览的胜景导览图，是民间的必然选择。

从官修志书到民间导览图的流传演变过程，在民间西湖全图题跋中，可以找到线索。嘉定钱元涪是乾嘉学派代表人物钱大昕的玄孙，他为西湖全图题跋时，曾提及"梁文庄公纂西湖志"，画者翁若静偶仿其意。这幅"偶仿其意"的画作未见存世，但却被清晚期的画者摹绘，记录下传承经过。陈允升绘《西子湖图》和吴小楼绘《西湖胜景图》都传抄改写了钱元涪的题跋，因此，我们才能追溯到民间西湖全图的演变历史。

至此，形象画法的西湖全景图的谱系特征基本清晰。随着同治、光绪年间，西湖景区开始进行较为精确的实地测绘，实测的西湖全图开始出现，并逐步取代形象画法的西湖全景图。这种写实与写意相结合的西湖全景地图，在清末民初退出历史舞台。

中国国家图书馆藏《陕西舆图》绘制年代的再认识[*]

■ 陈　松（云南大学历史与档案学院，广西幼儿师范高等专科学校）
　　成一农（云南大学历史与档案学院）

中国国家图书馆藏有一幅《陕西舆图》，《舆图要录》中对该图的基本情况作了如下著录："绘本，未注比例，[明天启年间]，1幅分裱5条，绢底彩色；250厘米×320.5厘米。本图系明代陕西普通区域地图……翔实地反映了明代天启年间我国西北地区历史、地理、交通、军事等情况。"[1] 方位上南下北，左东右西。绘制范围为今天陕西省全境、甘肃省大部、青海省东部及宁夏回族自治区大部地区，东起黄河、西至嘉峪关、南至汉中盆地南侧、北至长城。本文以该图为研究对象，先概述全图，对以往关于该图成图年代的研究进行分析，并根据舆图内容、地图的正方向以及地图对重点信息的强调，对其绘制年代进一步推考。

一　《陕西舆图》内容概述

《陕西舆图》采用中国传统的青山绿水画法，绘制表现城池、长城、墩台、关隘、庙宇、部族、帐篷、山川、河流、湖泊、草滩、泉源等，以墨书标示方位东南西北于舆图的四缘。山脉一般用青绿色绘制，依山势或险峻或平缓，但陕西中部、北部，也就是黄土高原地区的一些山脉用黄色表示，也有个别山脉、山岭以赭色描绘山顶，以白色表示雪山，重要山脉用文字加以标注。用黄色水波纹表示黄河，其他河流用青色实线表示，湖泊、泉源及河流发源处用绿色水波纹展现。以绿色草形描绘草滩、草场。以红、棕、白色帐包符号描绘蒙古、西番部落居所。寺、庙等采用象形描绘。

行政城池一般用绿色双实线勾勒出实际形状以及关城或外郭和城门，铺底不同颜色区分，府级城市涂成红色，其他城池内涂粉红色，沿边的城堡用黄色双实线方框绘制，驿站大部分用黑色单实线长方形框标注，中

---

[*]　[基金项目] 本文得到国家社会科学基金重大项目"中国国家图书馆所藏中文古地图的整理与研究"（项目编号：16ZDA117）资助。

[1]　北京图书馆善本特藏部舆图组编：《舆图要录》，北京图书馆出版社，1997，第222页。

间为白色。图内绘制府、州、县、卫、所、堡等各级城池 260 余处。其中图绘府城 8 处，即巩昌府、临洮府、汉中府、凤翔府、平凉府、庆阳府、西安府、延安府。

长城是该图的重要表现内容之一，采用立体画法，墙体以黄色横边表示，东起黄甫营、西至嘉峪关，且绘制有墩台，墩台顶部饰以红色旗杆，关门绘成拱门，有城楼。沿长城各堡、营、所等一一用文字标注。自靖边营至花马池（堡）之间长城外，还有一段用断壁残垣来表现已经坍塌了的城墙，标注"旧边墙"。

该图用红色双线详细描绘了这一地区城镇、城堡以及关隘之间的交通路线，即驿路，交织成网、遍布图面，并用文字标注了各个地点之间的道路距离。边墙一线，自东而西至嘉峪关，还设有沟通长城内外的"闇门"（暗门）9 处，并绘有自闇门通往边外的道路。

二 关于《陕西舆图》绘制年代的初步分析

（一）现有关于《陕西舆图》绘制年代的研究

截至目前，关于国家图书馆藏《陕西舆图》的研究，主要是简要的介绍，尚无专门论著和研究论文面世。根据前人对于《陕西舆图》的研究，关于其绘制年代，主要有明泰昌年间、明天启年间、清初、清朝康熙中叶四种说法。

明泰昌年间说。陕西省地方志编纂委员会编《陕西省志》"测绘志"中讲述元代明代地图时，对《陕西舆图》作了一节介绍，称"陕西舆图是现存最早的陕西全省地图，现藏北京图书馆。图绘制于明泰昌元年（1620）"[1]。

明天启年间说。持这一说法的除了《舆图要录》之外，还有闫平、孙果清等编著《中华古地图珍品选集》中对该图的介绍称：陕西舆图绘制于明天启年间（1621—1627）[2]。丁海斌《中国古代科技文献史》也引入了同样的论断，介绍称："陕西舆图，明代大幅省区地图，从图中主要反映的是明万历年间的建制和事迹，知此图绘于天启年间。"[3]

清初说。《中华舆图志》辑录了《陕西舆图》，介绍其绘制于清顺治年间（1644—1661）[4]。陈红彦主编的《古旧舆图善本掌故》中介绍《陕西舆图》，主要采用陈健的说法：《陕西舆图》系清初绘制而成，是一幅普通区域地图[5]。而陈健早年

---

[1] 陕西省地方志编纂委员会编：《陕西省志》卷三九"测绘志"，西安地图出版社，1992，第 303 页。

[2] 闫平、孙果清等：《中华古地图珍品选集》，西安地图出版社，1995，第 147 页。

[3] 丁海斌：《中国古代科技文献史》，上海交通大学出版社，2015，第 382 页。

[4] "中华舆图志编制及数字展示"项目组：《中华舆图志》，中国地图出版社，2011，第 90 页。

[5] 陈红彦：《古旧舆图善本掌故》，上海远东出版社，2017，第 63 页。

相关研究曾认为陕西舆图系明代天启年间绘制完成，其在《地图》1996年第4期发表的《陕西舆图图说》一文中曾如此表述。

清朝康熙中叶说。李孝聪先生在《中国长城志·图志》中介绍《陕西舆图》，认为其绘制于"清朝康熙中叶"，推考"陕西舆图可能绘于康熙二十四年开馆纂修一统志书各省督抚画图呈进之际"[1]。

国图藏《陕西舆图》的绘制年代由于没有统一的说法，后人在相关研究中往往沿引前人认为是明朝天启年间所绘的说法。如徐艳磊在其硕士学位论文《宁夏舆图研究》中对《陕西舆图》的介绍如下："明天启年间绘制，绢底彩绘本，现藏国家图书馆。舆图开幅256厘米×320.5厘米，方位为上南下北。所绘范围包括今陕西省全境、甘肃省大部、青海省东部及宁夏回族自治区大部分地区。舆图采用中国古代地图传统形象画法绘制，画工精细，色彩绚丽，翔实地反映了明代天启年间我国西北地区历史、地理、交通、军事等情况。"[2] 鉴于此，本文认为该图的绘制年代值得认真斟酌，以该图绘制内容和方位为基础，对该图绘制年代再次推估，形成更为准确的认识。

（二）《陕西舆图》可能系改绘而成

国图藏《陕西舆图》与明代晚期边防图和政区图在绘制风格上比较近似，图中所绘行政建置、卫所以及沿边的堡寨看上去似乎符合明代的状况。如雒南县，由于泰昌元年（1620）为避光宗（朱常洛）讳，将原"洛"字改为"雒"字，洛南遂改为"雒南"。这应该是有研究者认定《陕西舆图》绘制于泰昌或天启年间的重要依据。图中所描绘的城池形状以及外郭城或关城也基本属于明代后期，如明代三原县有东西南三个关城，其中西关城修建于明初，不过规模很小；[3] 北关城修建于嘉靖二十六年（1547），规模很大，周四里四分；[4] 东关城修建于崇祯八年（1635），规模也较大，为三里三分，且修筑后非常繁荣，[5] 但图中只表现有北关城，因此可以推测图中表现的是嘉靖二十六年之后至崇祯八年之前三原县城的样貌。初步来看，《舆图要录》对该图为天启年间的断代有一定的合理性。

但该图是否确如大部分学者认定绘制于明后期呢？可以先从图中反映的政区建置和文字标识来分析。

1　参见李孝聪《中国长城志·图志》，江苏凤凰科学技术出版社，2016，第70—73页。

2　徐艳磊：《宁夏舆图研究》，硕士学位论文，宁夏大学，2013，第32页。

3　光绪《三原县新志》卷二《建置志》，成文出版社有限公司，1976，第68页。

4　光绪《三原县新志》卷二《建置志》，第70页。

5　光绪《三原县新志》卷二《建置志》，第72页。

1. 从政区地名来看

图中部分县制是明中后期增设，如镇安县为明景泰三年（1452）所设；成化九年（1473）始置礼县、复置河州；成化十二年（1476），商县丰阳巡检司改设山阳县；成化十三年（1477）设商南县，析淳化县地置三水县；万历十一年（1583）割邠州一隅添置长武县。据此貌似可认为该图的表现年代是明后期。然而，清初该地区的行政建制基本是沿袭明代，并无多大变动。而且查阅该图可以发现一个明显的支持该地图不是明代绘制的证据，就是图中在兰州的东北、宁夏的东南方向，也就是今天靖远县的位置上绘制有"靖远卫"，在明代其应当是"靖虏卫"，清顺治元年为了避免使用"虏"这一带有侮辱性的字眼，才将其改为了"靖远卫"（见图1）。由此可以确凿地认为该图绘制于清代。

那么，如何解释图中存在大量的卫所呢？查阅史料可以发现，陕西、甘肃地区卫所的大规模裁撤以及改为府、州、县发生于清朝雍正二年（1724）前后。[1] 如雍正八年（1730），靖远卫改为靖远县，岷州卫改称岷州。因此在雍正朝之前，这一地区的政区与明代后期相比并没有太大的差异。由此可见该图应当绘制于雍正二年之前。

2. 从图中标识文字来看

该图"西宁镇"西南边有塔尔寺，塔尔寺上方不远处另有一寺庙图形，标注"新造班禅寺"，这个可以视该图为清代所绘的佐证，因为"班禅"称号始于1645年。这一年，蒙古固始汗赠给西藏格鲁派扎什伦布寺寺主罗桑曲结以"班禅博克多"的尊称。这也可以推断出该图的绘制至少是在1645年以后。

图1 《陕西舆图》局部之"靖远卫"

在宁夏镇平罗营堡沿驿路出长城边墙闇门的一条道路上，标识有一段文字"三十五年出口进剿大路"（见图2）。查阅可知，明代大规模北征蒙古主要集中在洪武和永乐时期，洪武只有三十一年，而永乐时期大规模征伐蒙古在二十二年前后基本就结束了，因此这段文字不太可能指的是洪武和永乐时期对于蒙古的征讨。而且明代有三十五年的皇帝只有嘉靖和万历，这两代对于蒙古基本都处于被动挨打的局面，没有大规模的且是从宁夏出发深入蒙古的军事进攻。但是清代康熙三十五年（1696）

---

1 具体可以参见《嘉庆重修大清一统志》，中华书局，1986；牛平汉《清代政区沿革综表》，中国地图出版社，1990。

图 2 《陕西舆图》局部　宁夏镇附近出长城口一处通道（标注"三十五年出口进剿大路"）

进攻噶尔丹时兵分三路，即"六月癸巳，上还京。是役也，中路上自将，走噶尔丹，西路费扬古大败噶尔丹，唯东路萨布素以道远后期无功"[1]，其中"西路费扬古"是从归化城出发的，与其配合的孙思克则是从宁夏北上，[2] 正符合图中所绘，由此来看此图所表现的时间应该是在康熙三十五年之后，绘制时间也当在这一时间之后。从图中"三十五年出口进剿大路"一句没有加上"康熙"这一限定语来看，《陕西舆图》很可能是在康熙三十五年之后至康熙末绘制的。[3]

但如何解释上文提及的某些地理要素表现的是明代的状况呢？为了解释这一矛盾，我们认为，《陕西舆图》很可能是以明末陕西地图为底图改绘的，这种改绘存在两种可能性，即可能直接根据明末地图改绘，也可能是在清初已有摹绘本基础上的再次改绘，但其底图来源于明末地图是没有疑义的，只是在改绘时将带有侮辱性词汇的"靖虏卫"改为了"靖远卫"。

关于此图系改绘而成，还有一些旁证。如秦州，明清时期的秦州由多一座东

---

[1]《清史稿》卷七《圣祖本纪二》，中华书局，1976，第 244 页。

[2]《清史稿》卷二五五《孙思克传》，中华书局，1976，第 9785 页："三十五年，上亲征，大将军费扬古当西路，思克率师出宁夏，与会于翁金。"

[3] 李孝聪先生 2019 年 8 月 25 日在"地图学史前沿论坛暨'《地图学史》翻译工程'"国际研讨会上作《试论地图上的长城》报告发言时提及《陕西舆图》的绘制年代，亦以"三十五年出口进剿大路"文字标识断定该图绘制于康熙三十五年之后。

关和多座西关构成，[1] 但图中东、西关城正好绘制相反（见图3）。这一时期的边防图和政区图大都以正上方为北，而《陕西舆图》则以正上方为南，可能由于这种方向上的倒置，使得改绘者也完全难以适应，因此改绘时将原来地图上的秦州城的形象完整地复制了过来，由此也就产生了这样的错误。存在方位颠倒的城池还有：临洮府城，明景泰年间重修时"辟东西北三门"，图中所绘却是南、北、西3门；[2] 安定县有东西北向3座城门，但图中城门处在东、南、北向。[3] 虽然新绘地图也有可能出现上述差误，但可能性并不大，毕竟绘制者是明确知道地图正方向的；而在改绘时，虽然改绘者也明确知道地图正方向的变化，但受到原图的影响，绘制时很可能会犯"迷糊"。

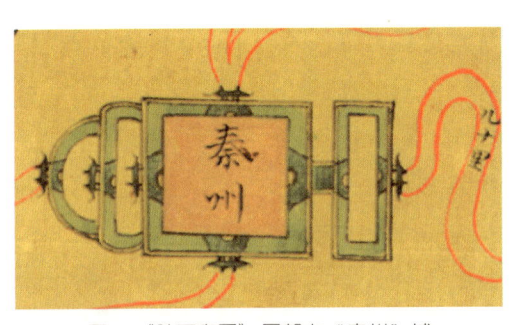

图3 《陕西舆图》局部之"秦州"城

三 基于地图功用看《陕西舆图》上南下北的绘制方位

与大多数明清时期的政区图和边防图不同，《陕西舆图》以南为正上方。那么，这种以南为上方位、以北为下方位绘制的地图在中国古代地图中是否属于极少数的特例？明后期至清前期，以上南下北、左东右西的方位来绘制的政区图和边防图为数不多，目前已知的仅有北京大学图书馆藏《巩昌分属图说》，[4] 台北"故宫博物院"藏《行都司所属五路总图》[5] 等。

方位对于地图绘制来说，是非常重要的一个要素，是绘制者在地图绘制之初就要考虑和确定的。只有先明确了上下左右的方位，才能定位图上地貌、地物的位置，地图才能准确绘制。与今天的地图不同，我国地图绘制自古以来并没有必须遵循一成不变的正方位。姜道章列举了古代多幅不同方位定位的地图："著名的《禹迹图》和《华夷图》都以地图的上方为北方；汉代的马王堆地图以及南宋程大昌撰《雍录》所附《唐都城内坊里古要迹图》和《汉唐都城要水图》则以地图的上方为南方；宋代《建康志》所附《皇朝建康府境之图》

---

1 （乾隆）《直隶秦州新志》卷三《建置》，成文出版社有限公司，1976，第212页。
2 （道光）《兰州府志》卷三《建置》，成文出版社有限公司，1976，第184页。
3 （嘉庆）《重修延安府志》卷十二《建置考》，成文出版社有限公司，1976，第308页。
4 李新贵、白鸿叶：《〈巩昌分属图说〉再探》，《故宫博物院院刊》2016年第6期。
5 卢雪燕：《彩绘本〈行都司所属五路总图〉成图年代及价值考述》，《故宫博物院院刊》2009年第5期。

和元代张弦纂《至正金陵新志》所附《茅山图》则以地图的上边指向东方；南宋程大昌所撰《禹贡山川地理图》中的《九州山川实证总要图》《今定禹河汉河对出图》和《历代大合误证图》等，又都以地图的上方指向西方。"[1] 关于中国古代地图的正方向，李孝聪先生从地图使用的角度出发，指出："……中国地图采用不同的方位，是中国制图工匠从使用目的出发的方位观。"[2] 姜道章也认为，地图方位的选择，其原因之一是出于"功能上的目的，许多传统的中国地图是依地图使用者位置定位的"[3]。也就是说，地图是画给谁看的，地图的阅读者决定了地图的最后呈现。为便于更好地阅图、析图，依照观图者的场域位置来确定左右上下，切合阅图者由近及远、逐步推进的视觉观感和体验，可以更直观地观瞻地图所绘地区的地形地貌、行政建制、边防布局、人文景观等。如果从地图使用功能角度来解读《陕西舆图》上南下北、左东右西的绘制，那么得出的合理结论就是，阅图者很可能身处长城沿线或外侧来察看陕甘一带的地形地貌、布防等情况。

前文已经对《陕西舆图》的绘制年代进行了分析，认定其绘制于康熙三十五年之后至康熙末，而且改绘之初使用的底图是明末地图。《陕西舆图》绘制范围涵盖今陕西省全境、甘肃省大部、青海省东部及宁夏回族自治区大部地区，尤其侧重对于长城沿线各关堡以及驿路、驿程的详细描画，这样一幅较为精美的绘本地图，很可能与康熙三十六年（1697）康熙帝亲征噶尔丹事件有关。是否可以揣测《陕西舆图》为康熙此次亲征所使用呢？现以康熙亲征路线来推考《陕西舆图》与该事件的契合度。

经过康熙二十九年（1690）的乌兰布通之战、康熙三十五年（1696）昭莫多之战，漠西蒙古（卫拉特）准噶尔部首领噶尔丹仍负隅顽抗，拒不投降，康熙皇帝遂于三十六年正月初三日谕理藩院"今观噶尔丹势甚穷蹙，天与不取，坐失事机"[4]，再次下诏亲征："朕欲往宁夏亲视大兵、粮饷、地方情形"[5]，并于二月初六"上行兵宁夏"[6]。康熙帝此次前往宁夏，基本沿长城一线行进，其行程及驻跸地点见表1。

---

1 姜道章：《论传统中国地图学的特征》，《自然科学史研究》第17卷第3期，1998，第267—268页。
2 李孝聪：《中国古代地图的启示》，《读书》1997年第7期。
3 姜道章：《论传统中国地图学的特征》，《自然科学史研究》第17卷第3期，1998，第268页。
4 《清实录》第五册，圣祖仁皇帝实录（二），卷一七九，中华书局，1985，第919页。
5 《清实录》第五册，圣祖仁皇帝实录（二），卷一八〇，中华书局，1985，第928页。
6 《清实录》第五册，圣祖仁皇帝实录（二），卷一八〇，中华书局，1985，第925页。

表1	康熙三十六年（1697）春夏康熙帝亲征前往宁夏的主要驻跸地点	
时间	驻跸地点	所属地区
二月初六	出德胜门、驻跸昌平州	直隶
二月初八	怀来县城西	
二月初九	沙城堡	
二月十一日	宣化府	
二月十五日	阳和卫城	
二月十七日	大同	山西
二月十九日	怀仁县	
二月二十二日	朔州	
二月二十八日	保德州	
二月二十九日	自保德州渡黄河	山西、陕西
二月二十九日	府谷县城南	陕西
三月初四	神木县	
三月初四	建安堡	
三月初十	榆林卫	
三月十一日	他喇布拉克 [1]	边外蒙古
三月十二日	哈留图郭尔 [2]	
三月十三日	库尔奇拉 [3]	
三月十四日	扎罕布拉克	
三月十五日	通阿拉克 [4]	
三月十七日	安边城东	陕西
三月二十日	花马池东	甘肃
三月二十一日	安定堡	
三月二十二日	兴武营城西	
三月二十三日	清水营	
三月二十四日	横城	
三月二十五日	自横城渡黄河	
三月二十六日	宁夏镇城	
三月二十九日	（驻宁夏）出北门观宁夏绿旗马、步兵操演	
闰三月初二	（驻宁夏）由南门登城往西阅，降至北门御行宫	
闰三月十五日	自宁夏起行	

资料来源：《清实录》第五册，圣祖仁皇帝实录（二），中华书局，1985，第 919—961 页；官修《清代起居注册（康熙朝）》，联经出版事业公司，2009，第 4931—5704 页；N. 哈斯巴根《康熙北巡内蒙古西部道程考》，《满学论丛》第二辑，辽宁民族出版社，2012，第 233—235 页。

---

1 布拉克即蒙古语泉水之意，《蒙古游牧记》作"塔拉泉"，《亲征朔漠方略》作"他喇泉"。

2 哈留图郭尔，河流名称，康熙《河套图》作"哈柳图河"，《亲征朔漠方略》作"海流图河"。这一河流和上面提到的他喇布拉克等流入边内榆林后叫无定河。

3 高士奇《扈从纪程》作"库尔祁喇"。

4 《扈从纪程》作"通河喇克"，《蒙古游牧记》作"佟哈拉克诺尔"。

在进入陕西后，康熙帝前往宁夏的行程分为三段：第一程段，相继驻跸在府谷县城南、孤山堡西、卞家水口、神木县、柏林堡西南、高家堡南、建安堡东、王关涧、榆林；第二程段，驻跸他喇布拉克、哈留图郭尔、库尔奇拉、扎罕布拉克、通阿拉克，为边外蒙古地；第三程段，进入边内，驻跸安边城东、定边城、花马池、安定堡、兴武营西、清水营、横城，以至宁夏。[1]

对应到《陕西舆图》上，可以看到：舆图对边内各镇、卫、营、堡等以及与之相连的驿路、驿程描绘甚是详细，康熙帝驻跸过的边内地点在舆图中均有迹可循。反之，舆图对边外地理形貌的描绘较为简单粗陋，主要是草甸、泉源、河流以及帐包等，有记录的地名寥寥无几，获取到的边外信息非常之少。如果持此地图行走长城边外，对于人生地不熟的人来说，可谓"两眼一抹黑"，困难重重。而史料中也详细记录了康熙一行行走边外所遭遇的信息窘境，譬如榆林至宁夏边外行进路线。由于对榆林至宁夏的边外路线情况不明，康熙曾多次派出人员打探。

如驻跸孤山堡时，"先是命主事萨哈连出神木边往询，从边外至榆林及至宁夏之路，计几宿，水草如何，至是覆奏：自神木出边至榆林，共三百二十里，凡五宿，俱砂路。自边关外至宁夏之正路无人知之。但由神木过鄂尔多斯贝勒汪舒克所居阿都海之地，接摆站大道有一路，从此而往，则自神木至宁夏，计八百七十里，凡十四宿。但自神木边至察罕扎达海五十家驿，路中水草柴薪无误。行道砂多。自察罕扎达海至横城口，路平，水略少。奏入，报闻。著萨哈连亲出榆林边问蒙古，自榆林至宁夏之路并水草，亦照此开明，在榆林候驾"。[2]

驻跸榆林时，"主事萨哈连查明榆林至宁夏路程回奏：自榆林至横城，共七百三十余里，分为十宿，水甚少，路有大砂。又有沿边外至安边一路，共四百七十余里，凡七宿，路虽小有砂，而水草足用。及问安边以外至宁夏之路，无人知之。上即命萨哈连往视安边至宁夏之路"。[3]《亲征朔漠方略》记载了萨哈所探到的榆林至安边边外路线："又有沿边外至安边一路，自榆林至他喇泉为一站，七十里，有泉水；自他喇泉至海流图河为一站，八十里，有大河水；自海流图河至什喇泉为一站，八十里，有泉水；自什喇泉至札哈泉为一站，七十里，有泉水；自扎哈泉至哈达俄罗木为驿站，五十里，有河水；自哈达俄罗木至苏海阿鲁为一站，六十里，有河水；自

---

[1]《清实录》第五册，圣祖仁皇帝实录（二），卷一八〇至一八一，中华书局，1985，第932—939页。

[2]《清实录》第五册，圣祖仁皇帝实录（二），卷一八一，中华书局，1985，第933页。

[3]《清实录》第五册，圣祖仁皇帝实录（二），卷一八一，中华书局，1985，第935页。

苏海阿鲁至安边为一站,六十里。"[1] 后来康熙一行基本沿此路线行进。

驻跸通阿拉克地方时,"主事萨哈连勘明边外之路,回奏云:自安边由口外至横城,共四百八十里,凡七宿。惟三处有水,其余当宿之地无水,草亦恶。边外不可行,故告之。乡导布笪笺保等前去,从边内编次宿站报闻。理藩院奏:前因驾出榆林,由边外幸宁夏,故自榆林起设驿至横城口内止。候驾临宁夏撤去。今驾出榆林,进安边,应不必设驿至横城口,但设至安边候驾,进安边撤去。其所设驿马各交安塘笔帖式等赶解。地方官护送至宁夏。得旨边外草佳,此马从外赶赴宁夏"[2]。

从这几则记载可知,在榆林至宁夏这一段边外路程,是康熙大军人马所不了解的,据此推测他们当时所携带的地图对边外的记载也不明晰,故需要多次派人探路,探一程走一程。而《陕西舆图》对于边外可以通行的路况、路程全无记载,这看起来与康熙此段行程之遭遇契合度较高。

但是不管是行走边内还是边外,康熙一行都是沿着长城行进,也是以长城沿线视角来观瞻边内外风物形貌。《陕西舆图》上南下北的绘制方位,从其功能表达来看,阅图者应该是身处陕甘北部长城沿线。这与康熙帝此次亲征的路线甚是吻合。

四 《陕西舆图》涉宁、涉蒙信息与康熙亲征的关联性考察

(一) 舆图中"宁夏镇"之显要

《陕西舆图》中,"宁夏镇"被画在图面下方的近中央位置,图中两大重要元素——黄河、长城在该处交汇(见图4)。"宁夏镇"为长方形,图中绘有城门5座,东、南、西向各1座城门,北边有2座城门。南、北各有关城一座。绘制有寺塔两座,巍然高耸,一座位于城内西南位置,10层;一座位于城西门外,11层,并绘以大红色砖形状围墙,较为醒目,颇具地标观感。根据万历《朔方新志》所记:"承天寺,夏谅祚所建,洪武初一塔独存,有记。庆靖王重修,增创殿宇。怀王增昆卢阁,有碑剥落。万历三十年今王永齐重修,内浮图,一十级,至今人过倒影古迹尚存,在新城光化门迤东,东向。土塔寺,正统年建,在镇远门外,东向。"[3] 乾隆《宁夏府志》亦有对宁夏八景之一的"土塔名

---

[1] (清) 温达:《亲征朔漠方略》卷三八,清文渊阁四库全书本,第457页。另《蒙古游牧记》亦载:"又有沿边外至安边一路,自榆林七十里至他喇泉一站,有泉水;八十里至海流图河一站,有大河水;八十里至什喇泉一站,有泉水;七十里至札哈泉一站,有泉水;五十里至哈达俄罗木一站,有河水;六十里至苏海阿鲁一站,有河水;六十里至安边为一站。此路自榆林起七宿到安边,共四百七十余里,路虽小有沙,而水草足用。"见(清) 张穆《蒙古游牧记》卷六,清同治祁氏刻本,第123页。

[2] 《清实录》第五册,圣祖仁皇帝实录(二),卷一八一,中华书局,1985,第936页。

[3] 何建明:《中国地方志佛道教文献汇纂——寺观卷》,第405册,国家图书馆出版社,2013,第33页。

刹"的记载："在西门外，唐来渠下，台阁高敞，远眺贺兰，俯临流水，与黑宝相辉映焉。"[1] 通过方志中的记载来比对《陕西舆图》中宁夏镇城图，对照各城门以及塔楼的位置、层数，可以明确位于城内西南即光化门内东的是承天寺；位于城西门（即镇远门）外的高塔是土塔寺。承天寺、土塔寺都是当时宁夏镇有名的寺塔，可谓地标景观，如此也就能理解为何《陕西舆图》选择将这两座寺塔绘入宁夏镇景观了。

宁夏镇作为控扼边内外交通的咽喉要地，驿路纵横成网。《陕西舆图》绘制了与宁夏镇连接的驿路有六条：

东边2条：一是出城门过黄河与横城堡相连，二是出城门与临河堡相连；

南边1条：自南关城门出，五十里至王鈜堡；

西边1条：自西城门出，九十里至玉泉营，五十里至枣园堡，再分为三条驿路，分别与石空寺堡、镇罗堡、大坝堡等相连；

北边2条：一是出北关城城门与李刚堡相连，四十里至平罗营，再分为二：一条出关门外，且该通往长城外侧道路上专

图4 《陕西舆图》局部之"宁夏镇"（上为"宁夏镇"放大图）

---

[1] （乾隆）《宁夏府志》卷三《名胜》，清嘉庆刊本，第40页。

门标识"三十五年出口进剿大路";另一条自平罗营,十里至镇朔堡,再通往关外。二是出北城门,三十里至镇比堡,再分为二:五十里至平罗营;五十里至洪广营(平罗营与洪广营之间有驿路相连),再四十里至镇朔堡,通往关外。

正是因为"宁夏地方,去噶尔丹所在萨克萨特呼里克格、隔特哈朗古特甚近"[1],康熙帝决定督师宁夏,自二月初六启程,三月二十六日抵达,在宁夏驻跸十九天,开展了慰问军民、阅兵操演、巡城阅降等一系列活动:"庚辰,上出宁夏北门,阅绿旗马步兵操演毕,上率诸皇子及善射侍卫等射"[2],"壬午,上登宁夏南门,巡城阅降"[3],以及体察民情,"亲巡农野,视渠流灌溉,耕者馌者,往来不禁。……每銮舆出,民间充巷,塞辇至千"[4]。康熙驻留宁夏,"朕欲扫荡寇氛,以安黎庶,特幸宁夏,经理军务,驻跸十有余日。曩者南巡,凡所巡幸之处,未有驻跸至三日者"[5],时间之长远超其南巡时驻跸三日的行程。对于宁夏,康熙感慨良多,他在写给宫内太监的信中称:"……西近贺兰山,东临黄河,城围都是稻田。自古为九边,朕已到七边。所过之边地,惟此宁夏可以说得。"[6] 宁夏镇在康熙此行中之重要性可见一斑。《陕西舆图》中将宁夏镇绘在图面下方的居中处,对该镇地标景观——承天寺、土塔寺及四通八达的驿路网络描绘细致入微,特别是通往长城外侧道路上"三十五年出口进剿大路"的文字标识,都彰显了此图中宁夏镇区别于其他边镇的不同意义。这是否暗示了这幅地图的使用者对于宁夏镇予以特别关注呢?可否推测阅图者以宁夏镇为据点观瞻各方形势?这是很有可能的。而康熙帝此次亲征目的地直指宁夏,以及在宁夏驻跸半月有余,很大程度上暗合了《陕西舆图》中对宁夏镇的绘制表现。

(二)对边外蒙古部落的标注

如果说《陕西舆图》可能为康熙此次亲征用图,那么为剿灭噶尔丹蒙古势力而来、身处边关的康熙皇帝,环视周边,他首先关注的必然是边外蒙古部族的分布及与边内的交往等情况。

《陕西舆图》对蒙古部落的标注集中为两处(可以参考图4),一是沿靖边营至镇朔堡边墙外面;二是在宁夏镇西面贺兰山之后,这两处合围基本形成了以宁夏镇为中心的半包围圈。

---

1 《清实录》第五册,圣祖仁皇帝实录(二),卷一八一,中华书局,1985,第928页。
2 《清实录》第五册,圣祖仁皇帝实录(二),卷一八一,中华书局,1985,第940页。
3 《清实录》第五册,圣祖仁皇帝实录(二),卷一八二,中华书局,1985,第944页。
4 (乾隆)《宁夏府志》卷一《恩纶纪》,清嘉庆刊本,第3页。
5 (清)温达:《亲征朔漠方略》卷四一,清文渊阁四库全书本,第505页。
6 转引自吴怀章《康熙督师平叛到宁夏》,《宁夏史志》2007年第6期。

1. 靖边营至镇朔堡边墙外的两处蒙古部落

从舆图上看，靖边营至花马池（堡）之间的长城外绘制有一段断续土黄色残墙（标识为"旧边墙"），墙外边有一处文字"此系宋喇王驻牧处设喇布罗多地方"；在宁夏镇平罗营堡长城边标识"三十五年出口进剿大路"以外绘有帐包之处，标识有"寅春台吉驻牧处"。

关于"宋喇王"。《亲征朔漠方略》《蒙古游牧记》等文献中记为"宋喇卜"，《清朝文献通考》记作"松阿喇布"，《国朝宫史》称"宋喇卜王"。清初，一些势力强大的蒙古部落王公被封为贝勒，因此《陕西舆图》称其"宋喇王"并无不妥。《亲征朔漠方略》记录萨哈连汇报边外从神木至宁夏的路线时就提到："……自察罕扎达海驿至贝勒宋喇卜所居西拉布里都为一宿，有七十里；自西拉布里都至博罗扎喇克井为一宿，有六十里……"[1] 文献中，贝勒宋喇卜的驻牧地是西拉布里都，图上标为"宋喇王驻牧地设喇布罗多"，虽然文字看似不一，但在读音上并无多大区别，主要是由于蒙古语用汉字来表述的差异。另《国朝宫史》中著录：康熙五十三年六月十七日，上谕大学士等："……朕幸宁夏过鄂尔多斯地方，谓宋喇卜王云，'尔等祖宗不过欺侮汉人，遂据河套耳，若朕则自横城坐船带粮从鄂尔多斯之后超出据守尔等，将若之何？'宋喇卜王瞿然奏云：'今内外一家，皇上奈何出此可畏之言？'"[2] 乾隆《宁夏府志》载："乙亥，驾次横城。鄂尔多斯贝勒宋喇卜请定边、花马池、平罗城三处，与横城一体贸易，与民杂耕，许之。"[3]《国朝宫史》及《宁夏府志》所载宋喇卜之言行及史事均印证了宋喇卜确为生活在宁夏镇边墙外鄂尔多斯地区的蒙古部落首领，以及康熙亲征宁夏事件中二人的交集。而且，关于横城堡贸易设市一事在舆图上也有所体现：横城堡北边墙开一闇门，标注"进口"二字，用红线描绘了一条道路通往宋喇王驻牧地的蒙古帐包，沿途标注了一系列地名：野马泉、湃兔、噶寿、插哈阿布、赏寿儿、五喇素、木户芦不浪、额不得喇素密、八汗车当，这应该与马市贸易有关。《钦定大清一统志》记载了横城堡"在灵州东北七十里，城周二里……北至边墙闇门一里，出闇门三十里有汉夷市场"[4]。而横城堡的开边设市是在康熙二十八年：《清朝文献通考》记载，康熙二十八年"又暂开宁夏等处互市，喀尔喀达尔汉亲王诺内等言，札萨克信顺额尔克戴青善巴、札萨克丹津额尔德尼台吉等，

---

1 （清）温达：《亲征朔漠方略》卷三八，清文渊阁四库全书本，第451页。《蒙古游牧记》记为："……至贝勒宋喇卜所居西拉布里都为一宿，六十里……"，见（清）张穆撰，何秋涛补《蒙古游牧记》卷六，第114页。

2 （清）官修《国朝宫史》卷二《训谕》三，清文渊阁四库全书本，第8页。

3 （清）杨浣雨辑乾隆《宁夏府志》卷一《恩纶纪》，清嘉庆刻本。

4 《钦定大清一统志》卷二〇四《宁夏府》。（乾隆）《甘肃通志》卷十一也载："横城堡在州东北七十里，北至边墙闇门一里，城周二里，设官兵戍守，堡西三里即黄河渡处，堡在河东岸即红城子也，出闇门三十里有夷汉市场。"

请于宁夏横城、平罗等处准其贸易"。康熙帝命暂令贸易，不为例。[1] 从文献中关于横城堡阇门和准许设市贸易的时间来看，也印证了《陕西舆图》不可能绘于康熙二十八年之前。舆图中对宋喇王以及横城堡的注记显示了该人物及地点的重要性，意在引起阅图者关注。

关于"寅春台吉"。在《蒙古游牧记》《清藩部要略》中记作"温春台吉"。《清藩部要略》载："（康熙）二十一年……土谢图罗卜藏博第等各遣使至，奏荷帡幪居边境属众妄行盗窃，深知悔罪，又游牧迩宁夏，乞赴市。理藩院仍追议前罪，谕曰：'和啰理等以败窜来至边境，所部罔知法纪，迫于饥困盗窃牲畜等物，今既陈其苦情，谆谆奏请，著宽免前罪，嗣后钤束属众，勿得妄行滋事，其宁夏地向无厄鲁特喀尔喀市易例，所请不允。'温春台吉复遣使至。寻卒。"[2] 可以看出，温春台吉驻牧的地方即在宁夏边外，与《陕西舆图》上所标记的地理位置大体一致。虽然此次康熙西征时温春台吉已去世，但其部落的驻牧地并无变动，出现在舆图中也说得过去。

2. 贺兰山后的蒙古部落

《陕西舆图》在贺兰山后面一带标识的蒙古部落有阿喇占巴喇嘛、祝囊、合宜劳藏驻牧。《秦边纪略》记："况今日贺兰之夷已满数千，有虎噬之心，有方张之势……贺兰之夷祝囊、劳藏、巴绰气克气等部落三千余……西夷即祝囊几西夷自汉人外皆藐视之，故祝囊特附嘎尔旦……"[3] 可以确定，祝囊、劳藏是这一带势力强劲的蒙古部落，与舆图中的祝囊、合宜劳藏驻牧地对应。祝囊部落还依附于嘎尔旦（即噶尔丹），这应该是当时意欲剿灭噶尔丹的清帝康熙高度关注的蒙古势力。

宁夏镇外边的这几处蒙古部落，舆图中展现的信息与文献中的记载是比较吻合的。试想，康熙西征宁夏，势必要对这一带的蒙古部落有所知晓，《陕西舆图》如果作为此次亲征使用的地图，对宁夏一带所居的蒙古部落明确标识是势在必然的。且舆图中青海西宁一带仅简单标注"西番部落""彝帐"便是鲜明的对比，说明了宁夏镇及其周围的亲和或敌对的蒙古势力正是阅图者的关注重点。

《陕西舆图》凸显对宁夏镇的重视，对长城边外蒙古部落信息的准确描绘，比照康熙帝1697年亲征噶尔丹一事的史料记载，从而推断《陕西舆图》与康熙帝1697年亲征噶尔丹事件的相关性很大，我们可以推测《陕西舆图》可能绘制于康熙三十六年出征前。

五 结论

通过对《陕西舆图》所绘政区名称及

---

[1] 《清朝文献通考》卷三十三《市籴考》，第516页。

[2] （清）祁韵士：《清藩部要略》卷九，清道光筠渌山房刻本，第97页。

[3] （清）梁份：《秦边纪略·宁夏卫》，清乾隆钞本，第83页。

宁夏镇附近长城口外通道"三十五年出口进剿大路"的文字标注，我们基本认定该图是在康熙三十五年之后至康熙末绘制的，其底图来源于明末陕西地区的地图。

《陕西舆图》上南下北的绘制方位表明了阅图者地处长城沿线的视角，从地图使用功能的角度，通过复原康熙三十六年（1697）康熙帝亲征噶尔丹的行进路线，并比对《陕西舆图》对于长城沿线堡所、边墙的详加描绘，而边外地理信息则著录简省等特点，推断《陕西舆图》与康熙帝此次亲征契合度较高。

《陕西舆图》中尤其强调宁夏镇，并对宁夏镇外边的蒙古部落有较为精准的描绘和标识，显示出对边外蒙古的高度关注，结合史料分析，推断该图很可能与康熙三十六年（1697）康熙帝亲征噶尔丹事件相关，也间接推考出《陕西舆图》可能绘制于康熙三十六年。

从1697年正月初三日康熙帝决定赴宁夏，至二月初六启程，这个时间是比较紧促的。要在这么短的时间内绘制一幅地域广阔、精美详尽的陕甘地图并不容易，往往只能借助已有的地图进行改绘。在改绘时因为绘制方位的变更导致秦州等城郭方位绘制错误，以及图中绘有"庄浪驿"而没有庄浪县等错漏，也正是《陕西舆图》底图源于明末地图的证据。

五

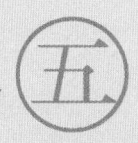

文史札记

王船山"重卦生成说"小议

■ 刘永霞（中国社会科学院古代史研究所）

王船山即王夫之，是明末清初的杰出思想家，著有《周易内传》《周易外传》《尚书引义》《诗广传》《礼记章句》《春秋家说》《世论》《续春秋左氏传博议》《读四书大全说》《宋论》《永历实录》《楚辞通释》《姜斋诗文集》等书。

其中，《周易内传》是王船山对《周易》思想精华的重点诠释。王船山的易学思想自成体系，从久远的易学渊源到缜密的解《易》原则，他都有详细的论述与说明。本文论证的是王船山在易学溯源方面的一个重要问题，即"六十四卦"如何生成。

王船山继承了宋明理学的研究路线，在隶属于儒家义理学派的易学思想史上，写下了浓墨重彩的一章。王船山属于儒家义理派易学家中的集大成者，他不仅在《周易内传》里多次引用了程颐《周易程氏传》中的注释与观点，而且还多次批评了包括邵雍在内的诸多"术数派"的论断及目的。对于伏羲氏画"八卦"的过程，王船山写道：

天垂象于《河图》，人乃见其数之有五十有五：

圣人乃以知阴阳聚散之用……而知其为天、地、雷、风、水、火、山、泽之象，则八卦之画兴焉。

因七、五、一而画乾，因六、十、二而画坤。

天道下施，为五、为七以行于地中；地道上行，为十、为六以交于天位。乾止于一，不至于极北；坤止于二，不至于极南：上下之分，所谓"天地定位"也。阳气散布于上，至下而聚，所谓"其动也直"也；阴气聚于上，方与阳交于中而极其散，所谓"其动也辟"也。

因左八、三、十而画坎，因右九、四、五而画离。离位乎东，不至乎西；坎位乎西，不至乎东：五与十相函以止，而不相踰，所谓"水火不相射"也。

因一三二而画为兑，因二四

一而画为艮。一、二互用，参三、四而成艮、兑，所谓"山泽通气"也。山泽者，于天地之中最为聚而见少者也。少者，少也，甫散而非其气之周布者也。少者在内，雷、风、水、火之所保也。

因九、六、八而画为震，因八、七、九而画为巽。八、九互用，参六、七而成震、巽，所谓"雷风相薄"也，驰逐于外也。雷风者，阴阳之气，动极而欲散者也，故因其散而见多也。多者，老也，气之不复聚而且散以无余者也。老者居外，以周营于天地之间也。八卦画而六十四卦皆系此而配合焉。

（天地定位，山泽通气，雷风相薄，水火不相射，八卦相错。）此章序伏羲则《河图》画八卦之理，而言其相错以成章也。[1]

对于以上论述，首先应该弄明白的是其中的"数字"含义。在儒家义理派看来，数字只代表阴阳之气的聚散，而不具有通常所说的"大小"的含义。所以文中说"山、泽"是最为聚"形"者，因而由一、二，至多再掺杂三、四而来。如果"一与二"是阳气与阴气的最多聚合者，那么，"九与十"自然就是阳气与阴气的最少聚合者。

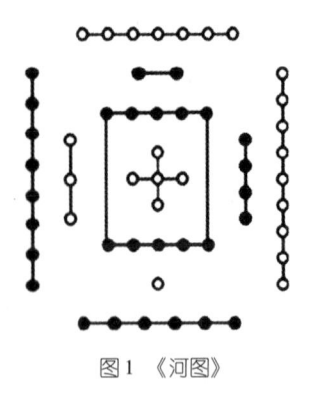

图1 《河图》

其次，以上这段是对伏羲氏参照《河图》画八卦之过程的还原。卦象是由"数"所生，前面已经说过，义理派认为"数"只表示阴阳之气的聚散，而与"大小"无关。那么，八卦是怎么产生的呢？八卦就是由代表物象属性的《河图》之"数"的不同排列而形成的高度抽象图。比如，"因七、五、一而画乾，因六、十、二而画坤"，乾卦与坤卦不仅代表着"天"与"地"，而且还象征着"阳气"与"阴气"。"天""地"通过阴阳之气的上下鼓荡而化生万物，故而说"乾卦"与"坤卦"涵盖了天、人、地三才（《河图》里的三层黑白点阵，可看作是三维）之道，所以用代表阴阳之气聚散不同程度的数字来象征乾卦与坤卦；又比如"因一三二而画为兑，因二四一而画为艮"，山与泽是天地之间的"聚形者"，既然是"聚形者"，因而兑卦与艮卦就不具有类似于雷与风那

---

[1] （清）王夫之：《船山全书》第一册，岳麓书社，2011，第545页。

样的气流飘荡的属性,故而这两个卦都处于中维,并需要其他自然物象的涵养与保护。因而用"一""二"等数字来表示。再如"因九、六、八而画为震,因八、七、九而画为巽",震卦与巽卦象征着雷与风,这二者都是往来于天地之间的"气"与"气"的排荡与飘动,并非"聚形者",因而用外维的"八""九"等数字表示。

在这里,王船山言前人之未言,对伏羲氏画"八卦"的过程进行了详细的还原,并将"气动说"融入了《河图》之"数",从而提出了八卦生成的基本理论,即"数"与"象"、"数"与"气"等之间的相应关系,极大地推进了易学溯源方面的深入研究。

伏羲氏画八卦虽是古人公认的,但对六十四卦是谁所作的问题则有着很大的争议,《周易正义》里提出了四种说法:

> 然重卦之人,诸儒不同,凡有四说。王辅嗣等以为伏羲重卦,郑玄之徒以为神农重卦,孙盛以为夏禹重卦,史迁等以为文王重卦。[1]

这段话说明"重卦"的作者有4种说法:王弼认为是伏羲,郑玄认为是神农,孙盛认为是夏禹,而司马迁认为是周文王。究竟哪种观点正确呢?《周易正义》的作者孔颖达作了辨析:"其言夏禹及文王重卦者,案《系辞》,神农之时已有'盖取《益》与《噬嗑》',以此论之,不攻自破。其言神农重卦,亦未为得。"孔颖达认为只有"伏羲氏重卦"才是正确的说法,而其他的观点则根本经不起验证。因为《易传·系辞下》里就有记载:

> 古者包羲氏之王天下也,仰则观象于天,俯则观法于地,观鸟兽之文,与地之宜,近取诸身,远取诸物,于是始作八卦,以通神明之德,以类万物之情。
>
> 作结绳而为网罟,以佃以渔,盖取诸《离》。
>
> 包羲氏没,神农氏作,斲木为耜,揉木为耒,耒耨之利,以教天下,盖取诸《益》。
>
> 日中为市,致天下之货,交易而退,各得其所,盖取诸《噬嗑》。
>
> 神农氏没,黄帝、尧、舜氏作,通其变,使民不倦,神而化之,使民宜之。易穷则变,变则通,通则久,是以"自天佑之,吉无不利"[2]。

这说明在神农氏之前就有了除八卦之外的"益卦"与"噬嗑卦",因而,"重卦"不可能是神农氏所作。当然,更不可

---

1 (魏)王弼等注,(唐)孔颖达正义:《周易正义》,北京大学出版社,1999,第7页。
2 (魏)王弼等注,(唐)孔颖达正义:《周易正义》,北京大学出版社,1999,第298—300页。

能是神农氏之后的夏禹与周文王所作了。其实，在这4种说法中，影响最大的是伏羲氏与周文王的说法。关于周文王"重卦"的观点，是司马迁在《史记》里提出的，他说："西伯盖即位五十年。因囚羑里，盖益《易》之'八卦'为'六十四卦'。"[1] 可以看出，司马迁的口气也不是十分肯定，但由于《史记》的影响，因而使得不少人都持此种观点。

唐代的孔颖达最后在《周易正义》里总结道：

> 故今依王辅嗣以伏羲既画"八卦"，即自重为"六十四卦"，为其得实。……伏羲之时，道尚质素，画卦重爻，足以垂法。后代浇讹，德不如古，爻象不足以为教，故作"系辞"以明之。[2]

可以看出，孔颖达以王弼的观点为"尊"。王弼是魏晋时著名的思想家，在儒家易学史上占有重要的席位。孔颖达的《周易正义》就是对王弼等人所作的《周易注》的注释，在文中称为"疏"。王弼的《周易注》以"简约"著称，易学家们普遍认为他摒弃了东汉以来的烦琐注经方式，从而促成了一股哲学思想清流的产生。王弼的《周易注》主要注重超脱于"卦象"与"文字"之上的"含义"或"意境"，有一定的积极意义。孔颖达的这段话初步揭示了儒家义理派易学道统的传承状况。伏羲氏画的"八卦"只有卦象图，并没有文字。后来由周文王和周公旦一起附上的文字就是"卦爻辞"或"象爻辞"。这个过程表明了儒家道统的最早发展状况。后来，孔子又撰写了解释"卦象"及其"象爻辞"的《易传》，至此才形成了经过儒家义理化之后的经典——《周易》。孔颖达继承了这条解经路线，因此在《周易正义》里他必然会谈到涉及"道统"的重要理论问题。

在继承这条路线的宋儒和明儒来看，"重卦"的作者根本就不存在任何疑问。程颐在《周易程氏传》里直接将伏羲氏八卦的所传之道称为"圣王之道"，而王船山在《周易内传》里则更明晰地排列并论述了这一"道统"的传承，他说：

> 伏羲氏始画卦，未有《易》名。……文王乃本伏羲之画，体三才之道，推性命之原，极物理人事之变，以明得吉失凶之故，而《易》作焉。《易》之"道"虽本于伏羲，而实文王之德与圣学之所自著也。[3]

王船山明确提出了从伏羲氏到周文王的儒家易学"道统"，并肯定了周文王的"系

---

[1] （汉）司马迁：《史记》，中华书局，2006，第18页。

[2] （魏）王弼等注，（唐）孔颖达正义：《周易正义》，北京大学出版社，1999，第8页。

[3] （清）王夫之：《船山全书》第一册，岳麓书社，2011，第41页。

辞"对伏羲氏之"道"的"彰显"之功，因而，他又说："若夫文王、周公所系之辞，皆人事也，即皆天道也；皆物变也，即皆圣学也；即皆善恶也。其辞费，其旨隐，藏之于用，显之以仁，通吉凶得失于一贯，而帝王经世、君子穷理尽性之道，率于此而上达其原。"[1]

王船山多次阐明了伏羲氏之"道"就是"圣人之道"，这个"圣人之道"由儒家而传承至今。"圣人之道"的目的就是"因天道而治人事"，简单说，就是"仿自然，治家国"。

澄清了六十四卦的作者后，就必须要解决重卦的生成过程这一极其重要的问题。关于这个问题，儒家义理派易学的著作中论述较少，朱熹在《周易本义》的正文前面附录的"上下经卦变歌"等，并没有为解决这个问题提供坚固的理论基础，直至晚明的王船山，这个问题才得到了彻底的解决。

王船山说："初、三、五，'八卦'之本位，二、四、上，其重也。所重之次，阳卦先阳，而阴自下变；阴卦先阴，而阳自下变；故交错而成列。"[2] 王船山在这段话中概括出了"重卦生成说"的理论，当然，同时也解释了《易传·系辞下》所载"八卦成列，象在其中矣。因而重之，爻在其中矣"[3] 这句话。

六十四卦的每卦皆有六爻，六爻按从下至上的次序，被称为初爻、二爻、三爻、四爻、五爻与上爻。如果初爻是阳爻，便被称为是"初九爻"；是阴爻的话，就称为"初六爻"。"九"与"六"代表"老阳"与"老阴"。在这里，王船山将一、三、五爻看作"体"，将二、四、上看作"用"，即"八经卦"与"重卦"（即"六十四卦"）之间就形成了"体用"关系，这样就从哲学理论上解决了"重卦"的生成问题。那么，王船山的这一思想渊源从何而来呢？这首先和儒家义理派易学解《易》的"抑阴扶阳"思想基调有关，《易传·系辞下》记载：

> 阳卦多阴，阴卦多阳。其故何也？阳卦奇，阴卦耦。其德行何也？阳一君而二民，君子之道也。阴二君而一民，小人之道也。[4]

八卦包括四个阴卦与四个阳卦，乾卦、震卦、坎卦与艮卦是阳卦，坤卦、巽卦、离卦与兑卦是阴卦。因而，也以乾卦、震卦、坎卦与艮卦象征父、长男、中男与少男，以坤卦、巽卦、离卦与兑卦象征母、长女、中女与少女。这段话里的"君子"与"小

---

[1] （清）王夫之：《船山全书》第一册，岳麓书社，2011，第506页。
[2] （清）王夫之：《船山全书》第一册，岳麓书社，2011，第576页。
[3] （魏）王弼等注，（唐）孔颖达正义：《周易正义》，北京大学出版社，1999，第294页。
[4] （魏）王弼等注，（唐）孔颖达正义：《周易正义》，北京大学出版社，1999，第303页。

人"指称的是统治者与被统治者。在一个阳卦里，比如震卦（☳），只有一个阳爻，因而体现的是被儒家义理派所尊崇的"君子"统治"小人"的正统有序时局，相反的情况，则被视为"乱局"。当然，这只是就作为理学家的王船山的思想来源而言，具体地，如果就每个卦及其六爻来说，"获吉获凶"则是由多种要素的综合作用来决定的。

探寻了王船山的"重卦生成说"在儒家义理派易学史上的思想渊源后，接下来，再来看看"重卦生成说"的框架结构从何而来。据唐朝孔颖达的《周易正义》记载：

> 孔子以伏羲画"八卦"，后重为"六十四卦"，"八卦"为"六十四卦"之本。
>
> "八卦"小成，但有三画。于三才之道，阴阳未备，所以重三为六，然后周尽，故云"昔者圣人之画卦作《易》也"。……既备三才之道，而皆两之，作《易》本顺此道理，须六画成卦，故作《易》者，因而重之，使六画而成卦也。六画所处，有其六位。分二、四为阴位，三、五为阳位，……故作《易》者分布六位而成爻卦之文章也。（注："二、四为阴，三、五为阳。"）
>
> 王辅嗣以为初、上无阴阳定位，此注用王之说也。[1]

可以看出，王船山"重卦生成说"的框架结构直接来源于《周易正义》的"六画所处，有其六位。分二、四为阴位，三、五为阳位"这一句。但《周易正义》本身是孔颖达对魏晋时期王弼、韩康伯所注《周易》的"疏证"与"注解"，所以孔颖达说："王辅嗣以为初、上无阴阳定位，此注用王之说也。"当然，《周易本义》中不乏孔颖达本人的诸多精辟见解。但"二、四为阴，三、五为阳"的确是王弼所持的观点，孔颖达在这方面也是承继了王弼的说法。王弼在儒家义理派易学史上占有一席之地，虽然王船山也批评过他的"贵无论"，但这并不意味着不能从他的易学思想中汲取精华的部分。

但王船山和王弼在"六爻"的阴阳定位问题上有很大的分歧。王弼认为"初爻"与"上爻"没有阴阳定位，而王船山则断定"六爻"的每一爻皆有阴阳定位。王船山是著名的唯物主义哲学家，他认为凡天地之物皆有其位，并没有超脱于天地之外的存在。就易学造诣来说，王弼注《易》，"简约而意涩"，对于部分"彖爻辞"能够做到"达意"，但却没有阐明作为整体易学的思想主旨。相较于其他理学家而言，王船山在易学上的造诣要更高一些。这可能也与晚明时期，中国传统文化达到了一个整体的、总结性的高度有关。王船山对先

---

[1] （魏）王弼等注，（唐）孔颖达正义：《周易正义》，北京大学出版社，1999，第323、326页。

儒既有继承又有发展，笔者曾经在《试论王船山的解〈易〉原则》[1] 一文中详述了王船山的"易学"成就。

最后，也是最重要的一个环节，那就是对"重卦"具体过程及其步骤的揭秘。

王船山说："所重之次，阳卦先阳，而阴自下变；阴卦先阴，而阳自下变；故交错而成列。"[2] 这句话的意思是说，如果是阳卦，比如乾卦、震卦、坎卦与艮卦，它们在生成"重卦"的过程中，必然是先重阳

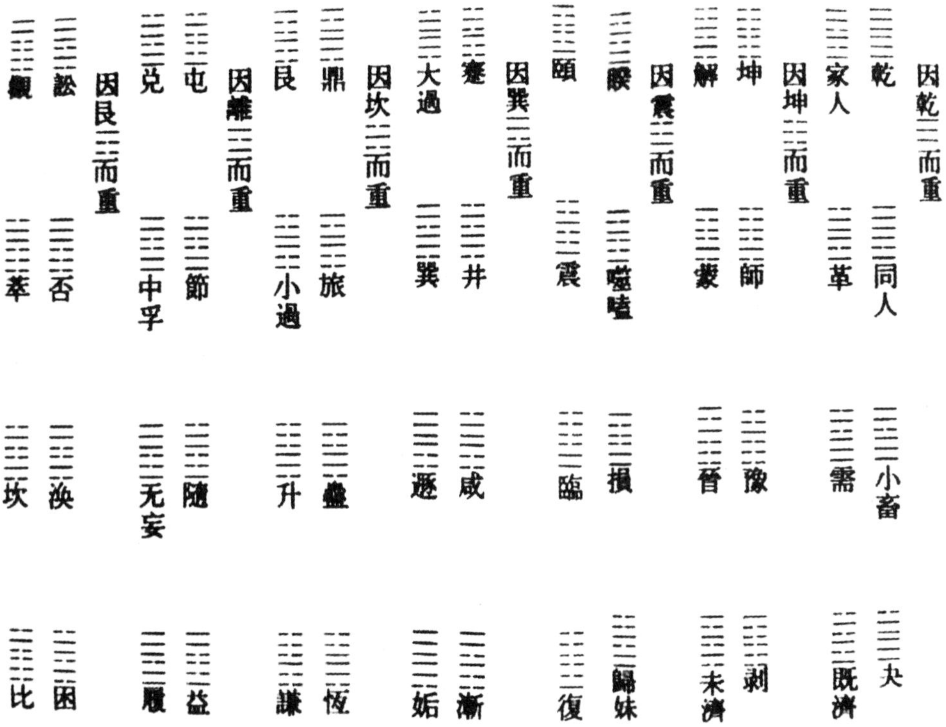

图2　王船山的《重卦图》

（采自《船山全书》第一册，第574—575页）

爻。同理，阴卦则先重阴爻。那么，这种思想从何而来呢？这种思想与王船山的"感应说"解《易》原则有关。笔者在《王船山的解〈易〉原则》一文中，概括出的其中的一个"感应说"原则，即王船山在《周易内传》里表述为"相孚说"的原则，就可以为以上问题提供答案。根据他的这一原则，同性爻之间最容易"感应"，其次才是"异性爻"。如果在易学史中追溯源头，那么，这种思想在《易传》里就已经体现了出来，并用"同声相应，同气相求"这样的措辞来表达。故而，阳卦就会先重阳爻，而阴卦则先重阴爻。其次，为什么说"阴自下变"与"阳自下

1　《明史研究论丛（第十七辑）》，中国社会科学出版社，2019。

2　（清）王夫之：《船山全书》第一册，岳麓书社，2011，第576页。

变"呢？因为"卦"是从下而生的，就拿《河图》来说，如果"天、人、地"三才各占一个维度，那么，天地所化生的万物则必然是从"地"而生，王船山认为自己只不过是将这一宇宙规律用"重卦生成说"表现了出来而已。

通过以上分析可知，在一个卦的六爻中，"初、三、五爻为本位"，而"二、四、六爻"则是经过"重"的过程而得到的"爻"，那么，具体的"重"法如何？先看图2。

这是《船山全书》中的"重卦图"，可以看出，由乾卦（☰）可得六画卦乾卦、同人卦、小畜卦、夬卦、家人卦、革卦、需卦与既济卦；由坤卦（☷）可得坤卦、师卦、豫卦、剥卦、解卦、蒙卦、晋卦与未济卦；由震卦（☳）而得睽卦、噬嗑卦、损卦、归妹卦、颐卦、震卦、临卦与复卦；由巽卦（☴）而得蹇卦、井卦、咸卦、渐卦、大过卦、巽卦、遁卦与姤卦等，经过"重卦"之后，八卦便变为了六十四卦。至此，王船山从理论上解决了六十四卦的生成问题。虽然也有人认为这只是一种推测，不过它确实打通了从八经卦到六十四卦的演变链条，从而使得儒家义理派的易学体系更加完整、严密与坚实。

王船山所构建的"重卦生成说"不仅是他的易学思想体系的基础的、重要的组成部分，而且还对儒家义理派易学思想的完善发挥了重要的作用。通过对"重卦生成说"理论的构建，王船山不仅弘扬了儒家"与时进退，尚中守正，以德为本，利人利己"的思想主旨，而且还阐发了古老的易学智慧对资政育人的积极作用。

甘肃华亭新发现北宋李永胜墓志发微

■ 王怀宥（陕西师范大学历史文化学院　甘肃华亭市博物馆）

2013年8月，甘肃省华亭市西华镇草滩村村民取土时发现一座墓葬（图1），市博物馆得知情况后立即组织专业人员对墓葬进行了抢救性清理。该墓葬位于草滩村旁的二层台地上，为小型券顶砖墓，方向坐西朝东，墓通长2.72米，底宽1.7米，通高2米，墓门用砖块封堵。墓葬共清理出人骨一具，"亚"字形素面镜一面（图2），"开元通宝"铜钱若干枚，墓志一方（图3），出土文物现皆藏于华亭市博物馆。

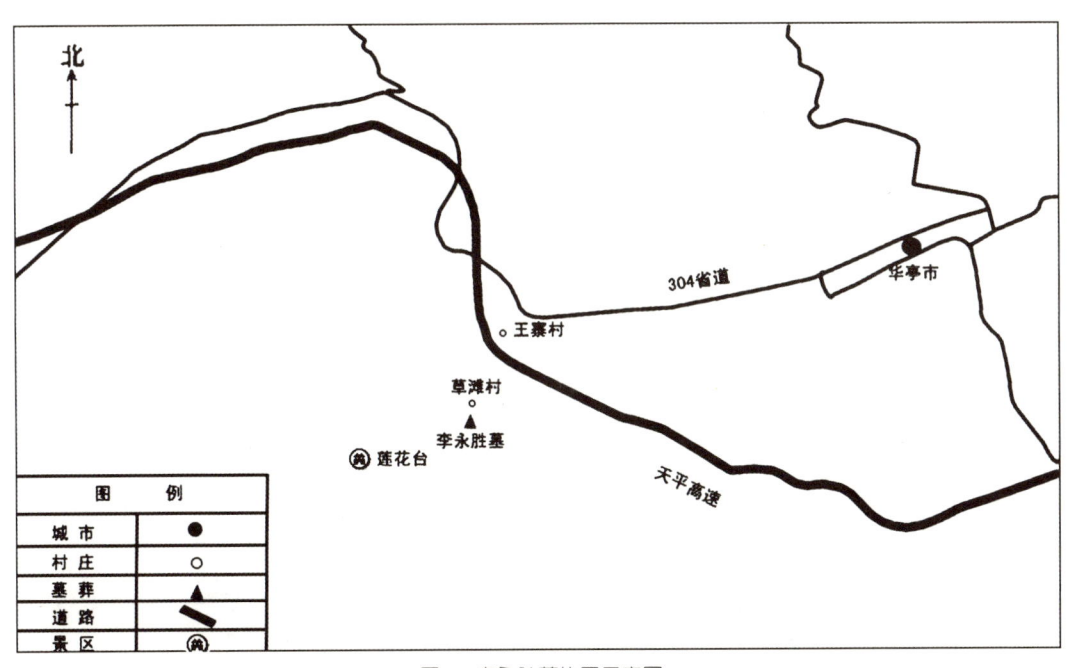

图1　李永胜墓位置示意图
（笔者绘制）

图2 李永胜墓出土铜镜
（照片由华亭市博物馆提供）

墓志无志盖，志石长 62.8 厘米、宽 56.3 厘米、厚 2.5 厘米，四周雕刻卷草纹，志文楷书刻成，共 24 行，满行 22 字，计 420 字，首题"故推官李公墓志"。据墓志内容可知，志主李永胜乃晚唐五代凤翔节度使李茂贞的后人，因该墓志尚未见发表，本文先过录志文，再就李永胜的家族世系及其他相关问题简略考述。

一　墓志录文

故推官李公墓志
进士石宗庆撰。陈言书。」
夫德行文学，天之爵也；公侯卿相，人之爵也。二者兼之，」则为贵矣。抑卜商、颜闵之伦，罕承一命；荀卿、庄孟之族，」不挂四科。然德行文学，迄于今世，又孰之偕也。至于善始」令终，有声有实，祖宗超贵，内外同规者，不其难乎？其唯」行藏有节，式昭具美，有如故推官李公者，不亦鲜欤。公讳永胜，字伯达，则先二秦王之子孙也。父王薨背」之后，假道闲居，寓于义渠之地，每岁以祖墅之所给也。洎」至壮年，娶于封氏，生二子：长承玉，次承之。公自皇宋咸平三祀二月有七日不幸构疾，治无所愈而殂」于华亭郡郭私舍，享兹春秋六十有五。公以克勤克俭，」有则有常，非忧」国致君，未尝咸于怀抱，至于克保贞规，芳馨义务者，」诚乎优哉。庆誉一门，事光千古，实可谓尽善尽美」者也。今次男新妇商氏，笃孝立行，敬始慎终，洒泣卜期，」尽力襄事，谨于大中祥符六年岁次癸丑八月一日庚」申朔迁奉于华亭县华亭乡神北里，归全之事」尽矣，生人之道毕矣。夫文以质为本，言以信为宗，苟」名实之相符，在述作之无愧。宗庆早承」惠顾，备叙」嘉猷，敢措铅黄，仍惭漏略，罔度斐然，强作铭曰：」二王之裔，斯公之英。克彰善誉，凤播寰瀛。」矫矫李公，作家之祯。门传富贵，永振嘉名。」韦再谦刊字。」

图3 李永胜墓志
（照片由华亭市博物馆提供）

二 李永胜的生平与家族世系

据志文所载，志主李永胜北宋咸平三年（1000）病逝于华亭县城私舍，年六十五岁，可推知其生于后唐清泰三年或后晋天福元年（936），生活年代跨越五代、北宋初。李永胜早年的生活经历阙载，仅载其父去世后，他"假道闲居，寓于义渠之地"。义渠本是先秦时期活动在西北泾渭流域实力强大的一支戎族，[1] 华亭地处陇山腹地，故《太平寰宇记》称华亭"本西戎之界，秦陇之地"[2]。安史之乱爆发后，唐朝西北边备空虚，吐蕃政权乘虚而入，不断蚕食唐领土。唐德宗建中四年（783）唐蕃"清水会盟"，即将陇山定为边界。[3] 但其后吐蕃的边境蚕食政策并没有停止，再加上晚唐五代时期的战乱频仍，至北宋时期，

---

1 （西汉）司马迁：《史记》卷五《秦本纪第五》，中华书局，1959，第199、206—209页。
2 （北宋）乐史：《太平寰宇记》卷一五〇《仪州》，中华书局，2007，第2908页。
3 （后晋）刘昫等：《旧唐书》卷一九六下《吐蕃传下》，中华书局，1975，第5247页。

蕃族已遍布陇山，文献记载华亭境内主要有延家族、大王家族等吐蕃大族。[1] 总之，中唐至北宋，陇山再次成为边地，从这一背景出发，"义渠之地"更深层次指的应是吐蕃居地，也间接反映出北宋人将华亭地区看作戎狄杂居的边地。

志文首题"故推官李公墓志"，可知李永胜职衔为推官。推官在唐代本为地方节度使、观察使、团练使、防御使诸使之属僚。[2] 宋代中央大力削弱藩镇之权，始于唐代的节度诸使此时已成为虚衔，而推官等佐僚"不再是诸使自辟的属官，而变为主要由中央铨选部门统一除授的州（府、军、监）级政府属官。这些幕职官基本上不再佐理兵戎之政，而成为佐助知州、通判，治理地方政务，巩固中央集权的重要力量"[3]。说明李永胜在北宋时曾在州府当职，但墓志并未交代具体在何地。从他迁到华亭后闲居，娶妻生子，在华亭去世来看，应该再没有离开华亭，也即是说李永胜应该在本地为官。北宋华亭设仪州，废于熙宁五年（1072），《太平寰宇记》"仪州"条载："仪州，理华亭县……唐为神策军，后唐同光元年（923）改为义州。周显德六年（959）置华亭县于州郭……太平兴国二年（977）改为仪州，避御名。"[4] 所以，李永胜当为北宋初年仪州之推官，为中下级官吏。

那么，李永胜的先祖是何人？为何会特意记载其是迁居至华亭的呢？志文对其先祖和迁徙原因皆记载较为隐晦，但从"先二秦王之子孙也""父王薨背之后"之语，可知"二秦王"分别为李永胜之祖和父亲，以李永胜生活的年代推算，二秦王生活在晚唐五代时期。纵观晚唐五代历史，李姓父子先后被封为秦王者仅有晚唐五代凤翔节度使李茂贞与其子李从曮。

李茂贞本姓宋，名文通，深州博野人，正史有传。[5] 李茂贞与其妻刘氏墓葬也已被发掘，有墓志流传。[6] 唐光启三年（887），李茂贞被僖宗任命为凤翔陇右节度等使。[7] 从此，李茂贞开始以凤翔为根据地扩张，正式走向割据道路。据王凤翔的梳理考证，李茂贞先后两次被封为秦王。首次在唐昭

1　刘建丽：《宋代西北吐蕃研究》，甘肃文化出版社，1998，第71—72页。

2　（宋）欧阳修、宋祁：《新唐书》卷四九下《百官志四下》，中华书局，1975，第1309—1310页。

3　苗书梅：《宋代州级属官体制初探》，《中国史研究》2002年第3期。

4　（北宋）乐史：《太平寰宇记》卷一五〇《仪州》，中华书局，2007，第2908页。

5　（北宋）薛居正等：《旧五代史》卷一三二《李茂贞传》，中华书局，1976，第1737页；（北宋）欧阳修等《新五代史》卷四十《李茂贞传》，中华书局，1974，第429页。

6　宝鸡市文物考古研究所：《五代李茂贞夫妇墓》，科学出版社，2008；王凤翔《新见唐秦王李茂贞墓志浅释》，《文物春秋》2006年第6期；《新见唐秦王李茂贞之妻刘氏墓志考释》，《唐史论丛》（第9辑），三秦出版社，2007，第259—269页；《晚唐五代秦岐政权研究》，三秦出版社，2009，第238—251页。

7　（后晋）刘昫等：《旧唐书》十九下《僖宗纪》，中华书局，1975，第723—724页。

宗景福二年（893），第二次是后唐庄宗同光元年（923）。同光二年（924）四月李茂贞卒后，长子李从曮以彰义军节度使继任凤翔节度使，后晋天福三年（938）四月继封秦王。[1]

又据国家图书馆藏《李公妻朱氏墓志》拓片，志主朱氏为李从曮妻。朱氏诸子中，李永胜赫然在列。志云朱氏"大汉乾祐二年（949）己酉岁六月七日殂于凤翔府私第；享年五十一……有子一十三人，曰永熙、永吉、永义、永忠、永幹、永粲、永嗣、永浩、永胜、永嵩、永固、永载、永

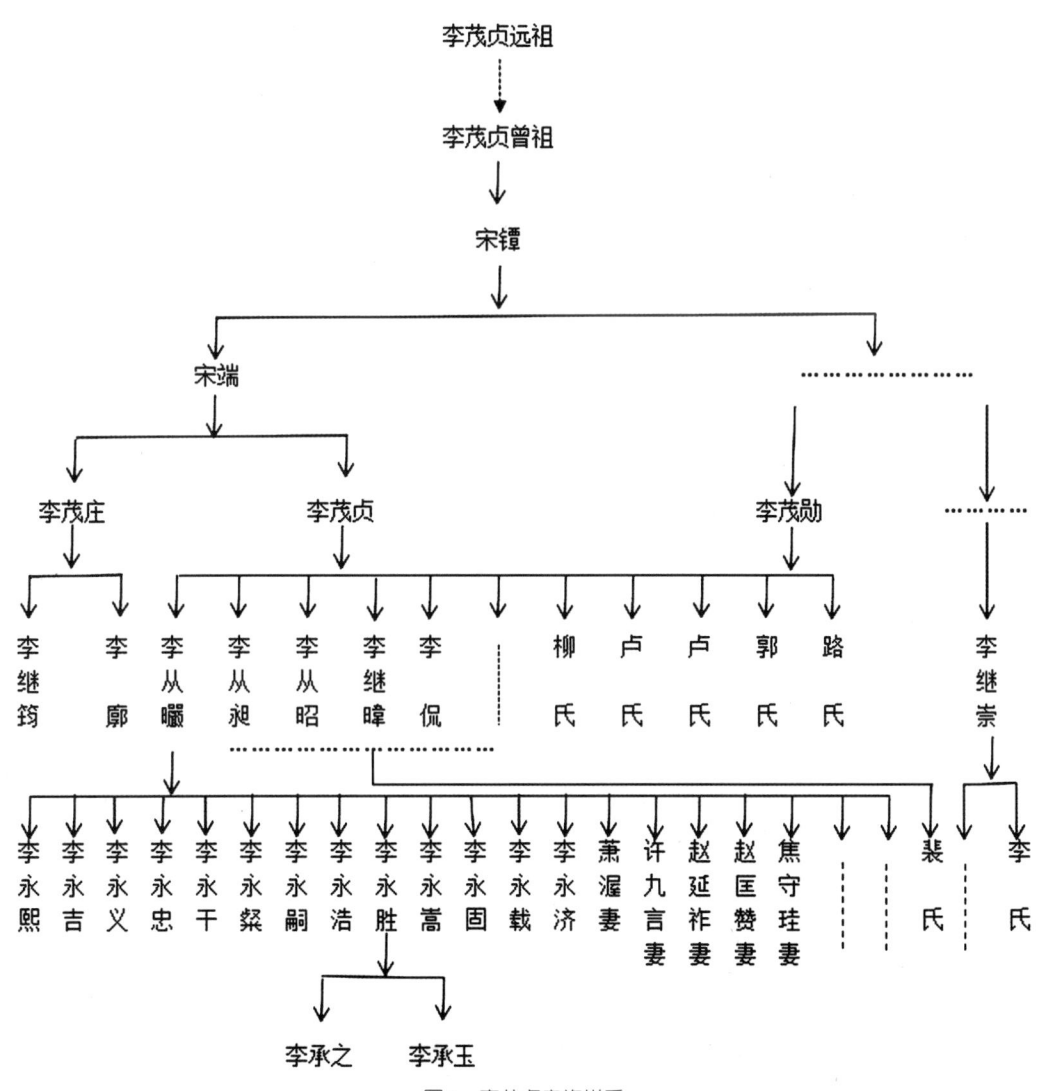

```
                        李茂贞远祖
                            ⇣
                        李茂贞曾祖
                            ↓
                           宋镡
             ┌──────────────┴──────────────┐
             ↓                             ↓
            宋端                         ………………
     ┌───────┼───────┐         ┌───────┬─────┴──┐
     ↓       ↓       ↓         ↓               ↓
    李茂庄  李茂贞           李茂勋          ………………
   ┌─┴─┐ ┌─┬─┬─┬─┬─┐    ┌─┬─┬─┬─┬─┐         ↓
   ↓  ↓ ↓ ↓ ↓ ↓ ↓ ↓    ↓ ↓ ↓ ↓ ↓            李继崇
   李 李 李 李 李 李 李   柳 卢 卢 郭 路
   继 继 从 从 从 继 李   氏 氏 氏 氏 氏
   筠 廊 曮 昶 昭 晖 侃
      ┌─┬─┬─┬─┬─┬─┬─┬─┬─┬─┬─┬─┐     ┌─┬─┬─┐     ┌─┐
      ↓ ↓ ↓ ↓ ↓ ↓ ↓ ↓ ↓ ↓ ↓ ↓ ↓     ↓ ↓ ↓ ↓     ↓ ↓
      李 李 李 李 李 李 李 李 李 李 李 李 李  萧 许 赵 赵 焦  裴 李
      永 永 永 永 永 永 永 永 永 永 永 永 永  渥 九 延 匡 守  氏 氏
      熙 吉 义 忠 幹 粲 嗣 浩 胜 嵩 固 载 济  妻 言 祚 赞 珪
                          ↓              妻 妻 妻 妻
                        ┌─┴─┐
                        ↓   ↓
                       李承之 李承玉
```

图 4　李茂贞家族世系

（本图是在王凤翔所制表基础上继续增补而成，参见王凤翔《晚唐五代秦岐政权研究》，三秦出版社，2009，第 238 页）

---

[1]　王凤翔：《晚唐五代秦岐政权研究》，三秦出版社，2009，第 215—219 页。

济……大周显德五年（958）岁次戊午正月□□日，用大礼葬于岐山县凤栖乡，祔秦王之新茔也"[1]。朱氏有子十三人，李永胜排行第九。因此，可以非常肯定李茂贞父子即为李永胜墓志中所载的"二秦王"。值得注意的是，李茂贞及妻刘氏"葬于宝鸡县陈仓里，归附于先考大茔"，说明李茂贞祖茔就在今宝鸡市，而李从曮妻朱氏葬于"岐山县凤栖乡秦王之新茔"，说明他们并未从葬祖茔，而是另起新茔。

李从曮卒于开运三年（946）冬，[2] 李永胜墓志载他是"父王薨背之后"迁至华亭的，则他最早当于后汉天福十二年（947）左右迁出凤翔，当时也才十多岁，从朱氏的卒地与葬地来看，李永胜迁居时母亲也未同行。墓志又载李永胜"洎至壮年娶于封氏生二子，长承玉，次承之……次男新妇商氏"。说明李永胜娶妻生子皆是在华亭的经历了。

虽然李永胜墓志提供的信息并不太多，但结合其他史料，我们可以大致复原出他的出身和经历：李永胜乃李茂贞孙、李从曮第九子，母朱氏，不早于天福十二年左右迁至华亭，入北宋后任仪州推官，后娶妻封氏，生子承玉、承次，卒于咸平三年，葬于华亭乡。李茂贞、从曮父子辈的族人史书多有记载，孙辈中仅可见从曮长子李永吉，出土墓志也仅有李茂贞夫妇和李从曮妻朱氏等四方，[3] 李永胜墓志的出土，为已知的李茂贞孙辈又增一位，相关迁徙、历官等经历及妻子的记载，皆可补李茂贞家族世系之缺（图4），因此弥足珍贵。

三 李茂贞家族迁往华亭的有关问题

史载仪州，"凤翔之边镇"[4]。可知华亭在凤翔节度使割据范围内，[5] 故李永胜的迁居地仍在乃祖经营藩镇之内。据墓志记载，李永胜在来到华亭之后，"每岁以祖墅之所给也"，表明李家祖上在华亭拥有别墅田产，保证了他在此生活的物质基础。关于李家在华亭的私产，传世文献可与墓志相印证。据《旧五代史·李从曮传》载：李从曮"先人汧、陇之间，有田千顷，竹千亩，恐夺民利，不令理之，致岐阳父老再陈借寇之言，良有以也"[6]。华亭地处小陇山腹地，汧水发源地即华亭西南方的麻庵河及上关河，恰处于汧陇之间。明赵时春《平凉府志》载华亭物产："竹（巨者

1　王凤翔：《跋五代李从曮妻朱氏墓志》，《文物世界》2009 年第 1 期。
2　（北宋）薛居正等：《旧五代史》卷一三二《李从曮传》，中华书局，1976，第 1741—1742 页。
3　王凤翔：《晚唐五代秦岐政权研究》，三秦出版社，2009，第 210—261 页。
4　（北宋）乐史：《太平寰宇记》卷一百五十《仪州》，中华书局，2007，第 2908 页。
5　参见谭其骧主编《中国历代地图集》（第五册），中国地图出版社，1982，第 84 页。
6　（北宋）薛居正等：《旧五代史》卷一三二《李从曮传》，中华书局，1976，第 1742 页。

如鸽卵，细者可为矢）"[1]，又民国修《华亭县志》云华亭物产："竹：'小陇山产最多，可编器作笞。'"[2] 可见小陇山盛产竹子。但《新五代史·李茂贞传》的记载却有歧出，"从曮有田千顷、竹千亩在凤翔，惧侵民利，未尝省理，凤翔人爱之"[3]。其实"岐阳""凤翔"地域略相异并不矛盾，凤翔府作为凤翔节度使控制的核心地区，李茂贞家族在此拥有私产固无足怪，且凤翔也盛产竹子，北宋政府曾设凤翔司竹监，掌管种植竹苇，以供官府使用。[4] 至于在华亭置办田产的时间，《旧五代史》言在李从曮先人时。李茂贞以博野军兵卒起家，其家族在博野本地当非显宦。因此，只有在李茂贞担任凤翔节度使后才具备在割据地域内增置家产的时机与条件。

李永胜迁居华亭固然与当地有祖业有关，但时机为何选择在其父去世之后且其母朱氏尚健在时。堂堂秦王子孙却借道蕃族聚居的"义渠之地"，墓志中流露出了颇为无奈之情，值得玩味。首先要考虑的是家族衰落。后唐闵帝应顺元年（934），时任凤翔节度使的潞王李从珂起兵攻入洛阳，取代闵帝继位。为保证军队的物资供给，"尽取从曮家财器仗，以助军须"[5]。李从珂的大肆掠夺对李家确实造成了很大影响，但是其即位后，李从曮从天平军节度使任上得以重新归镇凤翔，再次控制了关陇地区，割据势力得以恢复。但李从曮为助后唐伐蜀，继续消耗兵力财力，加上他生性不喜敛财，故李从曮去世后，李氏家族中衰已是不争的事实。从另一方面考虑，从李从曮去世后其子迁往外地判断，诸子间应该是分居异爨，李永胜排行第九，当为庶出，家中地位可想而知，故所得"封地"在偏离凤翔中心的边鄙之地也符合情理，因此在他的墓志中流露出的极不情愿与无奈情绪也就容易理解了。李永胜迁居华亭后以祖产勉为生计，成年后历官卑微，从他的经历中也看到了曾经显赫一时的李茂贞家族兴于藩镇，在藩镇制度败落时其家族也随即沦落，子孙又归于庸碌平凡了，这从李永胜墓出土器物极少也能得到印证。

李茂贞孙辈在五代北宋时期的动向绝大多数不明，文献仅见李永吉一人。《新五代史·苏逢吉传》载："凤翔李永吉初朝京师，逢吉以永吉故秦王从曮子，家世王侯，当有奇货，使人告永吉，许以一州，而求其先王玉带，永吉以无为解，逢吉乃使人市一玉带，直数千缗，责永吉偿之"[6] 李永吉于后汉时来到京师，竟拿不出一块玉带贿赂宰相苏逢吉，这也从侧面反映了其

1　（明）赵时春撰，张维校补，魏柏树通校：《平凉府志》卷十一《华亭县》，油印本，1999，第402页。
2　郑震谷等修，幸邦隆纂：《华亭县志》卷一《物产》，成文出版有限公司，1976，第106页。
3　（北宋）欧阳修等：《新五代史》卷四十《李茂贞传》，中华书局，1974，第433页。
4　（元）脱脱等：《宋史》卷八七《地理志三》，中华书局，1977，第2156页。
5　（北宋）薛居正等：《旧五代史》卷一三二《李从曮传》，中华书局，1976，第1741页。
6　（北宋）欧阳修等：《新五代史》卷三十《苏逢吉传》，中华书局，1974，第328页。

家族衰落的史实。李永胜墓志的发现则为李茂贞孙辈的动向提供了重要线索，李永胜来到华亭时不过十多岁，显然不是独自一人而是举家迁徙，其兄弟姐妹当中有不少尤其是排行在李永胜之后的应该一起来到华亭定居。据相关研究，李茂贞葬地宝鸡陵园村是其家族后裔的一个聚居地，[1] 新出土考古资料则表明华亭是除宝鸡之外的另一个聚居地，而且墓志出土地应是李永胜的家族墓地，应引起学界的注意。

李永胜于卒后"迁奉于华亭县华亭乡神北里"，表明华亭县西华镇草滩村即北宋华亭县华亭乡神北里，而北宋仪州城即今华亭县城，故华亭乡在仪州城以西，大致包括今东华、西华二镇的大部分地区。又《太平寰宇记》载："华亭县，四乡。周显德六年置，以华亭乡为名。"[2] 墓志与文献记载相合，唐代晚期华亭县废入陇州汧源县，华亭乡则一直保留了下来。

最后，关于李永胜墓志撰者"进士石宗庆"、书者"陈言"、刻字"韦再谦"，在史书中未能找到与他们相关的记载。但石宗庆的进士身份却比较耀眼，虽然北宋进士出身者大增，但登科仍是学子们的追求，石宗庆的出现，至少可增补一名北宋进士。

---

[1] 吴正茂、李渤：《大唐秦王李茂贞在宝鸡的后裔考》，《宝鸡社会科学》2008年第1期。

[2] （北宋）乐史：《太平寰宇记》卷一百五十《仪州》，中华书局，2007，第2909页。

《形象史学》征稿启事

《形象史学》是由中国社会科学院古代史研究所文化史研究室主办、面向海内外征稿的中文集刊，自 2021 年起每年出版四辑。凡属中国古代文化史研究范畴的专题文章，只要内容充实，文字洗炼，并有一定的深度和广度，均在收辑之列。尤其欢迎利用历史上流传下来的各类形象材料进行专题研究的考据文章，以及围绕中国古代文化史学科建构与方法探讨的理论文章。此外，与古代丝路文化和碑刻文献研究相关的文章，亦在欢迎之列。具体说明如下。

一、本刊常设栏目有理论探讨、名家笔谈、器物与图像、考古与文献等，主要登载专题研究文章，字数以 2 万字以内为宜。对于反映文化史研究前沿动态与热点问题的综述、书评、随笔，以及相关领域国外学者的最新研究成果（须提供中文译本），亦适量选用。

二、来稿文责自负。章节层次应清晰明了，序号一致，建议采用汉字数字、阿拉伯数字。举例如下。

第一级：一 二 三；

第二级：（一）（二）（三）；

第三级：1. 2. 3. ；

第四级：（1）（2）（3）。

三、中国历代纪年（1912 年以前）在文中首次出现时，须标出公元纪年。涉及其他国家的非公元纪年，亦须标出公元纪年。如清朝康熙六年（1667），越南阮朝明命元年（1820）。

四、来稿请采用脚注，如确实必要，可少量采用夹注。引用文献资料，古籍须注明朝代、作者、书名、卷数、篇名、版本；现当代出版的论著、图录等，须注明作者（或译者、整理者）、书名、出版地点和出版者、出版年、页码等；期刊论文则须注明作者、论文名、刊物名称、卷期等。同一种文献被再次或多次征引时，只须注出书名（或论文名）、卷数、篇名、页码即可。外文文献标注方法以目前通行的外文书籍及刊物的引用规范为准。具体格式举例如下。

（1）（清）张金吾编《金文最》卷一一，光绪十七年江苏书局刻本，第 18 页 b。

（2）（元）苏天爵辑《元朝名臣事略》卷一三《廉访使杨文宪公》，姚景安点校，中华书局，1996，第 257—258 页。

（3）（清）杨钟羲：《雪桥诗话续集》卷五上册，辽沈书社，1991 年影印本，第 461 页下栏。

（4）（唐）李隆基注，（宋）邢昺疏《孝经注疏》，载李学勤主编《十三经注疏》，北京大学出版社，1999，第3页。

（5）金冲及：《二十世纪中国史纲（简本）》上册，社会科学文献出版社，2012，第295页。

（6）苗体君、窦春芳：《秦始皇、朱元璋的长相知多少——谈中学〈中国历史〉教科书中的图片选用》，《文史天地》2006年第4期，第46页。

（7）林甘泉：《论中国古代民本思想及其历史价值》，《光明日报》2003年10月28日。

（8）（英）G. E. 哈威：《缅甸史》，姚楠译，商务印书馆，1957，第51页。

（9）Marc Aurel Stein, Serindia (London: Oxford Press, 1911), p. 5.

（10）Cahill, Suzanne, "Taoism at the Song Court: The Heavenly Text Affair of 1008." Bulletin of Sung-Yuan Studies 16 (1980): 23 – 44.

五、(1) 请提供简化字（请参照国家语言文字工作委员会1986年重新发布的《简化字总表》）word电子版。如有图片，需插入正文对应位置。(2) 同时提供全文pdf电子版。(3) 另附注明序号、名称、出处的高清图片电子版（图片大小应在3M以上），并确保无版权争议。(如为打印稿，须同时提供电子版)。(4) 随文单附作者简介（包括姓名、单位、职称、研究方向）、生活照（电子版）、联系方式、通讯地址、邮编。

六、如获得省部级及以上项目基金资助，可在首页页下注明。格式如：本成果得到××××项目（项目编号：××××）资助。项目资助标注不能超过两项。

七、邮箱投稿请以"文章名称"命名邮件名称和附件名称。请用文章全名命名，副标题可省略。

八、请作者严格按照本刊格式规范投稿，本刊将优先拜读符合规范的稿件。

九、来稿一律采用匿名评审，自收稿之日起三个月内，将通过电话或电子邮件告知审稿结果。稿件正式刊印后，将赠送样刊两本。

十、本刊已入编知网，作者文章一经录用刊发即会被知网收录，作者同意刊发，即被视为认可著作权转让（本刊已授权出版方处理相关事宜）。

十一、本刊地址：北京市朝阳区国家体育场北路1号中国历史研究院2号楼220房间，邮编：100101。联系电话：010 – 87420859（周一、周二办公）。电子邮箱：xxshx2011@yeah. net。